53

GUY GROSSI erlernte sein Handwerk zunächst bei seinem Vater Pietro, auch er bereits ein renommierter Koch. Anschließend perfektionierte er seine Kochkünste in einigen der besten Restaurants Melbournes und widmete sich dabei vor allem der italienischen Küche, in der er Tradition und Kreativität vereinen möchte.

Inzwischen ist Guy Grossi selbst ein bekannter Koch und Besitzer der Grossi Restaurants, zu denen in Melbourne das *Grossi Florentino,* die *Merchant Osteria Veneta,* die *Ombra Salumi Bar* und in Bangkok die *Grossi Trattoria* gehören. Er ist außerdem Autor einiger erfolgreicher Kochbücher und Moderator sowie regelmäßiger Gast in mehreren australischen Kochsendungen.

VERGNANO

BELLA ITALIA

GUY GROSSI

DAS KOCHBUCH

FOTOGRAFIEN VON MARK CHEW

DK

TRENTINO-
SÜDTIROL
AOSTA-
TAL
LOMBARDEI
FRIAUL-JULISCH
VENETIEN
PIEMONT
VENETIEN
EMILIA-ROMAGNA
LIGURIEN
TOSKANA
MARKEN
UMBRIEN
ABRUZZEN
LATIUM
MOLISE
APULIEN
KAMPANIEN
BASILIKATA
SARDINIEN
KALABRIEN
SIZILIEN
1
2
3
4
5
6
7
8
9
10
11
12
13
14
15
16
17
18
19
20
21
22
23
24
25
26
27
28
29
30
31
32
33
34
35
36
37
38
39
40
41
42
43
44
45
46
47
48
49
50
51

INHALT

EINLEITUNG

Aufgewachsen in einem Vorort von Melbourne als Sohn italienischer Eltern, lernte ich früh, den Gemüsegarten und die Obstbäume hinter unserem Haus zu schätzen. Mein Vater war nicht nur ein großartiger Koch, sondern auch ein begeisterter Gärtner. Sonntags verbrachten wir Kinder Stunden mit ihm und halfen ihm bei Tomaten, Dicken Bohnen und Zucchini. Wenn die Zeit zum Mittagessen kam, gab es eine willkommene Pause, denn meine Mutter hatte mit frischen Zutaten aus dem Garten ein kleines Festmahl gekocht – so begann meine Liebe zum Essen und zu selbst angebautem Gemüse …

Unsere Küche richtete sich nach den Jahreszeiten. Viele Feiertage waren untrennbar mit bestimmten Gerichten verbunden, etwa der Karfreitag mit Spaghetti in Tintenfischsauce, und so ist es bis heute geblieben. Es gab viele Gelegenheiten, Gäste einzuladen, und dann wurde immer etwas Gutes aufgetischt!

Tomatensauce für den Winter einzumachen war ein Ritual, das für die ganze Familie einen Tag harte Arbeit bedeutete. Wir schufteten im Hof in der Sonne, und die gefüllten Flaschen wurden in einem alten Fass sterilisiert.

Ich hatte schon festgestellt, dass sich unser Pausenbrot für die Schule von dem anderer Kinder unterschied und unsere Familie andere Essensrituale pflegte als die Familien meiner Freunde, aber weiter dachte ich noch nicht. Erst als ich größer wurde, begriff ich, dass wir nicht die einzigen »anderen« waren und dass es in Melbourne viele Kulturen zu entdecken gab. Diese Vielfalt nahm ich umso stärker wahr, als ich mit meinem Vater in professionellen Küchen zu arbeiten begann. Andere Esskulturen faszinierten mich und ich bemühte mich sogar, einige Wörter in fremden Sprachen zu lernen. Je mehr ich entdeckte, desto mehr wollte ich wissen. Ich verschaffte mir Kochbücher und verschlang sie regelrecht.

Als ich zum ersten Mal nach Italien kam, war ich 18 Jahre alt und hatte drei Jahre als Koch gearbeitet. Auf dieser Reise begriff ich, wie reich das kulturelle und kulinarische Erbe ist, auf das ich zurückgreifen kann. Auf meine Herkunft war ich immer schon stolz gewesen, aber dies war meine erste Begegnung mit dem Land selber, und es gefiel mir großartig. In den folgenden Jahren besuchte ich intensiv die italienischen Regionen, um die Menschen und ihre Traditionen kennenzulernen.

Meine Herkunft hat großen Einfluss auf die Gerichte, die ich in meinen Restaurants zubereite. Egal, ob die Rezepte rustikal und schlicht oder raffinierter sind – es gibt immer eine Verbindung zu meinen kulinarischen Wurzeln. So gehört auch die Begeisterung für erstklassige Zutaten zu den Grundpfeilern meiner Küche. Und wenn ich in gute Grundprodukte investiere, möchte ich nicht nur genau wissen, wofür ich mein Geld ausgebe – ich behandele sie auch mit Respekt. Das gilt genauso für die Amateure am Herd: Wer mit erstklassigen Zutaten sorgfältig umgeht, wird automatisch besser kochen.

Für mich war Italien schon seit Langem ein Land, das nicht aus Städten und Dörfern, sondern aus verschiedenen Zutaten besteht. So entstand die Idee für dieses Buch. Ich wählte die Produkte und Gerichte aus, deren Entstehung ich mir unbedingt aus der Nähe ansehen wollte, und begann eine ausgedehnte Reise durch das Land zu planen. Wir – ein kleines Team, zu dem der Fotograf Mark Chew, die Verlegerin Julie Gibbs, meine Tochter Loredana und unser Fahrer Marco Vigarelli gehörten – wollten vom Piemont bis nach Sizilien fahren, um die wichtigsten kulinarischen Landschaften Italiens zu erkunden. Dort wollten wir kleine Produzenten besuchen, deren Leidenschaft nur von ihrer Sachkenntnis übertroffen wird, und die verschiedenen gastronomischen Wunder dieses schönen Landes erfahren. Wir wollten in *agriturismi* übernachten, auf Bauernhöfen, um Zeit mit den Erzeugern zu verbringen und die Produkte zu probieren, die dort angebaut oder hergestellt wurden.

Mithilfe der wunderbaren Organisation Slow Food (1986 im Piemont gegründet, um die Freuden des guten Essens zu zelebrieren und zur Erhaltung traditioneller Erzeugnisse und Verarbeitungsprozesse beizutragen – siehe www.slowfood.com) nahm unser Plan allmählich Gestalt an. Viele Produkte auf meiner Wunschliste erfreuten sich der Unterstützung von Slow-Food-Förderkreisen. Auf diesem Weg kam ich in Kontakt mit Erzeugern und engagierten Förderern gefährdeter kulinarischer Traditionen.

Die Erfahrungen, die ich auf meiner Reise machte, übertrafen meine kühnsten Erwartungen. Ich lernte erstaunliche Menschen kennen, nicht wenige wurden Freunde fürs Leben. Durch sie entdeckte ich ein Land voller Geschmack, Qualität und Leidenschaft, wo die Tradition respektiert, aber Kreativität nicht unterdrückt wird. Ein Land, in dem junge Leute in der dritten Generation ein Familienunternehmen betreiben und stolz darauf sind, die Traditionen ihrer Vorfahren zu pflegen. Die Großzügigkeit, die wir erfuhren, war überwältigend. In der Regel verließen wir die Erzeuger nicht nur mit einem Zuwachs an Wissen, sondern fast immer auch mit einer Wagenladung voller guter Sachen – irgendwann rochen wir alle nach Trüffel und Salami!

Bei der Arbeit an diesem Buch habe ich ein neues Verhältnis zu meinen kulinarischen Wurzeln gewonnen. Ich hoffe, dass auch Sie Freude daran haben, in die atemberaubende italienische Landschaft einzutauchen und dabei all die wunderbaren Menschen kennenzulernen, die sich mit so viel Leidenschaft der Herstellung ganz besonderer Produkte widmen. Entdecken Sie hier neben den klassischen Zutaten der italienischen Küche auch die weniger bekannten, aber nicht minder köstlichen.

Viva Italia!

A NOME DI DIO
A NOME DI DIO

PIEM

MUSTARDELA DELLE VALLI VALDESI
CAPPONE DI MOROZZO
BARBARESCO & BAROLO
TARTUFI FRAGOLA DI TORTONA
BELLA DI GARBAGNA

ONT

Das Piemont, geprägt von einem relativ kühlen Klima und der Nähe zu Frankreich, ist ein Paradies für Gourmets. In den malerischen Hügeln reifen große, elegante Rotweine heran und alljährlich im Herbst huldigt man hier einer der berühmtesten Delikatessen überhaupt – der weißen Trüffel aus Alba.

MUSTARDELA DELLE VALLI VALDESI

BLUTWURST

MACELLERIA GEYMONAT

IN EINEM KLEINEN ORT IN EINEM DER ALTEN WALDENSERTÄLER STELLEN PAOLO UND STEFANO GEYMONAT MUSTARDELA HER, EINE FÜR DIE REGION TYPISCHE BLUTWURST. ES GIBT NUR EINE HANDVOLL FLEISCHER, DIE DIESE SPEZIALITÄT AUF TRADITIONELLE WEISE PRODUZIEREN.

Man erweist dem Tier den gebührenden Respekt, indem man alle Teile verwertet und nichts wegwirft.

Unsere kulinarische Pilgerreise durch Italien beginnt so richtig, als wir uns, geführt von Franco, einem Wirt aus der Gegend, der Ortschaft Bobbio Pellice nähern. Wir wollen Paolo und Stefano Geymonat besuchen, die hier Mustardela erzeugen. Die Macelleria Geymonat, gegründet vom Großvater Mario, wird heute von den beiden Brüdern gemeinsam mit ihrem Vater geführt.

Als wir die kleine Gemeinde schließlich am Ende einer langen, gewundenen Straße tief in den Bergen erreichen, scheinen wir in der Vergangenheit angekommen zu sein. Wir sehen kleine Steinhäuser, denen die Jahrhunderte nicht viel anhaben konnten. In der Metzgerei Geymonat, wo man uns herzlich empfängt, duftet es nach geräuchertem Fleisch. Paolo und Stefano führen uns stolz herum. Im Hof, wo die Schweine geschlachtet werden, fällt unser Blick natürlich auf Blut und Innereien, doch drinnen glänzt alles makellos sauber.

Von den Brüdern erfahren wir, dass am Anfang der Mustardela – die aus den weniger geschätzten Teilen des Schweins wie Kopf, Hals und Schwarte entsteht – die Notwendigkeit stand, von einem geschlachteten Tier nichts zu verschwenden. Die Geymonats produzieren nach der traditionellen Methode. Das gekochte Fleisch wird ausgebeint und fein gehackt, dann mit Zwiebeln, Lauch und Knoblauch angebraten und schließlich mit Rotwein sowie Fett und Blut vom frisch geschlachteten Schwein abgelöscht. Das Blut bindet die übrigen Zutaten. Die Schweineschwarte braucht einige Zeit, um weich zu werden – sie verleiht der Mustardela ihre spezielle Konsistenz. Die Wurstmasse wird in Därme gefüllt und rund 20 Minuten gebrüht. Dann kann man die Mustardela servieren – in der Regel warm, gern mit Kartoffeln oder Polenta.

Ich bin beeindruckt – nicht nur von der handwerklichen Präzision, sondern vor allem von der zugrunde liegenden Philosophie: Man erweist dem Tier den gebührenden Respekt, indem man alle Teile verwertet und nichts wegwirft. Das erinnert mich an meine Eltern, die in der Küche immer sehr einfallsreich jeden kleinen Rest verwertet haben.

Nach unserem Besuch in der Macelleria Geymonat nimmt uns Franco mit in sein Restaurant La Nicchia im nahegelegenen Cavour. Dort steht seine Frau Julia am Herd. Sie bittet mich in die Küche, wo wir mit der ausgezeichneten Mustardela der Geymonats einige köstliche Gerichte zubereiten. Julia zeigt mir eine weitere lokale Spezialität, *ricotta saras del fen,* in Stroh gereiften Ricotta (siehe Seite 25). Mit warmherzigen Gastgebern eine Mahlzeit zubereiten und gemeinsam genießen – für mich das perfekte Ende eines wundervollen Tags.

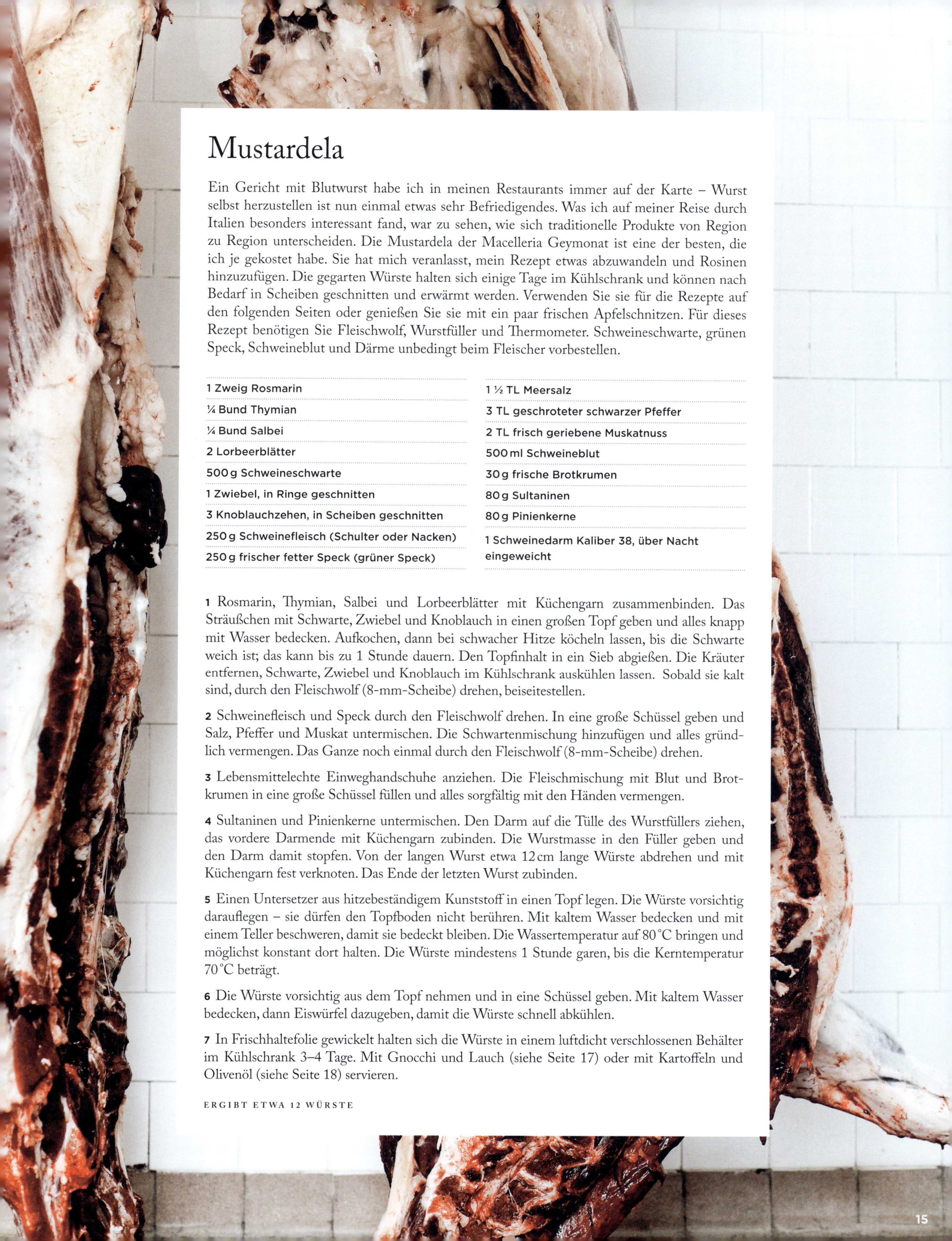

Mustardela

Ein Gericht mit Blutwurst habe ich in meinen Restaurants immer auf der Karte – Wurst selbst herzustellen ist nun einmal etwas sehr Befriedigendes. Was ich auf meiner Reise durch Italien besonders interessant fand, war zu sehen, wie sich traditionelle Produkte von Region zu Region unterscheiden. Die Mustardela der Macelleria Geymonat ist eine der besten, die ich je gekostet habe. Sie hat mich veranlasst, mein Rezept etwas abzuwandeln und Rosinen hinzuzufügen. Die gegarten Würste halten sich einige Tage im Kühlschrank und können nach Bedarf in Scheiben geschnitten und erwärmt werden. Verwenden Sie sie für die Rezepte auf den folgenden Seiten oder genießen Sie sie mit ein paar frischen Apfelschnitzen. Für dieses Rezept benötigen Sie Fleischwolf, Wurstfüller und Thermometer. Schweineschwarte, grünen Speck, Schweineblut und Därme unbedingt beim Fleischer vorbestellen.

- 1 Zweig Rosmarin
- ¼ Bund Thymian
- ¼ Bund Salbei
- 2 Lorbeerblätter
- 500 g Schweineschwarte
- 1 Zwiebel, in Ringe geschnitten
- 3 Knoblauchzehen, in Scheiben geschnitten
- 250 g Schweinefleisch (Schulter oder Nacken)
- 250 g frischer fetter Speck (grüner Speck)
- 1 ½ TL Meersalz
- 3 TL geschroteter schwarzer Pfeffer
- 2 TL frisch geriebene Muskatnuss
- 500 ml Schweineblut
- 30 g frische Brotkrumen
- 80 g Sultaninen
- 80 g Pinienkerne
- 1 Schweinedarm Kaliber 38, über Nacht eingeweicht

1 Rosmarin, Thymian, Salbei und Lorbeerblätter mit Küchengarn zusammenbinden. Das Sträußchen mit Schwarte, Zwiebel und Knoblauch in einen großen Topf geben und alles knapp mit Wasser bedecken. Aufkochen, dann bei schwacher Hitze köcheln lassen, bis die Schwarte weich ist; das kann bis zu 1 Stunde dauern. Den Topfinhalt in ein Sieb abgießen. Die Kräuter entfernen, Schwarte, Zwiebel und Knoblauch im Kühlschrank auskühlen lassen. Sobald sie kalt sind, durch den Fleischwolf (8-mm-Scheibe) drehen, beiseitestellen.

2 Schweinefleisch und Speck durch den Fleischwolf drehen. In eine große Schüssel geben und Salz, Pfeffer und Muskat untermischen. Die Schwartenmischung hinzufügen und alles gründlich vermengen. Das Ganze noch einmal durch den Fleischwolf (8-mm-Scheibe) drehen.

3 Lebensmittelechte Einweghandschuhe anziehen. Die Fleischmischung mit Blut und Brotkrumen in eine große Schüssel füllen und alles sorgfältig mit den Händen vermengen.

4 Sultaninen und Pinienkerne untermischen. Den Darm auf die Tülle des Wurstfüllers ziehen, das vordere Darmende mit Küchengarn zubinden. Die Wurstmasse in den Füller geben und den Darm damit stopfen. Von der langen Wurst etwa 12 cm lange Würste abdrehen und mit Küchengarn fest verknoten. Das Ende der letzten Wurst zubinden.

5 Einen Untersetzer aus hitzebeständigem Kunststoff in einen Topf legen. Die Würste vorsichtig darauflegen – sie dürfen den Topfboden nicht berühren. Mit kaltem Wasser bedecken und mit einem Teller beschweren, damit sie bedeckt bleiben. Die Wassertemperatur auf 80 °C bringen und möglichst konstant dort halten. Die Würste mindestens 1 Stunde garen, bis die Kerntemperatur 70 °C beträgt.

6 Die Würste vorsichtig aus dem Topf nehmen und in eine Schüssel geben. Mit kaltem Wasser bedecken, dann Eiswürfel dazugeben, damit die Würste schnell abkühlen.

7 In Frischhaltefolie gewickelt halten sich die Würste in einem luftdicht verschlossenen Behälter im Kühlschrank 3–4 Tage. Mit Gnocchi und Lauch (siehe Seite 17) oder mit Kartoffeln und Olivenöl (siehe Seite 18) servieren.

ERGIBT ETWA 12 WÜRSTE

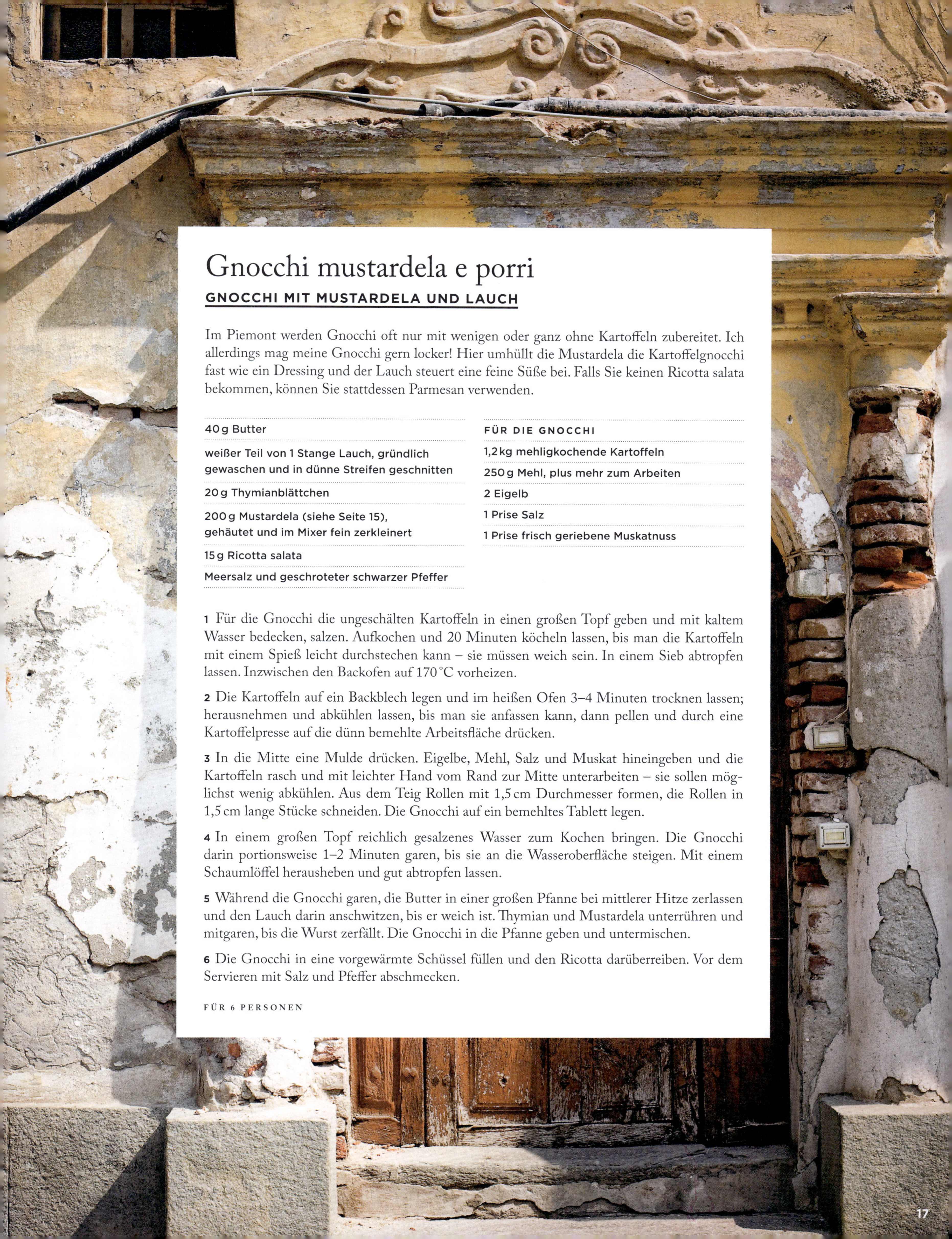

Gnocchi mustardela e porri

GNOCCHI MIT MUSTARDELA UND LAUCH

Im Piemont werden Gnocchi oft nur mit wenigen oder ganz ohne Kartoffeln zubereitet. Ich allerdings mag meine Gnocchi gern locker! Hier umhüllt die Mustardela die Kartoffelgnocchi fast wie ein Dressing und der Lauch steuert eine feine Süße bei. Falls Sie keinen Ricotta salata bekommen, können Sie stattdessen Parmesan verwenden.

- 40 g Butter
- weißer Teil von 1 Stange Lauch, gründlich gewaschen und in dünne Streifen geschnitten
- 20 g Thymianblättchen
- 200 g Mustardela (siehe Seite 15), gehäutet und im Mixer fein zerkleinert
- 15 g Ricotta salata
- Meersalz und geschroteter schwarzer Pfeffer

FÜR DIE GNOCCHI

- 1,2 kg mehligkochende Kartoffeln
- 250 g Mehl, plus mehr zum Arbeiten
- 2 Eigelb
- 1 Prise Salz
- 1 Prise frisch geriebene Muskatnuss

1 Für die Gnocchi die ungeschälten Kartoffeln in einen großen Topf geben und mit kaltem Wasser bedecken, salzen. Aufkochen und 20 Minuten köcheln lassen, bis man die Kartoffeln mit einem Spieß leicht durchstechen kann – sie müssen weich sein. In einem Sieb abtropfen lassen. Inzwischen den Backofen auf 170 °C vorheizen.

2 Die Kartoffeln auf ein Backblech legen und im heißen Ofen 3–4 Minuten trocknen lassen; herausnehmen und abkühlen lassen, bis man sie anfassen kann, dann pellen und durch eine Kartoffelpresse auf die dünn bemehlte Arbeitsfläche drücken.

3 In die Mitte eine Mulde drücken. Eigelbe, Mehl, Salz und Muskat hineingeben und die Kartoffeln rasch und mit leichter Hand vom Rand zur Mitte unterarbeiten – sie sollen möglichst wenig abkühlen. Aus dem Teig Rollen mit 1,5 cm Durchmesser formen, die Rollen in 1,5 cm lange Stücke schneiden. Die Gnocchi auf ein bemehltes Tablett legen.

4 In einem großen Topf reichlich gesalzenes Wasser zum Kochen bringen. Die Gnocchi darin portionsweise 1–2 Minuten garen, bis sie an die Wasseroberfläche steigen. Mit einem Schaumlöffel herausheben und gut abtropfen lassen.

5 Während die Gnocchi garen, die Butter in einer großen Pfanne bei mittlerer Hitze zerlassen und den Lauch darin anschwitzen, bis er weich ist. Thymian und Mustardela unterrühren und mitgaren, bis die Wurst zerfällt. Die Gnocchi in die Pfanne geben und untermischen.

6 Die Gnocchi in eine vorgewärmte Schüssel füllen und den Ricotta darüberreiben. Vor dem Servieren mit Salz und Pfeffer abschmecken.

FÜR 6 PERSONEN

Mustardela con patate e olio d'oliva

MUSTARDELA MIT KARTOFFELN UND OLIVENÖL

Es gibt viele Köche, die behaupten, ihnen liege die einfache Küche am Herzen, aber häufig merkt man ihren Gerichten das nicht an. Doch als Franco, unser Guide im Piemont, uns in das Restaurant brachte, das er mit seiner Frau Julia betreibt, durfte ich erleben, wie mit großer Sorgfalt schlicht und traditionell gekocht wurde. In diesem Gericht – das Julia für uns zubereitete und das ich seitdem in meinen Restaurants auf diverse Arten nachempfunden habe – steht die Mustardela im Vordergrund. Die Kartoffeln bilden hier den neutralen Hintergrund, vor dem sich die Blutwurst bestens entfalten kann.

- 500 g kleine Kartoffeln
- 3 TL Olivenöl
- 2 Knoblauchzehen, geschält
- 300 g Mustardela (siehe Seite 15), in 2 cm dicke Scheiben geschnitten
- Meersalz und geschroteter schwarzer Pfeffer
- 3 TL feine Schnittlauchröllchen
- natives Olivenöl extra zum Beträufeln

1 Die Kartoffeln ungeschält in einen großen Topf geben und mit kaltem Wasser bedecken, salzen. Aufkochen und 20–25 Minuten köcheln lassen, bis sie knapp gar sind. Abgießen, pellen und in 2 cm dicke Scheiben schneiden.

2 Das Öl in einer Pfanne erhitzen, die Knoblauchzehen hineingeben. Die Wurstscheiben im Öl von jeder Seite 30 Sekunden braten. Herausnehmen und auf Küchenpapier entfetten.

3 Kartoffel- und Wurstscheiben dachziegelartig auf einer Platte anrichten. Mit Salz und Pfeffer würzen, mit den Schnittlauchröllchen bestreuen, mit nativem Olivenöl extra beträufeln und servieren.

FÜR 6 PERSONEN

Salame nobile

LUFTGETROCKNETE WURST

Bei der Wurstherstellung ist Hygiene oberstes Gebot. Die Angaben im Rezept müssen exakt eingehalten werden – Salz und Natriumnitrat sind unerlässlich für die Konservierung des Fleisches. Wer selbst Wurst machen möchte, benötigt einen Fleischwolf und einen Wurstfüller, außerdem einen kühlen, dunklen Ort, etwa einen Keller, wo konstant eine Temperatur von 10–15 °C herrscht. Nach einigen Wochen sollte sich auf der Wurst eine weiße Schimmelschicht entwickeln. Ein guter Rat zum Schluss: Schauen Sie unbedingt einmal jemandem über die Schulter, der mit der Wurstherstellung Erfahrung hat.

- 800 g sehr frisches, gut gekühltes Schweinefleisch (Schulter), in 2 cm große Würfel geschnitten
- 200 g frischer fetter Speck (grüner Speck), in 2 cm große Würfel geschnitten
- 30 g Salz
- 1 g Natriumnitrat
- 3 Knoblauchzehen, geschält
- 30 ml Rotwein
- 3 g schwarzer Pfeffer, geschrotet
- 1 Saitling (Schafdarm)

1 Schweinefleisch und Speck mit Salz und Nitrat in eine Schüssel geben und alles gründlich mischen.

2 Den Knoblauch mit dem Wein im Blitzhacker pürieren. Mit dem Pfeffer zur Fleischmischung geben und alles erneut gut mischen. Mindestens 1 Stunde durchziehen lassen.

3 Das Fleisch durch den Fleischwolf (8-mm-Scheibe) drehen. Die entstandene Masse von Hand durchkneten, bis sie cremig aussieht und sich klebrig anfühlt.

4 Den Darm auf die Tülle des Wurstfüllers ziehen und das Ende mit Küchengarn zubinden. Die Masse in den Füller geben. Den Darm möglicht fest stopfen – er darf aber nicht platzen. Das offene Ende zubinden. Die Wurst in regelmäßigen Abständen mit Garn umschlingen, damit sie die Form behält. Mit einem sterilisierten Metallspieß unter der Haut sichtbare Luftblasen aufstechen. Die Salami in Gaze wickeln, die Stoffenden mit Garn fixieren. Über Nacht an einem luftigen Ort mit konstanter Temperatur (21–25 °C) lagern (der pH-Wert der Wurst sollte dabei auf 5,3 sinken – mit Testpapier oder -stäbchen prüfen).

5 Am nächsten Tag die Wurst auswickeln und an einer Schnur an die Kellerdecke hängen. Die Raumtemperatur sollte konstant 10 °C betragen, der Raum frei von Feuchtigkeit und Zugluft sein. Überprüfen Sie regelmäßig, ob sich der willkommene weiße Schimmel bildet – hat der Schimmel eine andere Farbe, ist die Wurst verdorben und muss weggeworfen werden. Nach 10–12 Wochen ist die Wurst ausgereift.

ERGIBT 1 GROSSE SALAMI

Mortadella

In meiner Kindheit schien Mortadella aus dem Einkaufskorb meiner Mutter nicht wegzudenken. Im Feinkostladen war es ein Ritual, die Wurst besonders dünn aufschneiden zu lassen – und ich bekam immer eine Scheibe extra, um sie auf dem Heimweg zu essen. Mortadella selbst zu machen ist wirklich etwas Besonderes. Sie können die Würzung Ihrem persönlichen Geschmack anpassen und so etwas Einzigartiges schaffen. Für dieses Rezept brauchen Sie einen Wurstfüller. Backenfett vom Schwein sollte beim Fleischer erhältlich sein – ersatzweise frischen fetten Speck verwenden.

- 500 g Schweinefleisch (Schulter), in 1 cm große Würfel geschnitten
- 250 g frischer fetter Speck (grüner Speck), in 1 cm große Würfel geschnitten
- 1½ TL Salz
- 1 TL geschroteter schwarzer Pfeffer
- 1 TL gemahlener Zimt
- 1 TL frisch geriebene Muskatnuss
- 1 TL gemahlener Koriander
- 100 g Schweinebackenfett, gewürfelt
- 70 g Pistazienkerne
- 1 großer Saitling (Schafdarm)

1 Fleisch und Fett in eine Schüssel geben. Salz, Pfeffer, Zimt, Muskat und Koriander hinzufügen und alles mischen. Zudecken und über Nacht im Kühlschrank durchziehen lassen.

2 Am nächsten Tag das Fleisch in vier Portionen im Mixer fein pürieren und jeweils 30 ml Eiswasser hinzufügen, dabei Rückstände an der Schüsselwand immer wieder nach unten schaben, bis eine glatte Paste entstanden ist. Nicht zu lange pürieren, sonst wird die Mortadella gummiartig.

3 In einem Topf gesalzenes Wasser zum Kochen bringen. Das Schweinebackenfett für 5 Minuten hineingeben, dann in Eiswasser abschrecken.

4 Das Backenfett mit den Pistazien zur Fleischmasse geben und sorgfältig untermischen.

5 Den Saitling 5 Minuten in warmem Wasser einweichen, dann auf die Tülle des Wurstfüllers ziehen und das Ende mit Küchengarn zubinden. Die Fleischmischung langsam und fest in den Darm füllen. Sobald der Darm voll ist, die Maschine anhalten und das offene Ende des Saitlings ebenfalls zubinden.

6 Einen Untersetzer aus hitzebeständigem Kunststoff in einen Topf legen. Die Mortadella vorsichtig darauflegen – sie darf den Topfboden nicht berühren. Mit kaltem Wasser bedecken und mit einem Teller beschweren, damit sie bedeckt bleibt. Die Wassertemperatur auf 80 °C bringen und möglichst konstant dort halten. Die Mortadella mindestens 1 Stunde erhitzen, bis die Kerntemperatur 70 °C beträgt.

7 Die Mortadella in kaltem Wasser abschrecken, über Nacht in den Kühlschrank stellen.

8 In Frischhaltefolie gewickelt hält sich die Wurst in einem luftdicht verschlossenen Behälter im Kühlschrank bis zu 5 Tage. Zum Servieren in dünne Scheiben schneiden.

ERGIBT 1 KG

Mit warmherzigen Gastgebern eine Mahlzeit zubereiten und genießen – das perfekte Ende eines wundervollen Tages.

Gnocchi di ricotta con burro e timo

RICOTTA-GNOCCHI MIT BUTTER UND THYMIAN

Ich liebe weiche Gnocchi mit Ricotta. Also ließ ich es mir nicht entgehen, sie auf Julias Einladung hin in ihrer Küche zuzubereiten. Julia nahm halb frischen und halb strohgereiften Ricotta (*saras del fen*), eine regionale Spezialität. Bei uns ist dieser Frischkäse schwer zu bekommen, ersatzweise können Sie Ricotta salata verwenden. Um den Wohlgeschmack der Gnocchi zur Geltung zu bringen, braucht man nur noch etwas braune Butter, mit Thymian aromatisiert.

- 100 g Butter
- ½ Bund Thymian
- Meersalz und geschroteter schwarzer Pfeffer

FÜR DIE RICOTTA-GNOCCHI

- 500 g frischer Ricotta, abgetropft
- 500 g Ricotta salata, gerieben
- 3 Eier
- 2 Eigelb
- 400 g Mehl, plus mehr zum Arbeiten
- ½ Muskatnuss, gerieben
- 1 TL Salz

1 Für die Gnocchi alle Zutaten in der Küchenmaschine zu einem Teig verarbeiten. Oder Ricotta, Eier und Eigelbe in einer großen Schüssel mit einem Kochlöffel glatt rühren, dann Mehl, Muskat und Salz untermischen. Den Teig auf einer bemehlten Arbeitsfläche kneten, bis das Mehl restlos untergearbeitet ist – das dauert nur wenige Minuten.

2 Aus dem Teig 2 cm dicke Rollen formen. In 1,5 cm lange Stücke schneiden und auf einem bemehlten Tablett verteilen.

3 Reichlich Wasser zum Kochen bringen. Etwas Salz hineingeben, dann die Gnocchi portionsweise hineingleiten lassen. Gnocchi, die nach oben gestiegen sind, mit einem Schaumlöffel herausheben und gut abtropfen lassen.

4 Eine große Pfanne heiß werden lassen. Die Butter darin mit dem Thymian erhitzen, bis sie gebräunt ist und schäumt. Die Gnocchi in die Pfanne geben. Salzen und pfeffern, dann alles kurz mischen. Mit den Thymianzweigen garnieren.

FÜR 6 PERSONEN

Centro
Anziani

CAPPONE DI MOROZZO

KAPAUN

DER CAPPONE DI MOROZZO IST EINE LOKALE DELIKATESSE, DEREN URSPRÜNGE SICH BIS INS MITTELALTER ZURÜCKVERFOLGEN LASSEN. DAS FLEISCH DER KASTRIERTEN HÄHNE HAT EINEN GANZ BESONDEREN GESCHMACK, DER DEM MANGEL AN TESTOSTERON ZU VERDANKEN IST.

Der Kapaun hat eine lange Tradition in Morozzo. Doch in den 1960er Jahren sah es so aus, als könnte sie bald zu Ende sein – 1999 gab es schließlich nur noch etwa 300 *capponi*. Dann nahm sich ein Förderkreis von Slow Food des Cappone di Morozzo an und die Aufzucht kam wieder in Schwung. Heute krähen in der Umgebung des kleinen Ortes wieder fast 4000 Kapaune.

Der Präsident des Consorzio del Cappone di Morozzo, Oreste Massimino, bringt uns zu Giuseppe Aime, der einen Hof in Castelletto Stura bewirtschaftet. Seine Familie züchtet seit mehr als 100 Jahren Kapaune. Die wichtigste Hühnerrasse dafür heißt Bionda piemontese. Die Hähne tragen einen langen schwarzen Schwanz und glänzendes rötliches Gefieder mit blauen und grünen Einsprengseln. Die Mitglieder des Konsortiums haben strenge Regeln für die Aufzucht der Tiere aufgestellt: Sie wachsen in Freilandhaltung heran und jedes muss mindestens fünf Quadratmeter Auslauf zur Verfügung haben. Die Fütterung erfolgt nur mit Getreide und Gemüse. Kein Erzeuger darf mehr als 200 Hähne halten.

Die Küken schlüpfen im Frühling und werden im August kastriert, wenn sie vier bis fünf Monate alt sind. Früher gehörte das auf den Höfen zu den Aufgaben der Frauen, heute vollzieht meist ein Tierarzt den Eingriff unter lokaler Betäubung. Nach der Kastration verlieren die Hähne auch Kamm und Kehllappen. Geschlachtet werden sie vor Weihnachten, im Alter von sieben oder acht Monaten. Bei unserem Besuch in Morozzo konnten wir bei einer Kastration zusehen. Bemerkenswert schien mir, dass die Entfernung seines Kamms dem Hahn offenbar mehr zusetzt als die Kastration.

Kapaun ist von Ende Oktober bis Anfang Februar in den Geschäften erhältlich. Er kommt vor allem an den Weihnachtstagen und zu Neujahr auf den Tisch – traditionell gefüllt und in Brühe gegart. Sein Fleisch schmeckt zarter und süßer als normales Hühnerfleisch. Am dritten Montag im Dezember findet in Morozzo ein Fest zu Ehren des Cappone statt. Serviert wird er stets mit dem Bauch nach oben – die Naht verrät, dass man es wirklich mit einem Kapaun zu tun hat.

Der Cappone di Morozzo war schon so gut wie ausgestorben. Inzwischen krähen in der Umgebung von Morozzo wieder fast 4000 Kapaune.

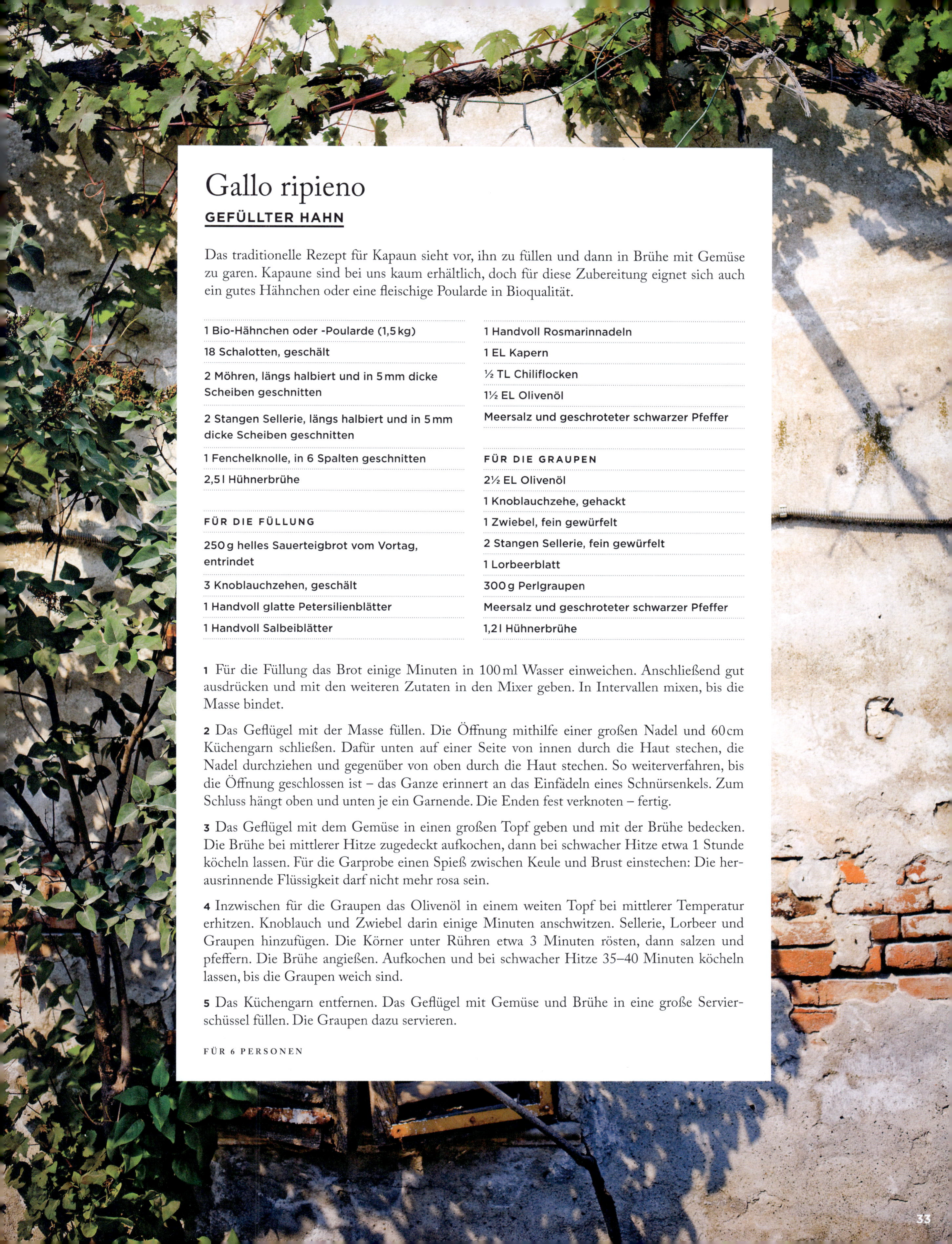

Gallo ripieno

GEFÜLLTER HAHN

Das traditionelle Rezept für Kapaun sieht vor, ihn zu füllen und dann in Brühe mit Gemüse zu garen. Kapaune sind bei uns kaum erhältlich, doch für diese Zubereitung eignet sich auch ein gutes Hähnchen oder eine fleischige Poularde in Bioqualität.

- 1 Bio-Hähnchen oder -Poularde (1,5 kg)
- 18 Schalotten, geschält
- 2 Möhren, längs halbiert und in 5 mm dicke Scheiben geschnitten
- 2 Stangen Sellerie, längs halbiert und in 5 mm dicke Scheiben geschnitten
- 1 Fenchelknolle, in 6 Spalten geschnitten
- 2,5 l Hühnerbrühe

FÜR DIE FÜLLUNG

- 250 g helles Sauerteigbrot vom Vortag, entrindet
- 3 Knoblauchzehen, geschält
- 1 Handvoll glatte Petersilienblätter
- 1 Handvoll Salbeiblätter
- 1 Handvoll Rosmarinnadeln
- 1 EL Kapern
- ½ TL Chiliflocken
- 1½ EL Olivenöl
- Meersalz und geschroteter schwarzer Pfeffer

FÜR DIE GRAUPEN

- 2½ EL Olivenöl
- 1 Knoblauchzehe, gehackt
- 1 Zwiebel, fein gewürfelt
- 2 Stangen Sellerie, fein gewürfelt
- 1 Lorbeerblatt
- 300 g Perlgraupen
- Meersalz und geschroteter schwarzer Pfeffer
- 1,2 l Hühnerbrühe

1 Für die Füllung das Brot einige Minuten in 100 ml Wasser einweichen. Anschließend gut ausdrücken und mit den weiteren Zutaten in den Mixer geben. In Intervallen mixen, bis die Masse bindet.

2 Das Geflügel mit der Masse füllen. Die Öffnung mithilfe einer großen Nadel und 60 cm Küchengarn schließen. Dafür unten auf einer Seite von innen durch die Haut stechen, die Nadel durchziehen und gegenüber von oben durch die Haut stechen. So weiterverfahren, bis die Öffnung geschlossen ist – das Ganze erinnert an das Einfädeln eines Schnürsenkels. Zum Schluss hängt oben und unten je ein Garnende. Die Enden fest verknoten – fertig.

3 Das Geflügel mit dem Gemüse in einen großen Topf geben und mit der Brühe bedecken. Die Brühe bei mittlerer Hitze zugedeckt aufkochen, dann bei schwacher Hitze etwa 1 Stunde köcheln lassen. Für die Garprobe einen Spieß zwischen Keule und Brust einstechen: Die herausrinnende Flüssigkeit darf nicht mehr rosa sein.

4 Inzwischen für die Graupen das Olivenöl in einem weiten Topf bei mittlerer Temperatur erhitzen. Knoblauch und Zwiebel darin einige Minuten anschwitzen. Sellerie, Lorbeer und Graupen hinzufügen. Die Körner unter Rühren etwa 3 Minuten rösten, dann salzen und pfeffern. Die Brühe angießen. Aufkochen und bei schwacher Hitze 35–40 Minuten köcheln lassen, bis die Graupen weich sind.

5 Das Küchengarn entfernen. Das Geflügel mit Gemüse und Brühe in eine große Servierschüssel füllen. Die Graupen dazu servieren.

FÜR 6 PERSONEN

BARBARESCO & BAROLO

VINI GAJA

GAJA ZÄHLT ZU DEN BERÜHMTESTEN ITALIENISCHEN WEINGÜTERN. 1859 VON GIOVANNI GAJA GEGRÜNDET, BEFINDET SICH DAS UNTERNEHMEN SEIT VIER GENERATIONEN IN FAMILIENBESITZ. SEINE BERÜHMTESTEN WEINE SIND BAROLO UND BARBARESCO, BENANNT NACH DEN BENACHBARTEN ORTEN, AUF DEREN GEBIET DIE REBHÄNGE LIEGEN.

Die Weine von Gaja zählen zu den besten der Welt. Ich serviere sie regelmäßig in meinen Restaurants, und Angelo Gaja, den derzeitigen Besitzer, kenne ich von einem seiner Besuche in Australien. Ein äußerst liebenswürdiger Mensch, der in Sachen Wein um die ganze Welt reist, sodass man sich rechtzeitig um einen Termin bemühen muss, wenn man ihn zu Hause treffen möchte. Als wir uns dem Weingut in den Hügeln der Langhe nördlich von Alba nähern, freue ich mich darauf, Angelo wiederzusehen.

Das prächtige Weingut wirkt, als wäre es in die Rebhänge hineingeschnitten worden. Die Anlage ist wirklich sehenswert – ein Ensemble historischer Gebäude, darunter ein Wehrturm aus dem achten Jahrhundert. Unter Angelos Leitung ist das Weingut sorgfältig restauriert und erweitert worden, sodass heute alles ein Gefühl von Großzügigkeit und Eleganz ausstrahlt. Nach der Begrüßung erklärt uns der Besitzer, bei allen Modernisierungsmaßnahmen habe er sich bemüht, das Anwesen harmonisch in die Umgebung einzubinden – nicht nur dieses Ziel hat er erreicht.

Angelo, der den Betrieb zusammen mit seiner Frau Lucia und den beiden Töchtern führt, spricht mit viel Leidenschaft über die Tradition des Weinbaus und die Entwicklung der italienischen Weinlandschaft in den vergangenen 50 Jahren, dabei vergisst er nicht, den Beitrag seiner Familie herauszustellen. Der Chef kümmert sich persönlich um den Vertrieb und er legt großen Wert darauf, seine Erzeugnisse in alle Welt zu verkaufen – der erste Gaja, der seine Weine exportiert.

Bei Gaja verbindet sich Respekt für die Tradition mit dem Streben nach Innovation. Der Hausherr betrachtet es als seine Pflicht, alle neuen technischen Entwicklungen in der Weinproduktion zu verfolgen. Während er uns durch die berühmte Kellerei führt, fällt mir auf, wie modern sie ist – geflieste Böden, schlichter Innenausbau, die Ausstattung auf dem allerneuesten Stand.

Bei unserer Fahrt durch die Weinberge spricht Angelo davon, dass seine Weine aus der lokalen Rebsorte Nebbiolo den typischen Charakter der Region widerspiegeln (entsprechend dem französischen Konzept des *terroir*). Beim Mittagessen in der schönen Trattoria Antica Torre genießen wir einige seiner Erzeugnisse. Barbaresco wie auch Barolo – die zu den besten Rotweinen Italiens zählen – bestechen durch Nuancen von Teer, Rose, Fenchelkörnern, Orangenschale und Trüffeln. Der Barolo gilt als der maskulinere der beiden Weine mit längerem Ausbau und einer kräftigeren Struktur. Der Barbaresco wirkt femininer und eleganter. Gaja erzeugt außerdem einen hervorragenden Chardonnay – kein typischer Wein für das Piemont, aber eine Herzensangelegenheit für den Winzer.

Angelos Weine aus der lokalen Rebsorte Nebbiolo spiegeln den Charakter der Region.

GAJA
sori Tildin
1970
GAJA
1967
Sorì San Lorenzo
GAJA
Sorì SAN LORENZO

1957
GAJA
VINO
BARBARESCO
GAJA
BARBARESCO
GAJA
Barbaresco
BARBARESCO

Lepre in salmì

HASENPFEFFER

Im Piemont ist es oft eher kühl, und so erfreuen sich gehaltvolle Schmorgerichte hier großer Beliebtheit. Angelo, der Inhaber von Vini Gaja, ist so lebhaft wie die Weine, die er und seine Familie produzieren. Das Treffen mit ihm inspirierte mich, ein Gericht zu entwickeln, das es mit seinem unglaublichen Barbaresco aufnehmen kann. Dieser Hasenpfeffer, mit Gewürzen und ein wenig Kakao, erfüllt diese Erwartung voll und ganz. Statt des Hasen kann man Hirschschulter oder Ochsenbäckchen verwenden, und falls Barbaresco nicht aufzutreiben ist, tut es auch ein anderer guter, körperreicher Rotwein. Mit der Zubereitung müssen Sie am Vortag anfangen, weil das Fleisch über Nacht mariniert wird.

- 1 Hase (1,2 kg), ersatzweise Hirschschulter oder Ochsenbäckchen
- 2 Sternanis
- 3 Gewürznelken
- 4 Wacholderbeeren
- 1 Zimtstange
- 3 Lorbeerblätter
- ¼ Bund Thymian
- 2 Knoblauchzehen, zerdrückt
- 1 Zwiebel, in 1 cm große Würfel geschnitten
- 1 Möhre, geschält und in 1 cm große Stücke geschnitten
- 2 Stangen Sellerie, in 1 cm breite Stücke geschnitten
- Meersalz und geschroteter schwarzer Pfeffer
- 250 ml Portwein
- 1 l Rotwein
- 100 ml Olivenöl
- 3 EL Tomatenmark
- 500 ml Hühnerbrühe
- 1 EL Kakaopulver
- 1½ EL Weinbrand
- 1 EL Himbeerkonfitüre
- gehackte glatte Petersilie zum Servieren

1 Vom Hasen die Vorder- und Hinterläufe abtrennen und im Gelenk teilen. Mit einer Geflügelschere die Rippen auf etwa 2 cm kürzen. Den Rücken in 2 cm breite Stücke schneiden.

2 Sternanis, Nelken, Wacholder, Zimt und Lorbeer in Gaze wickeln und diese mit Küchengarn zusammenbinden. Die Thymianzweige ebenfalls zusammenbinden. Das Fleisch, Gewürze, Kräuter und Gemüse in eine große Schüssel füllen, mit Salz und Pfeffer würzen und mit Port- und Rotwein bedecken. Über Nacht kühl stellen.

3 Am nächsten Tag das Fleisch aus der Marinade nehmen. Mit Küchenpapier trocken tupfen. Ein Sieb auf eine Schüssel setzen. Marinade und Gemüse hineingießen, beides aufbewahren. Die Gewürze und die Kräuter entsorgen.

4 Einen großen Topf bei mittlerer Temperatur heiß werden lassen. Das Gemüse aus dem Sieb mit 1 EL Olivenöl hineingeben und unter gelegentlichem Rühren 10 Minuten anbraten. Das Tomatenmark hinzufügen und einige Minuten mitbraten, dann die Marinade dazugießen und in 5–10 Minuten um ein Drittel reduzieren.

5 Eine große Pfanne bei mittlerer Temperatur erhitzen. Das restliche Olivenöl hineingeben. Das Fleisch darin rundherum anbraten, dann zur Gemüsemischung geben. Die Hühnerbrühe dazugießen. Aufkochen, dann bei sehr schwacher Hitze 1–1½ Stunden köcheln lassen, bis das Fleisch zart ist.

6 Das Kakaopulver mit Weinbrand und Himbeerkonfitüre verquirlen.

7 Das Fleisch aus der Sauce heben und beiseitelegen. Die Sauce durch ein Sieb in einen zweiten Topf gießen, den Siebinhalt dabei mit dem Rücken einer Schöpfkelle ausdrücken. Die Sauce bei mittlerer Hitze aufkochen lassen. Die Kakaomischung mit einem Schneebesen unterrühren. Das Fleisch in die köchelnde Sauce geben und darin ein paar Minuten aufwärmen. Das Gericht mit Petersilie bestreuen und servieren.

FÜR 6 PERSONEN

TARTUFI

TRÜFFEL

TARTUFLANGHE

IN DEM ÖRTCHEN PIOBESI D'ALBA PRODUZIERT DIE FIRMA TARTUFLANGHE TRÜFFELERZEUGNISSE UND VERSENDET DIE KOSTBAREN PILZE AN SPITZENRESTAURANTS UND FEINKOSTGESCHÄFTE IN DER GANZEN WELT.

Beppe Montanaro und seine Frau Domenica gründeten 1980 Tartuflanghe, und heute führen sie die Firma zusammen mit ihren Kindern Stefania und Paolo sowie dessen Partnerin Veronica. Bei unserer Ankunft begrüßt uns Veronica herzlich auf typisch italienische Art. Wie viele der Erzeuger, die wir auf unserer Reise kennenlernen, stellt sie uns bereitwillig ihre Zeit und ihr Wissen zur Verfügung.

Als Erstes erklärt uns die Fachfrau, worum genau es sich bei Trüffeln handelt – um einen Pilz, der im Wald unterirdisch an Baumwurzeln wächst. Wir erfahren, dass die piemontesische Trüffel ohne menschliches Zutun gedeiht, ihre Sporen werden von Tieren verteilt, die Pilze fressen, etwa Eichhörnchen, Wildschweine oder Schlangen. Zu den drei wertvollsten Arten zählen die schwarze Sommertrüffel, die schwarze Wintertrüffel und der berühmte *tartufo bianco d'Alba*, die weiße Trüffel aus Alba, hoch geschätzt wegen ihres intensiven Aromas.

Vor etwa zehn Jahren haben die Montanaros mit der Anlage eines eigenen Trüffelwaldes begonnen, wo von den Trüffeln bevorzugte Bäume wie Eichen, Esskastanien, Linden sowie Haselnusssträucher angepflanzt wurden. Als wir mit Veronica durch das Waldgebiet spazieren, treffen wir einen Trüffeljäger (*trifolao*) aus der Gegend, Matteo, der mit seinen Hunden auf der Suche nach schwarzen Sommertrüffeln ist. Im Piemont gibt es mehr als 200 Trüffelsucher, die ihre Funde an lokale Geschäfte und Händler verkaufen. Jeder von ihnen braucht eine Genehmigung und einen besonders trainierten Hund. Trüffelsuche ist Teamarbeit: Die Hunde erschnüffeln die Pilze, bevor die Männer sie mit einer kleinen Hacke ausgraben. Die kostbaren weißen Trüffel werden mit der Hand aus dem Boden geholt. Die Trüffelsucher führen Buch, um die Details ihrer Funde festzuhalten. Die Montanaros kaufen Trüffel von vielen verschiedenen *trifolai*. Nur Pilze bester Qualität werden angenommen. Nach dem Säubern und Verpacken wird die kostbare Ware in die ganze Welt verschickt. Tartuflanghe stellt außerdem mehr als 100 Trüffelprodukte her: Trüffelpasta, Trüffelkäse, Trüffelsaucen, Trüffelhonig und köstliches Konfekt. Veronica zeigt sich großzügig und entlässt uns mit einem Paket ihrer ausgezeichneten Produkte, deren Duft noch tagelang in unserem Wagen hängt und uns alle leicht getrüffelt zurücklässt.

Trüffel sind eine hochgeschätzte Zutat in der italienischen Küche, aber sie haben ihren Preis. Ich bezahle 3000–5000 Euro pro Kilo für die weißen Trüffel von Tartuflanghe und rund 2000 Euro pro Kilo für schwarze Trüffel. Doch seit ich während unseres Besuchs gesehen habe, welcher Aufwand zum Aufspüren der seltenen Pilze gehört, kann ich ermessen, was sie so teuer macht. Ich bin sicher, sie sind ihren Preis absolut wert.

Diese seltene und kostbare Zutat mit ihrem vollen, erdigen Geschmack verleiht den Gerichten eine besondere Würze und Authentizität.

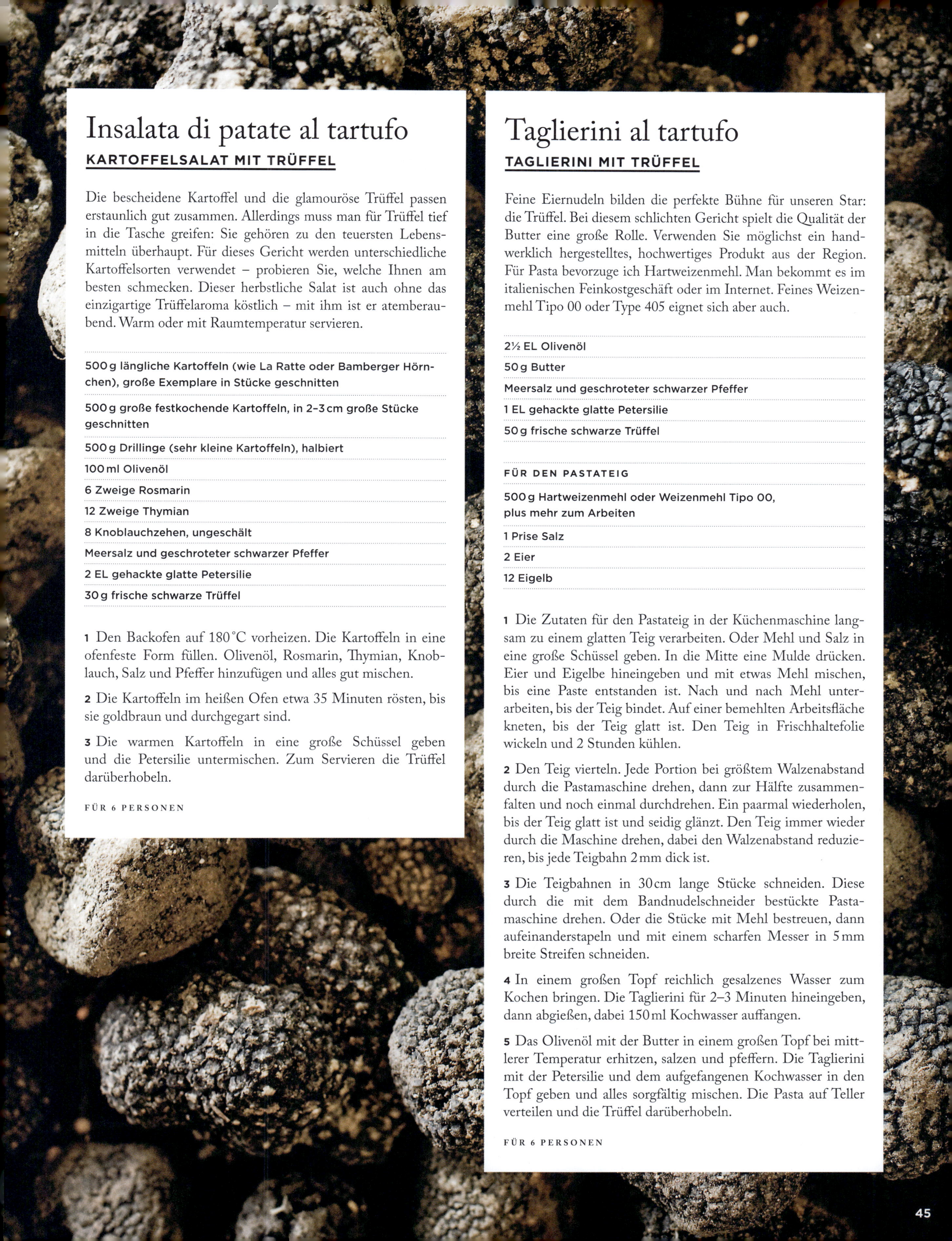

Insalata di patate al tartufo

KARTOFFELSALAT MIT TRÜFFEL

Die bescheidene Kartoffel und die glamouröse Trüffel passen erstaunlich gut zusammen. Allerdings muss man für Trüffel tief in die Tasche greifen: Sie gehören zu den teuersten Lebensmitteln überhaupt. Für dieses Gericht werden unterschiedliche Kartoffelsorten verwendet – probieren Sie, welche Ihnen am besten schmecken. Dieser herbstliche Salat ist auch ohne das einzigartige Trüffelaroma köstlich – mit ihm ist er atemberaubend. Warm oder mit Raumtemperatur servieren.

- 500 g längliche Kartoffeln (wie La Ratte oder Bamberger Hörnchen), große Exemplare in Stücke geschnitten
- 500 g große festkochende Kartoffeln, in 2–3 cm große Stücke geschnitten
- 500 g Drillinge (sehr kleine Kartoffeln), halbiert
- 100 ml Olivenöl
- 6 Zweige Rosmarin
- 12 Zweige Thymian
- 8 Knoblauchzehen, ungeschält
- Meersalz und geschroteter schwarzer Pfeffer
- 2 EL gehackte glatte Petersilie
- 30 g frische schwarze Trüffel

1 Den Backofen auf 180 °C vorheizen. Die Kartoffeln in eine ofenfeste Form füllen. Olivenöl, Rosmarin, Thymian, Knoblauch, Salz und Pfeffer hinzufügen und alles gut mischen.

2 Die Kartoffeln im heißen Ofen etwa 35 Minuten rösten, bis sie goldbraun und durchgegart sind.

3 Die warmen Kartoffeln in eine große Schüssel geben und die Petersilie untermischen. Zum Servieren die Trüffel darüberhobeln.

FÜR 6 PERSONEN

Taglierini al tartufo

TAGLIERINI MIT TRÜFFEL

Feine Eiernudeln bilden die perfekte Bühne für unseren Star: die Trüffel. Bei diesem schlichten Gericht spielt die Qualität der Butter eine große Rolle. Verwenden Sie möglichst ein handwerklich hergestelltes, hochwertiges Produkt aus der Region. Für Pasta bevorzuge ich Hartweizenmehl. Man bekommt es im italienischen Feinkostgeschäft oder im Internet. Feines Weizenmehl Tipo 00 oder Type 405 eignet sich aber auch.

- 2½ EL Olivenöl
- 50 g Butter
- Meersalz und geschroteter schwarzer Pfeffer
- 1 EL gehackte glatte Petersilie
- 50 g frische schwarze Trüffel

FÜR DEN PASTATEIG

- 500 g Hartweizenmehl oder Weizenmehl Tipo 00, plus mehr zum Arbeiten
- 1 Prise Salz
- 2 Eier
- 12 Eigelb

1 Die Zutaten für den Pastateig in der Küchenmaschine langsam zu einem glatten Teig verarbeiten. Oder Mehl und Salz in eine große Schüssel geben. In die Mitte eine Mulde drücken. Eier und Eigelbe hineingeben und mit etwas Mehl mischen, bis eine Paste entstanden ist. Nach und nach Mehl unterarbeiten, bis der Teig bindet. Auf einer bemehlten Arbeitsfläche kneten, bis der Teig glatt ist. Den Teig in Frischhaltefolie wickeln und 2 Stunden kühlen.

2 Den Teig vierteln. Jede Portion bei größtem Walzenabstand durch die Pastamaschine drehen, dann zur Hälfte zusammenfalten und noch einmal durchdrehen. Ein paarmal wiederholen, bis der Teig glatt ist und seidig glänzt. Den Teig immer wieder durch die Maschine drehen, dabei den Walzenabstand reduzieren, bis jede Teigbahn 2 mm dick ist.

3 Die Teigbahnen in 30 cm lange Stücke schneiden. Diese durch die mit dem Bandnudelschneider bestückte Pastamaschine drehen. Oder die Stücke mit Mehl bestreuen, dann aufeinanderstapeln und mit einem scharfen Messer in 5 mm breite Streifen schneiden.

4 In einem großen Topf reichlich gesalzenes Wasser zum Kochen bringen. Die Taglierini für 2–3 Minuten hineingeben, dann abgießen, dabei 150 ml Kochwasser auffangen.

5 Das Olivenöl mit der Butter in einem großen Topf bei mittlerer Temperatur erhitzen, salzen und pfeffern. Die Taglierini mit der Petersilie und dem aufgefangenen Kochwasser in den Topf geben und alles sorgfältig mischen. Die Pasta auf Teller verteilen und die Trüffel darüberhobeln.

FÜR 6 PERSONEN

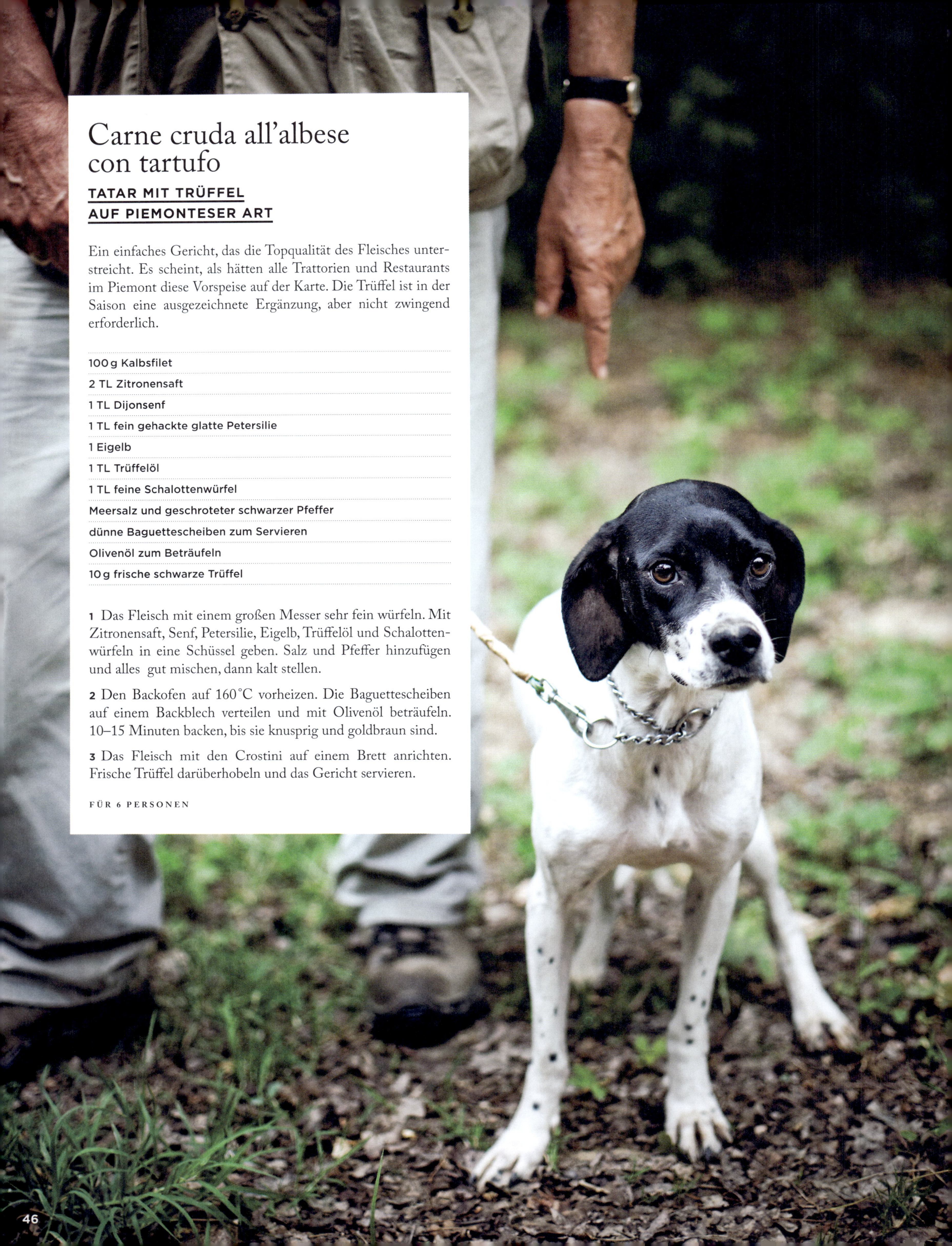

Carne cruda all'albese con tartufo

TATAR MIT TRÜFFEL AUF PIEMONTESER ART

Ein einfaches Gericht, das die Topqualität des Fleisches unterstreicht. Es scheint, als hätten alle Trattorien und Restaurants im Piemont diese Vorspeise auf der Karte. Die Trüffel ist in der Saison eine ausgezeichnete Ergänzung, aber nicht zwingend erforderlich.

- 100 g Kalbsfilet
- 2 TL Zitronensaft
- 1 TL Dijonsenf
- 1 TL fein gehackte glatte Petersilie
- 1 Eigelb
- 1 TL Trüffelöl
- 1 TL feine Schalottenwürfel
- Meersalz und geschroteter schwarzer Pfeffer
- dünne Baguettescheiben zum Servieren
- Olivenöl zum Beträufeln
- 10 g frische schwarze Trüffel

1 Das Fleisch mit einem großen Messer sehr fein würfeln. Mit Zitronensaft, Senf, Petersilie, Eigelb, Trüffelöl und Schalottenwürfeln in eine Schüssel geben. Salz und Pfeffer hinzufügen und alles gut mischen, dann kalt stellen.

2 Den Backofen auf 160 °C vorheizen. Die Baguettescheiben auf einem Backblech verteilen und mit Olivenöl beträufeln. 10–15 Minuten backen, bis sie knusprig und goldbraun sind.

3 Das Fleisch mit den Crostini auf einem Brett anrichten. Frische Trüffel darüberhobeln und das Gericht servieren.

FÜR 6 PERSONEN

FRAGOLA DI TORTONA

ERDBEEREN

PATRIZIA LODI

DIE STADT TORTONA IST BERÜHMT FÜR IHRE ERDBEEREN, DIE ETWAS GANZ BESONDERES SIND – HOCHAROMATISCH, ABER NICHT SEHR HALTBAR UND NUR FÜR GANZ KURZE ZEIT AUF DEM MARKT. PATRIZIA LODI BAUT DIE ALTE SORTE AUF IHREN FELDERN AN UND ENGAGIERT SICH FÜR IHRE ERHALTUNG.

Die berühmten Fragole di Tortona gibt es seit dem 15. Jahrhundert. Die Früchte sind klein, ähnlich wie Walderdbeeren, dafür aber besonders aromatisch. Leider geriet die alte Sorte aufgrund der zunehmenden Verstädterung nach dem Zweiten Weltkrieg immer mehr ins Hintertreffen. Wegen der Kürze ihrer Saison schien der Anbau nicht rentabel, und in den 1990er Jahren war sie fast verschwunden. Glücklicherweise schlossen sich 2003 acht Erzeuger zusammen, die sich mit aller Kraft der Erhaltung und der Produktion der Fragola di Tortona verschrieben haben.

Zu ihnen gehört Patrizia Lodi, die sich 2002 entschlossen hatte, Tortona-Erdbeeren anzubauen, um das Aussterben der alten Sorte zu verhindern. Ihre Familie bewirtschaftet seit 1929 den Hof La Carcassola, das pittoreske Bauernhaus stammt aus dem Jahr 1900. Die Familie ist hier fest verwurzelt. Auf dem Hof wird nach den Grundsätzen der biologischen Landwirtschaft produziert. Patrizia selbst ist ein wunderbarer Mensch, bodenständig und großzügig. Sie widmet sich mit Leib und Seele dem Erhalt der seltenen Erdbeeren.

Tortona-Erdbeeren, außen dunkelrot und innen rosafarben, ähneln in Form und Größe Himbeeren. Sie haben ein kräftiges, ausgeprägtes Aroma und sind unglaublich süß – als ich sie probiere, erscheint mir der Geschmack derart intensiv und ungewöhnlich, dass ich ihn fast für künstlich halte!

Patrizia erklärt mir, wie sie die Erdbeeren anbaut. Die Stecklinge müssen zunächst ein paar Wochen in Wasser kultiviert werden, bevor man sie auspflanzen kann. Die Pflanzen erreichen ein Alter von drei bis vier Jahren, wobei die Beeren jedes Jahr besser schmecken. Die Erntesaison ist extrem kurz – nur 15 bis 20 Tage von Ende Mai bis Mitte Juni –, und die Beeren müssen bei der Ernte vollreif sein. Patrizia pflückt sie von Hand, weil sie so empfindlich sind.

Die Früchte vertragen keine lange Lagerung und sollten innerhalb von 48 Stunden den Käufer erreichen. Vornehmlich Geschäfte und Restaurants in der Umgebung nehmen die Ernte ab, um sie entweder zu Konfitüre, Eis und Torten zu verarbeiten oder – die lokale Spezialität – mit einem Schuss Rotwein, vorzugsweise einem Barbera, zu servieren.

Weil die Erdbeeren nur eine kurze Saison haben, baut Patrizia auch andere landwirtschaftliche Produkte an, darunter Mais und Kichererbsen, die für die regionale Brotsorte Farinata Verwendung finden, sie hält Bienen und Kühe, außerdem Esel einer vom Aussterben bedrohten Rasse. Ich bin von dieser Frau sehr beeindruckt – sie ist wirklich eine inspirierende Persönlichkeit!

Patrizia ist ein wunderbarer Mensch, bodenständig und großzügig. Sie widmet sich mit Leib und Seele dem Erhalt einer alten Erdbeersorte.

Fragole al vino rosso

ERDBEEREN IN ROTWEIN

So wie hier, schlicht und elegant, werden die Tortona-Erdbeeren in dieser Gegend oft serviert. Die Beeren sind so süß und aromatisch, dass sie sich durchaus gegen einen kräftigen Rotwein behaupten können. Verwenden Sie einen Barbera – und die reifsten, süßesten Erdbeeren, die Sie finden können.

- 1 Flasche Rotwein (750 ml)
- 130 g Zucker
- abgeriebene Schale von 2 Bio-Zitronen
- abgeriebene Schale von 2 Bio-Orangen
- 2 Zimtstangen
- 400 g Erdbeeren, große Exemplare halbiert

1 Den Rotwein in einem großen Topf mit Zucker, Zitronenschale, Orangenschale und Zimt bei mittlerer Hitze zum Kochen bringen. Vom Herd nehmen und abkühlen lassen.

2 Die Erdbeeren in den kalten Rotwein geben und 2–3 Stunden darin marinieren.

3 Die Beeren mit etwas Rotwein übergossen servieren.

FÜR 6 PERSONEN

Torta di fragole di bosco

WALDERDBEER-TÖRTCHEN

Diese Törtchen vereinen die süßesten Erdbeeren mit üppiger Creme und knusprigem Mürbeteig – einfach unwiderstehlich! Für dieses Rezept benötigen Sie ein Küchenthermometer.

- 500 g Walderdbeeren oder sehr kleine Erdbeeren
- Puderzucker zum Bestäuben

FÜR DEN MÜRBETEIG

- 75 g Butter, plus mehr für die Förmchen
- 50 g Puderzucker
- 125 g Mehl
- 2 EL gemahlene Mandeln
- 1 Prise Salz
- 1 Ei

FÜR DIE ZITRONENCREME

- 2 Blatt Gelatine
- abgeriebene Schale von 2 Bio-Zitronen
- 100 ml Zitronensaft
- 100 g feiner Zucker
- 3 Eier
- 150 g Butter in Stückchen

1 Für den Teig die Butter in der Küchenmaschine mit dem Flachrührer bei mittlerer Geschwindigkeit cremig rühren. Mehl, Mandeln und Salz untermischen. Das Ei dazugeben und so kurz wie möglich untermischen. Den Teig in Frischhaltefolie wickeln und 2 Stunden kühlen.

2 Den Backofen auf 170 °C vorheizen. 20 Mini-Tortelettformen (6 cm Ø) mit Butter ausfetten. Den Teig dünn ausrollen. Kreise (je 7 cm Ø) ausstechen und die Förmchen damit auskleiden. Die Teigböden etwa 7 Minuten backen, bis sie goldbraun sind. Auf einem Gitter abkühlen lassen.

3 Für die Zitronencreme die Gelatine 5 Minuten in kaltem Wasser einweichen. Zitronenschale und -saft in einer hitzebeständigen Schüssel mit einem Schneebesen mit Zucker und Eiern verrühren. Die Schüssel auf einen Topf mit etwas köchelndem Wasser setzen. Die Mischung unter ständigem Schlagen auf 80 °C erhitzen, bis sie eindickt. Die Gelatine ausdrücken, dann in der heißen Creme auflösen. Die Schüssel aus dem Wasserbad nehmen. Sobald 60 °C erreicht sind, die Mischung in die Küchenmaschine geben und bei mittlerer Geschwindigkeit die Butter stückweise hinzufügen. Die Creme abkühlen lassen.

4 In jeden Boden 1–2 EL Creme füllen. Darauf jeweils ein paar Erdbeeren anrichten. Mit Puderzucker bestäuben.

ERGIBT 20 STÜCK

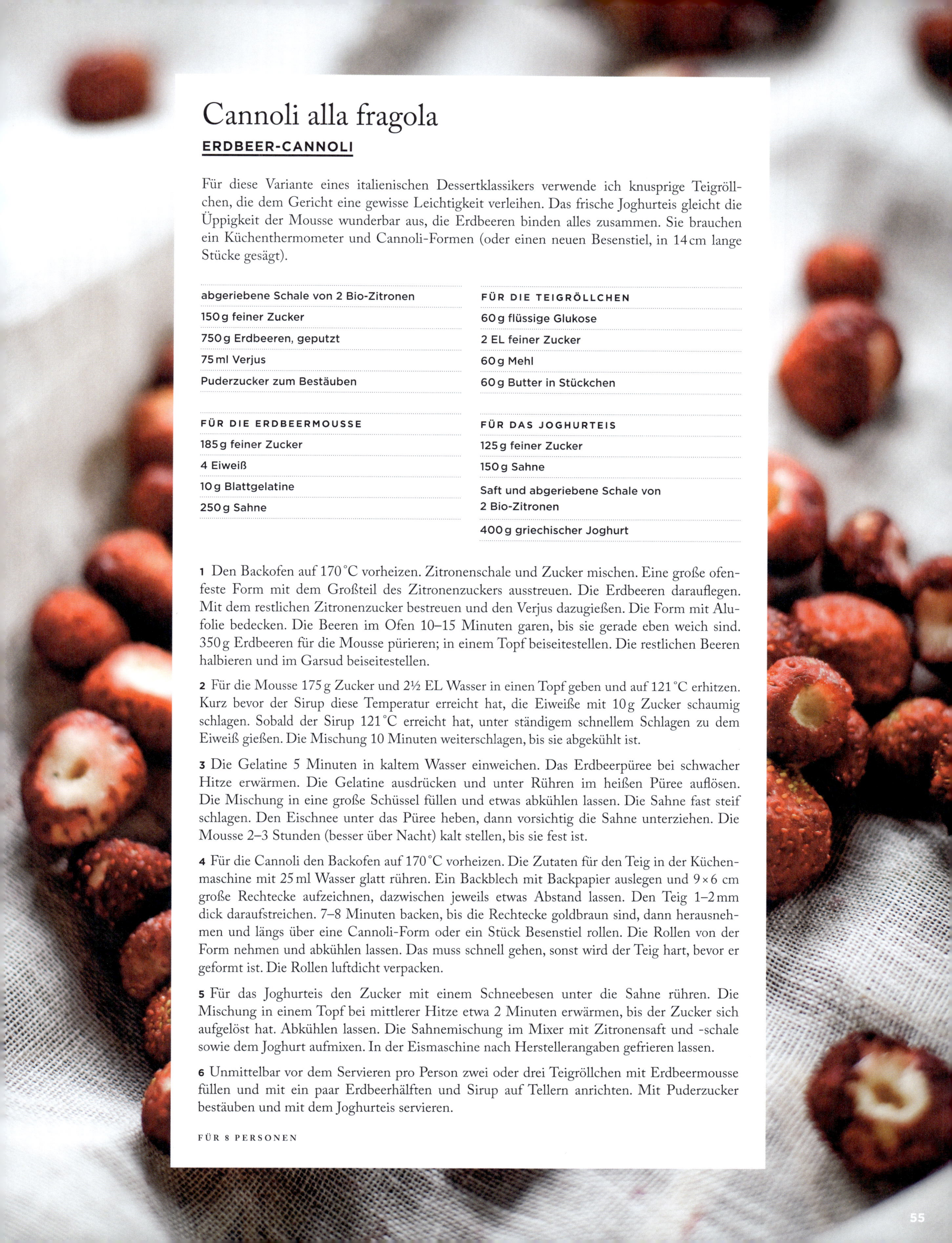

Cannoli alla fragola

ERDBEER-CANNOLI

Für diese Variante eines italienischen Dessertklassikers verwende ich knusprige Teigröllchen, die dem Gericht eine gewisse Leichtigkeit verleihen. Das frische Joghurteis gleicht die Üppigkeit der Mousse wunderbar aus, die Erdbeeren binden alles zusammen. Sie brauchen ein Küchenthermometer und Cannoli-Formen (oder einen neuen Besenstiel, in 14 cm lange Stücke gesägt).

- abgeriebene Schale von 2 Bio-Zitronen
- 150 g feiner Zucker
- 750 g Erdbeeren, geputzt
- 75 ml Verjus
- Puderzucker zum Bestäuben

FÜR DIE ERDBEERMOUSSE

- 185 g feiner Zucker
- 4 Eiweiß
- 10 g Blattgelatine
- 250 g Sahne

FÜR DIE TEIGRÖLLCHEN

- 60 g flüssige Glukose
- 2 EL feiner Zucker
- 60 g Mehl
- 60 g Butter in Stückchen

FÜR DAS JOGHURTEIS

- 125 g feiner Zucker
- 150 g Sahne
- Saft und abgeriebene Schale von 2 Bio-Zitronen
- 400 g griechischer Joghurt

1 Den Backofen auf 170 °C vorheizen. Zitronenschale und Zucker mischen. Eine große ofenfeste Form mit dem Großteil des Zitronenzuckers ausstreuen. Die Erdbeeren darauflegen. Mit dem restlichen Zitronenzucker bestreuen und den Verjus dazugießen. Die Form mit Alufolie bedecken. Die Beeren im Ofen 10–15 Minuten garen, bis sie gerade eben weich sind. 350 g Erdbeeren für die Mousse pürieren; in einem Topf beiseitestellen. Die restlichen Beeren halbieren und im Garsud beiseitestellen.

2 Für die Mousse 175 g Zucker und 2½ EL Wasser in einen Topf geben und auf 121 °C erhitzen. Kurz bevor der Sirup diese Temperatur erreicht hat, die Eiweiße mit 10 g Zucker schaumig schlagen. Sobald der Sirup 121 °C erreicht hat, unter ständigem schnellem Schlagen zu dem Eiweiß gießen. Die Mischung 10 Minuten weiterschlagen, bis sie abgekühlt ist.

3 Die Gelatine 5 Minuten in kaltem Wasser einweichen. Das Erdbeerpüree bei schwacher Hitze erwärmen. Die Gelatine ausdrücken und unter Rühren im heißen Püree auflösen. Die Mischung in eine große Schüssel füllen und etwas abkühlen lassen. Die Sahne fast steif schlagen. Den Eischnee unter das Püree heben, dann vorsichtig die Sahne unterziehen. Die Mousse 2–3 Stunden (besser über Nacht) kalt stellen, bis sie fest ist.

4 Für die Cannoli den Backofen auf 170 °C vorheizen. Die Zutaten für den Teig in der Küchenmaschine mit 25 ml Wasser glatt rühren. Ein Backblech mit Backpapier auslegen und 9 × 6 cm große Rechtecke aufzeichnen, dazwischen jeweils etwas Abstand lassen. Den Teig 1–2 mm dick daraufstreichen. 7–8 Minuten backen, bis die Rechtecke goldbraun sind, dann herausnehmen und längs über eine Cannoli-Form oder ein Stück Besenstiel rollen. Die Rollen von der Form nehmen und abkühlen lassen. Das muss schnell gehen, sonst wird der Teig hart, bevor er geformt ist. Die Rollen luftdicht verpacken.

5 Für das Joghurteis den Zucker mit einem Schneebesen unter die Sahne rühren. Die Mischung in einem Topf bei mittlerer Hitze etwa 2 Minuten erwärmen, bis der Zucker sich aufgelöst hat. Abkühlen lassen. Die Sahnemischung im Mixer mit Zitronensaft und -schale sowie dem Joghurt aufmixen. In der Eismaschine nach Herstellerangaben gefrieren lassen.

6 Unmittelbar vor dem Servieren pro Person zwei oder drei Teigröllchen mit Erdbeermousse füllen und mit ein paar Erdbeerhälften und Sirup auf Tellern anrichten. Mit Puderzucker bestäuben und mit dem Joghurteis servieren.

FÜR 8 PERSONEN

BELLA DI GARBAGNA

KIRSCHEN

MASSIMO PISACCO

IN DER KLEINEN GEMEINDE GARBAGNA WERDEN KIRSCHEN ANGEBAUT, BESONDERS DIE SAFTIGE BELLA DI GARBAGNA MIT IHREM INTENSIVEN GESCHMACK HAT HIER TRADITION. MASSIMO PISACCO GEHÖRT ZU DEN WENIGEN ERZEUGERN, DIE AUF DIESE ANSPRUCHSVOLLE SORTE SETZEN.

Es regnet in Strömen, als wir in Garbagna ankommen, einer kleinen Ortschaft mit ein paar hundert Einwohnern im Grue-Tal. Wir wollen Massimo Pisacco besuchen, der hier Kirschen anbaut, insbesondere eine Sorte namens Bella di Garbagna. Sie erfreut sich in ganz Italien wegen ihres köstlichen Geschmacks, ihrer strahlenden Farbe und ihrer unwiderstehlichen Saftigkeit größter Wertschätzung. Doch sie stellt Ansprüche: Die Bäume müssen mindestens sieben Jahre wachsen, bevor die erste Ernte reift, die Früchte sind empfindlich und nehmen zu viel Feuchtigkeit übel. Gegen Ende der 1990er Jahre fast ausgestorben, wurde die Bella di Garbagna 2004 von Slow Food in die Arche des Geschmacks aufgenommen. Seitdem hat die traditionelle Sorte einen bemerkenswerten Aufschwung genommen.

Das Anwesen der Pisaccos ist seit 1901, als Massimos Urgroßvater es kaufte, im Besitz der Familie. Wir lernen Massimos Eltern Aldo und Alessandria kennen, die liebenswürdig, aber etwas reserviert wirken. Sie arbeiten auf dem Hof mit und helfen jedes Jahr beim Pflücken und Sortieren der Kirschen. Die Kirschbäume werden im Herbst gepflanzt und wachsen bis zu neun Meter hoch. Man muss sie regelmäßig beschneiden, damit die Äste nach außen statt nach oben wachsen. Teile des Grundstücks fallen so steil ab, dass sie nicht bewässert werden können und die dort stehenden Bäume auf den Regen angewiesen sind. Die jährliche Ernte wird im Lauf von zwei Wochen im Juni gepflückt – ein großes Fest markiert das Ende der Kirschernte. Die Früchte haben nur eine kurze Lagerfähigkeit und finden hauptsächlich in der näheren Umgebung Käufer. Massimo baut außerdem die Sorten Durone pistoiese und Durone grisone an, die sich gut für Konfitüre eignen, und er verkauft Kirschprodukte wie Likör, Kirschen in Grappa und süßsaure (*agrodolce*) Kirschen, die köstlich zu Fleisch und Käse schmecken.

Als wir uns von Massimo und seinen Eltern verabschieden, die sich wieder an die Arbeit machen, bin ich überzeugt, dass hier, wie an anderen Orten, eine Art Liebesdienst verrichtet wird: Man scheut keine Mühe, um eine lokale Tradition am Leben zu erhalten – aber reich wird dabei niemand.

Anschließend besuchen wir ein Restaurant, wo wir Gnocchi mit der regionalen Käsesorte Montebore probieren, ein Rohmilchkäse aus Kuh- und Schafsmilch, außen hart und innen cremig weich. Er besteht aus drei stufenförmigen Schichten und soll der Ruine einer Burg in der näheren Umgebung gleichen. Für mich sieht er eher aus wie eine Hochzeitstorte. Wir genießen ein Stück Montebore zum Nachtisch mit Erdbeermarmelade aus Tortona – ein einfaches Dessert aus den besten Erzeugnissen der Region.

Massimo und seine Familie arbeiten hart dafür, eine lokale Tradition am Leben zu erhalten – reich werden sie dabei nicht.

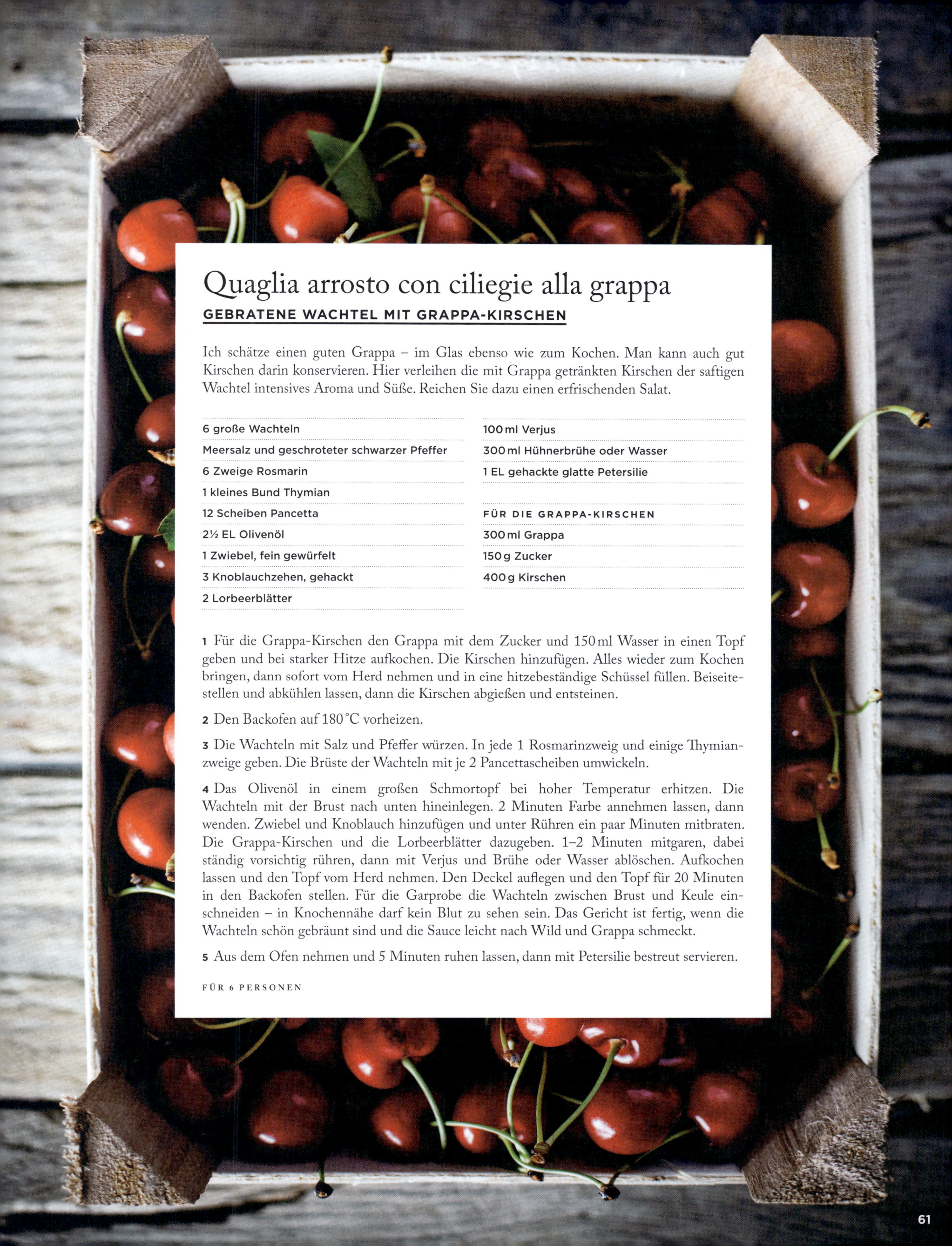

Quaglia arrosto con ciliegie alla grappa

GEBRATENE WACHTEL MIT GRAPPA-KIRSCHEN

Ich schätze einen guten Grappa – im Glas ebenso wie zum Kochen. Man kann auch gut Kirschen darin konservieren. Hier verleihen die mit Grappa getränkten Kirschen der saftigen Wachtel intensives Aroma und Süße. Reichen Sie dazu einen erfrischenden Salat.

- 6 große Wachteln
- Meersalz und geschroteter schwarzer Pfeffer
- 6 Zweige Rosmarin
- 1 kleines Bund Thymian
- 12 Scheiben Pancetta
- 2½ EL Olivenöl
- 1 Zwiebel, fein gewürfelt
- 3 Knoblauchzehen, gehackt
- 2 Lorbeerblätter
- 100 ml Verjus
- 300 ml Hühnerbrühe oder Wasser
- 1 EL gehackte glatte Petersilie

FÜR DIE GRAPPA-KIRSCHEN

- 300 ml Grappa
- 150 g Zucker
- 400 g Kirschen

1 Für die Grappa-Kirschen den Grappa mit dem Zucker und 150 ml Wasser in einen Topf geben und bei starker Hitze aufkochen. Die Kirschen hinzufügen. Alles wieder zum Kochen bringen, dann sofort vom Herd nehmen und in eine hitzebeständige Schüssel füllen. Beiseitestellen und abkühlen lassen, dann die Kirschen abgießen und entsteinen.

2 Den Backofen auf 180 °C vorheizen.

3 Die Wachteln mit Salz und Pfeffer würzen. In jede 1 Rosmarinzweig und einige Thymianzweige geben. Die Brüste der Wachteln mit je 2 Pancettascheiben umwickeln.

4 Das Olivenöl in einem großen Schmortopf bei hoher Temperatur erhitzen. Die Wachteln mit der Brust nach unten hineinlegen. 2 Minuten Farbe annehmen lassen, dann wenden. Zwiebel und Knoblauch hinzufügen und unter Rühren ein paar Minuten mitbraten. Die Grappa-Kirschen und die Lorbeerblätter dazugeben. 1–2 Minuten mitgaren, dabei ständig vorsichtig rühren, dann mit Verjus und Brühe oder Wasser ablöschen. Aufkochen lassen und den Topf vom Herd nehmen. Den Deckel auflegen und den Topf für 20 Minuten in den Backofen stellen. Für die Garprobe die Wachteln zwischen Brust und Keule einschneiden – in Knochennähe darf kein Blut zu sehen sein. Das Gericht ist fertig, wenn die Wachteln schön gebräunt sind und die Sauce leicht nach Wild und Grappa schmeckt.

5 Aus dem Ofen nehmen und 5 Minuten ruhen lassen, dann mit Petersilie bestreut servieren.

FÜR 6 PERSONEN

Ciliegie in agrodolce

SÜSSSAURE KIRSCHEN

Wenn es Kirschen im Überfluss gibt, konserviere ich sie und lege einen Vorrat an. Die süßsauren Kirschen schmecken fantastisch zu gebratenem Wild oder Wildgeflügel – und zu gekochtem Fleisch passen sie auch sehr gut.

- 250 ml Weißweinessig
- 2½ EL Zitronensaft
- 250 g Zucker
- 15 schwarze Pfefferkörner
- 1 Sternanis
- 2 Pimentkörner
- 3 Lorbeerblätter
- 500 g Kirschen, entstielt und entsteint

1 Den Essig in einem großen Topf mit Zitronensaft, Zucker und 300 ml Wasser aufkochen. Pfeffer, Sternanis, Piment, Lorbeer und Kirschen hinzufügen und den Topf sofort vom Herd nehmen.

2 Kirschen und Sirup in ein sterilisiertes Glas (1 l Inhalt) füllen und das Glas luftdicht verschließen.

3 Abkühlen lassen. Vor dem Servieren mindestens 1 Woche kalt stellen, damit die Kirschen durchziehen können.

FÜR 1 GLAS (1 L INHALT)

Alessandria

Ein belebender Aperitif. Ich verwende dafür gern Fee Brothers Rhubarb Bitters. Barolo Chinato ist ein Digestif aus Barolo, versetzt mit Grappa sowie Auszügen aus Chinarinde und Kräutern. Die Marke Cocchi ist empfehlenswert.

- 8–10 Kirschen, entstielt und entsteint
- 15 ml Barolo Chinato
- 45 ml Gin
- 2–3 Tropfen Bitter
- Sodawasser zum Servieren

1 Die Kirschen in einen Cocktail-Shaker füllen und den Barolo Chinato hinzufügen. Die Kirschen mit einem Stößel etwas andrücken. Gin, Bitter und etwas Eis dazugeben. Das Ganze 30 Sekunden schütteln.

2 Den Inhalt des Shakers in ein Old-Fashioned-Glas gießen und mit etwas Sodawasser auffüllen.

FÜR 1 PERSON

LOMB

TALEGGIO & GORGONZOLA
BRESAOLA
BITTO & CASERA
GRANO SARACENO

ARDEI

Die Lombardei kann sich wunderbarer Seen, wunderbarer Menschen und wunderbarer Käsesorten rühmen. Das schöne Bergtal Veltlin im Norden ist bekannt für Bresaola, Buchweizen und Bitto, einen Alpkäse mit langer Tradition. Und nicht zu vergessen die Hauptstadt Mailand, wo sich meine Eltern kennenlernten und meine Geschichte begann …

TALEGGIO & GORGONZOLA

MAURI

DIE 1920 VON EMILIO MAURI GEGRÜNDETE FIRMA ERZEUGT MITTLERWEILE MEHR ALS 50 VERSCHIEDENE KÄSESORTEN, IHREN RUF VERDANKT SIE VOR ALLEM PERFEKT GEREIFTEM TALEGGIO UND GORGONZOLA.

Die Geschichte der Firma Mauri, deren Ursprung im Valsassina-Tal kurz hinter dem schönen Städtchen Lecco liegt, beginnt vor mehr als 90 Jahren mit Emilio Mauri. Er kaufte in der Umgebung Käse auf und ließ ihn in Räumen reifen, die er zu diesem Zweck in den Lanche-Höhlen angelegt hatte. 1929 stieg er selbst in die Käseproduktion ein. Drei Generationen später ist das Geschäft nun in den Händen von Emilios Enkelin Nicoletta.

Die Reifekammern in den Lanche-Höhlen gibt es immer noch. Zum Unternehmen gehören heute auch eine Käserei in Treviglio sowie Reifekammern in Novara. Massimo del Pozzo vom Mauri-Team macht eine Führung mit uns, die in der Käserei beginnt. Sie liegt in den Bergen und bietet einen atemberaubenden Blick. Innen sieht alles sehr modern aus – eine Hightech-Anlage mit raffiniertem Computersystem, das den gesamten Produktionsprozess steuert. Jeden Tag werden hier rund 200 000 Liter Milch verarbeitet. Doch der erste Anschein trügt: Der Produktionsprozess basiert nach wie vor auf Handarbeit, sodass der Käse das Ergebnis der gemeinsamen Bemühungen von spezialisierten Fachkräften und Maschinen ist. Für die Reifung werden die fertigen Laibe zu den Lanche-Höhlen transportiert.

Ihren einzigartigen Geschmack verdanken die Käse von Mauri der hochwertigen lombardischen Milch und den Reifekammern in den natürlichen Höhlen. Durch das Belüftungssystem (die Risse in den Höhlenwänden lassen die kalte Luft zirkulieren, wodurch eine natürliche Kühlung erfolgt) bewahren die Höhlen das ganze Jahr über eine konstante Temperatur und Luftfeuchtigkeit und schaffen so ein perfektes Mikroklima für die Käsereifung.

Verschiedene Käse reifen in verschiedenen Kammern, manche länger als andere. Taleggio, einen Weichkäse mit mehrfach gewaschener Rinde und mildem, buttrigem Geschmack, lässt man 45 Tage reifen. Gorgonzola, ein cremiger Blauschimmelkäse mit einem leicht süßen, nussigen Geschmack, reift zwischen 70 und 100 Tagen. Ihn gibt es in zwei Hauptsorten, *piccante* und *dolce*. Gorgonzola *piccante* reift länger, wodurch er eine festere, trockenere Konsistenz erhält und kräftiger, würziger schmeckt. Gorgonzola *dolce* ist milder und hat einen süßeren Geschmack.

Nach unserem Besuch in den Höhlen genießen wir ein wundervolles Mittagessen in einer alten Almhütte (*baita* genannt) gleich neben der Käserei. Massimo und die Mauri-Mannschaft lassen uns rund 20 verschiedene Käsesorten kosten, dazu Brot, Salami und Salat. Wir sind besonders von der weichen Cremigkeit des kräftigen Taleggio und der Schärfe des Gorgonzola *piccante* beeindruckt. Sehr satt und zufrieden nehmen wir Abschied.

Die Höhlen bewahren eine konstante Luftfeuchtigkeit und Temperatur – ein perfektes Mikroklima für die Reifung von Käse.

Tortellini al taleggio e asparagi

TALEGGIO-TORTELLINI MIT GRÜNEM SPARGEL

Der buttrige, halbfeste Taleggio macht sich nicht nur auf einer Käseplatte gut, sondern auch in Risotto und Pastagerichten. Hier unterstreicht sein mild-pikantes Aroma den grasig-frischen Geschmack des grünen Spargels.

- 2½ EL natives Olivenöl extra
- 1 Knoblauchzehe, in Scheiben geschnitten
- 1 kg grüner Spargel, geputzt und schräg in Stücke geschnitten
- Meersalz und geschroteter schwarzer Pfeffer

FÜR DEN PASTATEIG

- 500 g Hartweizenmehl oder Weizenmehl Tipo 00, plus mehr zum Arbeiten
- 1 Prise Salz
- 2 Eier
- 12 Eigelb

FÜR DIE FÜLLUNG

- 200 g Taleggio, klein gewürfelt
- 400 g Ricotta
- 2 Eier
- 100 g Parmesan, gerieben
- ½ TL frisch geriebene Muskatnuss
- abgeriebene Schale von 1 Bio-Zitrone
- Meersalz
- 2 EL gehackte glatte Petersilie

1 Die Zutaten für den Pastateig in die Schüssel der Küchenmaschine füllen und mit dem Knethaken langsam zu einem glatten Teig verarbeiten. Alternativ Mehl und Salz in eine große Schüssel geben und in die Mitte eine Mulde drücken. Eier und Eigelbe hineingeben und das Mehl mit den Händen unterkneten, bis ein glatter Teig entstanden ist. Den Teig in Frischhaltefolie wickeln und 2 Stunden kühlen.

2 Für die Füllung den Taleggio im Mixer mit Ricotta, Eiern, Parmesan, Muskat und Zitronenschale pürieren. Die Masse mit Salz abschmecken, dann die Petersilie untermischen. Bis zur Verwendung im Kühlschrank aufbewahren.

3 Den Pastateig vierteln. Jede Portion bei größtem Walzenabstand durch die Pastamaschine drehen, dann zur Hälfte zusammenfalten und noch einmal durchdrehen. Dies ein paarmal wiederholen, bis der Teig glatt ist und seidig glänzt. Den Teig immer wieder durch die Maschine drehen, dabei den Walzenabstand reduzieren, bis jede Teigbahn 2 mm dick ist.

4 Die Teigbahnen auf eine dünn bemehlte Arbeitsfläche legen und Kreise (7 cm Ø) ausstechen. Die Kreise mit einem Geschirrtuch bedecken, damit sie nicht austrocknen. Auf jeden Kreis 1 TL Füllung geben. Den Teigrand mit etwas Wasser befeuchten (am besten mit der Fingerspitze). Den Kreis zur Hälfte zusammenklappen und die Ränder zusammendrücken. Die Ecken zur Mitte führen und zusammendrücken. Auf diese Weise weitere Tortellini herstellen, bis Teig und Füllung aufgebraucht sind. Die gefüllten Tortellini auf ein großzügig bemehltes Tablett legen und mit einem Geschirrtuch bedecken.

5 In einem großen Topf reichlich gesalzenes Wasser zum Kochen bringen. Die Tortellini hineingeben und vorsichtig umrühren. 4–5 Minuten garen.

6 Inzwischen das Öl in einer großen Pfanne bei mittlerer Temperatur erhitzen. Den Knoblauch darin unter Rühren 2 Minuten anschwitzen, aber nicht bräunen. Den Spargel dazugeben und 2–3 Minuten garen. Die Pfanne vom Herd nehmen.

7 Die Tortellini in ein Sieb abgießen und abtropfen lassen. In die Pfanne geben. Salz und Pfeffer hinzufügen und alles mischen. Sofort servieren.

FÜR 6 PERSONEN

Panzerotti al gorgonzola e prosciutto

GORGONZOLA-SCHINKEN-PANZEROTTI

Italienisches Streetfood vom Feinsten! Panzerotti sind einer dieser Snacks, die ganz schnell süchtig machen. Ich denke gern daran zurück, wie ich sie als Kind mit Familie und Freunden verschlungen habe. Außen knusprig, innen saftig – bei Panzerotti geht es um Konsistenz und Geschmack. Gorgonzola macht die Füllung herrlich cremig.

- 150 g Baby-Spinat
- 80 g luftgetrockneter Schinken in dünnen Scheiben
- 125 g Mozzarella
- 60 g Gorgonzola dolce, in 1 cm große Stücke geschnitten
- 2 EL gehackte glatte Petersilie
- Öl zum Frittieren

FÜR DEN TEIG

- 7 g Trockenhefe
- 2 TL Zucker
- 300 g Mehl, plus mehr zum Arbeiten
- 1 TL Salz

1 Für den Teig die Hefe mit dem Zucker und 125 ml warmem Wasser in einer Schüssel mit einem Schneebesen verrühren, bis sie sich aufgelöst hat. Das Mehl mit dem Salz sieben. Mit der Hefemischung in die Schüssel der Küchenmaschine füllen. Mit dem Knethaken auf niedriger Stufe etwa 15 Minuten kneten, bis der Teig glatt und elastisch ist.

2 Den Teig in eine große Schüssel geben und mit einem Geschirrtuch bedecken. An einem warmen Platz gehen lassen, bis das Volumen sich verdoppelt hat. Den Teig auf einer dünn bemehlten Arbeitsfläche etwa 3 mm dick ausrollen. Etwa 20 Kreise (12 cm Ø) ausstechen.

3 In einem Topf Salzwasser zum Kochen bringen. Den Spinat für 30 Sekunden hineingeben, dann abgießen und in Eiswasser abschrecken. Herausnehmen und so viel Flüssigkeit wie möglich herausdrücken. Mit einem Messer Spinat, Schinken und Mozzarella fein zerkleinern. In einer großen Schüssel mit Gorgonzola und Petersilie mischen.

4 Auf jeden Teigkreis 1 EL Füllung geben. Die Teigränder mit etwas Wasser bestreichen, dann die Kreise zu Halbmonden zusammenklappen und die Ränder fest zusammendrücken.

5 Eine Fritteuse oder einen Topf mit schwerem Boden zwei Drittel hoch mit Öl füllen. Das Öl auf 180 °C erhitzen.

6 Die Panzerotti im heißen Öl jeweils 3 Minuten frittieren, bis sie goldbraun sind, dabei nach der Hälfte der Zeit wenden. Auf Küchenpapier abtropfen lassen und heiß servieren.

ERGIBT ETWA 20 STÜCK

Insalata con formaggio di pecora fresco

SALAT MIT SCHAFSFRISCHKÄSE

Unter den Käsen, die man uns bei Mauri servierte, war ein sehr guter Frischkäse aus Schafmilch. Da suchte ich nach einer Idee, wie man ihn in eine gehaltvollere Vorspeise einbinden könnte. Für diesen schlichten Salat wird er mit Chicorée (Sie können aber auch andere Blattsalate verwenden), Walnusskernen und Feigen angerichtet.

- 100 g Walnusskerne
- 3 Stauden Chicorée, die Strünke entfernt, die Blätter abgelöst
- 1 Fenchelknolle, in feine Streifen gehobelt
- 6 Feigen, geviertelt
- 2 EL gehackte glatte Petersilie
- Saft von 1 Zitrone
- 2½ EL natives Olivenöl extra
- 1½ EL Weißweinessig
- Meersalz und geschroteter schwarzer Pfeffer
- 120 g Schafskäse

1 Den Backofen auf 170 °C vorheizen. Die Walnusskerne auf einem Backblech verteilen und im heißen Ofen 12 Minuten rösten, bis sie leicht gebräunt sind. Abkühlen lassen.

2 Die Chicoréeblätter mit Fenchelstreifen, gerösteten Walnüssen, Feigen und Petersilie in eine Schüssel geben. Zitronensaft, Olivenöl und Essig untermischen. Den Salat mit Salz und Pfeffer würzen und erneut mischen.

3 Den Käse darüberbröckeln und den Salat servieren.

FÜR 6 PERSONEN

Misto piota

GEGRILLTES VON DER STEINPLATTE

Im Valchiavenna wird *pietra ollare* (Speckstein) häufig für Kochgeschirr verwendet. Der feinporige, fein geäderte graugrüne Stein lässt sich gut zu Töpfen oder Grillplatten verarbeiten. Die Mischung aus Fleisch und Gemüse ist typisch für die Region, aber sie lässt sich auch abwandeln. Und anstelle von Speckstein tut es auch eine Grillpfanne!

- 2 festkochende Kartoffeln
- 2 rote Paprikaschoten, halbiert und geputzt
- 6 Lammkoteletts
- 6 Schweinsbratwürste
- 12 Spareribs vom Lamm
- 2 Knoblauchzehen, zerdrückt
- Meersalz und geschroteter schwarzer Pfeffer
- 1 Prise Chiliflocken
- 6 Zweige Rosmarin
- 6 Zweige Bohnenkraut oder Salbei
- 300 ml Olivenöl
- Zitronenschnitze zum Servieren

1 Die Kartoffeln in einem Topf mit kaltem Wasser bedecken. Aufkochen, dann 20 Minuten köcheln lassen; die Kartoffeln sollten leicht fest bleiben. Abgießen und abkühlen lassen. Die Kartoffeln pellen, in 5 mm dicke Scheiben schneiden und in eine große Auflaufform legen.

2 Die Paprikahälften in je drei Streifen schneiden und ebenfalls in die Form geben. Koteletts, Würste, Spareribs und Knoblauch hinzufügen; mit Salz, Pfeffer und Chili würzen. Kräuter und Olivenöl dazugeben und das Fleisch damit einreiben. Die Form mit Frischhaltefolie bedecken und für einige Stunden, besser über Nacht, kalt stellen.

3 Steinplatte oder Grillpfanne bei niedriger Temperatur erhitzen. Mariniertes Fleisch und Gemüse darauf- bzw. hineinlegen und langsam auf beiden Seiten garen.

4 Wenn alles gleichzeitig fertig sein soll, halten Sie sich an die folgende Richtlinie: Würste und Spareribs brauchen 20 Minuten, Paprika und Koteletts 15 Minuten und die Kartoffeln 10 Minuten. Alles mit Zitronenschnitzen servieren.

FÜR 6 PERSONEN

Peperoni e patate al forno

PAPRIKA UND KARTOFFELN AUS DEM OFEN

Zu diesem Gericht wurde ich inspiriert durch ein Essen im Crotto Belvedere, einem Restaurant in Piuro. Wir genossen dort ein Menü aus regionalen Spezialitäten mit dieser einfachen, aber köstlichen Beilage, die auch als eigenständige kleine Mahlzeit dienen kann.

- 6 kleine festkochende Kartoffeln, geschält und geviertelt
- 4 rote Paprikaschoten, halbiert, geputzt und in 2 cm breite Streifen geschnitten
- 4 Zweige Rosmarin, in 4 cm lange Stücke geschnitten
- 1 EL getrockneter Oregano
- 4 Knoblauchzehen, halbiert
- 100 ml Olivenöl
- Meersalz und geschroteter schwarzer Pfeffer
- 2 EL in Streifen geschnittene glatte Petersilie

1 Den Backofen auf 180 °C vorheizen.

2 Kartoffeln und Paprika in eine ofenfeste Form legen. Rosmarin, Oregano, Knoblauch, Olivenöl, Salz und Pfeffer hinzufügen und alles gut mischen. Das Ganze im heißen Ofen etwa 40 Minuten garen, bis die Kartoffeln goldbraun und durchgegart sind.

3 Mit Petersilie bestreuen und heiß oder mit Raumtemperatur servieren.

FÜR 6 PERSONEN

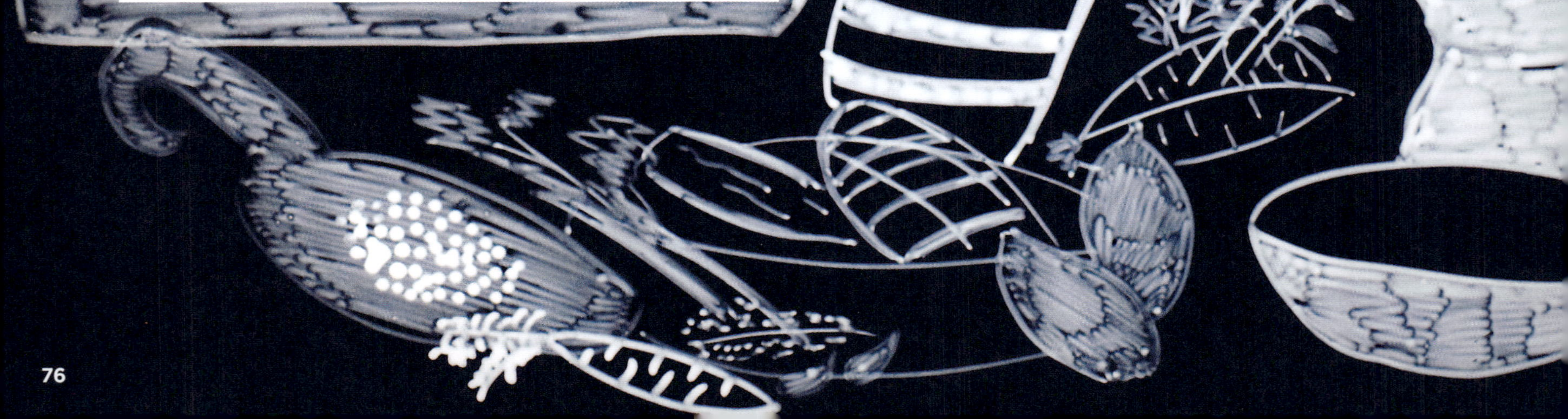

BRESAOLA

LA CASA DEI SAPORI

DIE PROVINZ SONDRIO IST EINE SCHATZKAMMER KULINARISCHER SPEZIALITÄTEN, ZU DENEN AUCH BRESAOLA (LUFTGETROCKNETER RINDERSCHINKEN) GEHÖRT. DIE BRESAOLA VON MARCO UND MARINA TIGRONI SCHMECKT SO KÖSTLICH, DASS SIE KUNDEN AUS GANZ ITALIEN ANZIEHT.

Bresaola wird seit vielen Jahrhunderten in den Alpentälern Chiavenna und Veltlin hergestellt. Aus der Notwendigkeit heraus, Nahrungsmittel haltbar zu machen, um in den entlegenen Regionen den langen Winter zu überstehen, entwickelten die Menschen in den Bergen ein besonderes Verfahren, um Fleisch zu konservieren. Im Herbst wurde ein Rind geschlachtet, und ein Stück aus der Keule für Bresaola gesalzen, luftgetrocknet und eingelagert. Heute zählt Bresaola zu den berühmtesten Produkten Sondrios.

Die Metzgerei von Marco und Marina Tigroni liegt etwas versteckt abseits der Hauptstraße in einem Ort, den man normalerweise so schnell wie möglich hinter sich lassen würde. Aber an dem Nachmittag, den wir mit Marco und seiner Frau verbringen, kommen zahlreiche Leute eigens vorbei, um die berühmte Bresaola zu kaufen. La Casa dei Sapori ist unverkennbar ein Wallfahrtsort für Feinschmecker – und ich kann es kaum erwarten, das berühmte Trockenfleisch zu probieren!

Marco war früher Koch, aber die Herstellung von Bresaola machte ihm so viel Spaß, dass er beschloss, aus seinem Hobby einen Beruf zu machen. Inzwischen verkaufen er und Marina 300–400 Kilo Bresaola pro Woche.

Eigentlich von eher zurückhaltendem Wesen, wird Marco lebhaft und mitteilsam, sobald er beginnt, den Herstellungsprozess von Bresaola zu erklären. Er produziert nach altbewährten Methoden: Zuerst bedeckt man das Fleisch mit einer Mischung aus Salz, Knoblauch, Zucker, Zimt sowie anderen Gewürzen und Kräutern und lässt es etwa zehn Tage ruhen. Jeder Erzeuger schwört auf seine eigene Spezialmischung, und Marco ist da keine Ausnahme. Dann wird das Fleisch in einen Natur- oder Kunstdarm gesteckt und rund eine Woche getrocknet. Anschließend reift es weitere vier bis acht Wochen in einem Raum mit niedriger Temperatur und Luftfeuchtigkeit. Dieser Reifungsprozess im trockenen Gebirgsklima gibt der Bresaola dieser Region ihren einzigartigen Geschmack.

Marco verarbeitet für seine Bresaola vorwiegend Rinderkeule und er bevorzugt das zartere Fleisch weiblicher Tiere. Das Ergebnis gibt ihm recht und ist zudem deutlich magerer als Prosciutto (Schinken). La Casa dei Sapori bietet auch eine besondere Variante aus Reststücken an, die im lokalen Dialekt *slinziga* heißt. Die relativ kleinen Stücke reifen schneller und entwickeln ein intensives Aroma. Daneben entdecke ich in der Auslage Bresaola aus Pferdefleisch und Wild.

Marco und Marina sind liebenswerte, bodenständige Menschen, die ihre ganze Energie in die Herstellung eines ausgezeichneten Produkts stecken. Wir verlassen sie hochzufrieden und freuen uns, dass wir die berühmte Bresaola probieren durften.

Marco war früher Koch, aber die Herstellung von Bresaola machte ihm so viel Spaß, dass er beschloss, aus seinem Hobby einen Beruf zu machen.

www.lacasadeisapori.eu
Salumi di Produzione
Gelmini e Tigroni
LA
CASA DEI
SAPORI
di Tigroni Marina
Via Spluga, 134 - San Cassiano
Prata Camportaccio (So)
Telefono 0343 20136
MACELLERIA - SALUMERIA
Produzione Propria
Bresaola
17 MAG 2011
Bresaola
17 MAG 2011
Bresaola

Bresaola, gorgonzola, miele e finocchio

BRESAOLA MIT GORGONZOLA, HONIG UND FENCHEL

Bresaola mag ich sehr, und am liebsten esse ich sie natürlich pur. Hier wird das luftgetrocknete Fleisch allerdings durch cremigen Gorgonzola, süßen Honig und knackigen Fenchel ergänzt. Auch Radicchio und Äpfel passen gut dazu.

- 6 Scheiben Sauerteigbrot
- 2 Knoblauchzehen, geschält und halbiert
- 100 ml Olivenöl
- 250 g Bresaola in dünnen Scheiben
- 1 sehr kleine Fenchelknolle, das Grün abgeschnitten und beiseitegelegt, die Knolle in dünne Streifen gehobelt
- Saft von 1 Zitrone
- Meersalz und geschroteter schwarzer Pfeffer
- 1 EL Kastanienhonig
- 60 g Gorgonzola, in 1 cm große Stücke geschnitten

1 Das Brot unter dem Backofengrill rösten, dann mit dem Knoblauch abreiben und mit dem Olivenöl beträufeln.

2 Die Bresaola auf einem Teller anrichten. Den Fenchel mit Zitronensaft, Salz und Pfeffer würzen und daraufgeben. Das Ganze mit dem Honig beträufeln und mit Gorgonzola bestreuen. Mit Fenchelgrün garnieren und mit dem gerösteten Brot servieren.

FÜR 6 PERSONEN

Orzato Valtellinese con bresaola

GRAUPEN AUF VELTLINER ART MIT BRESAOLA

Im Veltlin werden verschiedene Getreidesorten angebaut, darunter auch Gerste. Die Körner finden für Salate und Suppen Verwendung, aber mir gefällt diese Zubereitungsart am besten: Man behandelt die Körner wie Reis, und so entsteht ein »Gerstotto«.

- 2,5 l Hühnerbrühe
- 2½ EL Olivenöl
- 1 Zwiebel, fein gewürfelt
- 500 g Perlgraupen
- 200 g Bresaola in dünnen Scheiben, in Streifen geschnitten
- 50 g Butter in Stückchen
- 120 g Parmesan, gerieben
- Meersalz

1 Die Brühe in einen Topf geben und zum Köcheln bringen. Das Olivenöl in einem großen Topf bei mittlerer Temperatur erhitzen. Die Zwiebelwürfel darin 1–2 Minuten anschwitzen. Die Graupen untermischen und 1–2 Minuten rösten, dann die Brühe angießen. Bei schwacher Hitze unter gelegentlichem Rühren etwa 45 Minuten köcheln lassen, bis die Graupen weich sind.

2 Bresaola, Butter und Parmesan hinzufügen und rasch untermischen. Das Gericht sollte die Konsistenz eines Risottos haben. Mit Salz abschmecken und servieren.

FÜR 4 PERSONEN

DALIA

BITTO & CASERA

AZIENDA AGRICOLA DEL CURTO DAVIDE

DIE KÄSESORTEN BITTO UND CASERA ENTSTEHEN AUCH HEUTE NOCH NACH JAHRHUNDERTEALTEN VERFAHREN. BITTO, DESSEN NAME SICH VON DEM KELTISCHEN WORT FÜR »IMMERWÄHREND« HERLEITET, GILT ALS EINE DER ÄLTESTEN KÄSESORTEN DER WELT.

Die Käsesorten Bitto und Casera gehören zu den berühmtesten Produkten der Lombardei. Um mehr über sie herauszufinden, besuchen wir die Azienda Agricola Del Curto Davide in Borgonuovo. Der fröhliche und wortgewandte Davide erklärt uns bereitwillig, wie er Käse herstellt – zu den Grundvoraussetzungen gehört, dass er und seine Familie den Winter an einem Ort und den Sommer an einem andern verbringen.

Davide, der den Betrieb mithilfe seines Sohns Gianmaria führt, lebt im Winter in Borgonuovo im Unterland, wo er sich um seine Kühe kümmert, während er sie im Sommer im Val di Lei auf die Alm schickt, wo er den Käse macht. Bitto kann bis zu zehn Jahre reifen, üblich ist eine Reifezeit von drei Jahren. Es handelt sich um einen halbfesten Käse, der nur von Juni bis Anfang September produziert wird, wenn die Kühe auf der Alm weiden. Bitto besteht aus einer Mischung von Kuhmilch mit fünf bis zehn Prozent Ziegenmilch. Die Kühe fressen nur Wildpflanzen und Kräuter, was den Geschmack des Käses prägt. Die Tiere werden von Hand gemolken und die Milch sofort weiterverarbeitet. Wenn der Bitto fertig ist, wird er nach Borgonuovo gebracht, wo er in Davides Keller mindestens 70 Tage reift.

Davide verkauft seinen Käse an der Kellertür, und er lässt uns einige probieren. Bitto ist fest und von süßem, fast zartem Geschmack. Er reift gut und wird mit zunehmendem Alter trockener und kräftiger. Wenn das Rad gerade fertig ist, duftet es nach frischem Alpengras. Der Käse ist in der Küche vielseitig verwendbar und besonders für Pizzoccheri (siehe Seite 104) unentbehrlich.

Der Casera verdankt seinen Namen der traditionellen Berghütte der Viehhirten. Der halbfeste Käse aus teilentrahmter Kuhmilch schmeckt anfangs süß und nussig und entwickelt mit der Zeit Nuancen von Trockenfrüchten. Junger Casera eignet sich ebenfalls gut für Pizzoccheri, gereifter Casera ist ein vorzüglicher Tafelkäse.

Nach unserem Besuch bei Davide machen wir uns auf den Weg nach Sant'Abbondio, das in der Nähe der schönen alten Stadt Chiavenna hoch in den Bergen liegt. Dort wohnen wir in einem Ferienhaus, das Tiziana, der Mutter meines Assistenten Marco, gehört. Tiziana hat einen wunderbaren Garten, und es macht großen Spaß, mit ihrem selbst angebauten Gemüse und frischen Produkten vom Wochenmarkt zu kochen. Das ist ein Höhepunkt unserer Reise. Ich war schon immer davon überzeugt, dass man mit einfachen lokalen Zutaten wunderbar kochen kann, und tatsächlich genießen wir hier mehr als ein kleines Festmahl mit von der regionalen Küche inspirierten Gerichten.

Davide verbringt den Winter mit seinen Kühen im Unterland. Im Sommer lässt er sie auf der Alm im Val di Lei grasen.

Gnocchi alla fontina

GNOCCHI MIT FONTINA

In Italien würde man für dieses Gericht natürlich Bitto verwenden, aber Fontina ist eine prima Alternative. Die Gnocchi lassen sich im Voraus zubereiten. Nach dem Garen in eiskaltem Wasser abschrecken, dann auf einem Tablett verteilen und mit Olivenöl beträufeln, damit sie nicht zusammenkleben. Vor dem Servieren gesalzenes Wasser zum Kochen bringen, die Gnocchi hineingeben und mit einem Schaumlöffel herausheben, sobald sie an die Wasseroberfläche steigen. Sofort weiterverwenden.

- 125 g Sahne
- 200 g Fontina
- Meersalz
- 2 EL gehackte glatte Petersilie

FÜR DIE GNOCCHI

- 1,2 kg mehligkochende Kartoffeln
- 2 Eigelb
- 250 g Mehl, plus mehr zum Arbeiten
- 1 Prise Salz
- 1 Prise frisch geriebene Muskatnuss

1 Für die Gnocchi die Kartoffeln ungeschält in einen großen Topf geben und mit kaltem Wasser bedecken. Aufkochen, dann bei schwacher Hitze etwa 20 Minuten köcheln lassen, bis man die Kartoffeln leicht mit einem Spieß durchstechen kann – sie müssen weich sein. In ein Sieb abgießen und gut abtropfen lassen. Inzwischen den Backofen auf 170 °C vorheizen.

2 Die Kartoffeln auf einem Backblech verteilen und im heißen Ofen 3–4 Minuten trocknen, dann herausnehmen. Sobald man sie anfassen kann, die Kartoffeln pellen. Die Kartoffeln durch eine Kartoffelpresse auf die dünn bemehlte Arbeitsfläche drücken.

3 In die Mitte eine Mulde drücken. Die Eigelbe, Mehl, Salz und Muskat hineingeben und behutsam die Kartoffeln von außen zur Mitte untermengen. Zügig vorgehen, damit die Kartoffeln warm bleiben, und den Teig nicht zu sehr bearbeiten. Den Teig zu 1,5 cm dicken Rollen formen und diese in 1,5 cm breite Stücke schneiden. Die Gnocchi auf einem bemehlten Tablett verteilen.

4 In einem großen Topf reichlich gesalzenes Wasser zum Kochen bringen. Die Gnocchi portionsweise für einige Minuten hineingeben, bis sie an die Wasseroberfläche steigen. Mit einem Schaumlöffel herausheben und gut abtropfen lassen.

5 In der Zwischenzeit die Sahne in einer großen Pfanne bei schwacher Hitze etwa 5 Minuten erwärmen. Den Käse hineinreiben, Salz und Pfeffer hinzufügen und rühren, bis der Käse in der Sahne geschmolzen ist.

6 Die Gnocchi in die Pfanne geben und unter die Sauce mischen. Das Gericht mit der Petersilie bestreuen und sofort servieren.

FÜR 6 PERSONEN

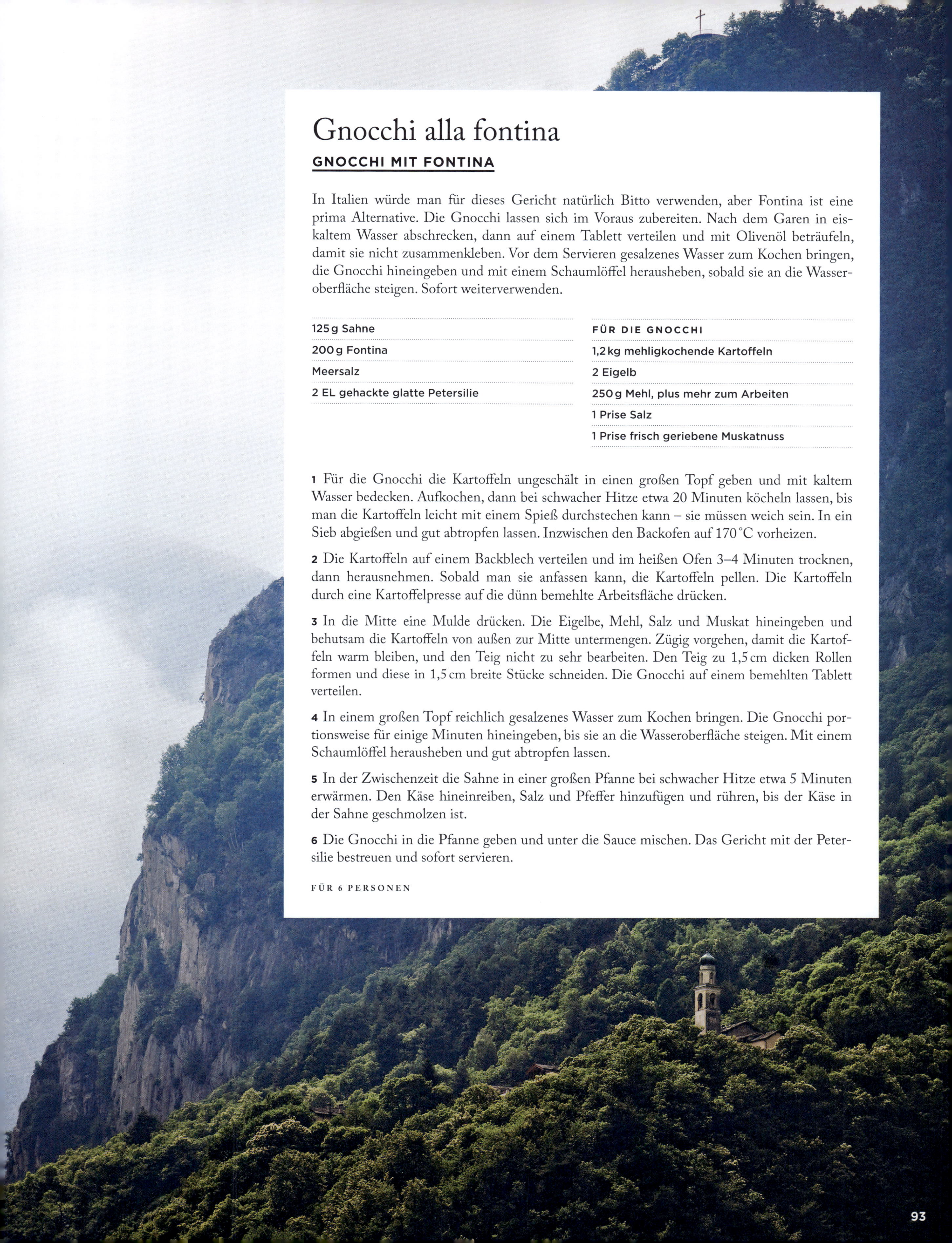

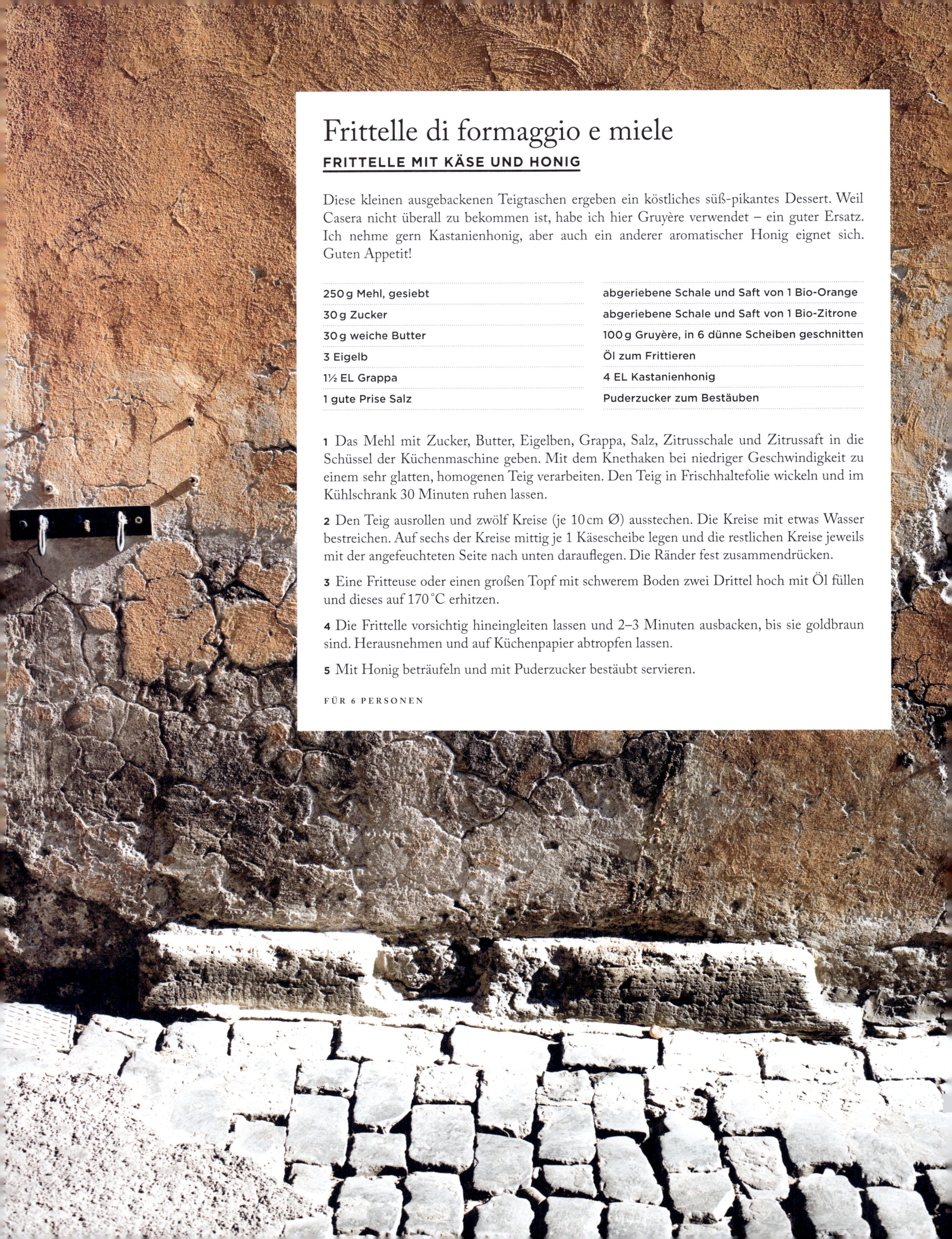

Frittelle di formaggio e miele

FRITTELLE MIT KÄSE UND HONIG

Diese kleinen ausgebackenen Teigtaschen ergeben ein köstliches süß-pikantes Dessert. Weil Casera nicht überall zu bekommen ist, habe ich hier Gruyère verwendet – ein guter Ersatz. Ich nehme gern Kastanienhonig, aber auch ein anderer aromatischer Honig eignet sich. Guten Appetit!

- 250 g Mehl, gesiebt
- 30 g Zucker
- 30 g weiche Butter
- 3 Eigelb
- 1½ EL Grappa
- 1 gute Prise Salz
- abgeriebene Schale und Saft von 1 Bio-Orange
- abgeriebene Schale und Saft von 1 Bio-Zitrone
- 100 g Gruyère, in 6 dünne Scheiben geschnitten
- Öl zum Frittieren
- 4 EL Kastanienhonig
- Puderzucker zum Bestäuben

1 Das Mehl mit Zucker, Butter, Eigelben, Grappa, Salz, Zitrusschale und Zitrussaft in die Schüssel der Küchenmaschine geben. Mit dem Knethaken bei niedriger Geschwindigkeit zu einem sehr glatten, homogenen Teig verarbeiten. Den Teig in Frischhaltefolie wickeln und im Kühlschrank 30 Minuten ruhen lassen.

2 Den Teig ausrollen und zwölf Kreise (je 10 cm Ø) ausstechen. Die Kreise mit etwas Wasser bestreichen. Auf sechs der Kreise mittig je 1 Käsescheibe legen und die restlichen Kreise jeweils mit der angefeuchteten Seite nach unten darauflegen. Die Ränder fest zusammendrücken.

3 Eine Fritteuse oder einen großen Topf mit schwerem Boden zwei Drittel hoch mit Öl füllen und dieses auf 170 °C erhitzen.

4 Die Frittelle vorsichtig hineingleiten lassen und 2–3 Minuten ausbacken, bis sie goldbraun sind. Herausnehmen und auf Küchenpapier abtropfen lassen.

5 Mit Honig beträufeln und mit Puderzucker bestäubt servieren.

FÜR 6 PERSONEN

Es ist ein Vergnügen, mit Gemüse aus dem Garten und Erzeugnissen von den Wochenmärkten der Umgebung zu kochen.

Costine di maiale brasate

GESCHMORTE SCHWEINERIPPCHEN

Den Aufenthalt in Tizianas Haus in den Bergen habe ich sehr genossen, und Gemüse aus ihrem Garten und Fleisch aus der Region zu verarbeiten war einfach fantastisch. Die Rippchen brauchen eine Weile, aber nach dem Schmoren ist das Fleisch so zart, dass es vom Knochen fällt. Ein gutes Gericht für kalte Tage.

- 100 ml Olivenöl
- 1,5 kg Schweinerippchen
- ½ Zwiebel, gewürfelt
- 3 Knoblauchzehen, in Scheiben geschnitten
- 1 Möhre, fein zerkleinert
- 1 Stange Sellerie, fein zerkleinert
- ½ rote Chilischote, mitsamt den Samen gehackt
- 3 Lorbeerblätter
- 3 EL gehackter Salbei
- 2 EL gehackter Rosmarin
- 100 g Pancetta, in 5 mm dicke Scheiben geschnitten
- 500 g getrocknete Kichererbsen, über Nacht eingeweicht
- 2 l Hühnerbrühe
- Meersalz und geschroteter schwarzer Pfeffer

1 Das Olivenöl in einem großen Schmortopf bei hoher Temperatur erhitzen. Die Rippchen darin rundherum kräftig anbraten. Bei mittlerer Temperatur die Zwiebelwürfel mit dem Knoblauch hinzufügen und unter Rühren ein paar Minuten anschwitzen. Möhre, Sellerie, Chili, Lorbeer, Salbei, Rosmarin und Pancetta dazugeben und 10 Minuten mitgaren, bis das Gemüse weich wird, dabei gelegentlich umrühren.

2 Die Kichererbsen abgießen, in den Topf geben und unterrühren. Die Brühe sowie etwas Salz und Pfeffer hinzufügen. Zudecken und zum Kochen bringen, dann bei schwacher Hitze 1¾ Stunden köcheln lassen, bis Kichererbsen und Fleisch weich sind.

3 Das Gericht abschmecken und servieren.

FÜR 6 PERSONEN

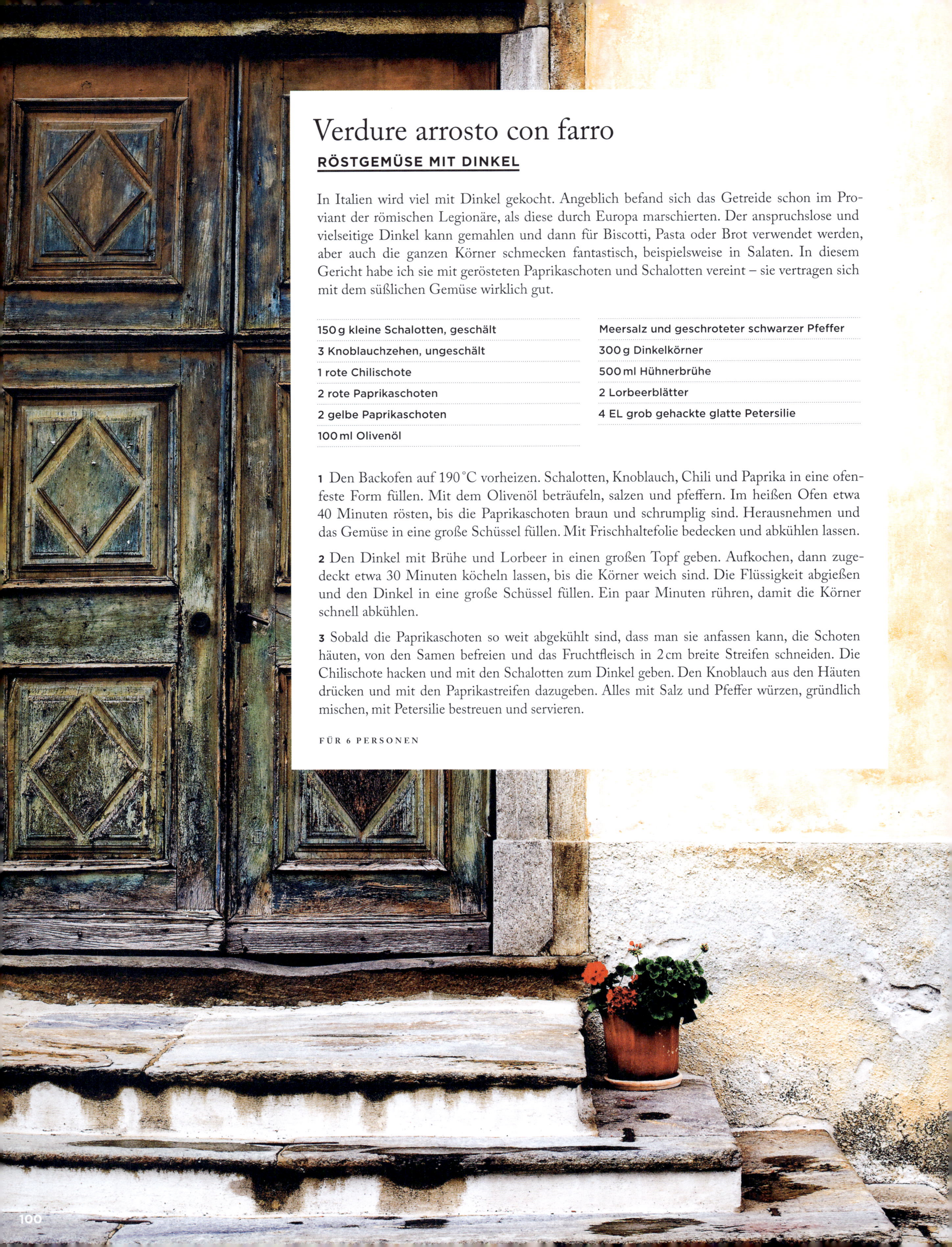

Verdure arrosto con farro

RÖSTGEMÜSE MIT DINKEL

In Italien wird viel mit Dinkel gekocht. Angeblich befand sich das Getreide schon im Proviant der römischen Legionäre, als diese durch Europa marschierten. Der anspruchslose und vielseitige Dinkel kann gemahlen und dann für Biscotti, Pasta oder Brot verwendet werden, aber auch die ganzen Körner schmecken fantastisch, beispielsweise in Salaten. In diesem Gericht habe ich sie mit gerösteten Paprikaschoten und Schalotten vereint – sie vertragen sich mit dem süßlichen Gemüse wirklich gut.

- 150 g kleine Schalotten, geschält
- 3 Knoblauchzehen, ungeschält
- 1 rote Chilischote
- 2 rote Paprikaschoten
- 2 gelbe Paprikaschoten
- 100 ml Olivenöl
- Meersalz und geschroteter schwarzer Pfeffer
- 300 g Dinkelkörner
- 500 ml Hühnerbrühe
- 2 Lorbeerblätter
- 4 EL grob gehackte glatte Petersilie

1 Den Backofen auf 190 °C vorheizen. Schalotten, Knoblauch, Chili und Paprika in eine ofenfeste Form füllen. Mit dem Olivenöl beträufeln, salzen und pfeffern. Im heißen Ofen etwa 40 Minuten rösten, bis die Paprikaschoten braun und schrumplig sind. Herausnehmen und das Gemüse in eine große Schüssel füllen. Mit Frischhaltefolie bedecken und abkühlen lassen.

2 Den Dinkel mit Brühe und Lorbeer in einen großen Topf geben. Aufkochen, dann zugedeckt etwa 30 Minuten köcheln lassen, bis die Körner weich sind. Die Flüssigkeit abgießen und den Dinkel in eine große Schüssel füllen. Ein paar Minuten rühren, damit die Körner schnell abkühlen.

3 Sobald die Paprikaschoten so weit abgekühlt sind, dass man sie anfassen kann, die Schoten häuten, von den Samen befreien und das Fruchtfleisch in 2 cm breite Streifen schneiden. Die Chilischote hacken und mit den Schalotten zum Dinkel geben. Den Knoblauch aus den Häuten drücken und mit den Paprikastreifen dazugeben. Alles mit Salz und Pfeffer würzen, gründlich mischen, mit Petersilie bestreuen und servieren.

FÜR 6 PERSONEN

GRANO SARACENO

BUCHWEIZEN

AGRITURISMO LA PIANA

BUCHWEIZEN WIRD IN DIESEM TEIL ITALIENS SEIT ETWA 1600 ANGEBAUT UND ER LIEFERT DIE BASIS FÜR VIELE LOKALE SPEZIALITÄTEN. DIE BERÜHMTESTE HEISST PIZZOCCHERI, BUCHWEIZENPASTA MIT WIRSING, KARTOFFELN UND KÄSE IN AROMATISCHER SALBEIBUTTER.

Buchweizen ist in Italien als *grano saraceno* (Sarazenenkorn) bekannt, weil er von den muslimischen Sarazenen eingeführt wurde. Einst ein Grundnahrungsmittel in der Lombardei, findet er auch heute noch für viele traditionelle Gerichte Verwendung. Das bekannteste regionale Buchweizengericht heißt Pizzocchero. Als wir in dem pittoresken Dorf Teglio ankommen, bgrüßt uns ein Schild mit der Aufschrift: *»Benvenuti nella patria del pizzocchero«* (»Willkommen in der Heimat des Pizzocchero«). Ja, der Pizzocchero ist eine solche kulinarische Institution, dass sich sogar eine Akademie seiner annimmt – die Accademia del Pizzocchero –, um das Image der Buchweizenpasta im In- und Ausland zu befördern.

Im Agriturismo La Piana, einem abgelegenen Bauernhof oberhalb von Teglio, treffen wir Maria, eine herzliche und fürsorgliche italienische Mamma. Sie ist berühmt für ihre Pizzoccheri aus Buchweizen, den sie selber erntet.

Buchweizen (botanisch kein Getreide, sondern eine Blütenpflanze) kann erst im Oktober geerntet werden. Auf Marias Hof erfolgt das auf altmodische Weise mit einer Sichel. Nach der Ernte wird die Schale entfernt und das Korn zu einem dunkelgrauen Mehl gemahlen. Kommerzielle Buchweizenpasta enthält in der Regel eine Mischung von Buchweizen- und normalem Mehl, während Pizzoccheri traditionell aus fein gemahlenem und etwas gröberem Buchweizenmehl bestehen. Pastateig aus Buchweizen hat eine andere Konsistenz als Teig aus Weizenmehl, weil Buchweizen kein Gluten enthält. Deshalb muss man beim Ausrollen des Teigs aufpassen, dass er nicht reißt. Sobald der Teig dünn genug ist, wird er in lange Streifen geschnitten. Für die klassischen *pizzoccheri della Valtellina* kocht man Wirsing und Kartoffeln in Salzwasser und fügt die Nudeln hinzu, wenn die übrigen Zutaten fast gar sind. Dazu gibt es Salbeibutter mit Knoblauch. Zur Fertigstellung des Gerichts legt man die Pasta in eine Auflaufform und schichtet Kartoffeln, Wirsing, Salbeibutter und schließlich Bitto oder Casera (siehe Seite 90) darüber, bevor das Ganze in den Backofen kommt.

Marias Pizzoccheri sind fabelhaft. Buchweizenpasta hat einen einzigartigen Geschmack – ein bisschen süß, ein bisschen nussig –, und das ganze Gericht wirkt altmodisch und anheimelnd. In meinen Restaurants habe ich in den vergangenen Jahren sowohl die kommerzielle als auch die traditionelle Version der Pizzoccheri aus eigener Herstellung serviert, aber ein solches Gericht an seinem Ursprungsort zu essen, zubereitet von jemandem wie Maria, ist ein ganz besonderes Vergnügen. Als Nachtisch können wir einem von Maria gebackenen Kuchen aus Buchweizenmehl mit Blaubeerkonfitüre nicht widerstehen – vorzüglich!

Der Pizzocchero ist eine kulinarische Institution, dem man sogar eine Akademie gewidmet hat!

Pizzoccheri della Valtellina

PIZZOCCHERI MIT WIRSING, KARTOFFELN UND KÄSE

Hoch in den Bergen, wo die Luft rein und das Klima rau ist, schmecken die berühmten Veltliner Pizzoccheri am allerbesten. Meist werden sie mit Kartoffeln, Wirsing und Bitto, einem regionalen Käse, zubereitet. Als Ersatz eignet sich Asiago.

- 2 mehligkochende Kartoffeln, geschält und in 1,5 cm große Stücke geschnitten
- ½ Wirsing, in dünne Streifen geschnitten
- 100 g Butter
- 1 Zwiebel, fein gewürfelt
- 1 Knoblauchzehe, gehackt
- 6 Salbeiblätter, gehackt
- 1 EL gehackte glatte Petersilie
- 150 g Asiago, gerieben
- Meersalz und geschroteter schwarzer Pfeffer
- 75 g Parmesan, gerieben

FÜR DEN PASTATEIG

- 250 g Buchweizenmehl
- 200 g Weizenmehl
- 1 Prise Salz
- 1 EL Olivenöl

1 Für die Pasta die Mehle mit dem Salz mischen. Auf eine Arbeitsfläche häufen und in die Mitte eine Mulde drücken. 200 ml Wasser und das Olivenöl hineingießen, dann alles zu einem Teig vermischen. Den Teig etwa 10 Minuten kneten, bis er glatt ist. In Frischhaltefolie wickeln und für mindestens 1 Stunde in den Kühlschrank stellen.

2 Den Teig 3 mm dick ausrollen. In 7 mm breite und 5 cm lange Streifen schneiden. Die Streifen auf ein dick bemehltes Tablett legen.

3 In einem Topf reichlich Salzwasser zum Kochen bringen. Die Kartoffeln darin 10 Minuten garen, dann den Wirsing hinzufügen und 10 Minuten mitgaren. Die Pizzoccheri dazugeben und weitere 6–7 Minuten kochen lassen, bis die Pasta bissfest ist.

4 Den Backofen auf 200 °C vorheizen. Während die Pasta gart, die Butter in einer Pfanne zerlassen. Zwiebel und Knoblauch darin braten, bis sie Farbe annehmen und die Butter bräunt. Die Kräuter unterrühren. Die Pfanne vom Herd nehmen.

5 Die Pastamischung in ein Sieb abgießen und abtropfen lassen, dann wieder in den Topf geben. Käse, Zwiebel-Kräuter-Mischung, Salz und Pfeffer hinzufügen und alles gut mischen.

6 Die Mischung gleichmäßig in einer ofenfesten Form verteilen. Mit Parmesan bestreuen und 25–30 Minuten überbacken, bis der Parmesan braun wird. Sofort servieren.

FÜR 4–6 PERSONEN

Sciatt

BUCHWEIZEN-KÄSE-KRAPFEN

Diese unwiderstehlichen Leckerbissen vereinen die vielfältigen Zutaten dieser Region. Typischerweise werden sie als Snack vor dem Essen serviert, um den Hunger zu stillen, während man auf den ersten Gang wartet. Der schlicht und sauer angemachte Wirsing ist die perfekte Begleitung für die knusprigen Happen.

- 200 g Buchweizenmehl
- 200 g Weizenmehl
- je 1 Prise Speisenatron und Salz
- 400 ml Bier oder Mineralwasser mit Kohlensäure
- 2 EL Grappa
- ½ Wirsing, in sehr dünne Streifen geschnitten
- 2 EL gehackte glatte Petersilie
- 1 EL Rotweinessig
- 2 EL natives Olivenöl extra
- Meersalz und geschroteter schwarzer Pfeffer
- Öl zum Frittieren
- 250 g Gruyère, in 2 cm große Würfel geschnitten

1 Das Buchweizenmehl mit Weizenmehl, Natron und Salz in eine große Schüssel sieben. Mit einem Schneebesen Bier oder Mineralwasser sowie den Grappa darunterschlagen, bis ein glatter Teig entsteht. Den Teig zudecken und 1½ Stunden kühlen.

2 Den Wirsing mit Petersilie, Essig und Olivenöl in eine Schüssel geben. Salz und Pfeffer hinzufügen und alles mischen, dann zugedeckt kalt stellen.

3 Eine Fritteuse oder einen Topf mit schwerem Boden zwei Drittel hoch mit Öl füllen. Das Öl auf 170 °C erhitzen.

4 Den Teig aus dem Kühlschrank nehmen und die Käsewürfel hineingeben. Die Käsewürfel nacheinander mit einem Löffel herausfischen; sie sollen gleichmäßig vom Teig überzogen sein.

5 Die Beignets portionsweise in das heiße Öl geben. Etwa 2 Minuten frittieren, dann mit einem Schaumlöffel herausheben und auf Küchenpapier abtropfen lassen. Mit Salz bestreuen und mit dem Wirsing servieren.

FÜR 6 PERSONEN

Insalata di grano saraceno, cipolla e mela

BUCHWEIZENSALAT MIT ZWIEBEL UND APFEL

Körner eignen sich prima für Salate. Dabei experimentiere ich gern mit vielen verschiedenen Sorten, auch mit Dinkel und Buchweizen. Hier sorgt die Kombination von Apfel, Zwiebel und Essig für eine süßsaure Note. Dieser Salat passt gut zu Fischgerichten und kaltem Braten.

- 500 g Buchweizen
- 3 Lorbeerblätter
- Meersalz und geschroteter schwarzer Pfeffer
- 2 rote Zwiebeln, fein gewürfelt
- 3 Äpfel (z. B. Granny Smith), in 5 mm große Würfel geschnitten
- 125 ml Weißweinessig
- 125 ml natives Olivenöl extra
- 1 große Handvoll glatte Petersilienblätter, in Stücke gezupft
- Saft von 1 Zitrone

1 Den Buchweizen 30 Minuten in kaltem Wasser einweichen. In ein Sieb abgießen und gut abtropfen lassen.

2 Die Körner mit Lorbeer, 1 Prise Salz und 1,5 l Wasser in einen großen Topf geben. Aufkochen, dann 15 Minuten köcheln lassen, bis der Buchweizen weich ist. In ein Sieb abgießen und abtropfen lassen, anschließend in eine große Schüssel füllen.

3 Wenn der Buchweizen abgekühlt ist, Zwiebeln, Äpfel, Essig, Olivenöl, Petersilie, Zitronensaft, Salz und Pfeffer hinzufügen und alles mischen.

FÜR 6 PERSONEN

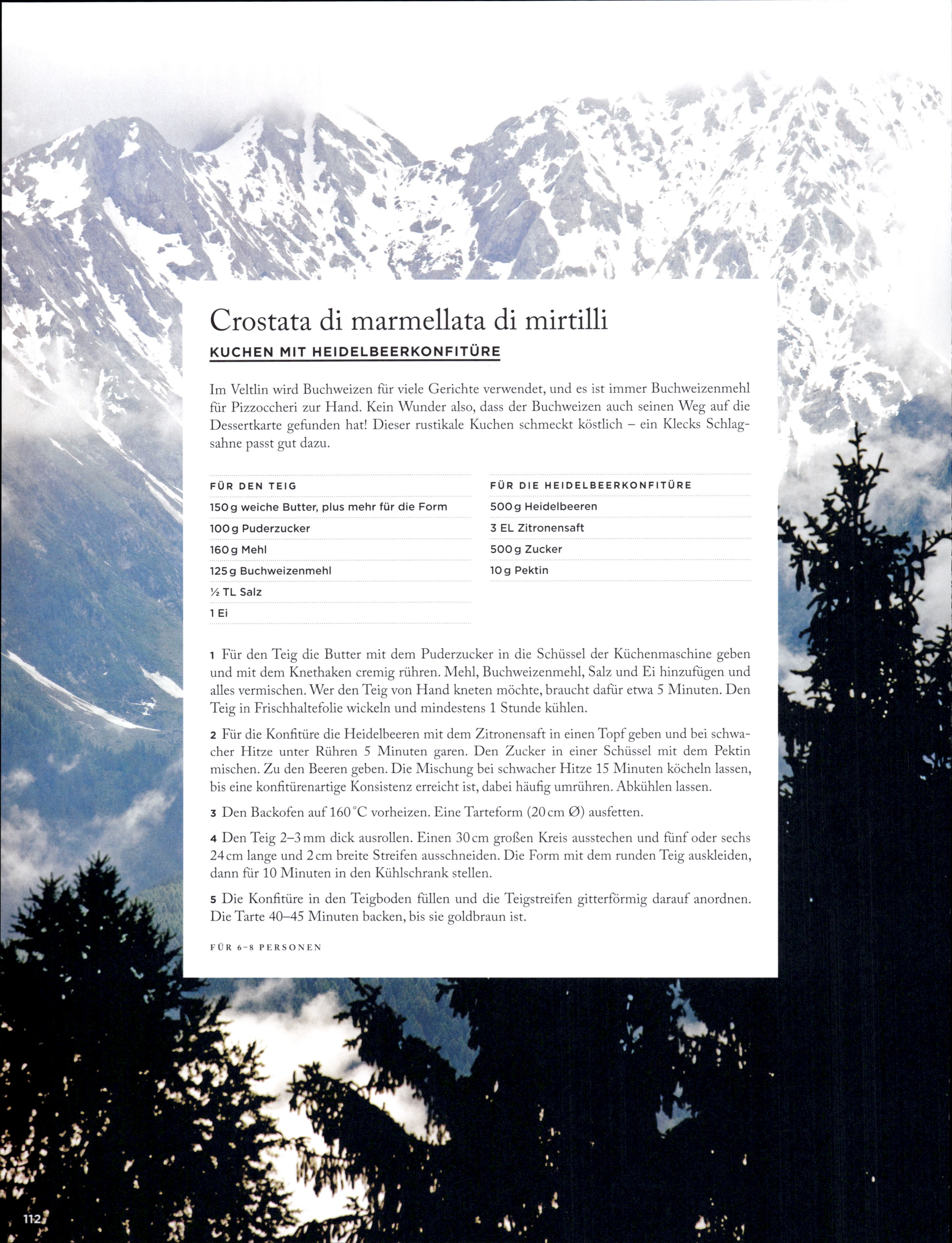

Crostata di marmellata di mirtilli

KUCHEN MIT HEIDELBEERKONFITÜRE

Im Veltlin wird Buchweizen für viele Gerichte verwendet, und es ist immer Buchweizenmehl für Pizzoccheri zur Hand. Kein Wunder also, dass der Buchweizen auch seinen Weg auf die Dessertkarte gefunden hat! Dieser rustikale Kuchen schmeckt köstlich – ein Klecks Schlagsahne passt gut dazu.

FÜR DEN TEIG

- 150 g weiche Butter, plus mehr für die Form
- 100 g Puderzucker
- 160 g Mehl
- 125 g Buchweizenmehl
- ½ TL Salz
- 1 Ei

FÜR DIE HEIDELBEERKONFITÜRE

- 500 g Heidelbeeren
- 3 EL Zitronensaft
- 500 g Zucker
- 10 g Pektin

1 Für den Teig die Butter mit dem Puderzucker in die Schüssel der Küchenmaschine geben und mit dem Knethaken cremig rühren. Mehl, Buchweizenmehl, Salz und Ei hinzufügen und alles vermischen. Wer den Teig von Hand kneten möchte, braucht dafür etwa 5 Minuten. Den Teig in Frischhaltefolie wickeln und mindestens 1 Stunde kühlen.

2 Für die Konfitüre die Heidelbeeren mit dem Zitronensaft in einen Topf geben und bei schwacher Hitze unter Rühren 5 Minuten garen. Den Zucker in einer Schüssel mit dem Pektin mischen. Zu den Beeren geben. Die Mischung bei schwacher Hitze 15 Minuten köcheln lassen, bis eine konfitürenartige Konsistenz erreicht ist, dabei häufig umrühren. Abkühlen lassen.

3 Den Backofen auf 160 °C vorheizen. Eine Tarteform (20 cm Ø) ausfetten.

4 Den Teig 2–3 mm dick ausrollen. Einen 30 cm großen Kreis ausstechen und fünf oder sechs 24 cm lange und 2 cm breite Streifen ausschneiden. Die Form mit dem runden Teig auskleiden, dann für 10 Minuten in den Kühlschrank stellen.

5 Die Konfitüre in den Teigboden füllen und die Teigstreifen gitterförmig darauf anordnen. Die Tarte 40–45 Minuten backen, bis sie goldbraun ist.

FÜR 6–8 PERSONEN

VENETO

SOAVE
RISO
OCA IN ONTO
L'OSTERIA
BIGOLI
MOSTARDA DI FRUTTA
MERCATO DEL PESCE DI RIALTO
BACCALÀ
TRATTORIA DEL GATTO NERO
GALLINA PADOVANA
POLENTA BIANCOPERLA

TIEN

Neben historischen Städten prägen weite, landwirtschaftlich genutzte Ebenen diese Küstenregion. Die Küche schöpft aus dem Reichtum des Meeres, der sich auf dem Rialto-Markt in Venedig in seiner ganzen Fülle präsentiert. Perfekt passen Bigoli dazu, eine Art dicke Spaghetti, aber auch der ausgezeichnete Reis aus der Umgebung. In den Hügeln des Veneto schätzt man eine einfache, wärmende Polenta als Beilage.

SOAVE

PIEROPAN

AUS DER REGION SOAVE IN VENETIEN STAMMT DER GLEICHNAMIGE TROCKENE WEISSWEIN. ZU DEN FÜHRENDEN PRODUZENTEN ZÄHLT UNTER ANDEREM PIEROPAN, 1890 VON LEONILDO PIEROPAN GEGRÜNDET. VIER GENERATIONEN SPÄTER ENGAGIERT SICH DIE FAMILIE MEHR DENN JE FÜR HERVORRAGENDE, INNOVATIVE WEINE.

Wenn ich einen Winzer treffe, lautet meine wichtigste Frage immer: »Wo wird der Wein gemacht – im Weinberg oder im Keller?« Als wir uns dem Weingut Pieropan in Soave nähern, freue ich mich schon darauf, dieses Gespräch mit Leonildo Pieropan zu führen. Er trägt nicht nur denselben Namen wie sein Großvater, der Gründer des Unternehmens, er hat auch dessen Leidenschaft für das Metier geerbt – und er ist fest davon überzeugt, dass ein guter Wein im Weinberg entsteht. Leonildo hat den Betrieb 1970 übernommen und führt ihn heute mit seiner Frau Teresita und den beiden Söhnen. Der *padrone* nimmt an allen Stadien der Produktion regen Anteil und setzt sich schon seit Langem für innovative Methoden im Weinbau ein. So verwendet man hier bereits seit den 1970er Jahren ausschließlich Naturdünger.

Die Weine von Pieropan serviere ich in meinen Restaurants seit vielen Jahren und jetzt möchte ich unbedingt die Rebhänge besuchen und mir anschauen, wie die Weinbereitung abläuft. Während ich mit Leonildo durch die Weinberge streife, erfahre ich, dass die älteren Reben die besten Trauben tragen und dass manche seiner Rebstöcke 70 Jahre alt sind. Um den gesetzlichen Bestimmungen der DOC Soave zu entsprechen, muss der Wein zu 70 Prozent aus der Rebsorte Garganega bestehen. Die Lese erfolgt innerhalb von rund 40 Tagen zwischen Mitte September und Ende Oktober von Hand. Danach werden die Trauben zur Kellerei transportiert, einem Gebäude aus dem 15. Jahrhundert – umfassend renoviert und mit modernster Technik ausgestattet. Dort werden die Trauben gepresst und in Betonfässern eingemaischt. Auch hier haben wir es also mit einem Erzeuger zu tun, der traditionelle handwerkliche Methoden mit Spitzentechnologie kombiniert. Leonildo lebt wirklich für seinen Beruf und vom Rebschnitt bis zur Gärung entgeht kein Detail seiner Aufmerksamkeit. Er ruht sich nicht auf seinen Lorbeeren aus, sondern informiert sich und bringt neue Methoden zur Anwendung, um seine Weine zu verbessern.

Pieropan erzeugt eine ganze Reihe unterschiedlicher Soave, benannt nach den Lagen, aus denen die Trauben stammen. Leonildo und Teresita bestehen darauf, dass wir an einer Verkostung teilnehmen, um die Unterschiede zwischen den Weinen und den Jahrgängen zu erkennen, und natürlich lassen wir uns nicht lange bitten. Wie Leonildo erklärt, besteht der leicht fruchtige Calvarino zu 70 Prozent aus Garganega und aus 30 Prozent Trebbiano. Der klassische Soave enthält etwa 90 Prozent Garganega und 10 Prozent Trebbiano, der dem Wein florale Noten von Kirschblüten verleiht. Der Soave La Rocca verdankt seinen Namen der mittelalterlichen Burg oberhalb der Stadt. Der ausschließlich aus Garganega vinifizierte Wein ruht ein Jahr auf der Hefe. Es überrascht mich nicht zu hören, dass der La Rocca 2008 zum besten italienischen Weißwein gekürt wurde. Neben den trockenen Weißweinen produziert Pieropan auch mehrere Süßweine, darunter den Recioto di Soave Le Colombare, der zu 100 Prozent aus Garganega besteht und zwei Jahre in Eichenfässern reift.

Vor einigen Jahren erwarben die Pieropans etwas Land in der benachbarten Region Valpolicella. Sie haben viel Arbeit in die brachliegende Fläche investiert, um sie anschließend mit roten Rebsorten zu bestocken. Doch der Aufwand hat sich gelohnt – heute bereichern zwei Rotweine das Angebot von Pieropan, Ruberpan und Amarone. Zum Ende unseres Besuchs machen wir einen Ausflug zu dem neuen Weingut, das in einer zauberhaften alten Villa residiert – auch hier verbinden sich Innovation und Tradition aufs Glücklichste.

VINO
ATTO A PRODURRE
SOAVE CLASSICO
2010

2009
La Rocca

Moscardini con soave, uva e finocchio

MINI-KRAKEN MIT SOAVE, TRAUBEN UND FENCHEL

Die Verkostung der exquisiten Weine von Leonildo und Teresita Pieropan brachte mich auf die Idee, ein Gericht zu kreieren, zu dem einer der eleganteren, schwereren Soaves gut passt. Hier das Ergebnis: Morsardini, in Soave geschmort, bis sie herrlich zart sind. Die Trauben bringen Süße ins Spiel und betonen die Verbindung zum Wein.

- 3 EL Olivenöl
- 2 Knoblauchzehen, gehackt
- 1 Zwiebel, in dünne Ringe geschnitten
- 1 sehr kleine Fenchelknolle, in dünne Scheiben geschnitten
- 800 g Moscardini (Mini-Kraken), küchenfertig vorbereitet (außerhalb Italiens kauft man sie am besten tiefgekühlt)
- Meersalz und geschroteter schwarzer Pfeffer
- 400 ml Soave
- 250 g helle kernlose Weintrauben
- 1 große Handvoll glatte Petersilienblätter, in Streifen geschnitten

1 Das Olivenöl in einem großen Topf bei mittlerer Temperatur erhitzen. Knoblauch, Zwiebel und Fenchel darin unter Rühren einige Minuten weich werden lassen, dann die Tintenfische hinzufügen und kurz anbraten. Salzen und pfeffern.

2 Mit dem Soave ablöschen. Die Flüssigkeit zum Kochen bringen. 400 ml Wasser angießen. Die Tintenfische zugedeckt bei schwacher Hitze 20 Minuten schmoren. Die Trauben hinzufügen und 10 Minuten mitgaren. Den Topf vom Herd nehmen. Nach 5 Minuten die Petersilie untermischen und das Gericht servieren.

FÜR 6 PERSONEN

Castradina

HAMMELFLEISCH-EINTOPF

Im Lauf eines Gesprächs mit einem Einheimischen erfuhr ich von der Castradina, einem Schmorgericht mit geräuchertem Hammelfleisch und Wirsing. Traditionsgemäß isst man es am 21. November, dem Fest der Madonna della Salute. Wieder daheim, stellte ich ein paar Recherchen an und probierte hin und her, bis meine eigene Version dieses Gerichts – mit frischem Hammelfleisch, damit es etwas leichter schmeckt – entstanden war.

- 100 g Rosenkohl, die Blätter abgelöst
- 2½ EL Olivenöl
- 1 Zwiebel, in Ringe geschnitten
- 3 Knoblauchzehen, gehackt
- 300 g Kartoffeln, geschält und in 2 cm große Stücke geschnitten
- 250 g frische Borlottibohnenkerne (mit Schoten gewogen 500 g)
- 250 g Wirsing, in 2 cm große Stücke geschnitten
- 1,5 kg Hammelfleisch (Keule), in 3 cm große Stücke geschnitten
- 700 g Tomaten, gehäutet, von den Samen befreit, in 2 cm große Stücke geschnitten
- Meersalz und geschroteter schwarzer Pfeffer
- 4 Lorbeerblätter
- 3 l Rinder- oder Hühnerbrühe
- natives Olivenöl extra zum Beträufeln
- 2 EL gehackte glatte Petersilie

1 In einem Topf reichlich Wasser mit 1 Prise Salz zum Kochen bringen. Die Rosenkohlblätter für einige Minuten hineingeben, dann in ein Sieb abgießen und in kaltem Wasser abschrecken. Bis zur Verwendung kalt stellen.

2 Das Öl in einem großen Topf bei mittlerer Temperatur erhitzen. Die Zwiebel darin mit dem Knoblauch unter Rühren einige Minuten anschwitzen. Kartoffeln, Bohnen, Wirsing und Fleisch untermischen und 5 Minuten mitgaren. Tomaten, Salz und Pfeffer dazugeben, dann den Lorbeer und die Brühe hinzufügen. Aufkochen und bei schwacher Hitze 2 Stunden köcheln lassen, bis das Fleisch weich ist, dabei gelegentlich rühren; abschmecken.

3 Die Rosenkohlblätter in eine Schüssel geben. Salzen, pfeffern und mit nativem Olivenöl beträufeln.

4 Den Eintopf in Suppenschalen schöpfen, mit Petersilie bestreuen und mit den angemachten Rosenkohlblättern garnieren.

FÜR 6 PERSONEN

Sbrisolona

KRÜMELKUCHEN

Dieser Kuchen stammt aus Mantua in der Lombardei, ist aber auch im Veneto sehr beliebt. Ich lernte ihn auf der Vinitaly kennen, einer Weinmesse, die alljährlich in Verona stattfindet und Winzer und Gastronomen zusammenbringt. Ich genoss ihn mit einem Dessertwein, aber Kaffee passt auch gut dazu. *Sbrisolona* bedeutet nichts anderes als »krümelig«, ein Hinweis auf die Konsistenz des Gebäcks.

- 250 g blanchierte Mandelkerne
- 250 g weiche Butter
- 250 g Zucker
- 250 g Mehl
- 250 g feines Maismehl (Polenta)
- 1 Ei
- ½ TL Vanilleextrakt
- abgeriebene Schale von ½ Bio-Zitrone
- 25 ml Grappa

1 Den Backofen auf 175 °C vorheizen. Die Mandeln auf einem Backblech verteilen. Im heißen Ofen 15 Minuten rösten, dann herausnehmen, abkühlen lassen und anschließend grob hacken.

2 Die Butter mit dem Zucker in die Schüssel der Küchenmaschine geben und cremig rühren. Mandeln, Mehl, Maismehl, Ei, Vanilleextrakt, Zitronenschale und Grappa hinzufügen. Alles mit dem Knethaken auf niedriger Stufe mischen, bis die Masse bindet.

3 Ein Backblech fetten und mit Backpapier auslegen. Die Masse etwa 1,5 cm dick darauf verteilen. 30 Minuten backen, bis der Kuchen hellbraun ist. Abkühlen lassen, dann in kleine Stücke brechen. Luftdicht verpackt hält sich der Kuchen 4–5 Tage.

FÜR 6–8 PERSONEN

RISO

REIS

GABRIELE FERRON

DIE FAMILIE FERRON PRODUZIERT SEIT FÜNF GENERATIONEN REIS ALLERBESTER QUALITÄT. DER PADRONE, KOCH UND »WELT-BOTSCHAFTER FÜR REIS« GABRIELE FERRON, GILT AUCH ALS »REISKÖNIG« UND SEINE BEGEISTERUNG FÜR DIE WEISSEN KÖRNER KENNT KEINE GRENZEN. WO ALSO KÖNNTE MAN BESSER ETWAS ÜBER REIS UND DIE KUNST DES RISOTTOS ERFAHREN ALS IN FERRONS ALTER MÜHLE IN ISOLA DELLA SCALA?

Academy
of Rice Cooks

Der charmante und kontaktfreudige Gabriele Ferron reist um die ganze Welt, um den Menschen zu zeigen, wie man einen perfekten Risotto kocht. 1979 gründete er eine Vereinigung von Reisproduzenten mit dem Ziel, Werbung für die hervorragende Veroneser Reissorte Vialone Nano zu betreiben. Am Tag unseres Besuchs in Isola della Scala scheint die Sonne, aber sie wird bald überstrahlt von Gabrieles Lächeln. Es folgt ein Risotto-Fest, das mich eine Woche im Fitnessstudio kosten wird – aber das ist es wert!

Ich will unbedingt Ferrons alte wasserbetriebene Reismühle sehen, La Pila Vecia (»die alte Mühle« im Veroneser Dialekt), die dem Hof seinen Namen gibt. Sie ist seit 1650 in Betrieb und damit die älteste Schälmühle in Italien. Um der wachsenden Nachfrage gerecht zu werden, nutzt auch Ferron inzwischen eine moderne Anlage, aber zu besonderen Gelegenheiten wird La Pila Vecia gelegentlich noch in Betrieb gesetzt. Ihr Herzstück ist das riesige Mühlrad.

Gabriele erklärt, dass der Reis nach dem Mahlgang früher von Hand in großen Sieben geschüttelt wurde, um die Körner von den Spelzen zu trennen und gebrochenen Reis auszusondern. Er zeigt mir die Technik und ich versuche ihm zu helfen, indem ich den Reis aus der Mühle in dem riesigen Sieb auffange und herumwirbele. Auch diese Arbeit erledigt heute erfreulicherweise eine Maschine.

Dank Gabrieles unermüdlicher Bemühungen findet sein Reis Abnehmer in der ganzen Welt. Beim Anbau verzichtet man weitgehend auf Pestizide und Herbizide. Ferron bewässert die Reisfelder mit frischem Quellwasser, zur Schädlingsbekämpfung setzt er Karpfen ein. Die Ernte erfolgt hauptsächlich maschinell, aber Jäten muss man noch von Hand.

Ferron produziert verschiedene Reissorten, darunter Vialone Nano und Carnaroli, zwei der wichtigsten Sorten für Risotto (die dritte ist Arborio). Sie unterscheiden sich in Größe und Form der Körner und haben jeweils großen Einfluss auf das Ergebnis. Ich schwöre auf Carnaroli.

Die Zubereitung von Risotto ist einfach: Der Reis gart in einer Brühe und absorbiert ihren Geschmack. Dabei gibt das Korn Stärke ab und der Risotto wird cremig. Indem man den Risotto rührt, hilft man der Stärke, sich mit dem Fett (normalerweise Butter und Parmesan) und der Flüssigkeit zu verbinden. Risotto wird heute flüssiger serviert als früher – die gewünschte Konsistenz heißt *all'onda* (wellig).

Gabriele ist ein sehr begabter Koch und er leitet auf seinem Hof sowohl eine Kochschule als auch ein Restaurant. Liebend gern zeigt er seinen Schülern, wie man die Kunst des Risottos meistert. Der Trick besteht darin, den Reis eine Weile ruhen zu lassen, nachdem man die Flüssigkeit hinzugefügt hat, anstatt sofort mit dem Rühren zu beginnen. Das, erläutert er mir, sei der Schlüssel zu einem perfekten Risotto.

Nach seiner Führung bewirtet uns unser großzügiger Gastgeber mit einem prächtigen Festmahl. Natürlich ist Risotto dabei und Gabriele demonstriert dessen Vielseitigkeit. Wir probieren einen einfachen und köstlichen *risotto alla pilota* (nach einem Rezept aus dem Jahr 1600), einen leichten Kräuterrisotto und einen kräftigen, dekadenten *risotto all'amarone* mit Rotwein aus der Region. Als wir schon mehr als satt sind, serviert Gabriele den Nachtisch – natürlich aus Reis! Und irgendwie finden wir auch für die grandiose *torta di riso al cioccolato* noch Platz. Sie bildet den krönenden Abschluss eines wundervollen Tages.

Das Risotto-Fest kostet mich eine Woche im Fitnessstudio – aber das ist es allemal wert!

Risotto alle erbe

KRÄUTERRISOTTO

Dies war einer der drei großartigen Risottos, die Gabriele für uns gekocht hatte – der frischeste und leichteste. Die Zusammenstellung der Kräuter richtet sich nach Saison und persönlichen Vorlieben. Bei Reis gibt es große Qualitätsunterschiede. Falls Sie ein echter Risotto-Fan sind, sollten Sie sich Reis in Topqualität leisten. Er ist etwas teurer, aber den Unterschied werden Sie schmecken!

Blätter von 100 g gemischten Kräutern (z. B. Basilikum, Petersilie, Salbei und Estragon)

1½ EL Olivenöl

1 große Schalotte, fein gewürfelt

1 Knoblauchzehe, gehackt

500 g Carnaroli-Reis

1,8 l heiße Hühnerbrühe

75 g Butter

75 g Parmesan, gerieben

Meersalz

1 Die Kräuter im Mixer mit 120 ml Wasser fein pürieren.

2 Das Öl in einem großen Topf mit schwerem Boden bei mittlerer Temperatur erhitzen. Die Schalotte darin mit dem Knoblauch kurz anschwitzen, dann den Reis hinzufügen und 5 Minuten braten, dabei ständig rühren.

3 Die heiße Brühe angießen und bei mittlerer Hitze unter gelegentlichem Rühren köcheln lassen, bis der Reis fast gar ist.

4 Die Kräuterpaste, die Butter und den Parmesan untermischen; kräftig rühren, damit der Risotto cremig wird. Den Risotto mit Salz abschmecken und servieren.

FÜR 6 PERSONEN

Risotto all'amarone

ROTWEIN-RISOTTO

Gabriele servierte dieses wunderbar aromatische Gericht als Teil unseres Risotto-Festes. Er verwendete dafür Amarone, einen kräftigen samtigen Rotwein aus der Valpolicella. Sie können aber auch einen anderen körperreichen Rotwein nehmen.

- 1½ EL Olivenöl
- 1 große Schalotte, fein gewürfelt
- 1 Knoblauchzehe, gehackt
- 540 g Carnaroli-Reis
- 1,5 l Rotwein
- 1 Lorbeerblatt
- 700 ml heiße Hühnerbrühe
- 40 g Butter
- 40 g Parmesan, gerieben
- Meersalz

1 Das Öl in einem großen Topf mit schwerem Boden bei mittlerer Temperatur erhitzen. Die Schalotte darin mit dem Knoblauch unter Rühren kurz anschwitzen, dann den Reis hinzufügen und 5 Minuten braten, dabei ständig rühren. Wein und Lorbeer dazugeben und 2 Minuten köcheln lassen.

2 Die heiße Brühe angießen und 15 Minuten unter gelegentlichem Rühren köcheln lassen, bis der Reis fast gar ist.

3 Die Butter und den Parmesan untermischen; kräftig rühren, damit der Risotto cremig wird. Den Risotto mit Salz abschmecken und servieren.

FÜR 6 PERSONEN

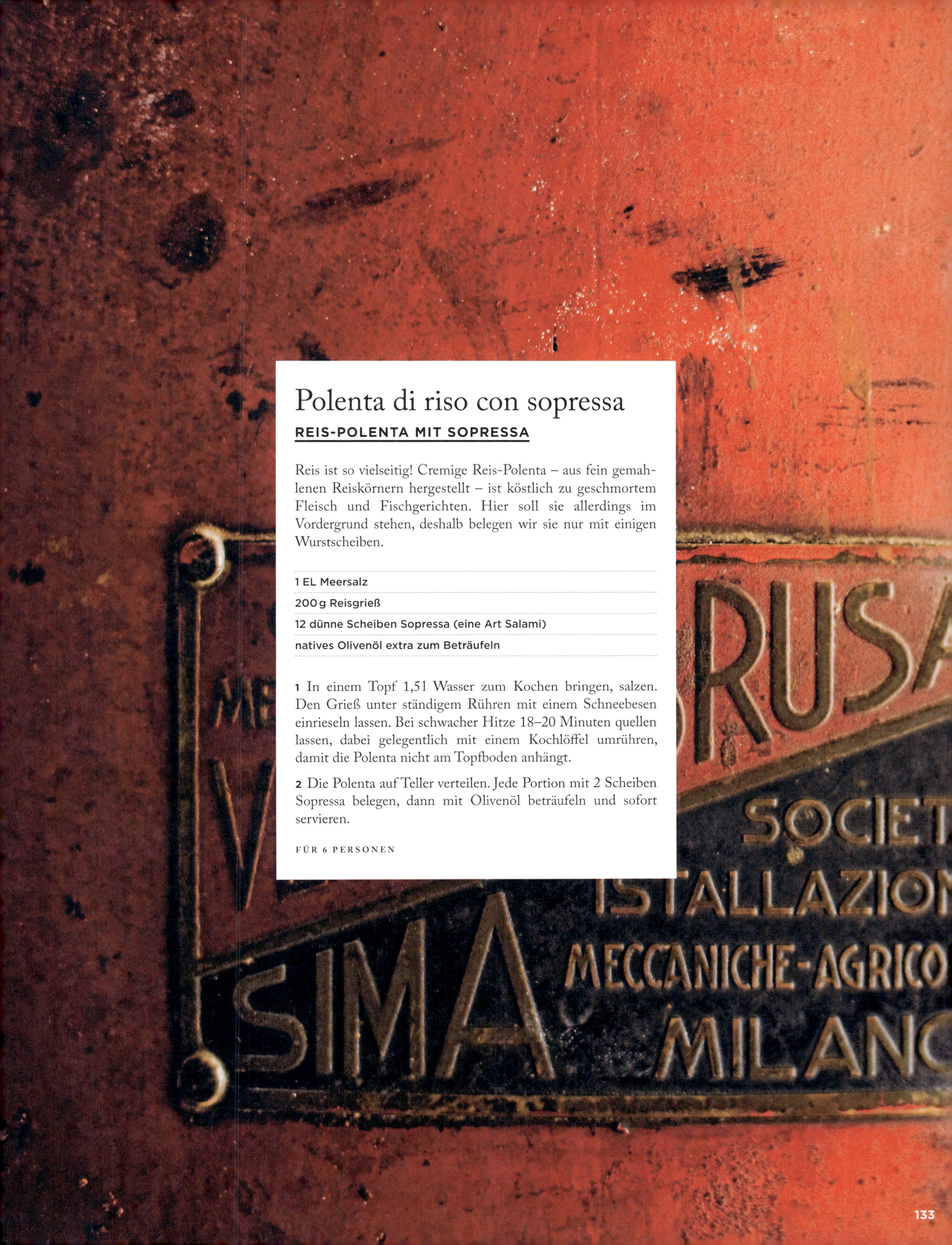

Polenta di riso con sopressa

REIS-POLENTA MIT SOPRESSA

Reis ist so vielseitig! Cremige Reis-Polenta – aus fein gemahlenen Reiskörnern hergestellt – ist köstlich zu geschmortem Fleisch und Fischgerichten. Hier soll sie allerdings im Vordergrund stehen, deshalb belegen wir sie nur mit einigen Wurstscheiben.

1 EL Meersalz
200 g Reisgrieß
12 dünne Scheiben Sopressa (eine Art Salami)
natives Olivenöl extra zum Beträufeln

1 In einem Topf 1,5 l Wasser zum Kochen bringen, salzen. Den Grieß unter ständigem Rühren mit einem Schneebesen einrieseln lassen. Bei schwacher Hitze 18–20 Minuten quellen lassen, dabei gelegentlich mit einem Kochlöffel umrühren, damit die Polenta nicht am Topfboden anhängt.

2 Die Polenta auf Teller verteilen. Jede Portion mit 2 Scheiben Sopressa belegen, dann mit Olivenöl beträufeln und sofort servieren.

FÜR 6 PERSONEN

Torta di cioccolato e riso

SCHOKOLADEN-REIS-KUCHEN

Ich mag Desserts mit Reis, besonders Milchreis – er hat so etwas Warmes, Tröstliches. Dieser Kuchen mit feiner Gewürz- und Zitrusnote ist ziemlich gehaltvoll. Gabriele hat ihn für uns gemacht, als wir bei ihm waren, und ich konnte es gar nicht abwarten, das Rezept zu Hause auszuprobieren. Man kann den Kuchen im Voraus backen und kalt stellen. Zum Servieren sollte er aber Raumtemperatur haben.

- 1 l Milch
- 200 g Carnaroli-Reis
- 150 g Zucker
- 1 Prise Salz
- 100 g Bitterschokolade, geraspelt
- Fett für die Form
- 4 Eier, verquirlt
- abgeriebene Schale von 1 Bio-Zitrone
- 30 g Sultaninen
- 1 Prise gemahlener Zimt
- Puderzucker zum Bestäuben
- geschlagene Sahne zum Servieren

1 Die Milch mit dem Reis in einen Topf geben. Aufkochen, dann bei schwacher Hitze köcheln lassen. Sobald der Reis die Hälfte der Milch aufgenommen hat, Zucker und Salz unterrühren. Wenn die gesamte Milch aufgenommen wurde (nach etwa 25 Minuten), die Schokolade hinzufügen und rühren, bis sie geschmolzen ist. Den Topf vom Herd nehmen, abkühlen lassen.

2 Den Backofen auf 180 °C vorheizen. Eine Springform (20 cm Ø) ausfetten. Eier, Zitronenschale, Sultaninen und Zimt unter die abgekühlte Reismischung rühren. Die Masse in die Form füllen.

3 Den Kuchen 40–45 Minuten backen, bis die Masse gestockt ist. Auf Raumtemperatur abkühlen lassen, dann mit Puderzucker bestäuben und mit Schlagsahne servieren.

FÜR 8 PERSONEN

OCA IN ONTO

GÄNSECONFIT

AGRITURISMO MONDRAGON

MANUELA TESSARI BETREIBT IN DEN HÜGELN NÖRDLICH VON TREVISO EINEN BAUERNHOF. DER AGRITURISMO MONDRAGON IST EINE VON NUR ZWEI VERBLIEBENEN PRODUKTIONSSTÄTTEN FÜR OCA IN ONTO (GÄNSECONFIT). DIE INZWISCHEN VON SLOW FOOD IN DIE ARCHE DES GESCHMACKS AUFGENOMMENE SPEZIALITÄT KOMMT IN VENETIEN TRADITIONELL AM MARTINSTAG AUF DEN TISCH.

Die traditionelle venezianische *oca in onto*, in Schmalz konserviertes Gänsefleisch, diente ursprünglich der bäuerlichen Vorratshaltung. Der lokalen Überlieferung zufolge gab es Gans statt des in anderen italienischen Regionen üblichen Schweins zur Festa di San Marti (dem Erntedankfest), weil im Veneto viele jüdische Bauern lebten, die kein Schweinefleisch essen durften.

Als wir im Agriturismo Mondragon eintreffen, begrüßt uns Manuela Tessari mit ihrer Familie. Manuela führt den Bauernhof zusammen mit ihrem Bruder Andrea, unterstützt von ihren Eltern Tina und Roberto. Die Aufnahme könnte nicht gastfreundlicher sein und die Tessaris erzählen uns bereitwillig, was sie über die lokale Küche wissen. Angesichts der herrlichen Landschaft und des Engagements unserer Gastgeber wird mir bald klar, dass dies eine der schönsten Stationen auf unserer Reise sein könnte.

Die Tessaris halten auf ihrem Hof Schweine, Schafe, Esel und Pferde, doch ihr Hauptinteresse gilt dem Federvieh und sie verarbeiten mehr als 1000 Gänse pro Jahr. Manuela schildert uns, wie das berühmte Gänseconfit entsteht. Im September werden die Gänse geschlachtet und zerlegt. Für *oca in onto* bleibt kein Teil der Gans ungenutzt, Fleischreste werden vom Knochen geschnitten und mit den Innereien beiseitegelegt, um später ein *ragù* daraus zu machen. Dann pökelt Manuela das Gänsefleisch mit einer Spezialmischung aus Lorbeerblättern, Zwiebeln, Wacholderbeeren, Fenchelsamen, Thymian, Chili, Rosmarin, Salz und ein wenig Rotwein mindestens zwei Tage.

Nach dem Pökeln kann man die Fleischstücke entweder sofort in Schmalz einmachen (*crudo*) oder zunächst garen (*cotto*). So oder so schichtet Manuela abwechselnd Fleisch und Gänsefett in ein großes Glasgefäß, bis das Fleisch vollständig mit Fett bedeckt ist. Die gekochte Version kann direkt verwendet werden, die rohe Version muss bis zu sechs Monate durchziehen. Bei Bedarf nimmt Manuela etwas Gänsefleisch aus dem Einmachglas, entfernt überschüssiges Salz und Fett und gart das Fleisch mit grünem Gemüse, Rotwein, ein paar Gewürzen und Tomaten, zum Schluss fügt sie Erbsen hinzu. Dieses kräftige Gericht serviert sie entweder als Pastasauce oder zusammen mit Kartoffeln, Paprika, und Polenta als Hauptgericht.

Außer *oca in onto* stellt Manuela auch andere Gänseprodukte her. Sie lässt uns ihren Gänseschinken probieren, der köstlich mager und zart ist, und eine Gänseleberpastete mit leichtem Wildgeschmack – Gänsefleisch ist grundsätzlich ziemlich dunkel und schmeckt sehr aromatisch. Unsere Zeit mit Manuela und ihrer Familie inspiriert mich, eine *oca in onto* mit meiner eigenen Mischung von Kräutern und Gewürzen auszuprobieren.

Manuela und ihre Familie legen Gänsefleisch in Schmalz ein – eine fast vergessene Kunst.

MONDRAGON

Oca in onto

GÄNSECONFIT

Sollten Gänsekeulen nicht erhältlich sein, können Sie auf Entenkeulen zurückgreifen. Und die Wildgeflügel-Gewürzmischung lässt sich durch 50 g einer eigenen Gewürzmischung ersetzen. Im Kühlschrank hält sich das Confit 3–4 Wochen. Mit der Zubereitung müssen Sie am Vortag beginnen.

- 6 Knoblauchzehen, geschält
- 4 Lorbeerblätter
- 100 g Salz
- 1,5 kg Gänse- oder Entenkeulen
- 500 g Schalotten, geschält
- 200 ml Rotwein
- 1 l Gänse- oder Entenschmalz (ersatzweise Schweineschmalz)

FÜR DIE WILDGEFLÜGEL-GEWÜRZMISCHUNG

- 1 EL Wacholderbeeren
- 1 EL getrockneter Rosmarin
- 1 EL getrocknete Petersilie
- 1 EL getrockneter Salbei
- 1 EL Chiliflocken
- 4 Sternanis
- 2 EL schwarze Pfefferkörner
- 2 EL getrockneter Oregano

1 Für die Gewürzmischung Kräuter und Gewürze im Blitzhacker fein zerkleinern.

2 Den Knoblauch mit Gewürzmischung, Lorbeer und Salz im Blitzhacker fein pürieren. Die Gänse- bzw. Entenkeulen mit der Paste einreiben. In eine Schüssel legen, zudecken und für 24 Stunden in den Kühlschrank stellen.

3 Den Backofen auf 95 °C vorheizen. Die Keulen gründlich mit kaltem Wasser abspülen und anschließend mit Küchenpapier trocken tupfen. Mit Schalotten und Rotwein in einen Schmortopf geben und mit dem Schmalz bedecken. Den Topf mit dem Deckel verschließen und für 6–7 Stunden in den Ofen stellen, bis das Fleisch sehr mürbe ist.

4 Das Confit etwas abkühlen lassen. Keulen und Schalotten aus dem Fett heben und abkühlen lassen, bis man sie anfassen kann. Das Fleisch von den Knochen lösen und mit den Schalotten beiseitestellen. Das Schmalz durch ein Sieb in eine Schüssel gießen. Die Garflüssigkeit unten im Topf für eine Pastasauce (siehe Seite 142) aufbewahren.

5 Um das Confit für 3–4 Wochen haltbar zu machen, das Fleisch in ein Einmachglas geben und mit dem durch ein Sieb gegossenen Fett bedecken. Im Kühlschrank aufbewahren. Übriges Schmalz kann man einfrieren und für ein weiteres Confit verwenden.

ERGIBT ETWA 1 KG

Taglierini con carnici d’oca

TAGLIERINI MIT GÄNSECONFIT

Eine ganz besonders gelungene Art, Gänseconfit mit seiner Garflüssigkeit (siehe Seite 141) zu verarbeiten. Kräuter und Prosecco frischen das Ganze auf. Sollten Sie keine Taglierini bekommen, nehmen Sie stattdessen einfach Tagliatelle.

- 25 ml Olivenöl
- 2 Knoblauchzehen, gehackt
- 1 Zwiebel, fein gewürfelt
- 1 Stange Sellerie, fein gewürfelt
- 1 EL gehackter Rosmarin
- 1 EL gehackter Salbei
- 1 TL Thymianblätter, gehackt
- 1 EL gehackte glatte Petersilie
- 4 EL Tomatenmark
- 500 ml Prosecco
- 250 ml Garflüssigkeit vom Gänseconfit (siehe Seite 141)
- 250 ml Hühnerbrühe
- 350 g Gänseconfit (siehe Seite 141)
- 500 g Taglierini

1 Das Öl mit dem Knoblauch in einem weiten Topf erhitzen. Zwiebel und Sellerie hinzufügen und einige Minuten anschwitzen. Kräuter und Tomatenmark unterrühren, nach 1 Minute mit dem Prosecco ablöschen. Garflüssigkeit und Brühe dazugeben. Aufkochen lassen, das Fleisch untermischen und alles 5–10 Minuten köcheln lassen.

2 In einem großen Topf reichlich gesalzenes Wasser zum Kochen bringen. Die Pasta hineingeben und umrühren, damit die Nudeln nicht zusammenkleben. Bissfest garen, dann in ein Sieb abgießen und abtropfen lassen.

3 Die Pasta unter die Sauce heben und das Gericht sofort servieren.

FÜR 6 PERSONEN

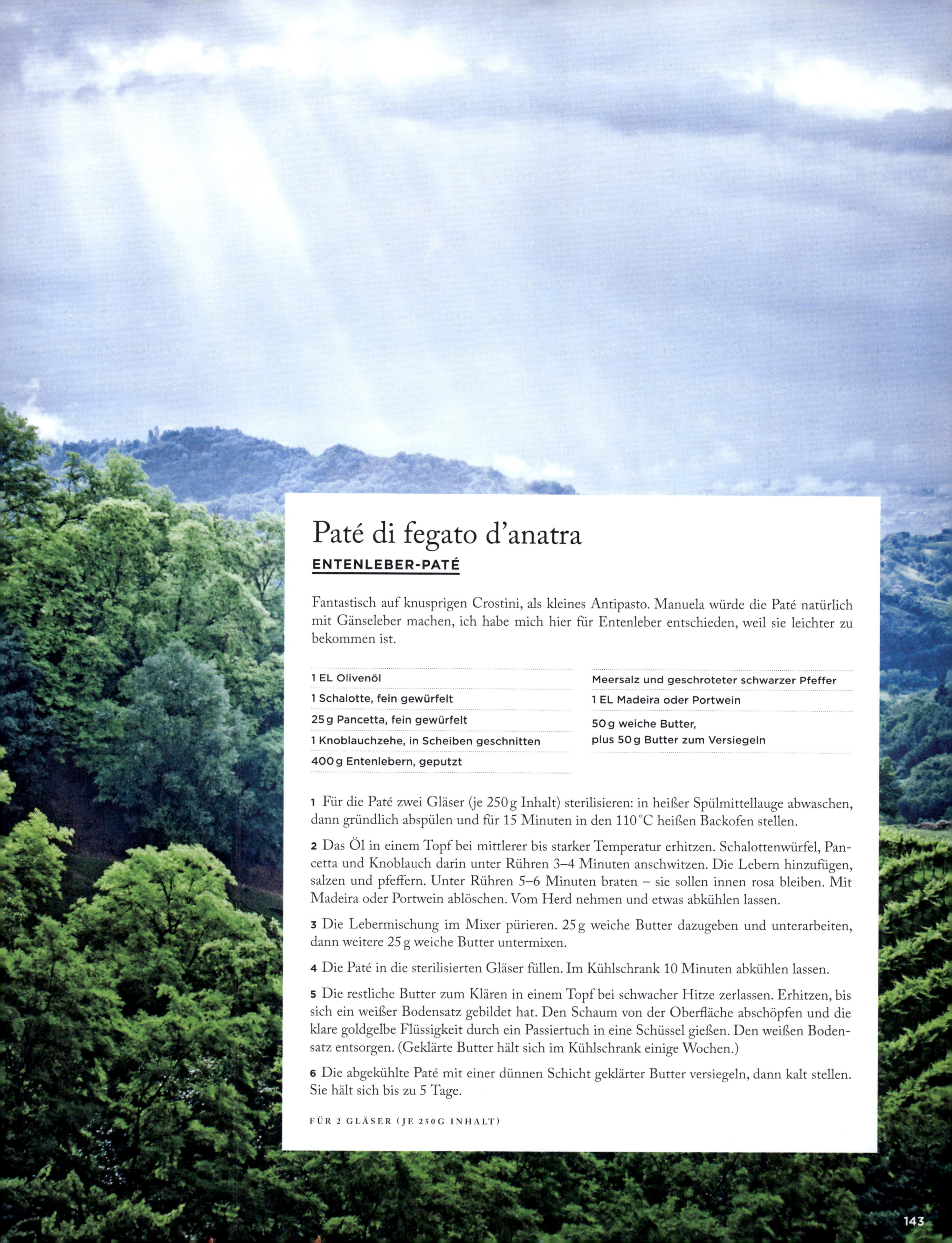

Paté di fegato d'anatra

ENTENLEBER-PATÉ

Fantastisch auf knusprigen Crostini, als kleines Antipasto. Manuela würde die Paté natürlich mit Gänseleber machen, ich habe mich hier für Entenleber entschieden, weil sie leichter zu bekommen ist.

- 1 EL Olivenöl
- 1 Schalotte, fein gewürfelt
- 25 g Pancetta, fein gewürfelt
- 1 Knoblauchzehe, in Scheiben geschnitten
- 400 g Entenlebern, geputzt
- Meersalz und geschroteter schwarzer Pfeffer
- 1 EL Madeira oder Portwein
- 50 g weiche Butter, plus 50 g Butter zum Versiegeln

1 Für die Paté zwei Gläser (je 250 g Inhalt) sterilisieren: in heißer Spülmittellauge abwaschen, dann gründlich abspülen und für 15 Minuten in den 110 °C heißen Backofen stellen.

2 Das Öl in einem Topf bei mittlerer bis starker Temperatur erhitzen. Schalottenwürfel, Pancetta und Knoblauch darin unter Rühren 3–4 Minuten anschwitzen. Die Lebern hinzufügen, salzen und pfeffern. Unter Rühren 5–6 Minuten braten – sie sollen innen rosa bleiben. Mit Madeira oder Portwein ablöschen. Vom Herd nehmen und etwas abkühlen lassen.

3 Die Lebermischung im Mixer pürieren. 25 g weiche Butter dazugeben und unterarbeiten, dann weitere 25 g weiche Butter untermixen.

4 Die Paté in die sterilisierten Gläser füllen. Im Kühlschrank 10 Minuten abkühlen lassen.

5 Die restliche Butter zum Klären in einem Topf bei schwacher Hitze zerlassen. Erhitzen, bis sich ein weißer Bodensatz gebildet hat. Den Schaum von der Oberfläche abschöpfen und die klare goldgelbe Flüssigkeit durch ein Passiertuch in eine Schüssel gießen. Den weißen Bodensatz entsorgen. (Geklärte Butter hält sich im Kühlschrank einige Wochen.)

6 Die abgekühlte Paté mit einer dünnen Schicht geklärter Butter versiegeln, dann kalt stellen. Sie hält sich bis zu 5 Tage.

FÜR 2 GLÄSER (JE 250G INHALT)

Scapece di carne

EINGEMACHTES FLEISCH

Ich mag dieses Gericht, für das Reste von am Spieß gegrilltem Fleisch, vom *girarrosto*, Verwendung finden. Das Fleisch dreht sich langsam über dem offenen Feuer, Duft und Geschmack – und schon allein der Anblick – lassen einem das Wasser im Mund zusammenlaufen. Am nächsten Tag werden die Reste klein geschnitten, mit Kräutern angebraten und mit Zucker und Essig gewürzt. So entsteht diese köstliche Vorspeise. Die lokale Variante besteht gewöhnlich aus Kaninchen-, Schweine- und Hühnerfleisch sowie Kräutern.

- 200 g gemischtes Fleisch (roh oder gegart)
- 2 EL Olivenöl
- ½ kleine Zwiebel, fein gewürfelt
- 1 Knoblauchzehe, fein gehackt
- 1 TL gehackter Salbei
- 1 TL gehackter Rosmarin
- 1 TL gehackter Thymian
- 1 gehäufter EL Zucker
- 1 EL Weißweinessig
- 1 EL Verjus
- 40 g Entenschmalz
- Meersalz und geschroteter schwarzer Pfeffer

FÜR DIE PIADINI (10–15 STÜCK)

- 200 g Mehl
- 20 g Schweineschmalz
- 1 gute Prise Salz
- 3 TL Backpulver

1 Das Fleisch sehr fein hacken. In einer großen Pfanne 1 EL Öl bei hoher Temperatur erhitzen und das Fleisch darin goldbraun braten. Die Pfanne vom Herd nehmen, das Fleisch herausnehmen und beiseitestellen.

2 Das restliche Öl in die Pfanne geben. Die Zwiebel darin mit Knoblauch und Kräutern bei mittlerer Hitze braten, bis sie weich und leicht gebräunt ist. Fleisch und Zucker hinzufügen und alles bei schwacher Hitze unter Rühren 5 Minuten garen. Essig und Verjus dazugeben und auf die Hälfte reduzieren. Die Pfanne vom Herd nehmen und 10 Minuten abkühlen lassen.

3 Zum Fleisch 20 g Entenschmalz sowie Salz und Pfeffer geben, 5 Minuten rühren. Die Mischung etwa 2 Stunden abkühlen lassen, bis das Fett erstarrt und das Fleisch nicht mehr heiß ist.

4 Die Mischung in ein sterilisiertes Glas (200 g Inhalt; siehe Seite 143) füllen. Das restliche Schmalz zerlassen und daraufgießen. Das Glas im Kühlschrank kalt werden lassen und anschließend fest verschließen. Im Kühlschrank hält sich das Fleisch bis zu 1 Woche, vorausgesetzt, es ist vollständig mit Entenschmalz bedeckt.

5 Die Zutaten für die Piadini in die Schüssel der Küchenmaschine geben und mit dem Knethaken auf niedriger Stufe vermischen. Nach und nach 100 ml lauwarmes Wasser hinzufügen, bis ein Teig entstanden ist. Weiterrühren, bis der Teig glatt ist – falls nötig, etwas mehr Wasser dazugeben. Den Teig in 25-g-Portionen teilen und diese zu Kugeln rollen. 10 Minuten ruhen lassen, dann die Kugeln zu Kreisen (je 10 cm Ø) ausrollen.

6 Eine Pfanne bei niedriger Temperatur erhitzen und die Teigkreise nacheinander von jeder Seite etwa 2 Minuten backen, bis sie leicht gebräunt sind, dann wenden und weitere 1–2 Minuten backen.

7 Auf jede Piadina etwas von dem eingemachten Fleisch geben. Zusammenklappen und warm servieren.

FÜR 1 GLAS (200 G INHALT)

L'OSTERIA

Die italienische Osteria ist ein einfaches Lokal, wo man sich trifft, um Essen, Wein und Gespräche zu genießen. Das Essen spielte dort ursprünglich keine allzu große Rolle, doch das hat sich inzwischen grundlegend geändert. Jede Osteria, die was auf sich hält, hat eine Reihe von *cicchetti* oder Appetithappen im Angebot, kleine Teller, aus denen schnell ein ganzes Essen werden kann. Freundliche und lebhafte *osterie* findet man buchstäblich an jeder Ecke. Oft drängen sich die Gäste bis auf die Straße und es entspinnen sich muntere Gespräche. Die köstlichen Kleinigkeiten, die hier serviert werden, passen perfekt in diese Umgebung – zwanglos präsentiert und ohne Umstände zu verspeisen.

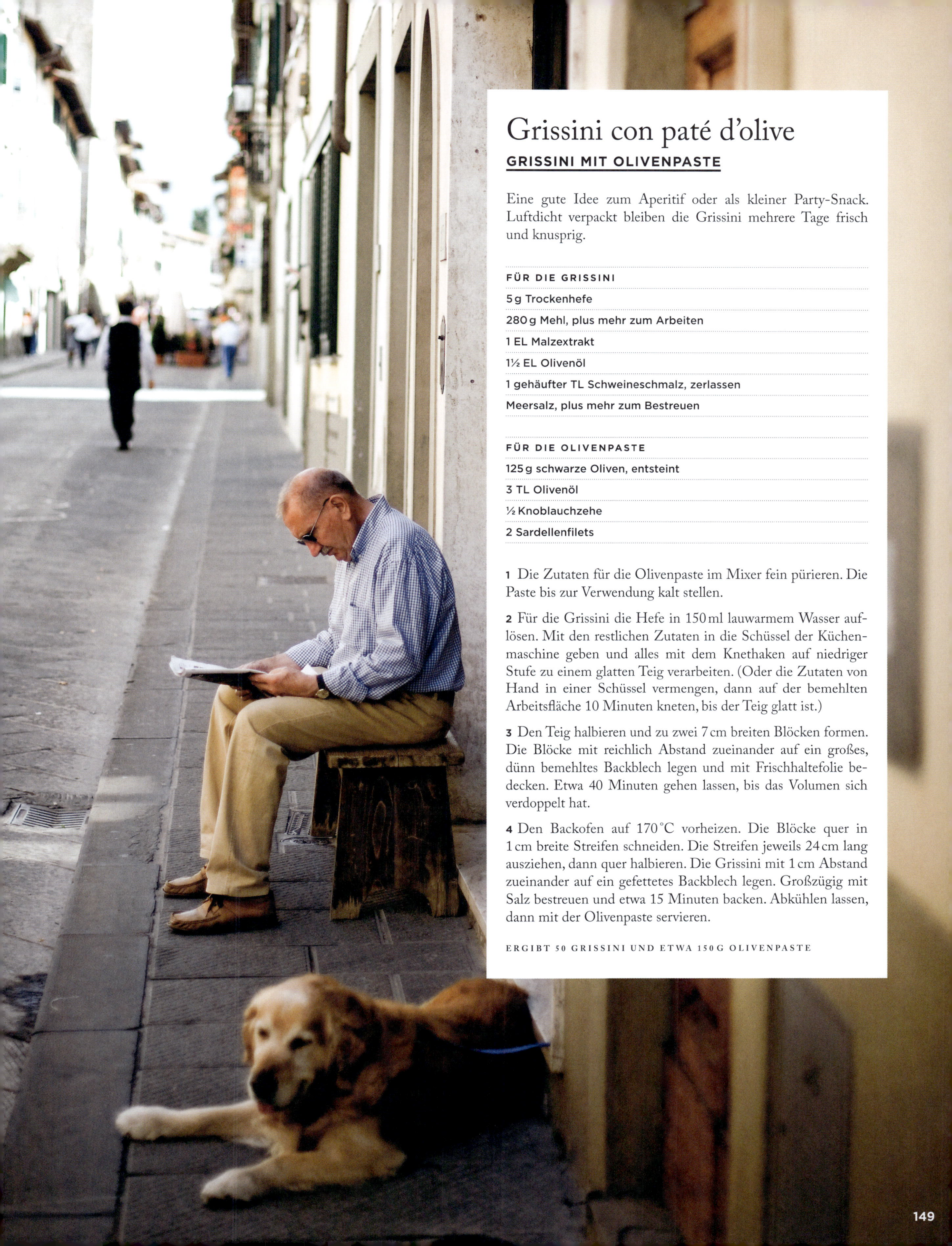

Grissini con paté d'olive

GRISSINI MIT OLIVENPASTE

Eine gute Idee zum Aperitif oder als kleiner Party-Snack. Luftdicht verpackt bleiben die Grissini mehrere Tage frisch und knusprig.

FÜR DIE GRISSINI

- 5 g Trockenhefe
- 280 g Mehl, plus mehr zum Arbeiten
- 1 EL Malzextrakt
- 1½ EL Olivenöl
- 1 gehäufter TL Schweineschmalz, zerlassen
- Meersalz, plus mehr zum Bestreuen

FÜR DIE OLIVENPASTE

- 125 g schwarze Oliven, entsteint
- 3 TL Olivenöl
- ½ Knoblauchzehe
- 2 Sardellenfilets

1 Die Zutaten für die Olivenpaste im Mixer fein pürieren. Die Paste bis zur Verwendung kalt stellen.

2 Für die Grissini die Hefe in 150 ml lauwarmem Wasser auflösen. Mit den restlichen Zutaten in die Schüssel der Küchenmaschine geben und alles mit dem Knethaken auf niedriger Stufe zu einem glatten Teig verarbeiten. (Oder die Zutaten von Hand in einer Schüssel vermengen, dann auf der bemehlten Arbeitsfläche 10 Minuten kneten, bis der Teig glatt ist.)

3 Den Teig halbieren und zu zwei 7 cm breiten Blöcken formen. Die Blöcke mit reichlich Abstand zueinander auf ein großes, dünn bemehltes Backblech legen und mit Frischhaltefolie bedecken. Etwa 40 Minuten gehen lassen, bis das Volumen sich verdoppelt hat.

4 Den Backofen auf 170 °C vorheizen. Die Blöcke quer in 1 cm breite Streifen schneiden. Die Streifen jeweils 24 cm lang ausziehen, dann quer halbieren. Die Grissini mit 1 cm Abstand zueinander auf ein gefettetes Backblech legen. Großzügig mit Salz bestreuen und etwa 15 Minuten backen. Abkühlen lassen, dann mit der Olivenpaste servieren.

ERGIBT 50 GRISSINI UND ETWA 150 G OLIVENPASTE

Arancini allo zafferano con ossobuco

SAFRAN-REISBÄLLCHEN MIT OSSOBUCO-FÜLLUNG

Das hier sind nicht einfach Reisbällchen! Die besondere Füllung und der Safran sorgen für nichts weniger als für eine Geschmacksexplosion. Von der Füllung übrig gebliebene Reste kann man gut mit Pasta servieren.

- 1½ EL Olivenöl
- 50 g Butter
- 1 kleine Zwiebel, fein gewürfelt
- 1 Prise Safranfäden
- 400 g Arborio-Reis
- 1 l Hühnerbrühe
- 80 g Parmesan, gerieben
- Meersalz und geschroteter schwarzer Pfeffer
- 75 g Mehl
- 2 Eier, verquirlt
- 100 g Panko (japanische Semmelbrösel)
- Öl zum Frittieren

FÜR DIE OSSOBUCO-FÜLLUNG

- 2½ EL Olivenöl
- ½ Zwiebel, fein gewürfelt
- 1 Knoblauchzehe, fein gehackt
- 1 Stange Sellerie, fein gewürfelt
- 1 kleine Möhre, geschält und fein gehackt
- 1 Lorbeerblatt
- 1 EL gehackter Salbei
- 1 EL gehackte glatte Petersilie
- 1½ EL Tomatenmark
- 100 ml Rotwein
- abgeriebene Schale von ¼ Bio-Zitrone
- 800 ml Hühnerbrühe
- Meersalz und geschroteter schwarzer Pfeffer
- 500 g Beinscheibe vom Milchkalb

FÜR DIE GREMOLATA

- 1 Handvoll glatte Petersilie, gehackt
- fein gehackte Schale von 1 Bio-Zitrone
- 2 Knoblauchzehen, fein gehackt

1 Den Backofen auf 200 °C vorheizen. Für die Füllung in einem kleinen ofenfesten Schmortopf 1½ EL Öl erhitzen. Die Zwiebelwürfel darin mit dem Knoblauch unter Rühren braten, bis sie Farbe annehmen. Sellerie, Möhre und Lorbeer hinzufügen. 5 Minuten mitbraten, dann Salbei, Petersilie und Tomatenmark dazugeben und einige Minuten weiterbraten. Mit Rotwein ablöschen. Den Wein aufkochen lassen. Zitronenschale und Brühe dazugeben. Die Sauce aufkochen, dann etwa 15 Minuten köcheln lassen. Mit Salz und Pfeffer abschmecken.

2 Das restliche Öl (1 EL) in einer Pfanne bei hoher Temperatur erhitzen. Die Beinscheibe darin auf jeder Seite 1 Minute anbraten. Die Beinscheibe in die Sauce geben. Im heißen Ofen zugedeckt 60–70 Minuten schmoren, bis das Fleisch sich leicht mit einer Messerspitze einstechen lässt. Das Fleisch aus dem Topf nehmen und die Sauce reduzieren. Das Fleisch vom Knochen lösen und in Streifen teilen. Unter die Sauce rühren. Die Sauce weitere 15 Minuten reduzieren, bis sie das Fleisch nur noch als Glasur umhüllt. Abkühlen lassen.

3 Das Olivenöl mit der Hälfte der Butter in einem Topf mit schwerem Boden erhitzen. Die Zwiebel darin mit dem Safran anschwitzen. Den Reis hinzufügen. 1–2 Minuten rühren, dann die Brühe angießen. Den Reis bei schwacher Hitze garen, bis er weich ist und die Brühe aufgenommen hat, dabei gelegentlich vorsichtig umrühren. Den Parmesan und die restliche Butter unterrühren. Den Reis mit Salz und Pfeffer würzen. Rühren, bis die gesamte Butter geschmolzen und gleichmäßig verteilt ist. Abkühlen lassen, dann im Kühlschrank kalt werden lassen.

4 Die Zutaten für die Gremolata verrühren.

5 Mehl, Eier und Panko separat in tiefe Teller geben. Die Fritteuse oder einen großen Topf mit schwerem Boden zwei Drittel hoch mit Öl füllen. Das Öl auf 170 °C erhitzen. Jeweils 1 EL Reis zwischen den Handflächen zu einer Kugel rollen. Ein Loch hineindrücken und 1 TL Füllung hineingeben. Die Kugeln erneut rollen, bis das Fleisch vollständig umschlossen ist. Die Kugeln erst im Mehl wälzen, dann durch die Eier ziehen und zum Schluss in den Bröseln wenden.

6 Die Arancini 2–3 Minuten frittieren, bis sie goldbraun sind. Auf Küchenpapier abtropfen lassen, dann mit Salz bestreuen und mit der Gremolata servieren.

ERGIBT ETWA 25 STÜCK

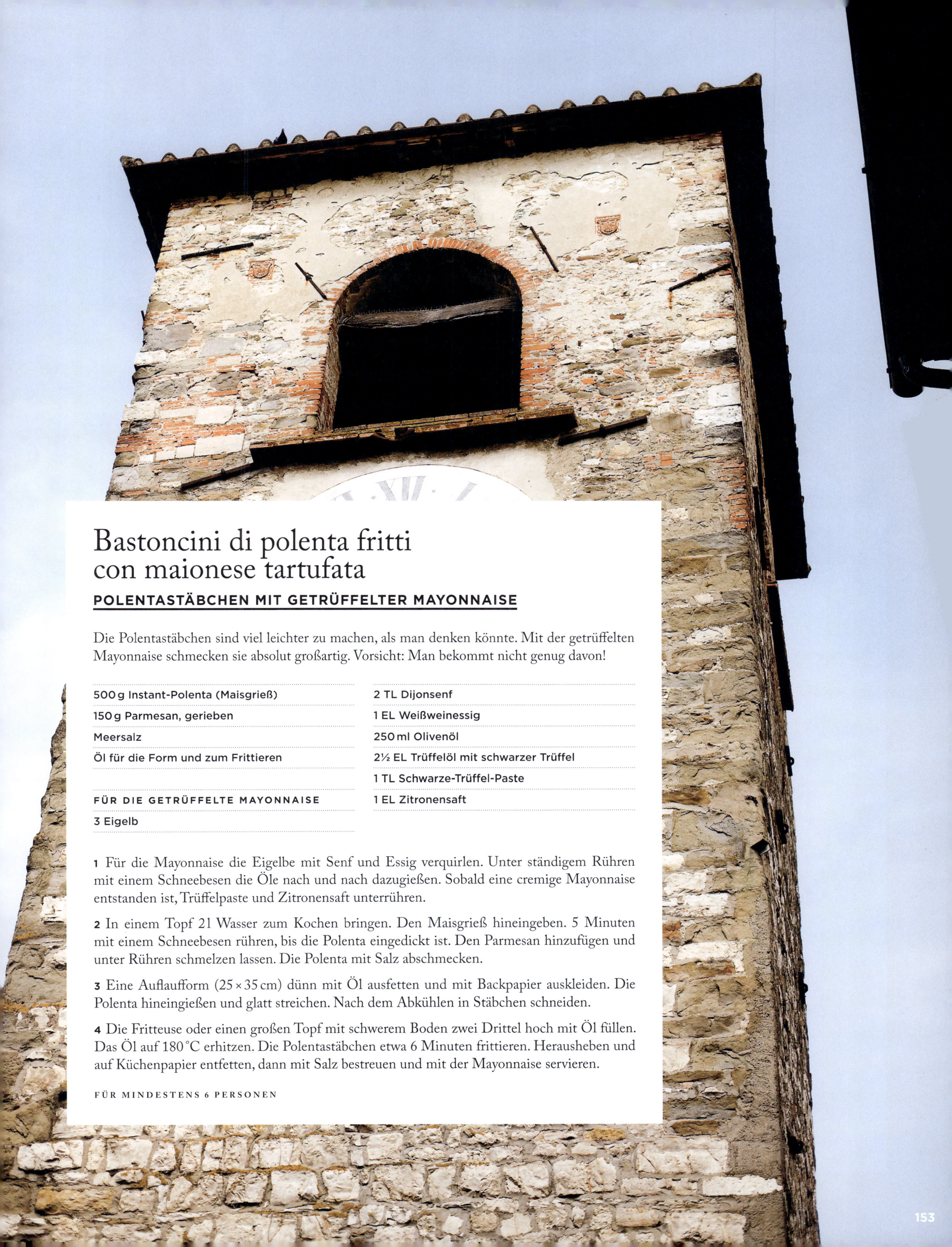

Bastoncini di polenta fritti con maionese tartufata

POLENTASTÄBCHEN MIT GETRÜFFELTER MAYONNAISE

Die Polentastäbchen sind viel leichter zu machen, als man denken könnte. Mit der getrüffelten Mayonnaise schmecken sie absolut großartig. Vorsicht: Man bekommt nicht genug davon!

- 500 g Instant-Polenta (Maisgrieß)
- 150 g Parmesan, gerieben
- Meersalz
- Öl für die Form und zum Frittieren

FÜR DIE GETRÜFFELTE MAYONNAISE

- 3 Eigelb
- 2 TL Dijonsenf
- 1 EL Weißweinessig
- 250 ml Olivenöl
- 2½ EL Trüffelöl mit schwarzer Trüffel
- 1 TL Schwarze-Trüffel-Paste
- 1 EL Zitronensaft

1 Für die Mayonnaise die Eigelbe mit Senf und Essig verquirlen. Unter ständigem Rühren mit einem Schneebesen die Öle nach und nach dazugießen. Sobald eine cremige Mayonnaise entstanden ist, Trüffelpaste und Zitronensaft unterrühren.

2 In einem Topf 2 l Wasser zum Kochen bringen. Den Maisgrieß hineingeben. 5 Minuten mit einem Schneebesen rühren, bis die Polenta eingedickt ist. Den Parmesan hinzufügen und unter Rühren schmelzen lassen. Die Polenta mit Salz abschmecken.

3 Eine Auflaufform (25 × 35 cm) dünn mit Öl ausfetten und mit Backpapier auskleiden. Die Polenta hineingießen und glatt streichen. Nach dem Abkühlen in Stäbchen schneiden.

4 Die Fritteuse oder einen großen Topf mit schwerem Boden zwei Drittel hoch mit Öl füllen. Das Öl auf 180 °C erhitzen. Die Polentastäbchen etwa 6 Minuten frittieren. Herausheben und auf Küchenpapier entfetten, dann mit Salz bestreuen und mit der Mayonnaise servieren.

FÜR MINDESTENS 6 PERSONEN

Gnoccho fritto

SCHMALZGEBÄCK

Die frittierten Teilchen sind ein wunderbarer Snack. Hier werden sie mit Parmesan serviert. Beim Würzen können Sie experimentieren, beispielsweise mit Chiliflocken.

- 7 g Trockenhefe
- ½ TL Salz
- 30 g Enten- oder Schweineschmalz
- 200 g Mehl
- Öl für die Schüssel und zum Frittieren
- geriebener Parmesan zum Servieren

1 Die Hefe in 100 ml warmem Wasser auflösen. Mit Salz, Schmalz und Mehl in die Schüssel der Küchenmaschine geben und mit dem Knethaken zu einem glatten Teig verarbeiten.

2 Den Teig in eine geölte hohe Schüssel geben. Mit einem Geschirrtuch bedecken und an einem warmen Ort 1 Stunde gehen lassen, bis sich sein Volumen verdoppelt hat.

3 Die Fritteuse oder einen großen Topf mit schwerem Boden zwei Drittel hoch mit Öl füllen. Das Öl auf 180 °C erhitzen. Die Luft aus dem Teig schlagen, dann den Teig halbieren und die Hälften 2 mm dick ausrollen. Den Teig in 7 cm lange Rauten schneiden.

4 Die Teigstücke in kleinen Portionen 2–3 Minuten frittieren, bis sie gebräunt und aufgebläht sind, dabei einmal wenden. Auf Küchenpapier kurz abtropfen lassen, noch warm mit Parmesan servieren.

ERGIBT ETWA 50 STÜCK

Peperoncini ripieni al tonno

EINGELEGTE PAPRIKA MIT THUNFISCHFÜLLUNG

Hat man erst mal eins von diesen Häppchen probiert, gibt es kein Halten mehr! Verwenden Sie unbedingt den besten konservierten Thunfisch, den Sie bekommen können.

- 18 kleine längliche Paprikaschoten, geputzt
- 300 g Thunfisch in Olivenöl (Konserve, abgetropft)
- 3 TL sehr kleine Kapern (Nonpareilles)
- abgeriebene Schale von 1 Bio-Zitrone
- 350 ml Olivenöl
- Meersalz und geschroteter schwarzer Pfeffer
- 2 Knoblauchzehen, geschält
- 3 Zweige Thymian
- 2 Zweige Rosmarin
- 100 ml Weißweinessig

1 Von den Paprikaschoten einen Deckel abschneiden, die Samen entfernen. Den Thunfisch mit Kapern, Zitronensaft, 50 ml Olivenöl, Salz und Pfeffer in den Mixer geben und in wenigen Intervallen grob pürieren. Die Mischung mit einem Löffel in die Paprikaschoten füllen, vorsichtig andrücken. Den Deckel nach Belieben wieder aufsetzen und mit einem Holzspieß fixieren.

2 Die Schoten in ein sterilisiertes Schraubdeckelglas (1 l Inhalt; siehe Seite 143) geben. Knoblauch, Thymian, Rosmarin und Essig hinzufügen und alles mit dem restlichen Olivenöl bedecken. Das Glas fest verschließen.

3 Ein Geschirrtuch auf den Boden eines hohen Topfes legen. Das Glas daraufstellen und mit Wasser bedecken. Das Wasser aufkochen, dann 80 Minuten köcheln lassen. Das Glas muss dabei immer mit Wasser bedeckt sein.

4 Das Glas aus dem Wasser heben, abkühlen lassen.

5 Im ungeöffneten Glas halten sich die Schoten im Kühlschrank 3–4 Wochen. Nach dem Anbrechen des Glases die Schoten möglichst bald verbrauchen.

FÜR 6 PERSONEN ALS ANTIPASTO

Crudo di pesce

CARPACCIO VON FISCH UND MEERESFRÜCHTEN

Wenn man Fisch und Meeresfrüchte roh serviert, kommen ihre Vorzüge am besten zur Geltung. Das funktioniert aber nur mit erstklassigen Grundprodukten. Kaufen Sie deshalb für dieses Rezept unbedingt Sashimi-Qualität. Der Oktopus muss am Vortag tiefgekühlt werden. Palmherzen gibt es im gut sortierten Feinkostgeschäft.

FÜR DEN OKTOPUS

- 500 g Oktopus-Tentakel, gehäutet
- 6 dünne Scheiben Baguette
- Zitronensaft zum Beträufeln
- natives Olivenöl extra zum Beträufeln
- 2 lange rote Paprikaschoten (z. B. Piquillos), in dünne Streifen geschnitten
- Meersalz und geschroteter schwarzer Pfeffer
- fein gehacktes Koriandergrün zum Garnieren

FÜR DEN FISCH

- 1 EL Sesamsamen
- 200 g weißfleischiges Fischfilet, schräg in dünne Scheiben geschnitten
- Meersalz und geschroteter schwarzer Pfeffer
- 1 kleine Fenchelknolle, längs in dünne Scheiben geschnitten
- natives Olivenöl extra zum Beträufeln
- Vincotto (Würzmittel aus Traubenmost) zum Beträufeln

FÜR DEN THUNFISCH

- 500 g Wassermelone
- alter Balsamico zum Beträufeln
- 200 g Gelbflossen-Thunfisch, in 6 sehr dünne Stücke geschnitten
- Meersalzflocken oder geräuchertes Salz

FÜR DIE JAKOBSMUSCHELN

- 6 große ausgelöste Jakobsmuscheln, vom Rogen befreit, in dünne Scheiben geschnitten
- Meersalz und geschroteter schwarzer Pfeffer
- 50 g Palmherzen, in dünne Scheiben geschnitten
- zartes Selleriegrün zum Garnieren
- natives Olivenöl extra zum Beträufeln

1 Die Oktopus-Tentakel auf Frischhaltefolie legen und fest einrollen. Über Nacht tiefkühlen. Am nächsten Tag den Backofen auf 180 °C vorheizen. Die Baguettescheiben auf ein Backblech legen. Mit Zitronensaft und Olivenöl beträufeln und 10 Minuten rösten. Die Tentakel auswickeln und in dünne Scheiben hobeln oder schneiden. Die Scheiben auf die Crostini verteilen und mit Paprikastreifen belegen. Salzen, pfeffern und mit Koriandergrün garnieren.

2 Für den Fisch den Backofen auf 190 °C vorheizen. Die Sesamsamen auf ein Backblech geben und goldbraun rösten. Den Fisch mit Salz und Pfeffer würzen und mit Sesam bestreuen. Den Fenchel salzen, pfeffern und mit Olivenöl beträufeln. Auf dem Fisch anrichten und mit Vincotto beträufeln.

3 Das Melonen-Fruchtfleisch in sechs Stücke (je 4 × 2 × 2 cm) schneiden. Die Stücke mit einem Kugelausstecher oder einem Teelöffel etwas aushöhlen. In jede Mulde etwas alten Balsamico träufeln. Darauf jeweils 1 Scheibe Thunfisch legen und mit Salz würzen.

4 Die Jakobsmuscheln salzen und pfeffern. Die Palmherzscheiben auf die Muschelscheiben verteilen. Mit Selleriegrün garnieren und mit etwas Olivenöl beträufeln.

5 Oktopus, Fisch, Thunfisch und Jakobsmuscheln auf Tellern anrichten und sofort servieren.

FÜR 8 PERSONEN

BIGOLI

JOLLY SGAMBARO

BIGOLI, EINE SPAGHETTIÄHNLICHE PASTA AUS VENETIEN, GIBT ES SEIT DEM 15. JAHRHUNDERT. WER DIE AUGEN AUFHÄLT, FINDET AUCH HEUTE NOCH DIE HANDBETRIEBENE PRESSE, DIE TRADITIONELL ZU IHRER HERSTELLUNG BENUTZT WIRD, DEN BIGOLARO. JOLLY SGAMBARO GEHÖRT ZU DEN FÜHRENDEN PASTAHERSTELLERN ITALIENS UND PRODUZIERT BIGOLI IN VERSCHIEDENEN SORTEN.

Ich serviere seit vielen Jahren Pasta von Jolly Sgambaro in meinen Restaurants. 1947 von Tullio Sgambaro gegründet, ging das Unternehmen in den 1960er Jahren an seine Söhne Dino und Enzo über, die es um eine Mühle erweiterten. Inzwischen leiten deren Kinder Flavio und Maria Antonietta die Firma.

Obwohl Jolly Sgambaro ein großer kommerzieller Betrieb ist, der jedes Jahr mehr als 16 000 Tonnen Pasta herstellt und seine Produkte in alle Welt exportiert, legt man hier Wert auf regionale Ressourcen. Anders als die meisten italienischen Pastaproduzenten, die Weizen aus den Vereinigten Staaten und Kanada verarbeiten, darf sich Jolly Sgambaro rühmen, nur einheimischen Hartweizen zu verwenden. Als erster Nudelhersteller in Italien hat sich Sgambaro dem Progetto Chilometro Zero (Projekt Null Kilometer) angeschlossen, einer Initiative von Lebensmittelproduzenten, ihre CO_2-Bilanz durch die Minimierung von Transportwegen zu verbessern. Jolly Sgambaro kauft nur Getreide aus italienischen Anbaugebieten.

Durch die eigene Mühle hat man bei Sgambaro den gesamten Herstellungsprozess unter einem Dach – und damit unter Kontrolle. Der Geschmack des Mehls ist ein wichtiger Faktor für Pasta, und wer sein Getreide selbst mahlt, kann maximale Frische garantieren.

Als Maria Antonietta uns in die Mühle führt, bemerke ich als Erstes den wunderbaren Geruch frischen Mehls. Wir erfahren, dass das Getreide schonend gemahlen wird, um möglichst viele Nährstoffe zu bewahren, und dass der Mahlvorgang aus bis zu 28 Arbeitsschritten besteht.

Obwohl Jolly Sgambaro eine ganze Palette verschiedener Pastasorten herstellt, ist das Unternehmen für seine Bigoli berühmt, die es 2002 unter dem Namen Bigoli Nobili (edle Bigoli) neu eingeführt hat und mittlerweile in drei Sorten anbietet. 1993 wurde das Engagement Jolly Sgambaros für die alte Kunst der Bigoli-Herstellung mit einem Preis der Academia Italiana della Cucina gewürdigt.

Die meisten Bigoli werden heute maschinell hergestellt, wer sich etwas Mühe gibt, kann aber immer noch einen *bigolaro* finden, eine Pastapresse aus Messing oder Kupfer, die gewisse Ähnlichkeit mit einem Fleischwolf hat. Herstellungsbedingt besitzen Bigoli eine etwas rauere Konsistenz als andere Nudelsorten und sind dunkler und fester, mit deutlich nussigem Geschmack. Sie kommen traditionell in einer Sauce auf Sardellenbasis mit Zwiebeln, Knoblauch und Petersilie auf den Tisch.

Nachdem sie uns die Mühle gezeigt haben, laden Flavio und Maria Antonietta uns in einem kleinen Restaurant in der Nähe zum Mittagessen ein – und bringen Bigoli von Jolly Sgambaro für den Koch mit. Wir laben uns an einer großen Schüssel *bigoli con vongole* (Bigoli mit Venusmuscheln). Wenn ich so weitermache, haben die Italiener, die angeblich im Schnitt 35 Kilo Pasta im Jahr verspeisen, gegen mich kaum eine Chance!

Als das Getreide für die Pasta gemahlen wird, steigt uns ein wundervoller Duft in die Nase.

Bigoli con vongole

BIGOLI MIT VENUSMUSCHELN

Ein klassisches Pastagericht, das durch Frische, Klarheit und Meeresaromen besticht. Sollten Sie Bigoli nicht bekommen, können Sie natürlich auf Spaghetti zurückgreifen – auch damit schmeckt das Gericht wunderbar. Vergessen Sie nicht, Zeit für das Entsanden der Muscheln einzuplanen.

- 2 kg Vongole (Venusmuscheln)
- 500 g Bigoli
- 1½ EL Olivenöl
- 2 Knoblauchzehen, in Scheiben geschnitten
- ½ rote Chilischote, von den Samen befreit und in Streifen geschnitten
- 1 EL Kapern
- 100 ml Weißwein
- 3 EL grob gehackte glatte Petersilie
- 125 ml natives Olivenöl extra
- Meersalz und geschroteter schwarzer Pfeffer

1 Die Vongole zum Entsanden in einen Eimer kaltes Salzwasser geben und 6 Stunden, besser über Nacht, darin belassen. Anschließend herausheben und in einem großen Sieb abtropfen lassen.

2 In einem großen Topf reichlich Salzwasser zum Kochen bringen. Die Bigoli hineingeben und einmal umrühren, damit sie nicht zusammenkleben. Im kochenden Wasser nach Packungsangabe bissfest garen.

3 Während die Pasta kocht, das Öl in einer großen Pfanne bei hoher Temperatur erhitzen. Den Knoblauch darin unter Rühren anschwitzen. Muscheln, Chili und Kapern dazugeben und mit dem Weißwein ablöschen. Die Pfanne mit dem Deckel verschließen und schwenken; den Deckel dabei festhalten. So können sich die Muscheln leichter öffnen (das dauert etwa 2 Minuten).

4 Die gegarte Pasta in ein Sieb abgießen, dann in die Pfanne geben. Petersilie und natives Olivenöl sowie Salz und Pfeffer hinzufügen. Alles mischen, dabei kräftig rühren, damit das Öl mit der Flüssigkeit emulgiert. Falls nötig, einen Schuss Wasser (nicht mehr) dazugeben. Das Gericht sofort servieren.

FÜR 6 PERSONEN

Bigoli di radicchio con granchio

RADICCHIO-BIGOLI MIT KRABBENFLEISCH

Die feine Bitternote passt fantastisch zum Krabbenfleisch in diesem schlichten, aber eleganten Pastagericht. Radicchio-Bigoli sollten im italienischen Feinkosthandel erhältlich sein. Ansonsten können Sie Spaghetti oder Fettuccine verwenden.

- 500 g Bigoli Nobili al Radicchio
- 2½ EL Olivenöl
- 2 Knoblauchzehen, in dünne Scheiben geschnitten
- 3 Eiertomaten, in 5 mm große Würfel geschnitten
- ½ rote Chilischote, mitsamt den Samen gehackt
- 250 g ausgelöstes Fleisch vom Taschenkrebs
- Meersalz und geschroteter schwarzer Pfeffer
- 4 EL gehackte glatte Petersilie

1 In einem Topf gesalzenes Wasser zum Kochen bringen. Die Bigoli hineingeben; umrühren, damit sie nicht zusammenkleben. Nach Packungsangabe bissfest garen.

2 Das Öl in einer großen Pfanne sehr heiß werden lassen. Den Knoblauch darin unter Rühren 1 Minute anschwitzen. Tomaten, Chili und Krebsfleisch hinzufügen und 1–2 Minuten mitgaren.

3 Die Pasta in ein Sieb abgießen. Mit Salz und Pfeffer in die Pfanne geben. Alles mischen, mit Petersilie bestreuen und servieren.

FÜR 6 PERSONEN

MOSTARDA DI FRUTTA

SENFFRÜCHTE

LAZZARIS

SENFFRÜCHTE, EINE SÜSSSAURE SPEZIALITÄT, DIE ZU FLEISCHGERICHTEN SERVIERT WIRD, LIESSEN SICH SCHON DIE RÖMER SCHMECKEN. DIE FAMILIE LAZZARIS STIEG 1901 IN DAS GESCHÄFT EIN. DAMALS ENTWICKELTE LUIGI LAZZARIS SEIN SPEZIALREZEPT AUS KANDIERTEN FRÜCHTEN, ZUCKERSIRUP UND SENFÖL, AUF DAS AUCH DREI GENERATIONEN SPÄTER NOCH SEINE NACHFAHREN VERTRAUEN.

Mein Vater ließ mich die erste Mostarda kosten – leuchtende, kandierte Früchte in scharfem Senfsirup. In meiner Küche habe ich immer einige Gläser davon zur Hand – nicht nur, weil die Früchte in der Mostarda so wunderschön aussehen, sondern auch weil sie sehr nützlich ist, um ein einfaches Gericht ein bisschen aufzupeppen. In Norditalien gehören Senffrüchte traditionell zu gekochtem Fleisch (*bollito misto*), aber man kann sie ebenso gut als Beigabe zu Salami, Käse oder Desserts (einem Panettone etwa) reichen – und natürlich für sich allein genießen.

Vor mehr als 100 Jahren entwickelte Luigi Lazzaris sein Spezialrezept für Mostarda, dem die Familie nach wie vor vertraut. Auch an den traditionellen Produktionsmethoden hat sich wenig geändert, und das Unternehmen verarbeitet nach Möglichkeit Obst und Gemüse aus der Region.

Das wichtigste Produkt von Lazzaris nennt sich Mostarda Veneta Lazzaris und besteht hauptsächlich aus Quitten. Die Produktion läuft von September bis Dezember, wenn die Früchte reif sind. Die Quitten werden von Hand geschält, in Viertel geschnitten und 45 Minuten über einem großen Gefäß mit kochendem Wasser gedämpft. Dann stampft man sie zu Mus, das in große Behälter gefüllt wird, während in der Zwischenzeit in 300-Liter-Töpfen aus Zucker und Glukose der Sirup entsteht. Das Quittenmus kommt hinzu, sobald der Sirup kocht. Die Mischung köchelt 30 Minuten, bevor das aus Senfkörnern gewonnene Senföl hinzugefügt wird, außerdem kommen kandierte Früchte hinein. Anschließend wird der Fruchtbrei in sterilisierte Gläser abgefüllt.

Außerhalb der Quittensaison werden andere Früchte auf die gleiche Weise zubereitet, etwa Erdbeeren, Kirschen, Birnen, Kumquats, Ananas und Aprikosen – es scheint kaum eine Frucht zu geben, die hier nicht schon einmal zu Mostarda verarbeitet worden ist. Es gibt aber auch Senfgemüse, dafür finden Zwiebeln, Auberginen, Zucchini und Blumenkohl Verwendung. Ferner gehören süßsaure Saucen aus Fruchtpürees und Senföl zum Angebot. Außerdem werden Konfitüren und Gelees hergestellt, darunter etliche mit Bio-Siegel, sowie ein Quittenmus, das hier Cotognata heißt. Die Familie ist ständig dabei, neue Ideen zu entwickeln, um die Produktionskapazitäten das ganze Jahr über auszulasten, nicht nur in der Quittensaison.

Mit Senffrüchten lassen sich viele einfache Gerichte ganz schnell aufpeppen.

Bollito di manzo con mostarda

GEKOCHTES RINDFLEISCH MIT SENFFRÜCHTEN

Scharf, süß und schön anzusehen – Senffrüchte sind eine Bereicherung für viele Gerichte, doch ganz besonders für gekochtes Fleisch. Ochsenbäckchen und gepökelte Zunge sollten Sie beim Fleischer Ihres Vertrauens vorbestellen.

- 4 Zweige Thymian
- 4 Lorbeerblätter
- 4 Zweige Rosmarin
- 1 kg Ochsenschwanz, in Stücke gehackt
- 600 g Suppenfleisch (Wade) am Stück
- 600 g Ochsenbäckchen, in 6 Stücke geschnitten
- 2 Möhren, geschält
- 1 große weiße Zwiebel, halbiert
- 2 Stangen Sellerie, halbiert
- 4 Knoblauchzehen, halbiert
- Senffrüchte zum Servieren

FÜR DIE PÖKELZUNGE

- 1 gepökelte Rinderzunge (etwa 500 g)
- 2 Lorbeerblätter
- 6 schwarze Pfefferkörner
- 1 Zwiebel, gewürfelt
- einige Petersilienstängel

1 Thymian, Lorbeer und Rosmarin mit Küchengarn zusammenbinden. Ochsenschwanz, Suppenfleisch, Ochsenbäckchen, Möhren, Zwiebel, Sellerie und Knoblauch mit dem Kräuterstrauß in einen großen Topf geben und mit 4 l Wasser bedecken. Aufkochen, dann bei schwacher Hitze köcheln lassen, dabei regelmäßig abschäumen. Köcheln lassen, bis das gesamte Fleisch mürbe und die Brühe kräftig ist, das dauert mindestens 3½ Stunden. Den Topf vom Herd nehmen, das gegarte Fleisch noch 30 Minuten in der Brühe ruhen lassen.

2 Inzwischen die Zunge mit Lorbeer, Pfefferkörnern, Zwiebel und Petersilienstängeln in einen großen Topf geben. Mit 4 l Wasser bedecken. Aufkochen, dann bei schwacher Hitze etwa 2½ Stunden köcheln lassen, bis die Zunge weich ist.

3 Die Zunge aus dem Topf nehmen, die salzige Garflüssigkeit wegschütten. Die feste Haut von der Zunge abziehen, die Zunge in Scheiben schneiden und mit dem restlichen Fleisch, dem Gemüse und etwas Brühe in eine große Servierschüssel geben. Das Gericht mit Senffrüchten servieren.

FÜR 6 PERSONEN

MERCATO DEL PESCE DI RIALTO

Der alte Fischmarkt von Venedig gilt als *il cuore della città,* das Herz der Stadt. Lolo, ein ehemaliger Fischer, der heute als Präsident des Markts fungiert, führt uns herum, stellt uns die Standbetreiber vor und zeigt uns das erstaunliche Spektrum von Fisch und Meeresfrüchten. Lolo kennt und grüßt hier jeden – er ist eine echte Persönlichkeit, ziemlich nonkonformistisch. Später nimmt er uns mit in sein Restaurant Al Fontego dei Pescatori, wo wir einige köstliche und natürlich wunderbar frische Fischgerichte genießen.

Blauer
USA

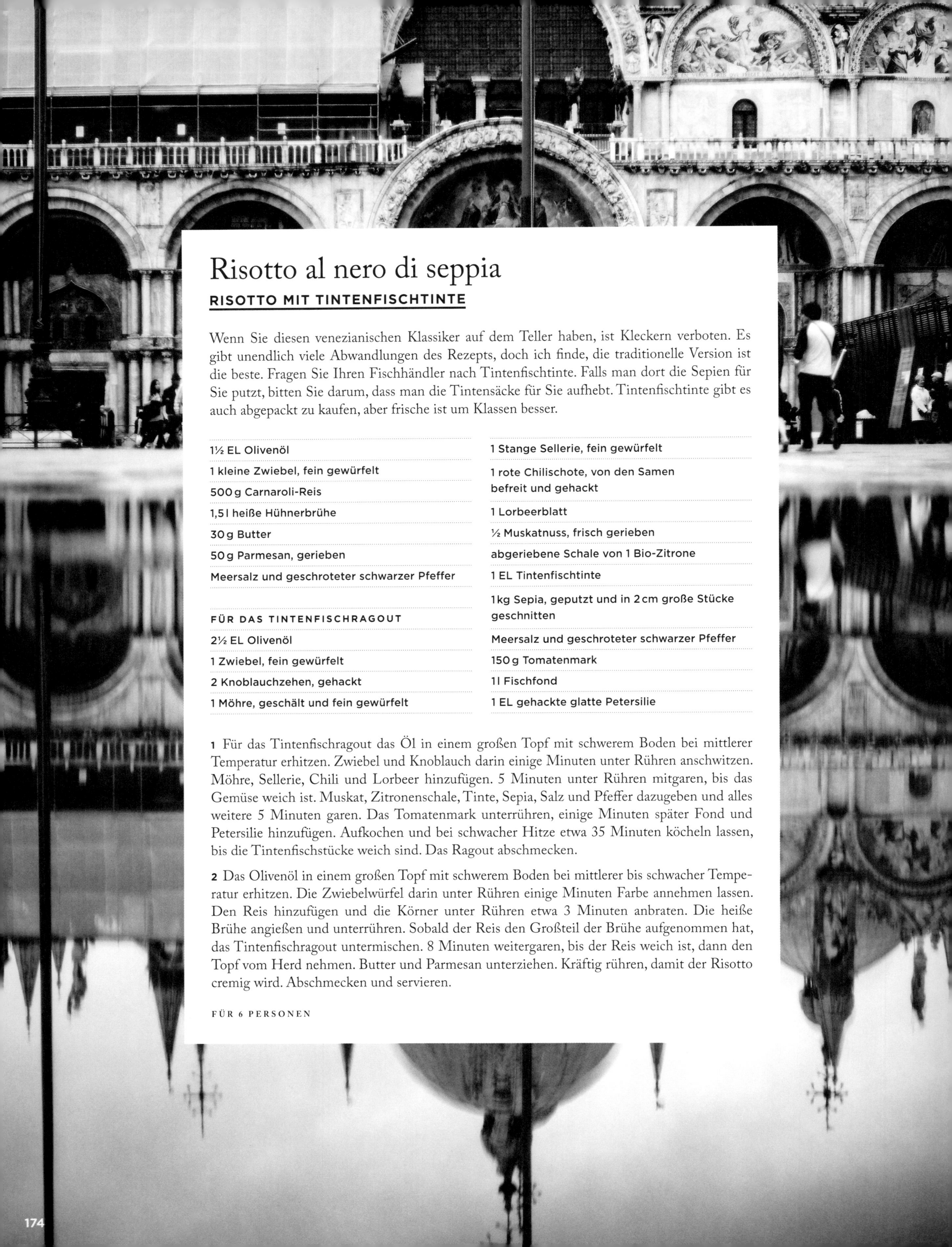

Risotto al nero di seppia

RISOTTO MIT TINTENFISCHTINTE

Wenn Sie diesen venezianischen Klassiker auf dem Teller haben, ist Kleckern verboten. Es gibt unendlich viele Abwandlungen des Rezepts, doch ich finde, die traditionelle Version ist die beste. Fragen Sie Ihren Fischhändler nach Tintenfischtinte. Falls man dort die Sepien für Sie putzt, bitten Sie darum, dass man die Tintensäcke für Sie aufhebt. Tintenfischtinte gibt es auch abgepackt zu kaufen, aber frische ist um Klassen besser.

- 1½ EL Olivenöl
- 1 kleine Zwiebel, fein gewürfelt
- 500 g Carnaroli-Reis
- 1,5 l heiße Hühnerbrühe
- 30 g Butter
- 50 g Parmesan, gerieben
- Meersalz und geschroteter schwarzer Pfeffer

FÜR DAS TINTENFISCHRAGOUT

- 2½ EL Olivenöl
- 1 Zwiebel, fein gewürfelt
- 2 Knoblauchzehen, gehackt
- 1 Möhre, geschält und fein gewürfelt
- 1 Stange Sellerie, fein gewürfelt
- 1 rote Chilischote, von den Samen befreit und gehackt
- 1 Lorbeerblatt
- ½ Muskatnuss, frisch gerieben
- abgeriebene Schale von 1 Bio-Zitrone
- 1 EL Tintenfischtinte
- 1 kg Sepia, geputzt und in 2 cm große Stücke geschnitten
- Meersalz und geschroteter schwarzer Pfeffer
- 150 g Tomatenmark
- 1 l Fischfond
- 1 EL gehackte glatte Petersilie

1 Für das Tintenfischragout das Öl in einem großen Topf mit schwerem Boden bei mittlerer Temperatur erhitzen. Zwiebel und Knoblauch darin einige Minuten unter Rühren anschwitzen. Möhre, Sellerie, Chili und Lorbeer hinzufügen. 5 Minuten unter Rühren mitgaren, bis das Gemüse weich ist. Muskat, Zitronenschale, Tinte, Sepia, Salz und Pfeffer dazugeben und alles weitere 5 Minuten garen. Das Tomatenmark unterrühren, einige Minuten später Fond und Petersilie hinzufügen. Aufkochen und bei schwacher Hitze etwa 35 Minuten köcheln lassen, bis die Tintenfischstücke weich sind. Das Ragout abschmecken.

2 Das Olivenöl in einem großen Topf mit schwerem Boden bei mittlerer bis schwacher Temperatur erhitzen. Die Zwiebelwürfel darin unter Rühren einige Minuten Farbe annehmen lassen. Den Reis hinzufügen und die Körner unter Rühren etwa 3 Minuten anbraten. Die heiße Brühe angießen und unterrühren. Sobald der Reis den Großteil der Brühe aufgenommen hat, das Tintenfischragout untermischen. 8 Minuten weitergaren, bis der Reis weich ist, dann den Topf vom Herd nehmen. Butter und Parmesan unterziehen. Kräftig rühren, damit der Risotto cremig wird. Abschmecken und servieren.

FÜR 6 PERSONEN

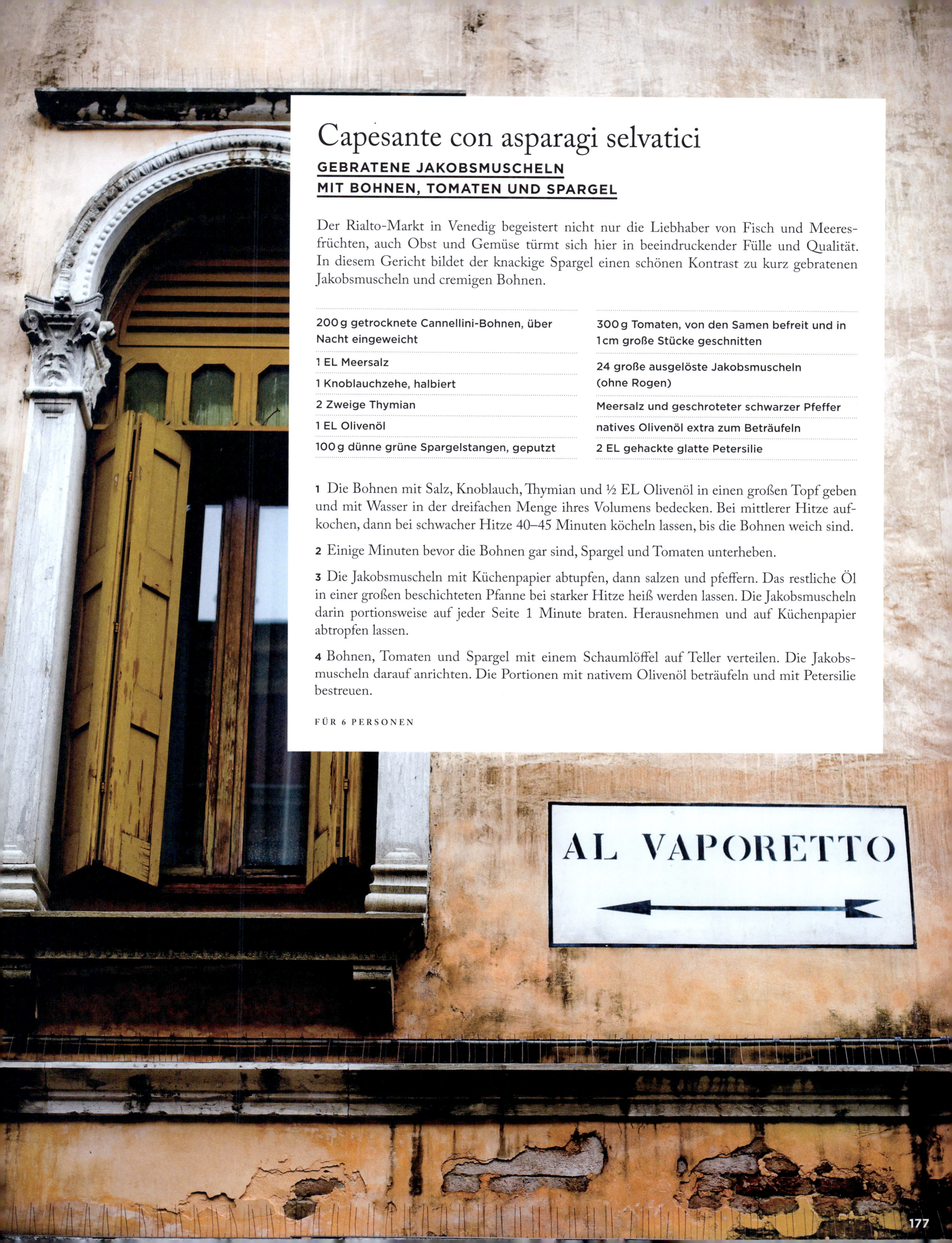

Capesante con asparagi selvatici

GEBRATENE JAKOBSMUSCHELN MIT BOHNEN, TOMATEN UND SPARGEL

Der Rialto-Markt in Venedig begeistert nicht nur die Liebhaber von Fisch und Meeresfrüchten, auch Obst und Gemüse türmt sich hier in beeindruckender Fülle und Qualität. In diesem Gericht bildet der knackige Spargel einen schönen Kontrast zu kurz gebratenen Jakobsmuscheln und cremigen Bohnen.

- 200 g getrocknete Cannellini-Bohnen, über Nacht eingeweicht
- 1 EL Meersalz
- 1 Knoblauchzehe, halbiert
- 2 Zweige Thymian
- 1 EL Olivenöl
- 100 g dünne grüne Spargelstangen, geputzt
- 300 g Tomaten, von den Samen befreit und in 1 cm große Stücke geschnitten
- 24 große ausgelöste Jakobsmuscheln (ohne Rogen)
- Meersalz und geschroteter schwarzer Pfeffer
- natives Olivenöl extra zum Beträufeln
- 2 EL gehackte glatte Petersilie

1 Die Bohnen mit Salz, Knoblauch, Thymian und ½ EL Olivenöl in einen großen Topf geben und mit Wasser in der dreifachen Menge ihres Volumens bedecken. Bei mittlerer Hitze aufkochen, dann bei schwacher Hitze 40–45 Minuten köcheln lassen, bis die Bohnen weich sind.

2 Einige Minuten bevor die Bohnen gar sind, Spargel und Tomaten unterheben.

3 Die Jakobsmuscheln mit Küchenpapier abtupfen, dann salzen und pfeffern. Das restliche Öl in einer großen beschichteten Pfanne bei starker Hitze heiß werden lassen. Die Jakobsmuscheln darin portionsweise auf jeder Seite 1 Minute braten. Herausnehmen und auf Küchenpapier abtropfen lassen.

4 Bohnen, Tomaten und Spargel mit einem Schaumlöffel auf Teller verteilen. Die Jakobsmuscheln darauf anrichten. Die Portionen mit nativem Olivenöl beträufeln und mit Petersilie bestreuen.

FÜR 6 PERSONEN

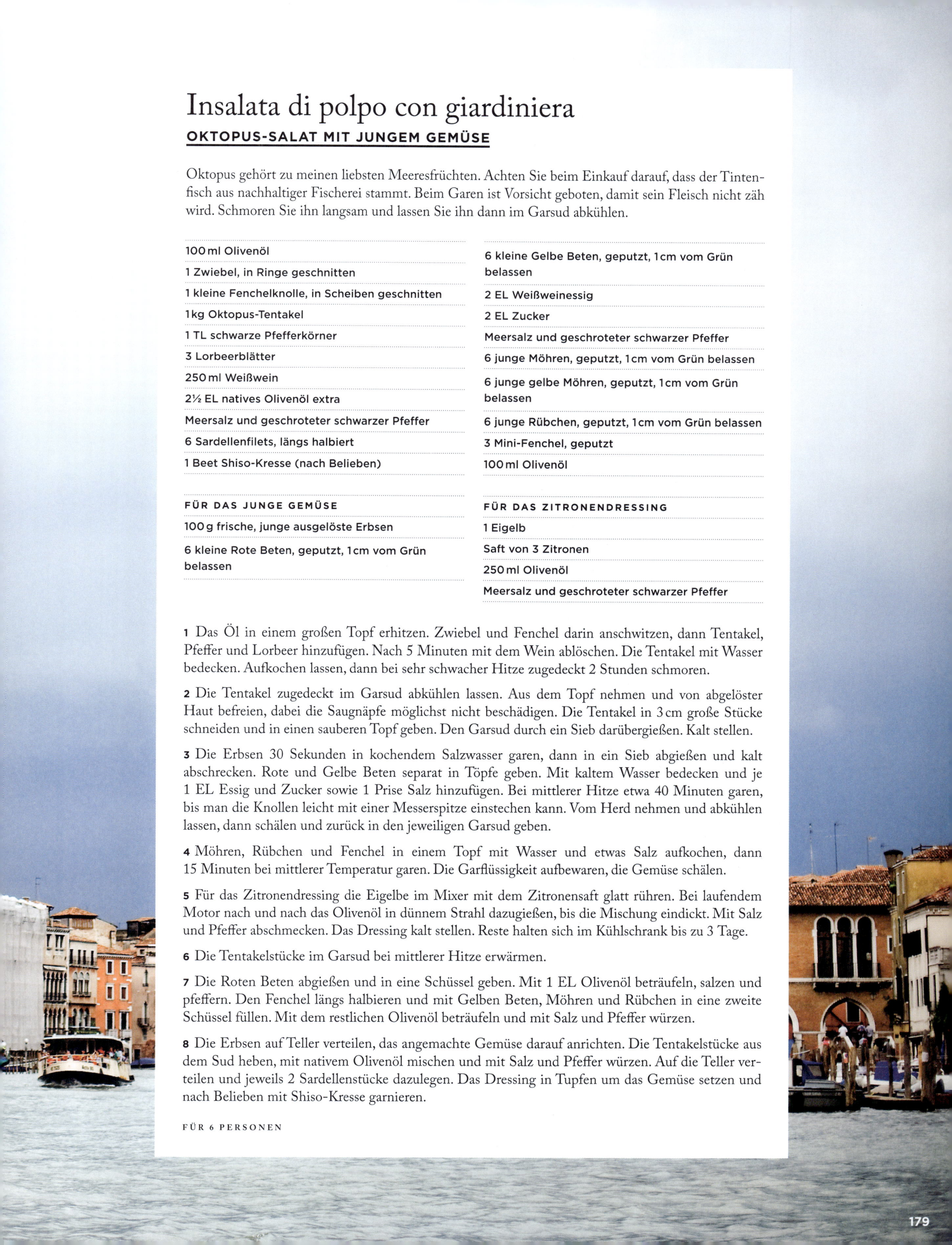

Insalata di polpo con giardiniera

OKTOPUS-SALAT MIT JUNGEM GEMÜSE

Oktopus gehört zu meinen liebsten Meeresfrüchten. Achten Sie beim Einkauf darauf, dass der Tintenfisch aus nachhaltiger Fischerei stammt. Beim Garen ist Vorsicht geboten, damit sein Fleisch nicht zäh wird. Schmoren Sie ihn langsam und lassen Sie ihn dann im Garsud abkühlen.

- 100 ml Olivenöl
- 1 Zwiebel, in Ringe geschnitten
- 1 kleine Fenchelknolle, in Scheiben geschnitten
- 1 kg Oktopus-Tentakel
- 1 TL schwarze Pfefferkörner
- 3 Lorbeerblätter
- 250 ml Weißwein
- 2½ EL natives Olivenöl extra
- Meersalz und geschroteter schwarzer Pfeffer
- 6 Sardellenfilets, längs halbiert
- 1 Beet Shiso-Kresse (nach Belieben)

FÜR DAS JUNGE GEMÜSE

- 100 g frische, junge ausgelöste Erbsen
- 6 kleine Rote Beten, geputzt, 1 cm vom Grün belassen
- 6 kleine Gelbe Beten, geputzt, 1 cm vom Grün belassen
- 2 EL Weißweinessig
- 2 EL Zucker
- Meersalz und geschroteter schwarzer Pfeffer
- 6 junge Möhren, geputzt, 1 cm vom Grün belassen
- 6 junge gelbe Möhren, geputzt, 1 cm vom Grün belassen
- 6 junge Rübchen, geputzt, 1 cm vom Grün belassen
- 3 Mini-Fenchel, geputzt
- 100 ml Olivenöl

FÜR DAS ZITRONENDRESSING

- 1 Eigelb
- Saft von 3 Zitronen
- 250 ml Olivenöl
- Meersalz und geschroteter schwarzer Pfeffer

1 Das Öl in einem großen Topf erhitzen. Zwiebel und Fenchel darin anschwitzen, dann Tentakel, Pfeffer und Lorbeer hinzufügen. Nach 5 Minuten mit dem Wein ablöschen. Die Tentakel mit Wasser bedecken. Aufkochen lassen, dann bei sehr schwacher Hitze zugedeckt 2 Stunden schmoren.

2 Die Tentakel zugedeckt im Garsud abkühlen lassen. Aus dem Topf nehmen und von abgelöster Haut befreien, dabei die Saugnäpfe möglichst nicht beschädigen. Die Tentakel in 3 cm große Stücke schneiden und in einen sauberen Topf geben. Den Garsud durch ein Sieb darübergießen. Kalt stellen.

3 Die Erbsen 30 Sekunden in kochendem Salzwasser garen, dann in ein Sieb abgießen und kalt abschrecken. Rote und Gelbe Beten separat in Töpfe geben. Mit kaltem Wasser bedecken und je 1 EL Essig und Zucker sowie 1 Prise Salz hinzufügen. Bei mittlerer Hitze etwa 40 Minuten garen, bis man die Knollen leicht mit einer Messerspitze einstechen kann. Vom Herd nehmen und abkühlen lassen, dann schälen und zurück in den jeweiligen Garsud geben.

4 Möhren, Rübchen und Fenchel in einem Topf mit Wasser und etwas Salz aufkochen, dann 15 Minuten bei mittlerer Temperatur garen. Die Garflüssigkeit aufbewaren, die Gemüse schälen.

5 Für das Zitronendressing die Eigelbe im Mixer mit dem Zitronensaft glatt rühren. Bei laufendem Motor nach und nach das Olivenöl in dünnem Strahl dazugießen, bis die Mischung eindickt. Mit Salz und Pfeffer abschmecken. Das Dressing kalt stellen. Reste halten sich im Kühlschrank bis zu 3 Tage.

6 Die Tentakelstücke im Garsud bei mittlerer Hitze erwärmen.

7 Die Roten Beten abgießen und in eine Schüssel geben. Mit 1 EL Olivenöl beträufeln, salzen und pfeffern. Den Fenchel längs halbieren und mit Gelben Beten, Möhren und Rübchen in eine zweite Schüssel füllen. Mit dem restlichen Olivenöl beträufeln und mit Salz und Pfeffer würzen.

8 Die Erbsen auf Teller verteilen, das angemachte Gemüse darauf anrichten. Die Tentakelstücke aus dem Sud heben, mit nativem Olivenöl mischen und mit Salz und Pfeffer würzen. Auf die Teller verteilen und jeweils 2 Sardellenstücke dazulegen. Das Dressing in Tupfen um das Gemüse setzen und nach Belieben mit Shiso-Kresse garnieren.

FÜR 6 PERSONEN

Calamaretti fritti

FRITTIERTE MINI-KALMARE

Bei diesem köstlichen Gericht werden frischeste Zutaten mit geringstem Aufwand zubereitet. Die dazu gereichten Zitronenspalten steuern belebende Säure bei.

- Öl zum Frittieren
- 300 g Mehl
- 1 EL Meersalz, plus mehr zum Bestreuen
- 1 TL geschroteter schwarzer Pfeffer
- 1 kg Mini-Kalmare, 3–4 cm lang (oder so klein wie möglich)
- 2 Zitronen, in Spalten geschnitten

1 Die Fritteuse oder einen großen Topf mit schwerem Boden zwei Drittel hoch mit Öl füllen. Das Öl auf 180 °C erhitzen.

2 Das Mehl in einer Schüssel mit Salz und Pfeffer mischen. 1 Handvoll Kalmare darin wenden, dann in ein großes Sieb geben und überschüssiges Mehl abschütteln.

3 Die Kalmare portionsweise etwa 2 Minuten frittieren, bis sie goldbraun sind, dann auf Küchenpapier entfetten. Mit Meersalz bestreuen und mit Zitronenspalten servieren.

FÜR 6 PERSONEN

Foto Colo
di G.L. Arici

Seppia alla griglia in insalata

SALAT MIT GEGRILLTEM TINTENFISCH

Wenn Sie beim Fischhändler Sepien entdecken, sollten Sie unbedingt zugreifen. Sie sind fester und fleischiger als Kalmare und etwas süßer im Geschmack. Für ein schnelles Gericht wie dieses werden die Sepien kurz gegrillt, man kann sie aber auch schmoren. Bitten Sie den Fischhändler, die Sepien küchenfertig vorzubereiten.

- 800 g küchenfertige Sepien
- 1½ EL Olivenöl
- 2 TL Meersalz
- ½ TL geschroteter schwarzer Pfeffer
- 1 rote Chilischote, in Streifen geschnitten
- 1 Knoblauchzehe, gehackt
- 1 EL grob gehackte glatte Petersilie
- Blätter von 2 Köpfen Radicchio di Treviso, grob zerkleinert
- 1 rote Zwiebel, in dünne Ringe geschnitten
- Saft von 1 Zitrone
- 1 EL natives Olivenöl extra

1 Die Sepien in einer großen Schüssel mit Olivenöl, Salz, Pfeffer, Chili, Knoblauch und Petersilie mischen. Zudecken und 2 Stunden im Kühlschrank marinieren.

2 Den Backofengrill auf höchster Stufe vorheizen. Die Sepien aus der Marinade nehmen und auf jeder Seite 2 Minuten grillen.

3 Radicchio und Zwiebel in eine Servierschüssel füllen. Die gegrillten Sepien in 4 cm große Stücke schneiden und hinzufügen. Zitronensaft und natives Olivenöl dazugießen und alles behutsam mischen. Den Salat abschmecken und servieren.

FÜR 6 PERSONEN

Granchi fritti

FRITTIERTE STRANDKRABBEN

Diese venezianische Spezialität, *moleche* genannt, mag ich sehr. Die Kunst der Fischer, der *molecanti*, besteht darin, die kleinen Krebse (in Deutschland nennt man sie Butterkrabben) zu fangen, wenn sie kurz vor der Häutung stehen. Sie halten sie dann in flachem Gewässer und beobachten sie, bis sie ihre Panzer ablegen. Die Krabben müssen dann sofort aus dem Wasser genommen und zum Markt gebracht werden, sonst erhärtet der neue Panzer. Frittiert schmecken diese Krebse am besten.

- Öl zum Frittieren
- 6 Butterkrabben
- 300 g Mehl
- 1 TL Cayennepfeffer
- 1 EL Meersalz, plus mehr zum Bestreuen
- Zitronenhälften zum Servieren

1 Die Fritteuse oder einen Topf mit schwerem Boden zwei Drittel hoch mit Öl füllen. Das Öl auf 180 °C erhitzen.

2 Die Krabben mit Küchenpapier trocken tupfen.

3 Das Mehl in einer Schüssel mit Cayennepfeffer und Meersalz mischen. Die Krabben darin wenden, überschüssiges Mehl abschütteln.

4 Jeweils zwei Krabben auf einmal in das heiße Öl geben und pro Seite 1 Minute frittieren, bis sie goldbraun und knusprig sind. Herausnehmen und auf Küchenpapier abtropfen lassen.

5 Sofort mit Meersalz bestreuen und mit Zitronenhälften servieren.

FÜR 6 PERSONEN

CORIETMONVM
ACIA

BACCALÀ

KLIPPFISCH

TRATTORIA BACCALÀ DIVINO

DIE ITALIENER GEHÖREN ZU DEN GRÖSSTEN ABNEHMERN VON BACCALÀ ODER KLIPPFISCH. FRANCO FAVARETTOS RESTAURANT TRATTORIA BACCALÀ DIVINO HAT SICH AUF GERICHTE MIT DEM LUFTGETROCKNETEN KABELJAU SPEZIALISIERT, DARUNTER DER VENEZIANISCHE KLASSIKER BACCALÀ MANTECATO.

In meiner Kindheit aß ich regelmäßig freitags *baccalà*, und an Karfreitag sowieso. Also musste ich ihn natürlich probieren, als wir in Venetien waren. Der beste Ort dafür ist ein Restaurant, das sich auf getrockneten Klippfisch spezialisiert hat. Ein Besuch in der Trattoria Baccalà Divino des Kochs Franco Favaretto in Mestre ist ein Muss für Klippfisch-Liebhaber. Die Speisekarte listet eine Fülle von Baccalà-Gerichten auf, die nicht nur die Vielseitigkeit des Fisches, sondern auch Francos Kreativität in der Küche demonstrieren. Nach der herzlichen Begrüßung durch unseren Gastgeber nehmen wir Platz am reservierten Tisch – und stellen zu unserer Freude fest, dass die Baccalà-Lieferanten des Hauses an diesem Abend ebenfalls dort speisen.

Franco spricht nur allzu gern von seiner liebsten Zutat: Norweger, Isländer, die Bewohner der Färöer-Inseln und Neufundlands wissen seit vielen hundert Jahren, wie man Kabeljau einsalzt und an der Luft trocknet. Weil er sich ausgezeichnet transportieren ließ, avancierte *baccalà* schon bald im ganzen Mittelmeerraum zu einem wichtigen Nahrungsmittel (in Spanien heißt er *bacalao*, in Griechenland *bakaliáros*); er gelangte schließlich bis in die Karibik, nach Westafrika und Brasilien und ist nach wie vor unverzichtbarer Bestandteil der Küche dieser Regionen.

Franco importiert seinen *baccalà* aus Norwegen – Venetien nimmt insgesamt 92 Prozent des norwegischen Klippfisches ab. Da Franco immer wieder Norwegen bereist und viel Zeit mit seinen Lieferanten verbringt, weiß er genau, wie Kabeljau zu *baccalà* verarbeitet wird und erklärt uns kenntnisreich, wie die Fischer vorgehen: Zunächst entfernen sie den Kopf des Fisches, dann schneiden sie den Bauch auf und nehmen Rückgrat und Eingeweide heraus. Anschließend folgt das Einsalzen, um dem Fisch Feuchtigkeit zu entziehen, und schließlich trocknet er an der Luft. Vor der Zubereitung muss der Fisch mindestens 48 Stunden gewässert und das Wasser mehrfach gewechselt werden. Wenn das Fleisch sich leicht von den Gräten ablösen lässt, ist der *baccalà* fertig. Man kann ihn roh (*crudo*) oder gegart servieren.

Das berühmteste venezianische Baccalà-Gericht heißt *baccalà mantecato*. Dazu püriert man den gewässerten Fisch und fügt dann langsam Öl hinzu, um eine mayonnaiseartige Mischung zu erzeugen. Der pürierte *baccalà* wird mit Crostini serviert. Zu meinen Lieblingsgerichten zählen *crocchette di baccalà:* Man kocht den gewässerten Klippfisch mit Kartoffeln und Zwiebeln, püriert die Mischung, formt sie zu Kugeln und brät die Kroketten, bis sie goldbraun sind – ganz einfach und unglaublich lecker!

Franco serviert uns ein wirklich denkwürdiges Festmahl aus Baccalà-Gerichten. Wir beginnen mit in Olivenöl mariniertem *baccalà* auf getoastetem Panettone. Darauf folgen *baccalà mantecato*, in Speck gehüllter *baccalà*, *baccalà* mit Polenta, Baccalà-Suppe mit Spargel und Gnocchi auf der Basis von *baccalà* mit Tomate … Alles schmeckt vorzüglich. Ich verlasse das Restaurant voller Inspirationen für Gerichte, die ich zu Hause ausprobieren will!

Die Speisekarte in Franco Favarettos Restaurant feiert *baccalà* in unzähligen Variationen.

Crostini con baccalà mantecato

CROSTINI MIT KLIPPFISCHPÜREE

Ein wunderbarer Snack! Der *baccalà* wird cremig püriert und dann mit Öl aufgeschlagen – der Geschmack ist intensiv und köstlich. Auf Crostini ergibt dies perfekte *cicchetti*.

- 1,5 kg Klippfisch (*baccalà*, gesalzener und getrockneter Kabeljau)
- 250 ml Olivenöl
- 2 Knoblauchzehen, gehackt
- 1 kleine Zwiebel, fein gewürfelt
- 150 ml natives Olivenöl extra

FÜR DIE CROSTINI

- 1 Baguette
- 1 EL natives Olivenöl extra
- Meersalz und geschroteter schwarzer Pfeffer

1 Den Klippfisch mindestens 72 Stunden in kaltem Wasser einweichen, das Wasser dabei dreimal täglich erneuern. Den Fisch abtropfen lassen, häuten, von Gräten befreien und in 2 cm große Stücke schneiden.

2 Einen großen Topf mit schwerem Boden bei mittlerer Temperatur erhitzen. 150 ml Olivenöl hineingeben. Knoblauch und Zwiebel darin einige Minuten anschwitzen. Den Klippfisch unterrühren und mit Wasser bedecken. Aufkochen, dann bei schwacher Hitze 10 Minuten köcheln lassen.

3 Den Garsud durch ein Sieb in einen Krug gießen. Die Fischmischung im Mixer glatt pürieren, dabei das restliche Öl und 150 ml Garsud untermixen. Zudecken und bis zum Servieren kalt stellen. Reste halten sich im Kühlschrank 3 Tage.

4 Für die Crostini den Backofen auf 180 °C vorheizen. Das Baguette schräg in dünne Scheiben schneiden. Die Scheiben auf ein Backblech legen, mit nativem Olivenöl beträufeln und mit Salz und Pfeffer bestreuen. 5–7 Minuten rösten, bis sie knusprig und leicht gebräunt sind. Abkühlen lassen.

5 Zum Servieren das Püree mit einem Löffel auf die Crostini verteilen.

FÜR 8 PERSONEN

Crocchette di baccalà

KLIPPFISCH-KROKETTEN

Diese leckeren kleinen Dinger gehören zu meinen absoluten Favoriten. Probieren Sie – dann sind es auch bald Ihre Lieblinge!

- 1 kg Klippfisch (*baccalà*, gesalzener und getrockneter Kabeljau)
- 2 mehligkochende Kartoffeln
- 100 ml Olivenöl
- 1 Zwiebel, fein gewürfelt
- 2 Knoblauchzehen, fein gehackt
- 250 g Mehl
- 200 ml Milch
- 150 g Sahne
- Öl zum Frittieren
- Meersalz zum Bestreuen

FÜR DIE PANADE

- 50 g Mehl
- 4 Eier, verquirlt
- 100 g Panko (japanische Semmelbrösel)

1 Den Klippfisch mindestens 72 Stunden in kaltem Wasser einweichen, das Wasser dabei dreimal täglich erneuern. Den Fisch abtropfen lassen, häuten, von Gräten befreien und in 1 cm große Stücke schneiden.

2 Die Kartoffeln in einen Topf mit kaltem Wasser geben und bei mittlerer Hitze etwa 30 Minuten garen, bis man sie leicht mit einer Messerspitze einstechen kann. Abgießen und abkühlen lassen. Die kalten Kartoffeln pellen und in 1 cm große Stücke schneiden.

3 Das Olivenöl in einem großen Topf bei mittlerer Temperatur erhitzen. Zwiebel und Knoblauch darin einige Minuten anschwitzen. Fisch und Kartoffeln hinzufügen, 5 Minuten rühren. Das Mehl dazugeben und unter Rühren anschwitzen, dann Milch und Sahne angießen und 10 Minuten köcheln lassen, bis eine dicke Paste entsteht. Die Mischung auf einen großen Teller gießen und abkühlen lassen. Die kalte Paste im Mixer glatt pürieren. Aus der Masse mithilfe eines Esslöffels golfballgroße Kugeln formen.

4 Mehl, Eier und Panko separat in tiefe Teller geben. Die Fischkugeln im Mehl wälzen, durch die verquirlten Eier ziehen und zum Schluss in den Bröseln wenden.

5 Die Fritteuse oder einen großen Topf mit schwerem Boden zwei Drittel hoch mit Öl füllen. Das Öl auf 180 °C erhitzen. Die Kroketten darin 3–4 Minuten frittieren, bis sie goldbraun sind. Herausheben und auf Küchenpapier abtropfen lassen, dann mit Meersalz bestreuen und heiß servieren.

ERGIBT ETWA 30 STÜCK

Gnocchi di ricotta e baccalà al pomodoro

RICOTTA-KLIPPFISCH-GNOCCHI MIT TOMATENSAUCE

Baccalà für Gnocchi zu verwenden ist eine tolle Idee! Der Ricotta sorgt für Leichtigkeit und die simple Tomatensauce bringt den Geschmack des Fisches gut zur Geltung.

- 700 g Klippfisch (*baccalà,* gesalzener und getrockneter Kabeljau)
- 500 g Ricotta, abgetropft
- 3 Eier
- 2 Eigelb
- abgeriebene Schale von 1 Bio-Zitrone
- 400 g Mehl, plus mehr zum Arbeiten
- 600 ml Passata (siehe Seite 424)
- 30 g Butter in Stückchen
- Meersalz und geschroteter schwarzer Pfeffer
- klein gezupftes Basilikum zum Garnieren

1 Den Klippfisch mindestens 72 Stunden in kaltem Wasser einweichen, das Wasser dabei dreimal täglich erneuern. Den Fisch abtropfen lassen, häuten, von Gräten befreien und in 2 cm große Stücke schneiden.

2 Den Fisch im Mixer fein pürieren. Ricotta, Eier, Eigelbe und Zitronenschale hinzufügen und untermixen. Die Mischung auf eine dünn bemehlte Arbeitsfläche geben und das Mehl von Hand unterkneten – nicht zu lange bearbeiten, der Teig sollte weich und formbar sein.

3 Den Teig zu 2 cm dicken Blöcken formen und diese in 1,5 cm lange Stücke schneiden. Die Gnocchi auf einem großzügig bemehlten Tablett verteilen.

4 In einem Topf reichlich gesalzenes Wasser zum Kochen bringen. Die Gnocchi darin garen, bis sie nach oben steigen, dann mit einem Schaumlöffel herausheben.

5 Inzwischen die Passata in einer großen Pfanne zum Köcheln bringen. Die Butter und, falls nötig, Salz und Pfeffer unterrühren.

6 Die Gnocchi in die Sauce geben und alles mischen. Mit Basilikum garnieren und servieren.

FÜR 6 PERSONEN

TRATTORIA DEL GATTO NERO

Die Insel Burano in der Lagune von Venedig ist bekannt für ihre farbenfrohen Häuser – der Legende zufolge sollen die kräftigen Farben den Fischern dabei helfen, im dichten Nebel nach Hause zurückzufinden. Wenn ich nach Venedig komme, zählt ein Besuch auf der Insel mit einem Mittagessen in der wundervollen Trattoria del Gatto Nero zu den besonderen Freuden. Das Restaurant gehört Ruggero Bovo, der seit 1965 hier am Herd steht, unterstützt von seiner Frau Lucia und inzwischen auch von seinem Sohn Massimo, der den Service übernimmt. Ruggero bezieht seine Produkte konsequent aus der Region und er kocht nach traditionellen, bewährten Rezepten. An seinem Herd geht es darum, beste Zutaten in hervorragende *cucina tradizionale* (traditionelle Küche) zu verwandeln.

CALLE
CALETT

Risotto di go alla buranella

RISOTTO NACH ART VON BURANO

Ich bin mit diversen Varianten dieses speziellen Risottos aufgewachsen. Wenn man ihn zum ersten Mal vorgesetzt bekommt und hört, das sei ein Fisch-Risotto, fragt man sich natürlich: Wo ist der Fisch? Dann wird probiert und – wow!

- 2½ EL Olivenöl
- 1 Zwiebel, fein gewürfelt
- 500 g Carnaroli-Reis
- Meersalz und geschroteter schwarzer Pfeffer
- 50 g Butter
- 50 g Parmesan, gerieben
- 2 EL gehackte glatte Petersilie

FÜR DEN FISCHFOND

- 50 g Butter
- 2½ EL Olivenöl
- 1 Zwiebel, in dünne Ringe geschnitten
- 1 Stange Lauch, nur das Weiße, gründlich gewaschen, in dünne Streifen geschnitten
- 1 Stange Sellerie, in dünne Scheiben geschnitten
- 2 kleine Petersfische, ausgenommen und geschuppt
- 250 ml Weißwein
- Meersalz
- 1 EL gehacktes Koriandergrün
- 1 EL gehackte glatte Petersilie

1 Für den Fischfond die Butter mit dem Olivenöl in einem Topf mit schwerem Boden bei mittlerer Temperatur erhitzen. Zwiebel, Lauch und Sellerie darin etwa 5 Minuten etwas Farbe annehmen lassen. Fische, Wein, 2 l Wasser und etwas Salz hinzufügen. Aufkochen, dann bei schwacher Hitze 30 Minuten köcheln lassen.

2 Die Fische vorsichtig aus dem Topf heben und etwas abkühlen lassen. Das Fleisch von den Gräten lösen und für den Risotto beiseitelegen. Ein Sieb auf einen Topf setzen und den Topfinhalt hineingießen. Das Gemüse aus dem Sieb mit den Kräutern im Mixer pürieren.

3 Das Olivenöl in einem Topf mit schwerem Boden bei schwacher bis mittlerer Temperatur erhitzen. Die Zwiebel darin 1–2 Minuten anschwitzen. Den Reis hinzufügen und unter Rühren einige Minuten braten. Die Hälfte des Fischfonds sowie Salz und Pfeffer unterrühren. Etwa 18 Minuten köcheln lassen, bis der Reis bissfest gegart ist.

4 Gemüsepüree und Fischfleisch in den Topf geben und unterrühren. Butter, Parmesan und Petersilie dazugeben und rühren, bis der Risotto cremig ist; er soll so flüssig sein, dass er fast vom Teller rinnt. Den Risotto abschmecken und servieren.

FÜR 6 PERSONEN

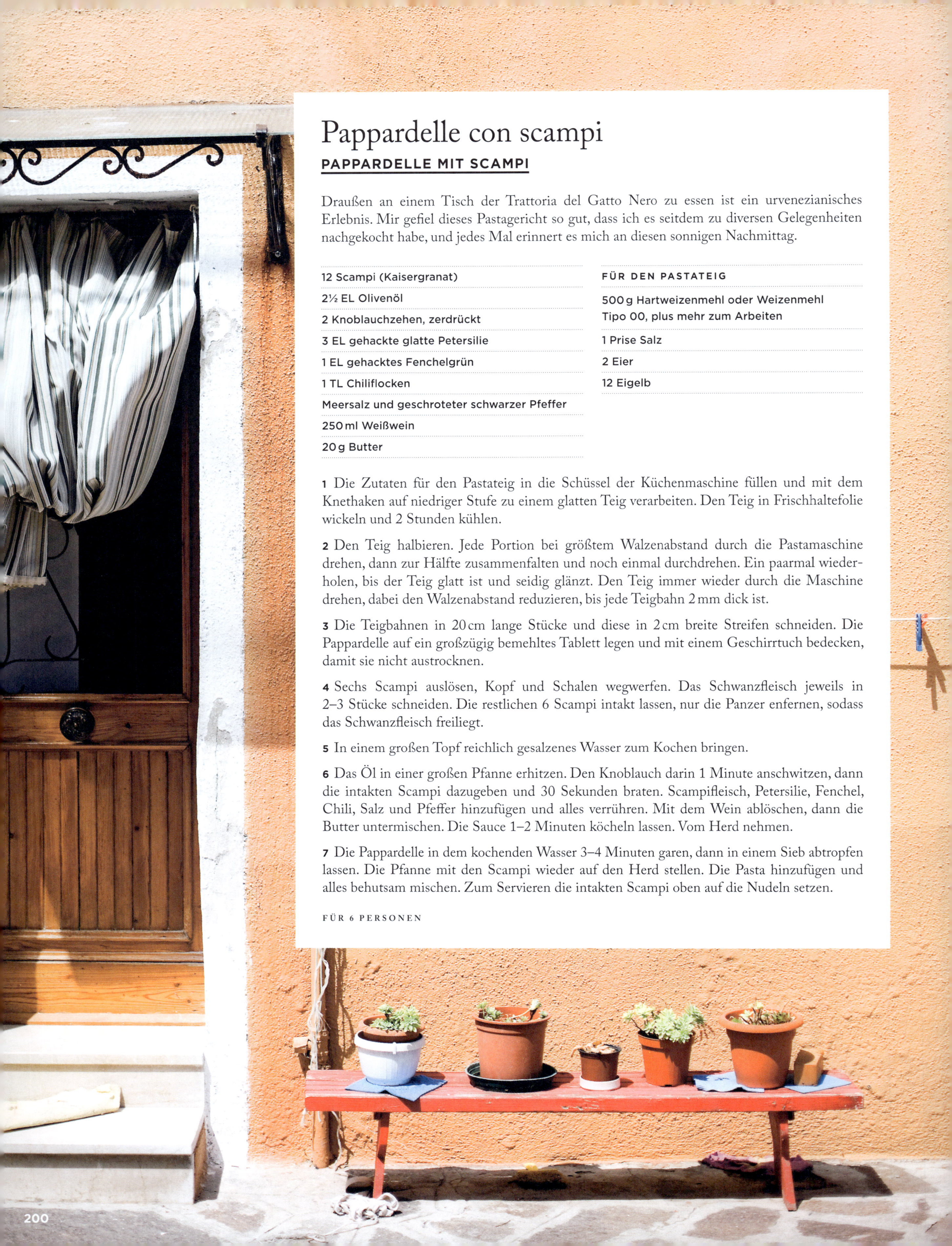

Pappardelle con scampi

PAPPARDELLE MIT SCAMPI

Draußen an einem Tisch der Trattoria del Gatto Nero zu essen ist ein urvenezianisches Erlebnis. Mir gefiel dieses Pastagericht so gut, dass ich es seitdem zu diversen Gelegenheiten nachgekocht habe, und jedes Mal erinnert es mich an diesen sonnigen Nachmittag.

- 12 Scampi (Kaisergranat)
- 2½ EL Olivenöl
- 2 Knoblauchzehen, zerdrückt
- 3 EL gehackte glatte Petersilie
- 1 EL gehacktes Fenchelgrün
- 1 TL Chiliflocken
- Meersalz und geschroteter schwarzer Pfeffer
- 250 ml Weißwein
- 20 g Butter

FÜR DEN PASTATEIG

- 500 g Hartweizenmehl oder Weizenmehl Tipo 00, plus mehr zum Arbeiten
- 1 Prise Salz
- 2 Eier
- 12 Eigelb

1 Die Zutaten für den Pastateig in die Schüssel der Küchenmaschine füllen und mit dem Knethaken auf niedriger Stufe zu einem glatten Teig verarbeiten. Den Teig in Frischhaltefolie wickeln und 2 Stunden kühlen.

2 Den Teig halbieren. Jede Portion bei größtem Walzenabstand durch die Pastamaschine drehen, dann zur Hälfte zusammenfalten und noch einmal durchdrehen. Ein paarmal wiederholen, bis der Teig glatt ist und seidig glänzt. Den Teig immer wieder durch die Maschine drehen, dabei den Walzenabstand reduzieren, bis jede Teigbahn 2 mm dick ist.

3 Die Teigbahnen in 20 cm lange Stücke und diese in 2 cm breite Streifen schneiden. Die Pappardelle auf ein großzügig bemehltes Tablett legen und mit einem Geschirrtuch bedecken, damit sie nicht austrocknen.

4 Sechs Scampi auslösen, Kopf und Schalen wegwerfen. Das Schwanzfleisch jeweils in 2–3 Stücke schneiden. Die restlichen 6 Scampi intakt lassen, nur die Panzer enfernen, sodass das Schwanzfleisch freiliegt.

5 In einem großen Topf reichlich gesalzenes Wasser zum Kochen bringen.

6 Das Öl in einer großen Pfanne erhitzen. Den Knoblauch darin 1 Minute anschwitzen, dann die intakten Scampi dazugeben und 30 Sekunden braten. Scampifleisch, Petersilie, Fenchel, Chili, Salz und Pfeffer hinzufügen und alles verrühren. Mit dem Wein ablöschen, dann die Butter untermischen. Die Sauce 1–2 Minuten köcheln lassen. Vom Herd nehmen.

7 Die Pappardelle in dem kochenden Wasser 3–4 Minuten garen, dann in einem Sieb abtropfen lassen. Die Pfanne mit den Scampi wieder auf den Herd stellen. Die Pasta hinzufügen und alles behutsam mischen. Zum Servieren die intakten Scampi oben auf die Nudeln setzen.

FÜR 6 PERSONEN

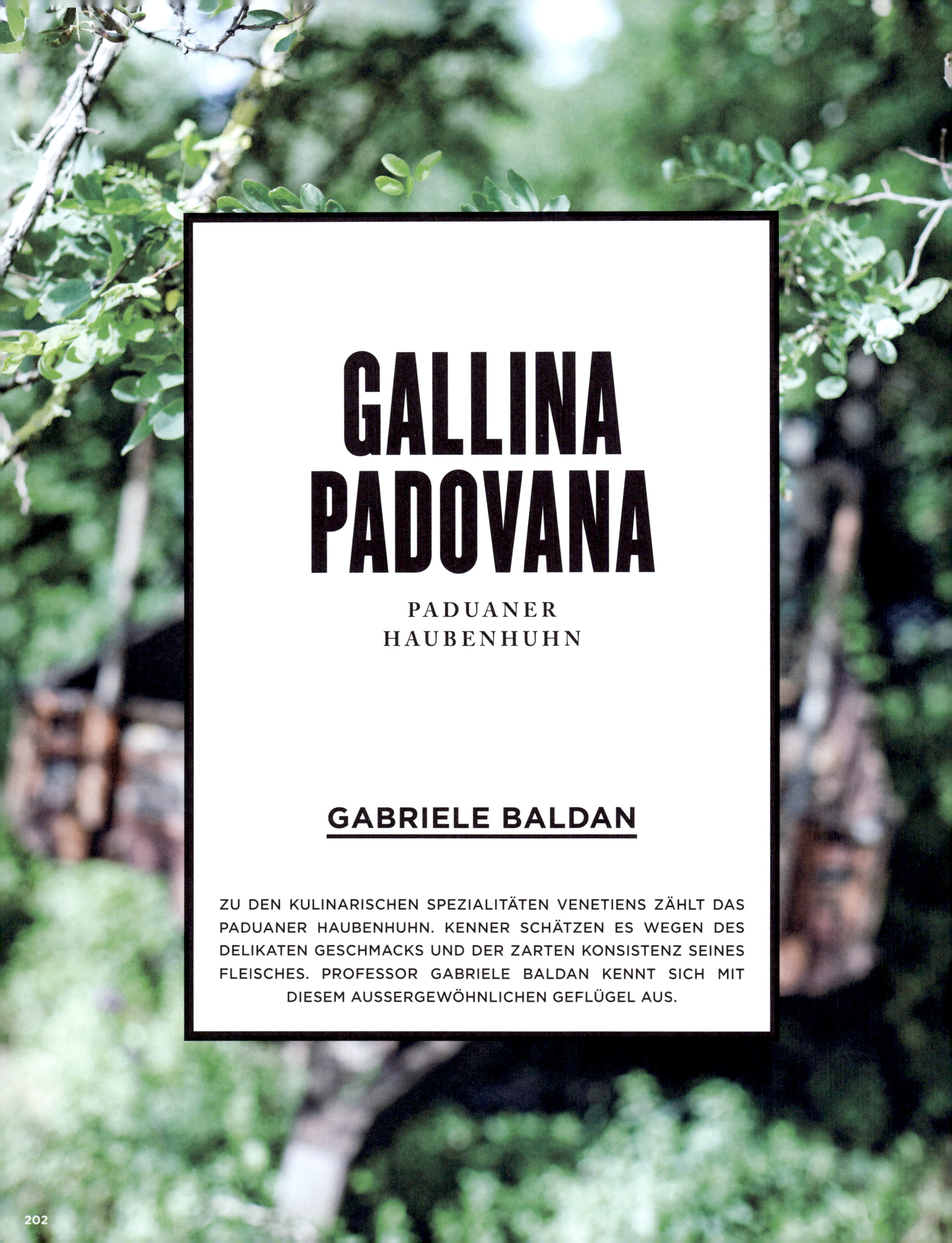

GALLINA PADOVANA

PADUANER HAUBENHUHN

GABRIELE BALDAN

ZU DEN KULINARISCHEN SPEZIALITÄTEN VENETIENS ZÄHLT DAS PADUANER HAUBENHUHN. KENNER SCHÄTZEN ES WEGEN DES DELIKATEN GESCHMACKS UND DER ZARTEN KONSISTENZ SEINES FLEISCHES. PROFESSOR GABRIELE BALDAN KENNT SICH MIT DIESEM AUSSERGEWÖHNLICHEN GEFLÜGEL AUS.

Wir suchen Gabriele Baldan an seinem Arbeitsplatz auf, um mehr über das Paduaner Haubenhuhn zu erfahren. Der Professor unterrichtet am Istituto professionale per l'agricoltura e l'ambiente (Lehranstalt für Landwirtschaft und Umwelt), interessiert sich leidenschaftlich für alte Nutztierrassen und hat dem Haubenhuhn zu einer Renaissance verholfen. In der landwirtschaftlichen Lehranstalt, wo wir ihn treffen, herrscht Hochbetrieb. Und ich freue mich wieder einmal, dass es offenbar genügend junge Italiener gibt, die sich für die Wiedergeburt alter Traditionen interessieren.

Es heißt, dass Paduaner Haubenhühner um das Jahr 1300 in Venetien eingeführt wurden, als ein hiesiger Arzt einige Tiere aus Polen mitbrachte. Es sind herrlich anzuschauende Vögel in unterschiedlichen Farbschlägen mit einem großen Federbusch auf dem Kopf – die der Hähne noch eindrucksvoller als die der Hühner. Wir schauen ihnen eine Weile beim Herumstolzieren zu – tolle Angeber, diese Hähne! Ein etwas schrulliger Charakterzug fällt allerdings ins Auge: Bei der kleinsten Störung fliegen sie direkt auf den Eindringling los oder hoch in die Luft.

Wie wir von unserem Professor erfahren, hatte die Zahl der Paduaner Haubenhühner seit den 1960er Jahren stark abgenommen. Nur den vereinten Bemühungen von Gabrieles Institut und der Slow-Food-Bewegung (die das Paduanische Huhn in ihre Arche des Geschmacks aufnahm) sei es zu verdanken, dass der Trend nun wieder aufwärts weist. Gabrieles Institut begann mit der Züchtung der Hühner, um die Rasse vor dem Aussterben zu bewahren, und mit der Zeit entwickelte sich das Projekt zu einem erfolgreichen kommerziellen Unternehmen.

Für die Aufzucht der Tiere wandern die von den Hennen gelegten Eier zunächst für 18 Tage in einen 2300 Stück fassenden Brutapparat. Dann bringt man sie in einen anderen Raum, wo sie noch drei Tage lang warm gehalten werden, bis die Küken ausschlüpfen. Sie bleiben dort 24 bis 48 Stunden, bevor sie in die Gehege dürfen. Wenn die Hühner sechs Monate alt sind, verkauft man sie an die Mastbetriebe. Ihr Fleisch gilt als schmackhafter und weniger fett als das normaler Hühner und hat eine besonders zarte Konsistenz.

Ich frage Gabriele, wie die Einheimischen diese besondere Delikatesse zubereiten. Das klassische Gericht, so erfahren wir, heißt *lessatura in canavéra*. Traditionell steckt man das Huhn dafür zusammen mit Sellerie, Rosinen und Nelken in eine Schweinsblase, die zugebunden und gekocht wird. Diese Methode gleicht dem modernen Vakuumgaren (in einem verschweißten Plastikbeutel in heißem Wasser). Ich fasse den Entschluss, selbst eine Version dieses traditionellen Rezepts auszutüfteln – auch wenn ich dafür auf ein ganz gewöhnliches Stubenküken ausweichen muss und nur einen Wurstdarm statt der Schweinsblase auftreiben kann.

Diesen famosen Hühnern könnten wir stundenlang zuschauen.

Pollastrino al salsicciotto

IM SAITLING GEGARTES STUBENKÜKEN

Wenn Sie einmal im Veneto sind, müssen Sie sich unbedingt Paduaner Haubenhühner ansehen – sie sind ebenso hübsch wie wohlschmeckend! Hier habe ich das traditionelle Rezept abgewandelt und verwende anstelle dieser Hühner Stubenküken. Das Garen im Schafdarm schont die zarten Aromen und das Fleisch bleibt schön saftig. Geöffnet werden die Päckchen erst bei Tisch.

- 6 Saitlinge (Schafdärme)
- 5 l plus 200 ml Hühnerbrühe
- 6 Stubenküken (je 400 g)
- 6 Lorbeerblätter
- 6 Zweige Rosmarin
- 6 Knoblauchzehen, geschält
- ½ TL gemahlene Gewürznelke
- ½ TL gemahlener Zimt
- 1 TL Meersalz
- 1 TL geschroteter schwarzer Pfeffer
- 1 Zwiebel, fein gewürfelt
- 1 Möhre, geschält und fein gewürfelt
- 2 Stangen Sellerie, fein gewürfelt
- 100 g Sultaninen

1 Die Saitlinge 10 Minuten in warmem Wasser einweichen.

2 In einem großen Topf 5 l Hühnerbrühe zum Köcheln bringen.

3 In jedes Küken 1 Lorbeerblatt, 1 Rosmarinzweig und 1 Knoblauchzehe geben. Nelke, Zimt, Salz und Pfeffer mischen und die Küken damit einreiben. Bei jedem Küken die Beine mit Küchengarn zusammenbinden.

4 Die Zwiebelwürfel in einer Schüssel mit Möhren- und Selleriewürfeln sowie den Sultaninen mischen.

5 Einen Saitling aus dem Wasser nehmen, ein Ende mit Küchengarn zubinden. Vorsichtig ein Küken mit dem Kopfende voran in den Saitling schieben. Ein Sechstel der Zwiebelmischung und 2 EL von der restlichen Brühe hinzufügen. Das andere Ende des Saitlings ebenfalls zubinden, die Enden mit einer Küchenschere stutzen. Mit den restlichen Saitlingen und Küken und der restlichen Zwiebelmischung und Brühe ebenso verfahren.

6 Die gefüllten Saitlinge in die köchelnde Brühe geben. Die Küken bei sehr schwacher Hitze zugedeckt 40–45 Minuten garen. Anschließend vorsichtig herausheben; die Saitlinge dürfen dabei nicht reißen.

7 Die »Päckchen« auf Teller verteilen und zu Tisch bringen. Beim Aufschneiden vorsichtig sein, es könnte heiße Brühe herausspritzen.

FÜR 6 PERSONEN

POLENTA BIANCOPERLA

WEISSE POLENTA

AZIENDA AGRICOLA LE BARBARIGHE

DIE ALTE MAISSORTE BIANCOPERLA, DER ROHSTOFF FÜR WEISSE POLENTA, GEDEIHT NUR NOCH IN VENETIEN. AUF DER AZIENDA AGRICOLA LE BARBARIGHE WIDMET MAN DIESER SORTE DAHER BESONDERE AUFMERKSAMKEIT. DER HOF BEFINDET SICH SEIT DREI GENERATIONEN IM BESITZ DER FAMILIE GAGLIARDO, HEUTE FÜHREN IHN LEONARDO UND SEINE FRAU SILVIA. SIE SETZEN BEIM MAISANBAU AUF UMWELTFREUNDLICHE METHODEN.

Polenta, ein gelber Brei aus Maismehl, galt einst als einfache bäuerliche Speise. Inzwischen hat er seine Herkunft hinter sich gelassen und macht sich auf den vornehmsten Tischen breit. Weiße Polenta schmeckt besonders leicht und köstlich und entwickelt eine cremigere Konsistenz als die gelbe. Sie galt in Norditalien seit dem 17. Jahrhundert als Grundnahrungsmittel, aber leider geht die Produktion wegen der niedrigen Erntemenge bei weißem Mais stetig zurück: Waren in den 1950er Jahren noch rund 50 000 Hektar mit dieser Maissorte bepflanzt, sind es heute gerade noch 50. Im letzten Jahrzehnt gab es verstärkt Bemühungen zur Wiederbelebung der Produktion. So hat Slow Food den weißen Mais in die Arche des Geschmacks aufgenommen, um die Qualität der Pflanzen zu verbessern und die Polenta zu fördern.

Die Azienda Agricola le Barbarighe gehört zu den nur sieben verbliebenen Erzeugern von weißem Mais. Die Inhaber des Hofs, Leonardo und Silvia Gagliardo, produzieren 25 Tonnen pro Jahr. Während Leonardo uns herumführt, stelle ich mit Interesse fest, dass die Gagliardos, wie so viele der Erzeuger, die wir auf unserer Reise kennenlernen, traditionelle Produktionsmethoden bevorzugen. So benutzt man hier keine modernen Maschinen, um die Maiskörner zu mahlen, sondern eine alte Steinmühle (*macinazione a pietra*). Der langsame Mahlvorgang verhindert eine Überhitzung der Körner.

Die Azienda produziert auch noch einige andere Erzeugnisse aus Bio-Mais und Leonardo klärt uns auf, dass der weiße Mais mindestens 300 Meter von anderen Sorten entfernt gepflanzt werden muss, um eine Fremdbestäubung zu verhindern. Er ist so empfindlich, dass die Ernte zwischen August und September nur von Hand erfolgen kann. Danach werden die Körner getrocknet und gesiebt, um Verunreinigungen zu beseitigen, bevor man sie in großen geschlossenen Silos in der alten umgebauten Scheune lagert.

Leonardo und Silvia sind aufmerksame und liebenswerte Gastgeber. Nach unserer Besichtigung des Hofs bietet Silvia uns köstliche Biscotti an, während Leonardo für uns ein Dokument hervorholt – einen Brief von Mussolini aus dem Jahr 1928, in dem er Leonardos Vater zu seiner guten Arbeit für das Vaterland gratuliert.

Leonardo zufolge gibt es zwei klassische Polentagerichte in Venetien – *polenta e speo* (Polenta mit gegrilltem Fleisch) und *polenta e osei* (mit am Spieß gegrillten Vögeln). Eine kleine Warnung, falls Sie Polenta kochen wollen: Sie muss bis zu einer Stunde gerührt werden, sodass man eine Menge von dem braucht, was die Italiener *olio di gomito* (Armschmalz) nennen.

Nach unserem Besuch essen wir in einem netten kleinen Restaurant namens Regina Margherita. Es gehört Tristano Lucchin, und seine Frau ist die Köchin. Großzügig gewährt sie mir Zutritt zur Küche, wo ich den Vorzug genieße, ihr bei der Zubereitung traditioneller Gerichte Venetiens mit weißer Polenta über die Schulter schauen zu dürfen.

Leonardo und Silvia benutzen eine alte Steinmühle, um die Maiskörner zu mahlen.

RALLENTARE
USCITA
BAMBINI

Polenta biancoperla al tartufo

WEISSE POLENTA MIT TRÜFFEL

Ich habe Patrizia mit großem Interesse bei der Zubereitung traditioneller Polentagerichte zugesehen. Diese einfache, aber hervorragende Speise war einer meiner Favoriten.

- 1,5 l Hühnerbrühe oder Wasser
- 2 TL Olivenöl
- 300 g weißer Maisgrieß (Polenta)
- Meersalz
- 40 g Butter, in 1 cm große Würfel geschnitten
- 30 g frische Trüffel
- 50 g Parmesan

1 Brühe oder Wasser zum Kochen bringen. Das Öl hineingeben, dann den Maisgrieß einrieseln lassen, dabei ständig mit einem Schneebesen rühren, damit sich keine Klümpchen bilden. Salz untermischen und die Polenta bei schwacher Hitze 20 Minuten quellen lassen. Solange sie noch körnig ist, immer wieder mit einem Kochlöffel rühren.

2 Die Butter unterziehen und die Polenta auf Tellern anrichten. Großzügig Trüffel und Parmesan darüberhobeln. Die Polenta sofort servieren.

FÜR 6 PERSONEN

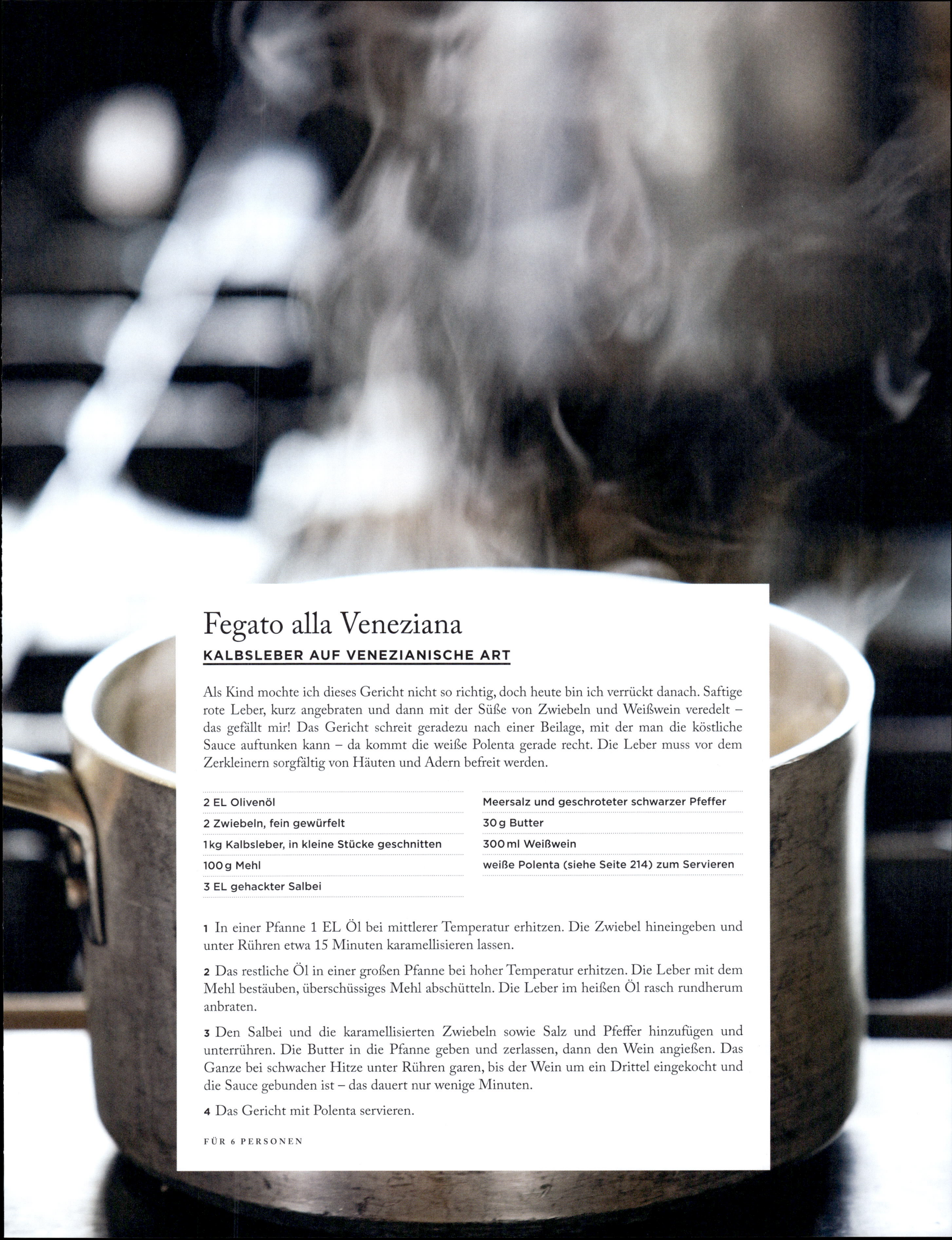

Fegato alla Veneziana

KALBSLEBER AUF VENEZIANISCHE ART

Als Kind mochte ich dieses Gericht nicht so richtig, doch heute bin ich verrückt danach. Saftige rote Leber, kurz angebraten und dann mit der Süße von Zwiebeln und Weißwein veredelt – das gefällt mir! Das Gericht schreit geradezu nach einer Beilage, mit der man die köstliche Sauce auftunken kann – da kommt die weiße Polenta gerade recht. Die Leber muss vor dem Zerkleinern sorgfältig von Häuten und Adern befreit werden.

- 2 EL Olivenöl
- 2 Zwiebeln, fein gewürfelt
- 1 kg Kalbsleber, in kleine Stücke geschnitten
- 100 g Mehl
- 3 EL gehackter Salbei
- Meersalz und geschroteter schwarzer Pfeffer
- 30 g Butter
- 300 ml Weißwein
- weiße Polenta (siehe Seite 214) zum Servieren

1 In einer Pfanne 1 EL Öl bei mittlerer Temperatur erhitzen. Die Zwiebel hineingeben und unter Rühren etwa 15 Minuten karamellisieren lassen.

2 Das restliche Öl in einer großen Pfanne bei hoher Temperatur erhitzen. Die Leber mit dem Mehl bestäuben, überschüssiges Mehl abschütteln. Die Leber im heißen Öl rasch rundherum anbraten.

3 Den Salbei und die karamellisierten Zwiebeln sowie Salz und Pfeffer hinzufügen und unterrühren. Die Butter in die Pfanne geben und zerlassen, dann den Wein angießen. Das Ganze bei schwacher Hitze unter Rühren garen, bis der Wein um ein Drittel eingekocht und die Sauce gebunden ist – das dauert nur wenige Minuten.

4 Das Gericht mit Polenta servieren.

FÜR 6 PERSONEN

FRIAUL-
VENE

GRAPPA
PROSCIUTTO

JULISCH
TIEN

Diese Region, die an Österreich und Slowenien grenzt, lockt Feinschmecker mit zwei Highlights: Grappa ist nicht nur als Digestif köstlich, sondern auch in der Küche vielseitig verwendbar, und der luftgetrocknete Prosciutto di San Daniele kann es mit dem besten Parmaschinken aufnehmen.

GRAPPA

BEPI TOSOLINI

DIE DESTILLERIE BEPI TOSOLINI BRENNT SEIT DEN 1940ER JAHREN GRAPPA. SIE ZÄHLT ZU DEN WENIGEN KLEINEN BETRIEBEN IN DER REGION, DIE NOCH HEUTE MIT TRADITIONELLER AUSSTATTUNG REIN HANDWERKLICH ELEGANTE TRESTERBRÄNDE HÖCHSTER QUALITÄT ERZEUGEN.

Grappa, seit dem Mittelalter bekannt, liefert ein weiteres Beispiel dafür, wie erfinderisch die Italiener sind, wenn es darum geht, Reste sinnvoll zu verwerten. Der aus ausgepressten Traubenschalen und -kernen (*vinaccia* genannt) hergestellte Branntwein ist im Grunde ein Nebenprodukt der Weinerzeugung und galt lange als Schnaps des armen Mannes. Wie sich die Zeiten geändert haben! Aus dem rauen Getränk von früher ist eine edle Spirituose geworden, die stolze Preise erzielt.

Um sich Grappa nennen zu dürfen, muss der Branntwein in Italien aus italienischen Trauben destilliert werden. Seine Qualität hängt von drei Voraussetzungen ab: der Traube, der Destillerie und der Geschicklichkeit des Brenners. Auf dem Weg zur Destillerie Bepi Tosolini in Marsure di Povoletto in der Nähe von Udine versuche ich mich zu erinnern, was als wichtigster Faktor für die Erzeugung eines guten Grappas gilt: die Fähigkeit des Brenners, den »Kopf«, das »Herz« und den »Schwanz« des Brandes voneinander zu trennen. Ich hoffe, die Familie Tosolini kann mir erklären, was es damit auf sich hat.

Die Destillerie gehört inzwischen Giovanni, dem Sohn des Gründers Bepi, seine Kinder Giuseppe, Bruno und Lisa arbeiten ebenfalls mit im Betrieb. Sie sind bestrebt, das hohe Niveau beizubehalten und die handwerkliche Tradition Bepis zu pflegen. Bepi, seinerzeit der »Patriarch der Brennerei«, wäre zweifellos sehr zufrieden. In Italien ist es für junge Leute Ehrensache, im Familienbetrieb mitzuarbeiten – viele studieren wie Lisa Tosolini im Ausland und kehren anschließend zurück, um dem Unternehmen neue Impulse zu geben. Und eine Familie darf sich mit Recht etwas darauf zugutehalten, wenn sie seit mehreren Generationen ein florierendes Geschäft betreibt.

Lisa nimmt uns mit auf eine Führung durch die Destillerie. Lebhaft und wortgewandt erklärt sie den gesamten Prozess. Anders als viele große Betriebe, wo alles computergesteuert abläuft, setzt man hier auf eine Brennblase, die noch aus Bepis Zeit stammt. Wir erfahren, dass die Tosolinis ihre Traubenschalen von Winzern in der Umgebung beziehen, um beste Qualität zu gewährleisten. Die Schalen werden in die Kupferbottiche gefüllt, fermentiert und dann erhitzt, bis die alkoholischen Dämpfe aufsteigen.

Jetzt ist die Gelegenheit für mich, die Frage nach »Kopf«, »Herz« und »Schwanz« des Grappas zu stellen … Und Lisa kann das Rätsel lösen: Das Destillat besteht aus drei Teilen, erläutert sie – dem »Vorlauf« oder ersten Teil, der aus der Brennblase fließt, dem »Herz«, dem besten Teil, reich an Äthylalkohol und aromatischen Substanzen, und schließlich dem »Nachlauf«. Nur das Herz wird zur Erzeugung von Grappa benutzt, nicht der Vor- oder Nachlauf. Das Geschick des Brenners zeigt sich darin, wie präzise er feststellt, wo der Vorlauf endet und das Herz anfängt und wo das Herz endet und der Nachlauf beginnt.

Durch die Zugabe von Wasser wird der Alkoholgehalt des Destillats reduziert. Grappa muss mindestens 38 Prozent haben; davon abgesehen darf jeder Erzeuger entscheiden, wie viel Wasser er dem Destillat zusetzt. Danach wird der Grappa gekühlt, um Unreinheiten auszufällen, und schließlich zum Ausbau in großen Holzfässern gelagert.

Nach der Besichtigung arrangiert Lisa eine Grappaverkostung für uns. Man kann tatsächlich Unterschiede zwischen verschiedenen Bränden feststellen – manche haben deutliche florale Nuancen, während andere fruchtig schmecken, wieder andere Holztöne aufweisen und einige eine würzige Note zeigen. Am Geschmack des Grappas lässt sich auch ablesen, in welchem Holz er ausgebaut wurde. Bepi hat als Erster Fässer aus Eschenholz statt der traditionellen Eiche verwendet. In Eschenholz gereifter Grappa zeigt Untertöne von Honig und Mandeln, während in Eiche ausgebauter Grappa dunkler ist und Vanillenoten aufweist.

Die Brennerei stellt auch andere Spirituosen her, darunter ein sehr exklusives Produkt namens *aquavite da mosto d'uve*, ein Destillat auf der Basis von Traubensaft statt Traubenschalen. Zart und duftig schmeckt das Ergebnis, deutlich weicher als Grappa.

Grappa ist ein vielseitiges Produkt, das ich sehr gern verwende. Traditionell als Digestif (*digestivo*) serviert, dient er aber auch zum Konservieren von Früchten, etwa Kirschen, zum Abschmecken von Saucen oder zum Flambieren. Unbestritten ist Grappa längst nicht mehr der arme Verwandte des Weins, sondern ein raffiniertes, qualitativ hochwertiges Produkt, und die Brenner halten sich darauf mindestens ebenso viel zugute wie die Winzer auf ihre Weine.

Grappa galt traditionell als Schnaps des armen Mannes. Wie sich die Zeiten geändert haben!

GRAPPA ARTIGIANA

CONEGLIANO - VENETO
I feel molto Felice!
Guy 2011
Rossi

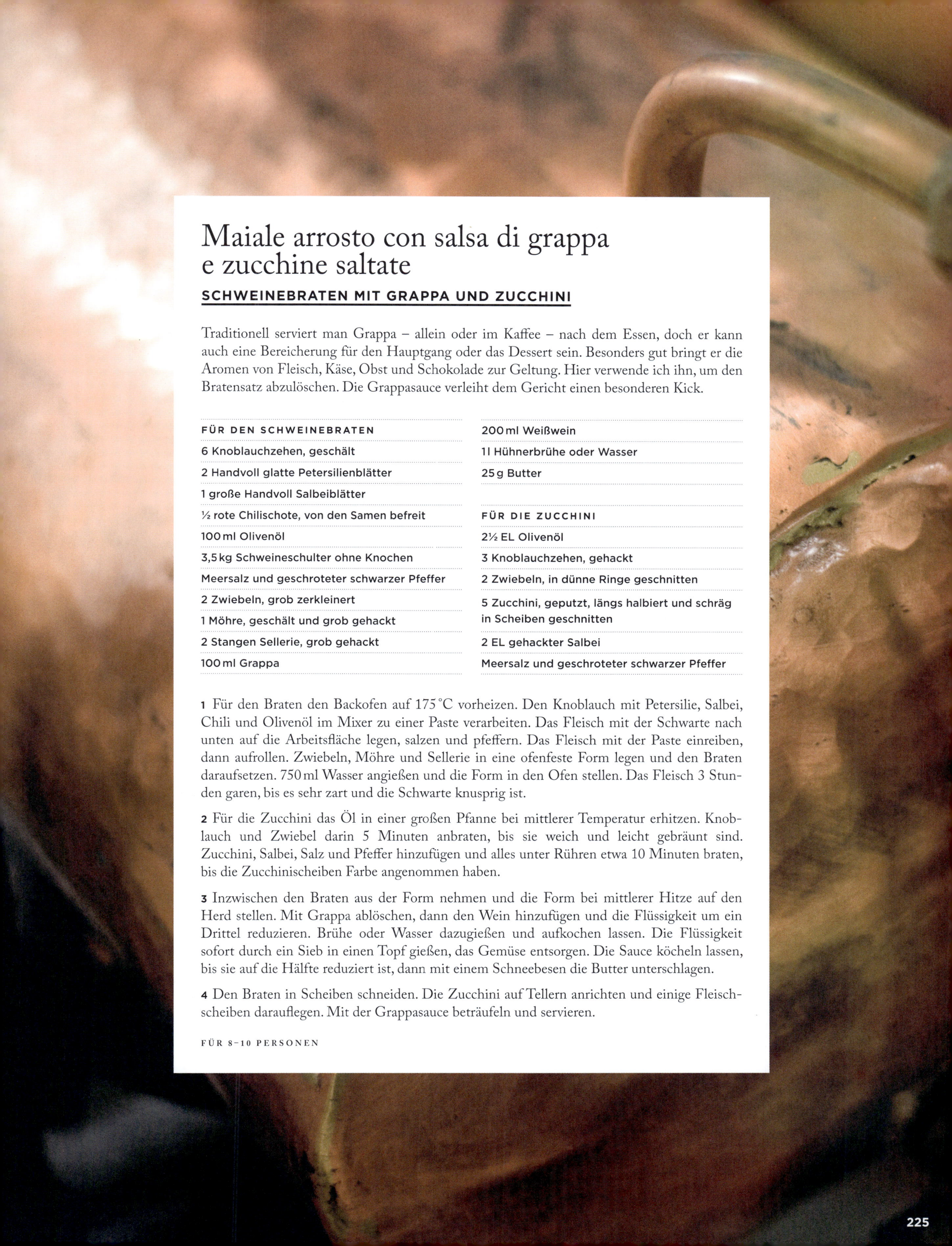

Maiale arrosto con salsa di grappa e zucchine saltate

SCHWEINEBRATEN MIT GRAPPA UND ZUCCHINI

Traditionell serviert man Grappa – allein oder im Kaffee – nach dem Essen, doch er kann auch eine Bereicherung für den Hauptgang oder das Dessert sein. Besonders gut bringt er die Aromen von Fleisch, Käse, Obst und Schokolade zur Geltung. Hier verwende ich ihn, um den Bratensatz abzulöschen. Die Grappasauce verleiht dem Gericht einen besonderen Kick.

FÜR DEN SCHWEINEBRATEN

- 6 Knoblauchzehen, geschält
- 2 Handvoll glatte Petersilienblätter
- 1 große Handvoll Salbeiblätter
- ½ rote Chilischote, von den Samen befreit
- 100 ml Olivenöl
- 3,5 kg Schweineschulter ohne Knochen
- Meersalz und geschroteter schwarzer Pfeffer
- 2 Zwiebeln, grob zerkleinert
- 1 Möhre, geschält und grob gehackt
- 2 Stangen Sellerie, grob gehackt
- 100 ml Grappa
- 200 ml Weißwein
- 1 l Hühnerbrühe oder Wasser
- 25 g Butter

FÜR DIE ZUCCHINI

- 2½ EL Olivenöl
- 3 Knoblauchzehen, gehackt
- 2 Zwiebeln, in dünne Ringe geschnitten
- 5 Zucchini, geputzt, längs halbiert und schräg in Scheiben geschnitten
- 2 EL gehackter Salbei
- Meersalz und geschroteter schwarzer Pfeffer

1 Für den Braten den Backofen auf 175 °C vorheizen. Den Knoblauch mit Petersilie, Salbei, Chili und Olivenöl im Mixer zu einer Paste verarbeiten. Das Fleisch mit der Schwarte nach unten auf die Arbeitsfläche legen, salzen und pfeffern. Das Fleisch mit der Paste einreiben, dann aufrollen. Zwiebeln, Möhre und Sellerie in eine ofenfeste Form legen und den Braten daraufsetzen. 750 ml Wasser angießen und die Form in den Ofen stellen. Das Fleisch 3 Stunden garen, bis es sehr zart und die Schwarte knusprig ist.

2 Für die Zucchini das Öl in einer großen Pfanne bei mittlerer Temperatur erhitzen. Knoblauch und Zwiebel darin 5 Minuten anbraten, bis sie weich und leicht gebräunt sind. Zucchini, Salbei, Salz und Pfeffer hinzufügen und alles unter Rühren etwa 10 Minuten braten, bis die Zucchinischeiben Farbe angenommen haben.

3 Inzwischen den Braten aus der Form nehmen und die Form bei mittlerer Hitze auf den Herd stellen. Mit Grappa ablöschen, dann den Wein hinzufügen und die Flüssigkeit um ein Drittel reduzieren. Brühe oder Wasser dazugießen und aufkochen lassen. Die Flüssigkeit sofort durch ein Sieb in einen Topf gießen, das Gemüse entsorgen. Die Sauce köcheln lassen, bis sie auf die Hälfte reduziert ist, dann mit einem Schneebesen die Butter unterschlagen.

4 Den Braten in Scheiben schneiden. Die Zucchini auf Tellern anrichten und einige Fleischscheiben darauflegen. Mit der Grappasauce beträufeln und servieren.

FÜR 8–10 PERSONEN

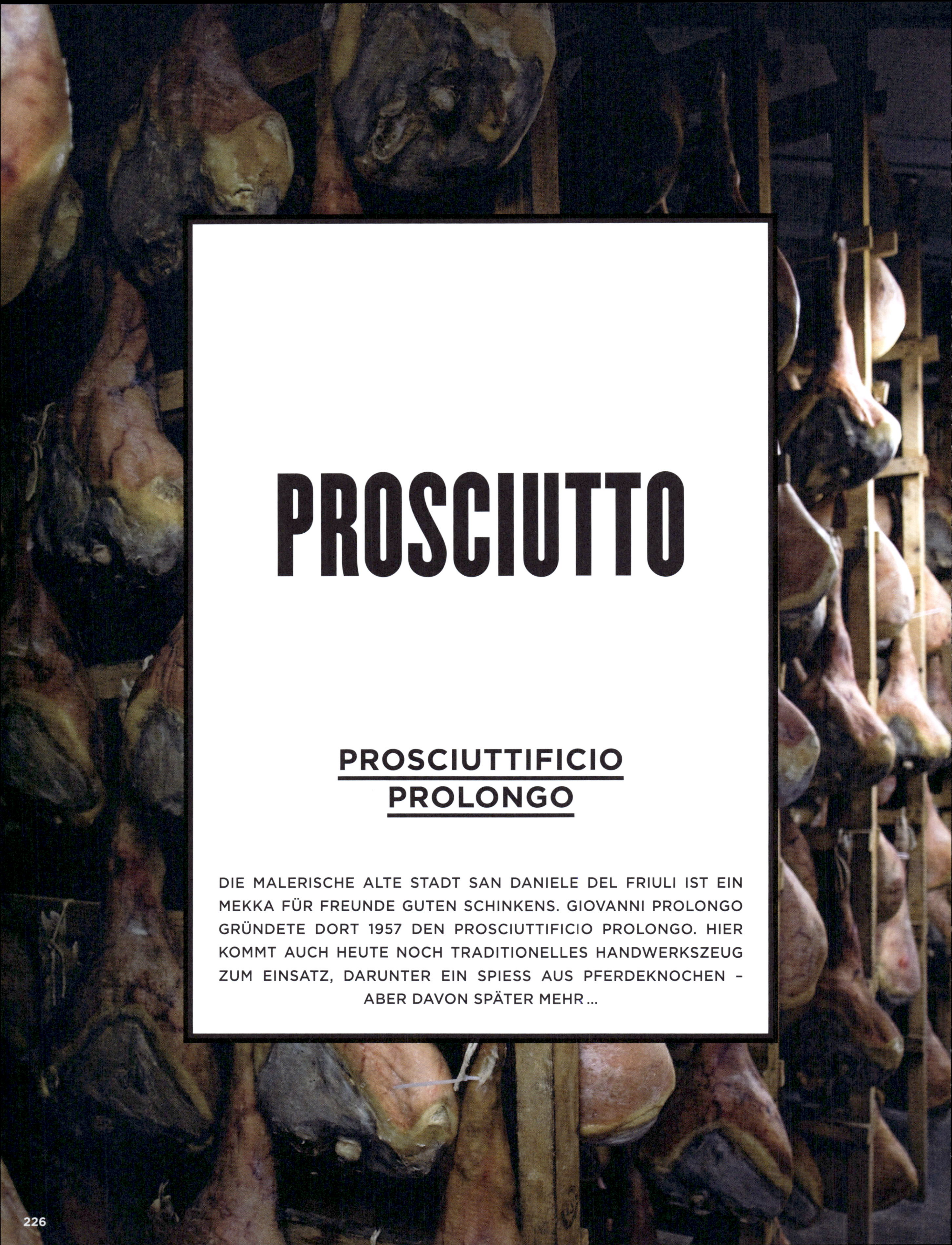

PROSCIUTTO

PROSCIUTTIFICIO PROLONGO

DIE MALERISCHE ALTE STADT SAN DANIELE DEL FRIULI IST EIN MEKKA FÜR FREUNDE GUTEN SCHINKENS. GIOVANNI PROLONGO GRÜNDETE DORT 1957 DEN PROSCIUTTIFICIO PROLONGO. HIER KOMMT AUCH HEUTE NOCH TRADITIONELLES HANDWERKSZEUG ZUM EINSATZ, DARUNTER EIN SPIESS AUS PFERDEKNOCHEN – ABER DAVON SPÄTER MEHR…

San Daniele del Friuli produziert mit den besten – und teuersten – Schinken Italiens. Prosciuttificio Prolongo gehört zu den ersten Firmen in der Stadt, die sich ausschließlich der Herstellung von Schinken widmeten. Der relativ kleine Betrieb verarbeitet pro Jahr rund 7000 Schweinekeulen. Echter Prolongo-Prosciutto weist die Qualitätsbezeichnung DOP (*denominazione di origine protteta*) auf, eine Garantie dafür, dass der Schinken drei Kriterien erfüllt: Die Schweine wurden in einer der spezifizierten Regionen in Norditalien geboren, aufgezogen und geschlachtet, bei der Herstellung kamen nur traditionelle Produktionsmethoden zur Anwendung (Konservierungsmittel und andere Zusatzstoffe sind verboten), und der Prosciutto reifte in San Daniele del Friuli, wo die frische Luft der Alpen auf die warmen Winde der Adria trifft und ein einzigartiges Mikroklima erzeugt.

Prosciuttificio Prolongo wird inzwischen von Lucio Prolongo, dem Sohn des Gründers, und Lucios Sohn Alessio betrieben. Alessio wirkt eher zurückhaltend, aber seine Augen leuchten auf, wenn er über sein Produkt spricht, und natürlich kennt er den Herstellungsprozess bis ins kleinste Detail. Zu Beginn erfahren wir, wie die Schweine ernährt werden. Sie erhalten eine eiweißreiche Kost, die für »gutes« Fett sorgt – also weißes, nicht durchsichtiges Fett. Jedes Schwein trägt eine Tätowierung, der Herkunft, Schlachtbetrieb und sogar der Schlachter zu entnehmen sind. Alessio stempelt alle Keulen, sobald sie bei ihm eintreffen. Jede muss zwischen 12 und 17 Kilo wiegen.

Als erstes werden die Keulen von Hand mit Salz eingerieben. Sie verbringen pro Kilo Gewicht einen Tag im Kühlraum. Nach dem Abwischen des Salzes presst man das Fleisch zwischen Holzbrettern, was dem Schinken seine charakteristische Form verleiht. Die Keulen verbringen weitere drei bis vier Tage im Kühlraum, bevor man sie für rund drei Monate an einem kühlen Ort ruhen lässt. Hier beginnt das Fleisch zu trocknen.

Danach werden die Schinken vom überflüssigen Fett befreit, gewaschen und abgebürstet, bevor die eigentliche Lufttrocknung beginnt. Das geschieht in einem großen, alten Gebäude mit vielen Fenstern, gut belüftet durch die Morgenbrise von den Alpen und die Abendbrise von der Adria. Im Trockenraum hängen bis zu 4000 Prosciutti – ein atemberaubender Duft herrscht hier!

Nach vier bis fünf Monaten werden die Keulen von Hand mit einer Mischung aus Schmalz, Salz, Pfeffer und Mehl eingerieben, *sugna* genannt, um das Fleisch zu versiegeln und zu würzen. Der Pfeffer schützt den Schinken auch vor Schädlingen. Die Keulen verbringen insgesamt etwa neun Monate im Trockenraum, dann siedeln sie in ein Untergeschoss über, das weniger luftig und kälter ist. Nach einem Monat reibt man sie erneut mit *sugna* ein und lässt sie mindestens weitere vier Monate trocknen. Prosciutti von Prolongo trocknen mindestens 14 Monate.

Während der Lufttrocknung kontrolliert Alessio die Schinken regelmäßig auf traditionelle Weise, indem er sie mit einem Spieß aus Pferdeknochen an fünf verschiedenen Stellen einsticht und dann den Geruch und die Konsistenz prüft. Bevor er das Haus verlässt, wird jeder einzelne Prosciutto mehreren Tests unterzogen, um sicherzustellen, dass er die strengen DOP-Bestimmungen erfüllt. Nur dann erhält er den Stempel und eine Prüfungsnummer.

Alessio bedeutet eine Schinkenkeule so viel wie einem Maler seine Leinwand.

rosciuttific
Prolongo

Finzano

Prosciutto con carta di musica e fontina

LUFTGETROCKNETER SCHINKEN UND FONTINA AUF FLADENBROT

Die Idee zu diesen Häppchen kam mir bei einem Essen im The Bazaar, dem großartigen Restaurant von José Andrés in Los Angeles. Die kleinen Brot-»Kissen« erinnern an das sardische Fladenbrot *carta di musica*. Sie sind eine tolle Unterlage für den Schinken und bieten einen knusprigen Kontrast zum cremigen Fontina. Mit dem Teig müssen Sie am Vortag beginnen.

- 125 g Sahne
- 200 g Fontina, gerieben
- 250 g luftgetrockneter Schinken in dünnen Scheiben
- glatte Petersilie zum Garnieren

FÜR DAS BROT

- 6 g frische Hefe (oder ½ TL Trockenhefe)
- ½ TL Zucker
- 235 g Mehl
- ½ TL Salz
- 25 g Butter, zerlassen

1 Für das Brot Hefe und Zucker in einer Schüssel in 100 ml lauwarmem Wasser auflösen. 5 Minuten ruhen lassen. Mehl Salz und Butter untermengen. Dann den Teig kneten: mit dem Handballen nach außen schieben, zur Mitte zurückschlagen und eine Kugel formen. Auf diese Weise den Teig 10 Minuten kneten, anschließend in eine Schüssel geben, mit einem Geschirrtuch bedecken und an einem warmen Platz 25 Minuten ruhen lassen. Über Nacht kalt stellen.

2 Am nächsten Tag den Teig an einem warmen Platz 1 Stunde gehen lassen.

3 Den Backofen auf 230 °C vorheizen und ein Backblech mit Backpapier auslegen. Den Teig etwa 2 mm dick ausrollen. In 3–4 cm große Quadrate schneiden und diese auf dem Blech verteilen. 6 Minuten backen, bis sie aufgebläht und goldbraun sind. Auf ein Gitter legen und auf Raumtemperatur abkühlen lassen.

4 Inzwischen die Sahne in einem Topf zum Kochen bringen. Den Käse darin unter Rühren schmelzen lassen. Die Sauce mit dem Pürierstab aufmixen. Abkühlen lassen.

5 Die Käsesauce in einen kleinen Spritzbeutel mit Tülle füllen. In jedes Brot ein kleines Loch stechen und Sauce hineinspritzen.

6 Auf jedes Brot eine kleine Schinkenscheibe legen und damit das Loch verdecken. Mit Petersilie garnieren.

ERGIBT ETWA 50 STÜCK

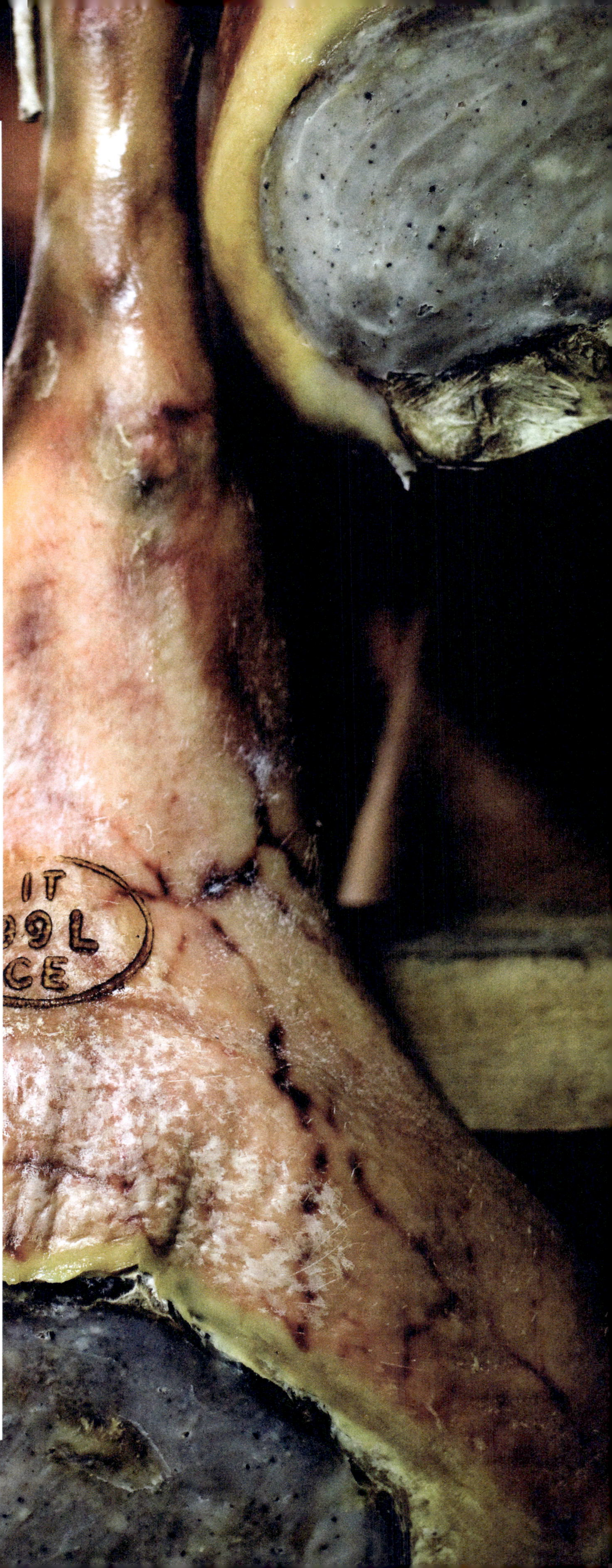

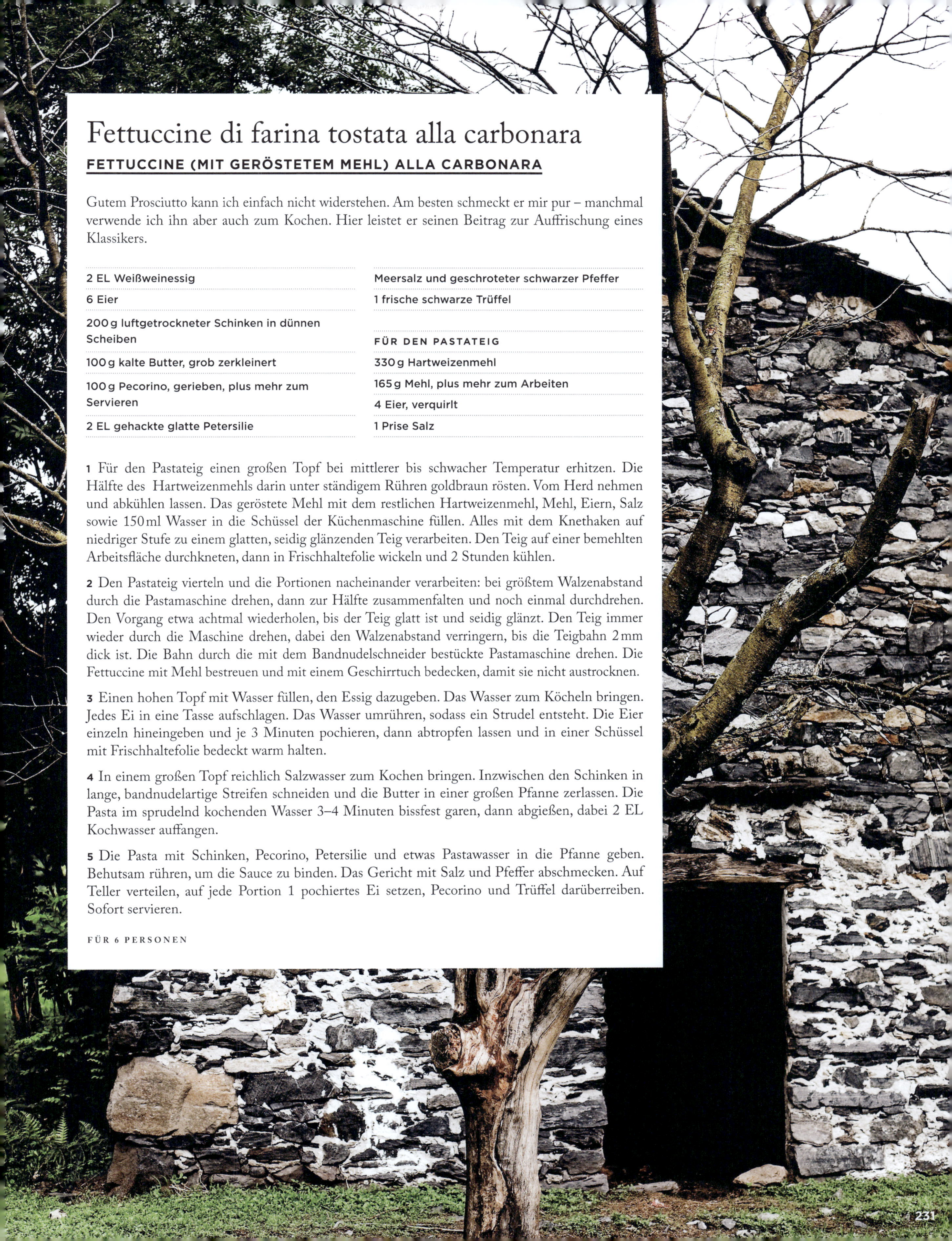

Fettuccine di farina tostata alla carbonara

FETTUCCINE (MIT GERÖSTETEM MEHL) ALLA CARBONARA

Gutem Prosciutto kann ich einfach nicht widerstehen. Am besten schmeckt er mir pur – manchmal verwende ich ihn aber auch zum Kochen. Hier leistet er seinen Beitrag zur Auffrischung eines Klassikers.

- 2 EL Weißweinessig
- 6 Eier
- 200 g luftgetrockneter Schinken in dünnen Scheiben
- 100 g kalte Butter, grob zerkleinert
- 100 g Pecorino, gerieben, plus mehr zum Servieren
- 2 EL gehackte glatte Petersilie
- Meersalz und geschroteter schwarzer Pfeffer
- 1 frische schwarze Trüffel

FÜR DEN PASTATEIG

- 330 g Hartweizenmehl
- 165 g Mehl, plus mehr zum Arbeiten
- 4 Eier, verquirlt
- 1 Prise Salz

1 Für den Pastateig einen großen Topf bei mittlerer bis schwacher Temperatur erhitzen. Die Hälfte des Hartweizenmehls darin unter ständigem Rühren goldbraun rösten. Vom Herd nehmen und abkühlen lassen. Das geröstete Mehl mit dem restlichen Hartweizenmehl, Mehl, Eiern, Salz sowie 150 ml Wasser in die Schüssel der Küchenmaschine füllen. Alles mit dem Knethaken auf niedriger Stufe zu einem glatten, seidig glänzenden Teig verarbeiten. Den Teig auf einer bemehlten Arbeitsfläche durchkneten, dann in Frischhaltefolie wickeln und 2 Stunden kühlen.

2 Den Pastateig vierteln und die Portionen nacheinander verarbeiten: bei größtem Walzenabstand durch die Pastamaschine drehen, dann zur Hälfte zusammenfalten und noch einmal durchdrehen. Den Vorgang etwa achtmal wiederholen, bis der Teig glatt ist und seidig glänzt. Den Teig immer wieder durch die Maschine drehen, dabei den Walzenabstand verringern, bis die Teigbahn 2 mm dick ist. Die Bahn durch die mit dem Bandnudelschneider bestückte Pastamaschine drehen. Die Fettuccine mit Mehl bestreuen und mit einem Geschirrtuch bedecken, damit sie nicht austrocknen.

3 Einen hohen Topf mit Wasser füllen, den Essig dazugeben. Das Wasser zum Köcheln bringen. Jedes Ei in eine Tasse aufschlagen. Das Wasser umrühren, sodass ein Strudel entsteht. Die Eier einzeln hineingeben und je 3 Minuten pochieren, dann abtropfen lassen und in einer Schüssel mit Frischhaltefolie bedeckt warm halten.

4 In einem großen Topf reichlich Salzwasser zum Kochen bringen. Inzwischen den Schinken in lange, bandnudelartige Streifen schneiden und die Butter in einer großen Pfanne zerlassen. Die Pasta im sprudelnd kochenden Wasser 3–4 Minuten bissfest garen, dann abgießen, dabei 2 EL Kochwasser auffangen.

5 Die Pasta mit Schinken, Pecorino, Petersilie und etwas Pastawasser in die Pfanne geben. Behutsam rühren, um die Sauce zu binden. Das Gericht mit Salz und Pfeffer abschmecken. Auf Teller verteilen, auf jede Portion 1 pochiertes Ei setzen, Pecorino und Trüffel darüberreiben. Sofort servieren.

FÜR 6 PERSONEN

Quaglia affumicata con fregola, prosciutto e pinoli

GERÄUCHERTE WACHTEL MIT FREGOLA, SCHINKEN UND PINIENKERNEN

Mit der Zubereitung müssen Sie am Vortag beginnen. Nach dem Pökeln und Räuchern werden die Wachteln in einem köchelnden Sud gegart. So bleiben sie saftig, und man kann sie braten, ohne dass sie austrocknen.

- 6 küchenfertige große Wachteln
- 60 g Pinienkerne
- 1 EL natives Olivenöl extra
- 1 Handvoll Piniennadeln oder 2 EL Räuchermehl
- 1 l Hühnerbrühe
- 1½ EL Olivenöl
- Meersalz
- 6 Scheiben luftgetrockneter Schinken
- Shiso-Kresse zum Garnieren (nach Belieben)

FÜR DIE PÖKELLAKE

- 225 g Salz
- 110 g Zucker
- 6 Lorbeerblätter
- 6 Knoblauchzehen, zerdrückt
- 1 EL schwarze Pfefferkörner
- 3 Zweige Rosmarin
- ½ Bund Thymian
- ½ Bund glatte Petersilie
- 1 Bio-Zitrone, halbiert

FÜR DEN AGRESTO

- 150 g Mandelkerne
- 150 g Walnusskerne
- 125 ml Verjus
- 125 ml Olivenöl
- 1 Knoblauchzehe, geschält
- Blätter von ½ Bund glatter Petersilie
- Blätter von ½ Bund Basilikum
- Meersalz und geschroteter schwarzer Pfeffer

FÜR DIE FREGOLA

- 1 EL Olivenöl
- 1 Knoblauchzehen, gehackt
- 1 Zwiebel, fein gewürfelt
- 1 Stange Sellerie, fein gewürfelt
- 300 g Fregola (kugelige sardische Pasta)
- 1 mehligkochende Kartoffel, fein gewürfelt
- 1 Lorbeerblatt
- Meersalz
- 1 l Hühnerbrühe

1 Die Zutaten für die Lake in einen Topf geben, in dem später auch noch die Wachteln Platz haben. 4 l kaltes Wasser dazugießen. Aufkochen, dann 5 Minuten köcheln lassen. Den Topf vom Herd nehmen und die Lake abkühlen lassen. Die Wachteln in die Lake geben. Zudecken und 24 Stunden kalt stellen.

2 Am nächsten Tag den Backofen auf 180 °C vorheizen. Für den Agresto Mandeln und Walnüsse auf einem Backblech verteilen. Im heißen Ofen in 10 Minuten goldbraun rösten, dann abkühlen lassen. Mit den restlichen Zutaten im Mixer pürieren. Zugedeckt kalt stellen. Die Pinienkerne im Backofen 4 Minuten rösten. In einer Schüssel mit nativem Olivenöl verrühren.

3 Die Wachteln aus der Lake nehmen und mit Küchenpapier trocken tupfen. Den Wok (oder einen Bräter) so mit Alufolie auskleiden, dass sie 4 cm über den Rand hängt. Piniennadeln oder Räuchermehl auf den Boden des Woks streuen. Ein geöltes Gitter darübersetzen und die Wachteln darauflegen. Den Wok mit einem Deckel verschließen. Die überhängende Folie am Deckelrand festdrücken, um den Behälter zu versiegeln. Die Wachteln auf dem Herd bei starker Hitze 8 Minuten räuchern, dann im geschlossenen Wok 15 Minuten ruhen lassen.

4 Die geräucherten Wachteln in einen großen Topf geben und mit der Hühnerbrühe bedecken. Die Brühe bei schwacher bis mittlerer Hitze zum Köcheln bringen. Das Geflügel 20 Minuten garen, dann aus der Brühe nehmen und mit Küchenpapier trocken tupfen. Keulen und Brüste abtrennen.

5 Inzwischen für die Fregola das Olivenöl in einem Topf bei mittlerer Temperatur erhitzen. Knoblauch, Zwiebel und Sellerie darin unter Rühren einige Minuten anschwitzen. Fregola, Kartoffel, Lorbeerblatt und Salz hinzufügen. Die Hühnerbrühe angießen. Bei schwacher Hitze etwa 15 Minuten köcheln lassen, bis die Pasta die Flüssigkeit aufgenommen hat, ab und zu umrühren.

6 Eine große Pfanne bei hoher Temperatur erhitzen. Das Olivenöl hineingeben. Die Wachtelteile darin mit der Hautseite nach unten kräftig anbraten, salzen. Auf jeden Teller mittig etwas Fregola geben und zwei Keulen und zwei Bruststücke darauf anrichten. Darauf Schinken drapieren und mit dem Pinienkern-Öl beträufeln. Daneben noch jeweils einen Löffel Agresto setzen und nach Belieben mit Shiso-Kresse garnieren. Servieren.

FÜR 6 PERSONEN

Cialzons

RAVIOLI MIT KARTOFFELN, SULTANINEN UND PETERSILIE

Nach dem Besuch bei der Familie Prolongo hatten wir Gelegenheit, den kulinarisch bedeutsamen Ort San Daniele del Friuli zu besichtigen. Auf der Suche nach einem Restaurant stießen wir auf die Osteria di Tancredi. Natürlich bestellten wir als Vorspeise den berühmten Schinken! Als Hauptgang wählte ich *cialzons* (Ravioli, gefüllt mit Kartoffeln, Sultaninen und Petersilie), eine regionale Spezialität. Sie waren grandios! Hier ist meine Version dieses Gerichts.

- 100 ml Olivenöl
- 4 Knoblauchzehen, zerdrückt
- 2 Zwiebeln, fein gewürfelt
- 600 g Kartoffeln, geschält und in 5 mm große Würfel geschnitten
- Meersalz und geschroteter schwarzer Pfeffer
- 100 g Sultaninen
- 3 EL gehackte glatte Petersilie
- 2 EL Zucker
- 300 ml Weißwein
- abgeriebene Schale von 1 Bio-Zitrone
- 100 g Butter
- 3 EL gehackter Salbei
- 75 g Parmesan, gerieben

FÜR DEN PASTATEIG

- 500 g Hartweizenmehl oder Weizenmehl Tipo 00, plus Mehl zum Arbeiten
- 1 Prise Salz
- 2 Eier
- 12 Eigelb

1 Das Öl in einem Topf mit schwerem Boden bei mittlerer Temperatur erhitzen. Knoblauch und Zwiebeln darin einige Minuten anschwitzen. Kartoffeln, Salz und Pfeffer dazugeben und alles unter Rühren 10–15 Minuten garen, bis die Kartoffelwürfel weich sind und zerfallen. Sultaninen, Petersilie und Zucker unterrühren, dann mit dem Wein ablöschen. 15 Minuten köcheln lassen, bis die Flüssigkeit verdampft ist. Vom Herd nehmen. Die Zitronenschale dazugeben und das Ganze abkühlen lassen.

2 Die Zutaten für den Pastateig in die Schüssel der Küchenmaschine füllen und mit dem Knethaken auf niedriger Stufe zu einem glatten Teig verarbeiten. Den Teig in Frischhaltefolie wickeln und 2 Stunden kühlen.

3 Den Pastateig vierteln und die Portionen nacheinander verarbeiten: bei größtem Walzenabstand durch die Pastamaschine drehen, dann zur Hälfte zusammenfalten und noch einmal durchdrehen. Den Vorgang einige Male wiederholen, bis der Teig glatt ist und seidig glänzt. Den Teig immer wieder durch die Maschine drehen, dabei den Walzenabstand verringern, bis die Teigbahn 2 mm dick ist.

4 Die Teigbahnen auf eine dünn bemehlte Arbeitsfläche legen und Kreise (7 cm Ø) ausstechen. Bis zur Verwendung mit einem Geschirrtuch bedecken, damit sie nicht austrocknen. Auf jeden Kreis mittig 1 TL Füllung setzen. Den Teigrand mit der Fingerspitze mit etwas Wasser befeuchten. Den Kreis zur Hälfte zusammenklappen und die Ränder fest andrücken. Auf ein bemehltes Tablett legen und mit einem Geschirrtuch bedecken.

5 In einem großen Topf reichlich gesalzenes Wasser zum Kochen bringen. Die Cialzons hineingeben. Umrühren, damit sie nicht zusammenkleben, dann 4–5 Minuten bissfest garen.

6 Inzwischen eine große Bratpfanne bei mittlerer Hitze heiß werden lassen. Die Butter mit dem Salbei hineingeben und 3–5 Minuten anbräunen, dabei die Pfanne ununterbrochen schwenken.

7 Die Pasta abgießen, dann unter die Salbeibutter mischen. Abschmecken und mit Parmesan servieren.

FÜR 4 PERSONEN

EMILIA-R

PARMIGIANO REGGIANO & GRANA PADANO
CULATELLO DI ZIBELLO
ACETO BALSAMICO DI MODENA
COZZE & VONGOLE

OMAGNA

In der Emilia-Romagna schlägt das »gastronomische Herz« Italiens. Die Spezialitäten dieser bezaubernden Region sind weit über die Landesgrenzen hinaus bekannt: Wer könnte sich die italienische Küche ohne Balsamessig oder Parmesan vorstellen? *È impossibile!* Und genauso verhält es sich mit den Tortellini, die ebenfalls hier zu Hause sind.

PARMIGIANO REGGIANO & GRANA PADANO

BONI

DIE FAMILIE BONI STELLT SEIT MEHR ALS 100 JAHREN PARMESAN HER. VOR 50 JAHREN LAG DIE PRODUKTIONSMENGE BEI DREI KÄSELAIBEN PRO TAG – HEUTE ZÄHLT BONI ZU DEN GRÖSSTEN PARMESANPRODUZENTEN DER REGION UND BRINGT ES AUF BIS ZU 150 KÄSE TÄGLICH.

Parmesan ist fraglos Italiens berühmtester Käse. Die Familie Boni stieg 1912 in die Produktion ein, als Mario Boni das Geschäft gründete. Sein Sohn Oddone übernahm es in den 1950er Jahren, heute führt es sein Enkel Renato. Derzeit liefert Boni jährlich 11 Millionen Kilo Käse in alle Welt.

Bei unserer Ankunft in der Käserei in Torrile, am Stadtrand von Parma, begrüßt uns Venerio Ferrari, Exportleiter der Firma Boni, der uns führen will. Anders als die kleinen Produzenten, die wir bisher besucht haben, ist Boni ein großes kommerzielles Unternehmen – eine Fabrik, die nie stillsteht. Milch trifft zu jeder Tages- und Nachtzeit ein, und obwohl heute ein Feiertag ist und das Büro geschlossen bleibt, läuft die Produktion weiter.

Was sofort ins Auge fällt, ist der Kontrast zwischen der modernen Fabrikationsanlage, ausgestattet mit neuesten Maschinen, und den traditionellen Produktionsmethoden, auf die man nach wie vor vertraut. Obwohl das gesamte Verfahren im Lauf der Zeit schrittweise modernisiert wurde, hat sich am Grundprinzip seit 100 Jahren nichts geändert. Und direkt neben den allerneuesten Maschinen sehe ich traditionelle Kupferkessel, in denen die Milch siedet.

70 Angestellte produzieren bei Boni den Käse von Hand, sie verwenden dazu nur Milch, Salz und Lab und sind sichtlich zufrieden mit ihrer Arbeit. Venerio erklärt, dass 1100 Liter Milch benötigt werden, um zwei Käse zu produzieren. Eine Mischung aus Vollmilch und entrahmter Milch wird über Nacht im Kupferkessel erhitzt. Am nächsten Tag kann man das Fett von der Oberfläche abschöpfen und fügt Salz und Lab hinzu. Nach dem zweiten Erhitzen setzen sich die Feststoffe (Kasein) von der Flüssigkeit (Molke) ab. Das Käsegranulat wird in großen Tüchern aus den Kesseln herausgehoben und muss 15 Minuten abtropfen, bevor es waagerecht halbiert wird. Jeder Laib findet dann in einer Plastikform Platz, wo er einige Tage lang mit einem Gewicht beschwert ausharrt, um Feuchtigkeit zu verlieren. Es folgt ein Bad in Salzlake, wo der Käse 20 Tage lang Salz aus dem Wasser absorbiert. Jeder Hersteller hat seine eigene charakteristische Lake, die dem Käse seinen Geschmack verleiht.

Die nächsten acht oder neun Monate verbringen die Parmesanlaibe auf Holzregalen in einem Lagerraum. Einmal pro Woche werden sie gesäubert und gewendet. Besteht der Käse nach einem Jahr die Prüfung des Consorzio del Formaggio Parmigiano-Reggiano, erhält er zwei Siegel. Das erste bezeugt seine Herkunft, das zweite bestätigt, dass er die erforderliche Qualität hat. Um zu prüfen, ob sich im Käse Hohlräume gebildet haben, klopfen Experten ihn mit einem Hammer ab – ein altmodisches, aber sehr zuverlässiges Verfahren. Der Käse reift zwischen 18 Monaten und zwei Jahren. Es gibt zwei Arten von Parmesan: Parmigiano Reggiano und Grana Padano. Der Hauptunterschied besteht in der Qualität der Milch und der etwas längeren Reifezeit für den Parmigiano, der härter ist und intensiver schmeckt. Als wir die Käserei verlassen, habe ich das Bedürfnis, möglichst bald auf ein paar klassische Rezepte zurückzukommen, die ohne dieses typisch italienische Produkt undenkbar wären.

Der Käse entsteht in Handarbeit – ausschließlich aus Milch, Salz und Lab.

BONI

10
LUG
ITALIA
08579
CE

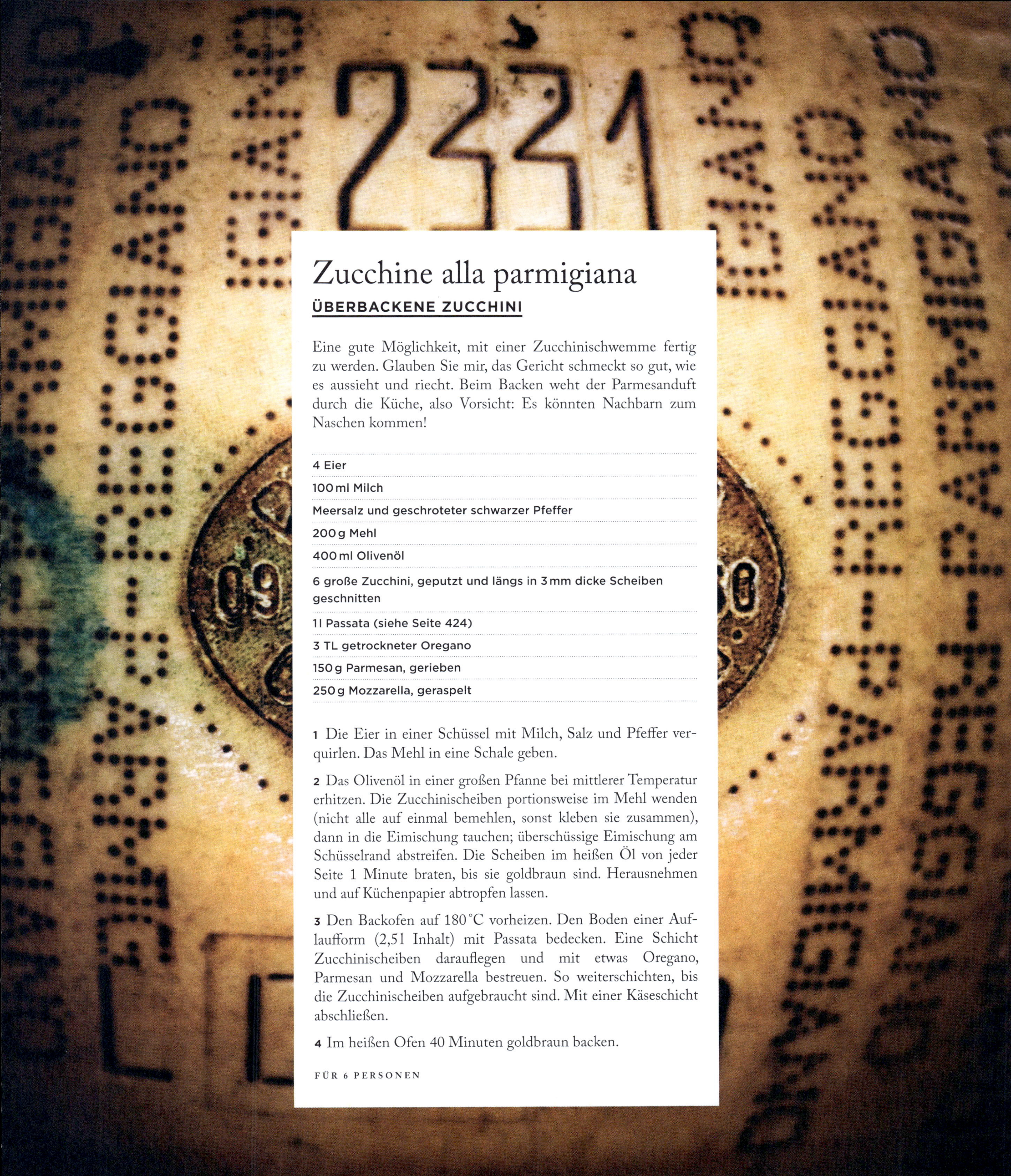

Zucchine alla parmigiana

ÜBERBACKENE ZUCCHINI

Eine gute Möglichkeit, mit einer Zucchinischwemme fertig zu werden. Glauben Sie mir, das Gericht schmeckt so gut, wie es aussieht und riecht. Beim Backen weht der Parmesanduft durch die Küche, also Vorsicht: Es könnten Nachbarn zum Naschen kommen!

- 4 Eier
- 100 ml Milch
- Meersalz und geschroteter schwarzer Pfeffer
- 200 g Mehl
- 400 ml Olivenöl
- 6 große Zucchini, geputzt und längs in 3 mm dicke Scheiben geschnitten
- 1 l Passata (siehe Seite 424)
- 3 TL getrockneter Oregano
- 150 g Parmesan, gerieben
- 250 g Mozzarella, geraspelt

1 Die Eier in einer Schüssel mit Milch, Salz und Pfeffer verquirlen. Das Mehl in eine Schale geben.

2 Das Olivenöl in einer großen Pfanne bei mittlerer Temperatur erhitzen. Die Zucchinischeiben portionsweise im Mehl wenden (nicht alle auf einmal bemehlen, sonst kleben sie zusammen), dann in die Eimischung tauchen; überschüssige Eimischung am Schüsselrand abstreifen. Die Scheiben im heißen Öl von jeder Seite 1 Minute braten, bis sie goldbraun sind. Herausnehmen und auf Küchenpapier abtropfen lassen.

3 Den Backofen auf 180 °C vorheizen. Den Boden einer Auflaufform (2,5 l Inhalt) mit Passata bedecken. Eine Schicht Zucchinischeiben darauflegen und mit etwas Oregano, Parmesan und Mozzarella bestreuen. So weiterschichten, bis die Zucchinischeiben aufgebraucht sind. Mit einer Käseschicht abschließen.

4 Im heißen Ofen 40 Minuten goldbraun backen.

FÜR 6 PERSONEN

Risotto venere con code di crostacei

VENERE-REIS MIT BÄRENKREBSSCHWÄNZEN

Der italienische *riso venere*, schwarz wie Ebenholz und von nussigem Geschmack, passt hervorragend zu Meeresfrüchten. Die festen Körner verleihen dem Risotto angenehmen Biss, die Parmesancreme steuert einen schönen Kontrast dazu bei.

- 16 Bärenkrebsschwänze, geschält
- 30 g Maisgrieß (Polenta)
- 125 ml Olivenöl
- Meersalz und geschroteter schwarzer Pfeffer
- 4 Schalotten, fein gehackt
- 350 g Riso Venere (schwarzer Reis)
- 125 ml Weißwein
- 3 l heiße Hühnerbrühe
- 30 g Butter
- 30 g Parmesan, gerieben

FÜR DIE PARMESANCREME

- 300 g Sahne
- 100 g Parmesan, gerieben
- ¾ TL Agar-Agar
- Meersalz

1 Für die Parmesancreme die Sahne in einem Topf bei mittlerer Hitze etwa 10 Minuten auf die Hälfte einkochen lassen. Mit einem Schneebesen Parmesan und Agar-Agar unterrühren. Den Topf vom Herd nehmen. Die Creme mit einem Pürierstab aufmixen, dann mit Salz abschmecken und beiseitestellen.

2 Sechs Krebsschwänze in Maisgrieß wälzen. Die Hälfte des Olivenöls in einer kleinen Pfanne erhitzen und die Krebsschwänze darin von jeder Seite 1–2 Minuten braten. Auf Küchenpapier entfetten, dann salzen.

3 Das restliche Olivenöl in einem großen Topf bei mittlerer Temperatur erhitzen. Die Schalotten darin einige Minuten anschwitzen. Den Reis hinzufügen und einige Minuten unter Rühren braten, dann mit dem Weißwein ablöschen; salzen und pfeffern. Die Flüssigkeit einkochen lassen, dabei ununterbrochen rühren. 250 ml heiße Brühe angießen; rühren, bis der Reis die Flüssigkeit aufgenommen hat. Den Reis weitergaren, dabei immer wieder 250 ml Brühe dazugießen, häufig umrühren und mit der nächsten Zugabe warten, bis die vorherige vom Reis aufgenommen wurde. Nach 30 Minuten die restlichen 10 Krebsschwänze in kleine Stücke schneiden und zum Reis geben. Falls Brühe übrig ist, diese hinzufügen. Den Reis weitere 10 Minuten garen.

4 Butter und Parmesan dazugeben. Den Topf vom Herd nehmen. Den Risotto kräftig durchrühren, damit er cremig wird, dann abschmecken.

5 Den Risotto auf Schalen verteilen und auf jede Portion 1 knusprig gebratenen Bärenkrebsschwanz legen. Etwas Parmesancreme darauflöffeln und den Risotto sofort servieren.

FÜR 6 PERSONEN

CULATELLO DI ZIBELLO

ANTICA CORTE PALLAVICINA

CULATELLO, IN ITALIEN ALS »KÖNIG DER SALUMI« GERÜHMT, IST EIN HOCHGESCHÄTZTES PRODUKT AUS LUFTGETROCKNETEM FLEISCH. SEINE ZUBEREITUNG ERFORDERT HÖCHSTES HANDWERKLICHES KÖNNEN. IN DEN HISTORISCHEN KELLERN DER ANTICA CORTE PALLAVICINA, EINER MITTELALTERLICHEN BURG AM UFER DES PO, REIFEN CULATELLI IHRER VOLLENDUNG ENTGEGEN.

Culatello di Zibello, ein luftgetrockneter Schinken aus dem Städtchen Zibello, gilt in Italien als König der Wurstwaren. Dabei ist sein Name weniger nobel als sein Ruf: Das Wort *culo* bedeutet »Hintern«, und das ist sein Ursprungsort – der Schweinepopo! Um das Ausgangsmaterial für den Culatello zu gewinnen, wird die Schweinekeule von der Schwarte befreit und entbeint – denn nur ein kleiner Teil davon ist es wert, in einen Culatello verwandelt zu werden. Das allein schon erklärt Wertschätzung und Preis des Produkts, ein langwieriger und diffiziler Herstellungsprozess kommt hinzu. Wir wollen die Antica Corte Pallavicina in der Nähe von Parma besuchen, um die beeindruckende Burg und ihre berühmten Keller zu besichtigen, in denen diese Rarität heranreift.

Das Anwesen wurde 1320 von der Familie Marchese erbaut. Von ihrer strategischen Position am Ufer des Po gelang es den Marchese, den Verkehr auf dem Fluss zu kontrollieren und so ihren Reichtum und Einfluss stetig zu mehren. Im 17. Jahrhundert wurde aus der Burg ein Gutshof. Die derzeitigen Besitzer, die Brüder Massimo und Luciano Spigaroli, kauften ihn vor fast 20 Jahren. Inzwischen beherbergt die Anlage ein Luxushotel mit hervorragendem Restaurant.

Giovanni, der auf dem Grundstück arbeitet, zeigt uns den Küchengarten, der das Restaurant mit Obst und Gemüse versorgt, bevor er uns durch die Burg führt. Die ursprüngliche Konstruktion blieb zum großen Teil erhalten, in den Zimmern fallen offene Kamine, alten Fresken und Kronleuchter ins Auge – ein beeindruckendes Ensemble. Aber es kommt noch besser. Der erste Höhepunkt ist das sensationelle Mittagessen, das wir im Restaurant zu uns nehmen – eine der besten Mahlzeiten auf unserer Reise, und ich lege jedem einen Besuch ans Herz, der in der Nähe ist. Der zweite ist die Besichtigung des historischen Kellers, wo die Culatelli reifen.

Als Giovanni uns durch den Keller führt, erklärt er uns, dass Culatello vorwiegend von einer Rasse großer weißer Schweine aus Padana gewonnen wird, die Spigarolis aber auch schwarze Schweine nutzen, die im 17. Jahrhundert aus Spanien eingeführt wurden. Das Fleisch der schwarzen Schweine ist dunkler und fetter und die daraus hergestellten Culatelli müssen länger getrocknet werden. Da jedoch die schwarzen Schweine importiert werden, dürfen die aus ihnen gewonnenen Culatelli nicht das DOP-Siegel (*denominazione di origine protetta*) tragen.

Giovanni erläutert uns dann den aufwendigen traditionellen Produktionsprozess: Nachdem Schwarte und Knochen von der Keule entfernt sind, wird das Fleisch mit einer Mischung aus Salz, Pfeffer, Knoblauch und Rotwein eingerieben. Dann lässt man es zehn Tage ruhen und massiert es täglich, damit das Salz gleichmäßig eindringt. Danach wandert der Culatello in eine Schweinsblase, umwickelt von einer Schnur, wodurch er seine typische Birnenform annimmt. Acht Monate hängt er nun in einem kühlen Raum zur Lufttrocknung. Zum Schluss verbringt der Culatello noch zwölf bis 20 Monate, manchmal auch bis zu 45 Monate, in den Reifekellern. Giovanni zufolge lagert niemand die Culatelli so lange wie die Spigarolis.

Wie viele der Produkte, für die wir uns auf unserer Reise interessieren, wird der Culatello unverkennbar von seiner Umwelt geprägt. Sein Aroma verdankt er dem einmaligen Klima am Ufer des Po, dem Nebel und der damit verbundenen Feuchtigkeit. Im Keller der Spigarolis gibt es ein Fenster, durch das der Nebel vom Fluss eindringen kann. Diese Feuchtigkeit verhindert, dass die Schinken austrocknen und schafft ein Milieu, in dem ein besonderer Schimmel gedeiht. Seine Sporen siedeln sich auf der Schweinsblase an und dringen in das Fleisch ein, verleihen ihm eine zarte Konsistenz und einen kräftigen Geschmack. Einmal im Monat wird der Culatello abgebürstet, um einen Teil des Schimmels zu entfernen. Nach einem Jahr sticht der Prüfer einen spitzen Pferdeknochen hinein, um Aroma und Konsistenz zu testen. Nur ein perfekter Schinken erhält das DOP-Siegel.

Als ich mich im Keller umsehe, fällt mein Blick auf einige Laibe Parmesan. Giovanni erklärt, das sei *chiastre*, auch als *parmigiano di montagna* (Bergparmesan) bekannt. Dieser Hartkäse aus der Milch der einheimischen roten Kühe reift bis zu drei Jahre. Giovanni produziert einen Laib Parmesan pro Tag. Mir fällt auf, dass einige Culatelli mit Namen versehen sind – darunter viele Prominente, etwa Alain Ducasse, Giorgio Armani und Prinz Charles sowie das Drei-Sterne-Restaurant Osteria Francescana.

Culatello ist ein echtes Spitzenprodukt, das die Bezeichnung »König der *salumi*« wahrlich verdient.

DOP

LA FRANCESCANA

Culatello con insalata di erbe e pesca

CULATELLO MIT KRÄUTER-PFIRSICH-SALAT

Seit Jahrzehnten widmen sich die Spigarolis der traditionellen Herstellung von Culatello. Wenn jemand so viel Einsatz für ein solches Produkt zeigt, scheint es angemessen, es so pur wie möglich zu genießen.

- 1 Handvoll glatte Petersilienblätter
- 1 Handvoll Oreganoblätter
- 1 große Handvoll Basilikumblätter
- 2 TL natives Olivenöl extra, plus mehr zum Beträufeln
- Saft von ½ Zitrone
- 3 Pfirsiche, enthäutet und in Spalten geschnitten
- Meersalz und geschroteter schwarzer Pfeffer
- 250 g Culatello in dünnen Scheiben

1 Die Kräuter in einer Schüssel mit dem Olivenöl, dem Zitronensaft und den Pfirsichspalten mischen. Salz und Pfeffer dazugeben und alles behutsam mischen.

2 Die Culatello-Scheiben auf einem Brett anrichten und den Kräuter-Pfirsich-Salat hinzufügen. Zum Abschluss alles mit nativem Olivenöl beträufeln.

FÜR 6 PERSONEN

ACETO BALSAMICO DI MODENA

BALSAMESSIG

ACETO BALSAMICO BELLEI

BALSAMESSIG AUS MODENA ZÄHLT ZU ITALIENS EXPORTSCHLAGERN. DIE FIRMA BELLEI ERNTET FÜR IHREN HERVORRAGENDEN BALSAMICO IMMER WIEDER INTERNATIONALE AUSZEICHNUNGEN. VIELE DER FÄSSER, IN DENEN DER ESSIG HERANREIFT, SIND BEREITS SEIT ENDE DES 19. JAHRHUNDERTS IN GEBRAUCH, ALS DIE FAMILIE MIT DER PRODUKTION BEGANN.

Balsamessig kennt man in der Emilia-Romagna mindestens seit dem Mittelalter. Sein besonderer Geschmack verdankt sich sowohl den ausgezeichneten Trebbiano- und Lambrusco-Trauben als auch den klimatischen Besonderheiten der Region. Das Wort Balsam bedeutet »Wohltat« oder »Labsal«, und der Essig diente tatsächlich zunächst medizinischen Zwecken. Heute zählt er zu den bekanntesten und berühmtesten italienischen Exportartikeln. Insbesondere länger gereifter Balsamico tradizionale wird wegen seiner enormen geschmacklichen Tiefe und Komplexität geschätzt.

Die Familie Bellei, seit dem 17. Jahrhundert in der Landwirtschaft tätig, wandte sich Ende des 19. Jahrhunderts der Herstellung von Balsamico zu. Was als Kleinunternehmen begann, expandierte in dem Maß, wie sich das Renommee der Produkte verbreitete. Heute leitet Luigi Bellei die Firma und kümmert sich um die Produktion, seine Tochter Mariangela kümmert sich um Vertrieb und Marketing. Obwohl die Fabrik relativ klein ist und nur bis zu drei Familienmitglieder dort arbeiten, produziert sie jedes Jahr 1,3 Millionen Liter Balsamico. Mehr als 3000 Holzfässer, manche seit dem 19. Jahrhundert in Gebrauch, lagern hier. Der Schimmel, der sich im Lauf der Jahre in den Fässern gebildet hat, gibt dem Balsamessig der Belleis seinen einzigartigen Geschmack.

Bellei stellt sowohl einfachen Balsamico di Modena als auch den wertvollen Balsamico tradizionale her. Einfacher Balsamessig entsteht aus einer Mischung von Traubenmost (verdicktem Traubensaft) und Weinessig, die mindestens 60 Tage in einem Fass reift. Er wird seinem Alter entsprechend mit verschiedenfarbigen Etiketten versehen und darf seit 2009 das IGP-Siegel (*indicazione geografica tipica*) tragen.

Traditioneller Balsamessig besteht ausschließlich aus Traubenmost und wird viel länger ausgebaut – der beste Aceto Balsamico tradizionale di Modena aus dem Hause Bellei verbringt nicht weniger als 25 Jahre im Fass. Um von der EU das DOP-Siegel (*denominazione di origine protetta*) zu erhalten, muss traditioneller Balsamessig drei Bedingungen erfüllen: Grundlage für den Most sind bestimmte Trauben aus der Emilia-Romagna, er muss in der Region produziert und mindestens zwölf Jahre ausgebaut worden sein. Das fertige Produkt muss zudem eine rigorose Qualitätskontrolle bestehen.

Während uns die bezaubernde, wortgewandte Mariangela durch die Fabrik führt, erklärt sie uns, wie traditioneller Balsamessig entsteht. Zunächst kocht der Traubenmost zehn Stunden, bis er auf ein Drittel reduziert ist. Das gefilterte Konzentrat reift mindestens zwölf Jahre in wechselnden Fässern. Die Fässer lagern bei Raumtemperatur, auf ihrer Oberseite befindet sich eine Öffnung, damit man den Reifungsprozess kontrollieren kann. Die Löcher erhalten eine Abdeckung aus Papier, um die Verdunstung zu minimieren.

Auch die Reifung vollzieht sich nach besonderen Regeln. Die Fässer sind der Größe nach angeordnet. Jedes Jahr wird der Essig in das nächstkleinere umgefüllt, und im größten Fass wird neuer Most nachgefüllt. So besteht das Endprodukt immer aus einer Mischung von reinem Most und traditionellem Balsamessig. Die Fässer bestehen aus verschiedenen Holzarten – Eiche, Wacholder, Kirschbaum, Esche, Maulbeere und Akazie –, und jede Sorte steuert ihre eigene Farbe, ihr eigenes Aroma bei.

Zum Abschluss unseres Besuchs verkosten wir Balsamico verschiedener Altersstufen. Wie erwartet bietet der älteste die größte Komplexität – genau wie guter Wein.

Der feinste Balsamico tradizionale von Bellei reift erstaunliche 25 Jahre.

Tortellini di zucca con burro fuso e balsamico

KÜRBIS-TORTELLINI MIT BRAUNER BUTTER UND BALSAMICO

Ein Favorit auf der Speisekarte der Cellar Bar im Grossi Florentino. Der Balsamico gehört unbedingt dazu – stammt er doch aus derselben Gegend Italiens wie die gefüllten Nudeln. Exzellenter alter Balsamico ist recht teuer, aber die Investition lohnt sich.

- 50 g Butter
- ½ EL gehackter Salbei
- 2 EL geriebener Parmesan
- 2½ EL alter Balsamico

FÜR DIE KÜRBISFÜLLUNG

- 1,5 kg Kabocha- oder Hokkaidokürbis, in Spalten geschnitten
- 50 g Butter
- 25 ml Olivenöl
- 1 Knoblauchzehe, gehackt
- ½ rote Chilischote, von den Samen befreit und gehackt
- weißer Teil von ½ Stange Lauch, fein gehackt
- Blätter von ¼ Bund Salbei, fein gehackt
- 20 g Parmesan, gerieben
- 50 g Gruyère, gerieben
- 15 g frische Weißbrotbrösel
- Meersalz und geschroteter schwarzer Pfeffer

FÜR DEN PASTATEIG

- 500 g Hartweizenmehl oder Weizenmehl Tipo 00, plus Mehl zum Arbeiten
- 1 Prise Salz
- 2 Eier
- 12 Eigelb

1 Den Backofen auf 180 °C vorheizen. Den Kürbis darin etwa 50 Minuten rösten, bis er weich ist. Etwas abkühlen lassen, dann das Fleisch von den Schalen lösen und in einem Sieb 20 Minuten abtropfen lassen.

2 Für die Kürbisfüllung Butter und Olivenöl in einem großen Topf bei mittlerer Temperatur erhitzen. Knoblauch und Chili darin einige Minuten anschwitzen. Den Lauch mit dem Salbei dazugeben und unter Rühren 5–10 Minuten mitgaren, bis er zusammenfällt. In eine große Schüssel füllen. Kürbis, Parmesan und Gruyère dazugeben, die Brotkrumen untermischen – die Masse darf weder zu flüssig noch zu trocken werden. Mit Salz und Pfeffer abschmecken.

3 Die Zutaten für den Pastateig in die Schüssel der Küchenmaschine füllen und mit dem Knethaken auf niedriger Stufe zu einem glatten Teig verarbeiten. Den Teig in Frischhaltefolie wickeln und 2 Stunden kühlen.

4 Den Teig vierteln, die Portionen nacheinander verarbeiten: bei größtem Walzenabstand durch die Pastamaschine drehen, dann zur Hälfte zusammenfalten und noch einmal durchdrehen. Den Vorgang ein paarmal wiederholen, bis der Teig glatt ist und seidig glänzt. Den Teig immer wieder durch die Maschine drehen, dabei den Walzenabstand verringern, bis jede Teigbahn 2 mm dick ist.

5 Die Teigbahnen auf eine dünn bemehlte Arbeitsfläche legen und Kreise (7 cm Ø) ausstechen. Die Kreise mit einem Geschirrtuch bedecken, damit sie nicht austrocknen. Auf jeden Kreis 1 TL Füllung geben. Mit der Fingerspitze den Teigrand mit etwas Wasser befeuchten. Den Kreis zur Hälfte zusammenklappen und die Ränder andrücken. Die Ecken zur Mitte führen und zusammenpressen. Auf diese Weise weitere Tortellini herstellen, bis Teig und Füllung aufgebraucht sind. Fertige Tortellini auf ein bemehltes Tablett legen und mit einem Geschirrtuch bedecken.

6 In einem großen Topf reichlich gesalzenes Wasser zum Kochen bringen. Die Tortellini hineingeben. Umrühren, damit sie nicht zusammenkleben, dann 4–5 Minuten bissfest garen.

7 Inzwischen die Butter in einer Pfanne erhitzen und unter Rühren braun werden lassen. Die Tortellini in ein Sieb abgießen, dann mit Salbei und Parmesan zu der Butter geben und behutsam untermischen.

8 Das Gericht mit altem Balsamico beträufeln und servieren.

FÜR 6 PERSONEN

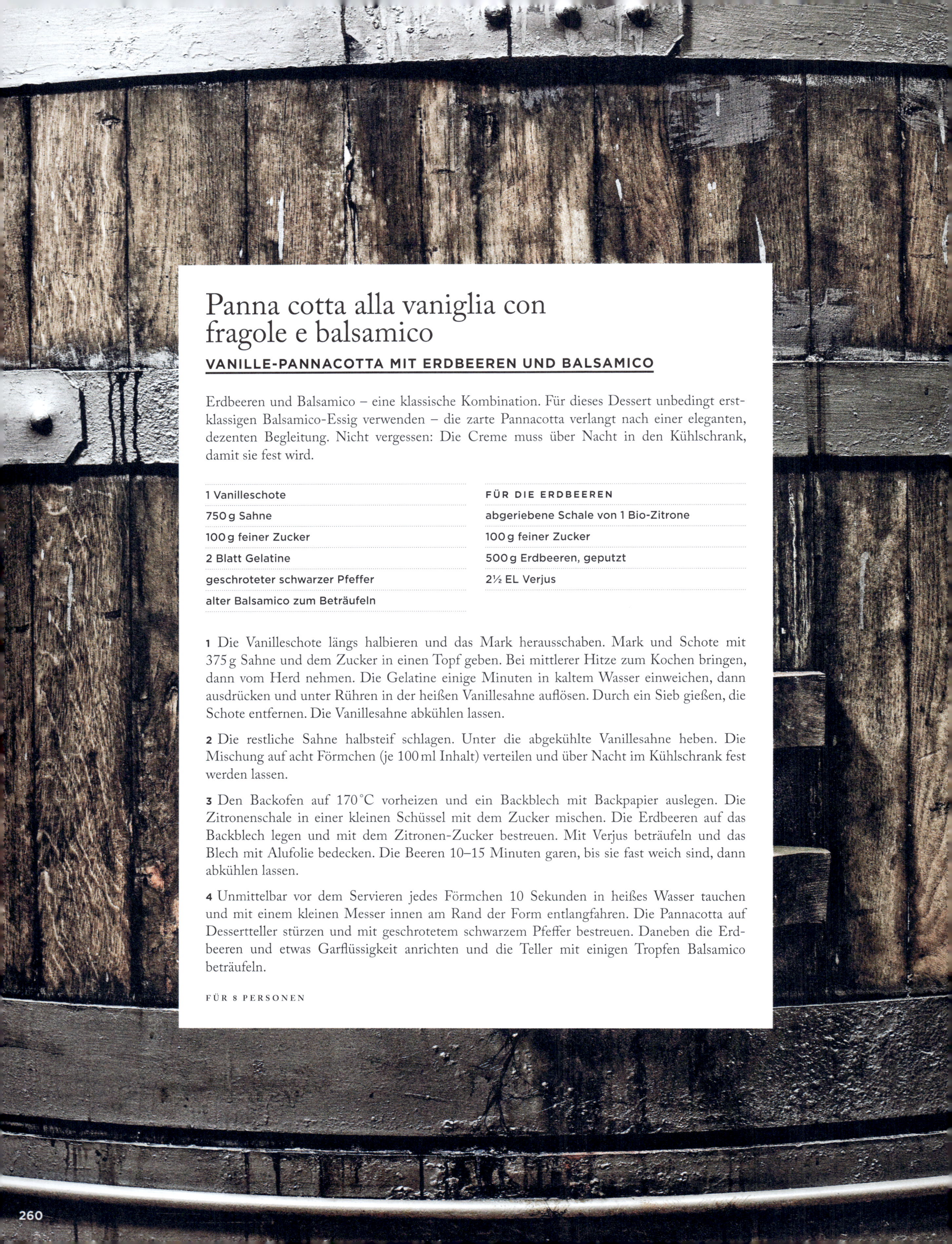

Panna cotta alla vaniglia con fragole e balsamico

VANILLE-PANNACOTTA MIT ERDBEEREN UND BALSAMICO

Erdbeeren und Balsamico – eine klassische Kombination. Für dieses Dessert unbedingt erstklassigen Balsamico-Essig verwenden – die zarte Pannacotta verlangt nach einer eleganten, dezenten Begleitung. Nicht vergessen: Die Creme muss über Nacht in den Kühlschrank, damit sie fest wird.

- 1 Vanilleschote
- 750 g Sahne
- 100 g feiner Zucker
- 2 Blatt Gelatine
- geschroteter schwarzer Pfeffer
- alter Balsamico zum Beträufeln

FÜR DIE ERDBEEREN

- abgeriebene Schale von 1 Bio-Zitrone
- 100 g feiner Zucker
- 500 g Erdbeeren, geputzt
- 2½ EL Verjus

1 Die Vanilleschote längs halbieren und das Mark herausschaben. Mark und Schote mit 375 g Sahne und dem Zucker in einen Topf geben. Bei mittlerer Hitze zum Kochen bringen, dann vom Herd nehmen. Die Gelatine einige Minuten in kaltem Wasser einweichen, dann ausdrücken und unter Rühren in der heißen Vanillesahne auflösen. Durch ein Sieb gießen, die Schote entfernen. Die Vanillesahne abkühlen lassen.

2 Die restliche Sahne halbsteif schlagen. Unter die abgekühlte Vanillesahne heben. Die Mischung auf acht Förmchen (je 100 ml Inhalt) verteilen und über Nacht im Kühlschrank fest werden lassen.

3 Den Backofen auf 170 °C vorheizen und ein Backblech mit Backpapier auslegen. Die Zitronenschale in einer kleinen Schüssel mit dem Zucker mischen. Die Erdbeeren auf das Backblech legen und mit dem Zitronen-Zucker bestreuen. Mit Verjus beträufeln und das Blech mit Alufolie bedecken. Die Beeren 10–15 Minuten garen, bis sie fast weich sind, dann abkühlen lassen.

4 Unmittelbar vor dem Servieren jedes Förmchen 10 Sekunden in heißes Wasser tauchen und mit einem kleinen Messer innen am Rand der Form entlangfahren. Die Pannacotta auf Dessertteller stürzen und mit geschrotetem schwarzem Pfeffer bestreuen. Daneben die Erdbeeren und etwas Garflüssigkeit anrichten und die Teller mit einigen Tropfen Balsamico beträufeln.

FÜR 8 PERSONEN

Bianchi

COZZE & VONGOLE

MIESMUSCHELN & VENUSMUSCHELN

CONSORZIO PESCATORI DI GORO

GORO, EIN KLEINER ORT AN DER ADRIAKÜSTE, LIEGT ABSEITS VOM TOURISTENRUMMEL. HIER WIDMET MAN SICH DER ZUCHT VON VENUS- UND MIESMUSCHELN IN DER SACCA DI GORO, EINER AUSGEDEHNTEN LAGUNE. DIE ÖRTLICHE FISCHEREI-GENOSSENSCHAFT WURDE 1931 GEGRÜNDET, UM DIE LAGUNE ZU BEWIRTSCHAFTEN.

Als wir im Fischereihafen Goro eintreffen, denke ich, dass hier die Zeit stehengeblieben sein muss. Die Häuser scheinen sich im Lauf der Jahre kaum verändert zu haben. Alle Menschen, die wir hier kennenlernen, zeigen sich stolz auf ihre Heimatstadt. Sie scheint vom Tourismus vollkommen unberührt und ihre Bewohner wirken wie eine verschworene Gemeinschaft. Am Freitagabend versammeln sich die Leute auf dem kleinen Marktplatz, wo ein Karussell und andere Attraktionen für die Kinder warten.

Die Fischereigenossenschaft Goro wurde vor etwa 80 Jahren gegründet, um die Muschelzucht in der Sacca di Goro zu bewirtschaften. Heute hat die Genossenschaft mehr als 500 Mitglieder und kümmert sich um jeden Arbeitsschritt von der Produktion bis zum Vertrieb und Marketing. Pierpaolo Piva nimmt uns in einem Fischerboot mit in die Lagune, damit wir die Muschelernte beobachten können.

In der Lagune gibt es zwei Arten von Venusmuscheln – einheimische und aus den Philippinen importierte, die dazu dienen, den Vorrat der Lagune aufzustocken. Die Arten wachsen nicht voneinander getrennt und man kann sie nur unterscheiden, wenn man sich die Unterseite der Schalen ansieht. Dort befinden sich zwei Löcher. Falls die Löcher weit auseinanderliegen, handelt es sich um einheimische Venusmuscheln, bei der importierten Sorte liegen sie eng beisammen. Die Muscheln wachsen im Sand am Boden der Lagune und ihre unmittelbare Umgebung beeinflusst die Farbe der Schalen: Nisten die Muscheln tief im Sand, ist ihre Farbe hell, lehmhaltiges Substrat sorgt für dunklere Schattierungen. Die Ernte erfolgt mit einem Werkzeug, das wie ein Rechen aussieht.

Pierpaolo zeigt uns auch die Anlage, wo die Venus- und Miesmuscheln gereinigt und entsandet werden. Er erklärt, dass Muscheln sich ernähren, indem sie große Mengen Wasser filtern. Wenn das Wasser mit Schadstoffen belastet ist, nehmen die Tiere sie über ihren Darm auf, sodass sie für den menschlichen Verzehr ungeeignet sind. Aus diesem Grund gibt es strikte Richtlinien, wo und wie Muscheln gezüchtet werden dürfen. Gering belastete Muscheln legt man zur Reinigung in Wasser, dem Sauerstoff sowie Salz und Chlorid zur Abtötung von Bakterien zugeführt werden. Anschließend werden die Muscheln im Labor einer strengen Qualitätskontrolle unterzogen.

Die Fischer sind zunächst verschlossen, aber sobald ich ihnen Fragen stelle, zeigen sie sich gesprächiger, erzählen Geschichten über ihre Arbeit, ihr Leben und ihre Stadt. Einer von ihnen, Arvino, verrät mir ein Rezept für Miesmuscheln: Man öffnet die Muscheln und gibt ein Stück Mozzarella mit ein bisschen Pfeffer hinein. Dann schließt man die Schalen, bindet sie mit Küchengarn zu und schiebt sie für etwa 25 Minuten in den heißen Backofen. Das muss ich unbedingt ausprobieren, sobald ich wieder zu Hause bin!

Nach kurzer Zeit zeigen sich die Fischer gesprächiger, erzählen von ihrer Arbeit, ihrem Leben und ihrer Stadt.

MTB

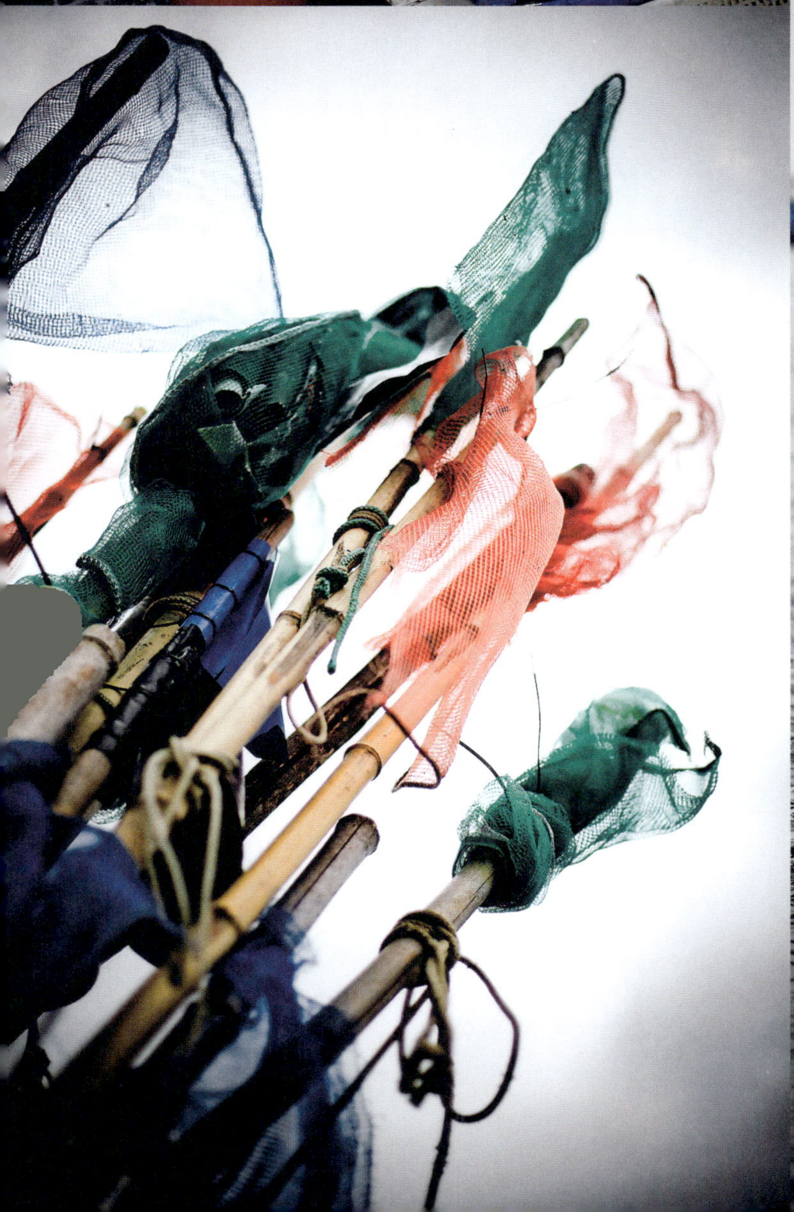

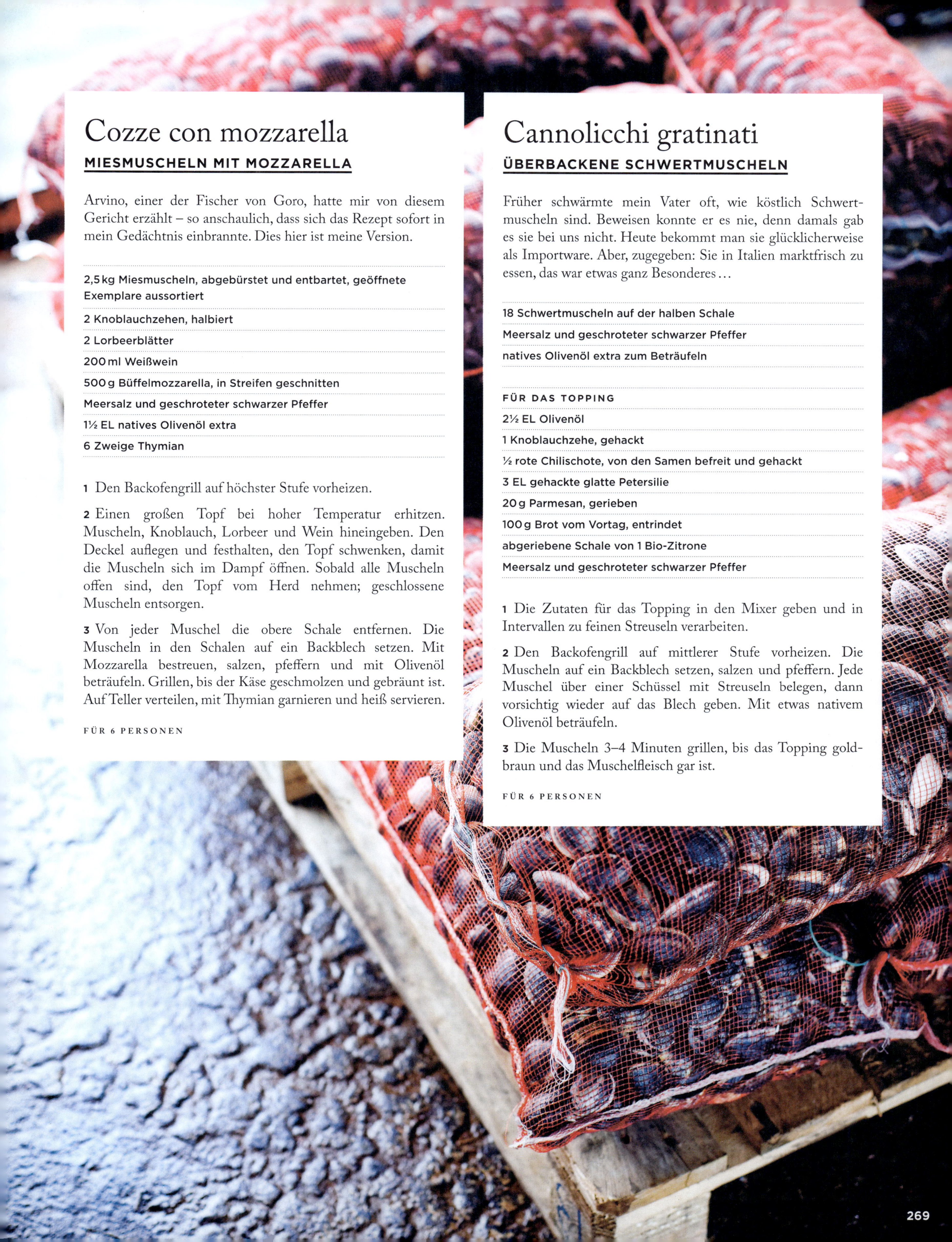

Cozze con mozzarella

MIESMUSCHELN MIT MOZZARELLA

Arvino, einer der Fischer von Goro, hatte mir von diesem Gericht erzählt – so anschaulich, dass sich das Rezept sofort in mein Gedächtnis einbrannte. Dies hier ist meine Version.

- 2,5 kg Miesmuscheln, abgebürstet und entbartet, geöffnete Exemplare aussortiert
- 2 Knoblauchzehen, halbiert
- 2 Lorbeerblätter
- 200 ml Weißwein
- 500 g Büffelmozzarella, in Streifen geschnitten
- Meersalz und geschroteter schwarzer Pfeffer
- 1½ EL natives Olivenöl extra
- 6 Zweige Thymian

1 Den Backofengrill auf höchster Stufe vorheizen.

2 Einen großen Topf bei hoher Temperatur erhitzen. Muscheln, Knoblauch, Lorbeer und Wein hineingeben. Den Deckel auflegen und festhalten, den Topf schwenken, damit die Muscheln sich im Dampf öffnen. Sobald alle Muscheln offen sind, den Topf vom Herd nehmen; geschlossene Muscheln entsorgen.

3 Von jeder Muschel die obere Schale entfernen. Die Muscheln in den Schalen auf ein Backblech setzen. Mit Mozzarella bestreuen, salzen, pfeffern und mit Olivenöl beträufeln. Grillen, bis der Käse geschmolzen und gebräunt ist. Auf Teller verteilen, mit Thymian garnieren und heiß servieren.

FÜR 6 PERSONEN

Cannolicchi gratinati

ÜBERBACKENE SCHWERTMUSCHELN

Früher schwärmte mein Vater oft, wie köstlich Schwertmuscheln sind. Beweisen konnte er es nie, denn damals gab es sie bei uns nicht. Heute bekommt man sie glücklicherweise als Importware. Aber, zugegeben: Sie in Italien marktfrisch zu essen, das war etwas ganz Besonderes …

- 18 Schwertmuscheln auf der halben Schale
- Meersalz und geschroteter schwarzer Pfeffer
- natives Olivenöl extra zum Beträufeln

FÜR DAS TOPPING

- 2½ EL Olivenöl
- 1 Knoblauchzehe, gehackt
- ½ rote Chilischote, von den Samen befreit und gehackt
- 3 EL gehackte glatte Petersilie
- 20 g Parmesan, gerieben
- 100 g Brot vom Vortag, entrindet
- abgeriebene Schale von 1 Bio-Zitrone
- Meersalz und geschroteter schwarzer Pfeffer

1 Die Zutaten für das Topping in den Mixer geben und in Intervallen zu feinen Streuseln verarbeiten.

2 Den Backofengrill auf mittlerer Stufe vorheizen. Die Muscheln auf ein Backblech setzen, salzen und pfeffern. Jede Muschel über einer Schüssel mit Streuseln belegen, dann vorsichtig wieder auf das Blech geben. Mit etwas nativem Olivenöl beträufeln.

3 Die Muscheln 3–4 Minuten grillen, bis das Topping goldbraun und das Muschelfleisch gar ist.

FÜR 6 PERSONEN

Zuppa di cozze al pomodoro

TOMATENSUPPE MIT MIESMUSCHELN

In dieser kräftigen, aromatischen Suppe mit dezenter Zitrusnote steckt eine geheime Zutat: das Meerwasser, das die Muscheln beim Öffnen abgeben.

- 1½ EL Olivenöl
- 1 Zwiebel, fein gewürfelt
- 2 Knoblauchzehen, in Scheiben geschnitten
- 1 Möhre, geschält und fein gewürfelt
- 2 Stangen Sellerie, gewürfelt
- ½ rote Chilischote, von den Samen befreit und gehackt
- 4 Lorbeerblätter
- 100 g Tomatenmark
- 300 ml Weißwein
- 1,5 kg Tomaten, grob zerkleinert, dann durch das Passiergerät getrieben oder im Mixer püriert
- Meersalz und geschroteter schwarzer Pfeffer
- abgeriebene Schale von 1 Bio-Zitrone
- 1,5 kg Miesmuscheln, gebürstet und entbartet, geöffnete Exemplare aussortiert
- 3 EL gehackte glatte Petersilie

1 Das Öl in einem großen Topf mit schwerem Boden bei mittlerer Temperatur erhitzen. Zwiebel und Knoblauch darin einige Minuten anschwitzen, dann Möhre, Sellerie, Chili und Lorbeer hinzufügen und 5 Minuten weiterrühren. Das Tomatenmark untermischen, mit dem Wein ablöschen. Die Flüssigkeit auf ein Drittel reduzieren.

2 Tomaten, Salz und Pfeffer, dann 1 l Wasser und die Zitronenschale hinzufügen. Aufkochen und bei schwacher Hitze 20 Minuten köcheln lassen, dann die Muscheln in den Topf geben. Zugedeckt 3–5 Minuten garen, bis sie sich öffnen; geschlossene Exemplare aussortieren. Die Suppe mit Petersilie bestreuen und servieren.

FÜR 6 PERSONEN

Vongole in bianco e fagioli cannellini

VENUSMUSCHELN IN WEISSWEIN MIT CANNELLINI-BOHNEN

So lässt sich der Eigengeschmack der Muscheln am besten zur Geltung bringen. Die weichen Bohnenkerne liefern einen schönen Kontrast zum bissfesten Muschelfleisch – Petersilie und Olivenöl, im letzten Moment hinzugefügt, unterstreichen die frische Note.

- 2 kg Vongole (Venusmuscheln), 2 Stunden in kaltem Salzwasser entsandet
- 1 rote Chilischote, von den Samen befreit und in dünne Streifen geschnitten
- 2 Knoblauchzehen, in dünne Scheiben geschnitten
- 300 ml Weißwein
- 4 EL in Streifen geschnittene glatte Petersilie
- Meersalz und geschroteter schwarzer Pfeffer
- natives Olivenöl extra zum Beträufeln

FÜR DIE BOHNEN

- 200 g getrocknete Cannellini-Bohnen, über Nacht eingeweicht
- 1 EL Meersalz
- 1 Knoblauchzehe, halbiert
- 2 Zweige Thymian
- 2 TL Olivenöl

1 Die Bohnen mit Salz, Knoblauch, Thymian und Olivenöl in einen großen Topf füllen und mit Wasser in der dreifachen Menge ihres Volumens bedecken. Bei mittlerer Temperatur aufkochen, dann bei schwacher Hitze 40–45 Minuten köcheln lassen, bis sie weich sind. In der Flüssigkeit abkühlen lassen, dann abgießen und beiseitestellen.

2 Die Muscheln aus dem Wasser nehmen. Einen großen Topf bei hoher Temperatur erhitzen. Muscheln, Chili, Knoblauch und Wein hineingeben. Den Deckel auflegen und festhalten, den Topf schwenken. Sobald die Muscheln geöffnet sind (nach 2–3 Minuten; ungeöffnete Exemplare aussortieren), Bohnen, Petersilie, Salz und Pfeffer unterrühren.

3 Die Muscheln auf Portionsschalen verteilen und vor dem Servieren mit nativem Olivenöl beträufeln.

FÜR 6 PERSONEN

TOSK

TESTAROLI DI PONTREMOLI

VILLA PANNA

OLIO D'OLIVA

ANTICA MACELLERIA CECCHINI

PORCINI

GELATERIA DI PIAZZA

BOTTARGA

SFRATTO DEI GOYM

KANA

Die Toskana ist genauso, wie man sie sich vorstellt – nur noch schöner. Wunderbares Licht über lieblichen Hügeln, herrliche Olivenhaine und intakte Dörfer. Die Küche der Region setzt auf Einfachheit. Und so entstehen hier aus den frischesten heimischen Zutaten grandiose Gerichte, die wahrhaft authentisch schmecken.

TESTAROLI DI PONTREMOLI

ALESSANDRA MARIETTI

TESTAROLI, EINE PASTASORTE, DIE ÜBER OFFENEM FEUER GART, BEVOR MAN SIE KOCHT, GIBT ES IN ITALIEN SEIT RÖMISCHER ZEIT. HEUTE BEHERRSCHT NUR NOCH EINE HANDVOLL MENSCHEN DIE KUNST, DIESE PASTA AUF TRADITIONELLE ART UND WEISE IN EINEM TESTO HERZUSTELLEN. EINER VON IHNEN IST ALESSANDRA MARIETTI.

Testaroli sind eine Spezialität aus der Lunigiana, einer Region, die sich vom Apennin zur Küste erstreckt, mit Ligurien im Norden und der Toskana im Süden. Diese wunderbar luftige Pastasorte bezieht ihren Namen vom *testo,* der Pfanne, in der man den Teig über offenem Feuer bäckt, bevor die Pasta in Wasser gekocht wird. Diese *testi*, ursprünglich aus Terrakotta, heutzutage aber meist aus Gusseisen, zeichnen sich durch einen flachen Boden und einen schweren, gewölbten Deckel aus. Inzwischen hat sich allerdings der Gebrauch von Stahlblech durchgesetzt und es gibt nur noch eine Handvoll Menschen, die einen authentischen *testo* zu verwenden wissen. Dazu gehört Alessandra Marietti, die uns bei sich zu Hause empfängt, um uns zu zeigen, wie echte Testaroli entstehen.

Alessandra lebt in Bassone, einem kleinen Dorf oben in den Bergen. Wir holpern über einen steinigen Weg, bis wir schließlich einsehen, dass wir aussteigen und den Rest des Weges zu Fuß zurücklegen müssen. Die herzliche Begrüßung lässt uns die Mühen der Anreise bald vergessen. Die charmante und lebensfrohe Alessandra ist weit gereist, aber sie kehrt immer wieder gern nach Hause zurück – das hören wir von vielen Menschen, die wir auf unserer Reise kennenlernen.

Alessandra ist stolz darauf, die kulinarische Tradition der authentischen Testaroli aufrechtzuerhalten, und sie ist bereit, uns diese alte Kunst vorzuführen: Zunächst rührt sie den Teig aus Mehl, Wasser und Salz. Sie gießt ihn mehrfach von einem Gefäß in ein anderes, damit er Luft aufnimmt. Dann ruht er eine halbe Stunde. In der Zwischenzeit erhitzt die Köchin den *testo* und erklärt, dass die Holzsorte für das Feuer wichtig ist – es muss weißes Holz sein, das eine starke Flamme erzeugt, aber keinen Geschmack abgibt. Um zu prüfen, ob der *testo* heiß genug ist, bestreut sie ihn mit etwas Mehl. Bräunt es sofort, kann die Arbeit beginnen.

Nun schöpft Alessandra eine etwa fünf Millimeter dicke Schicht Teig in die Pfanne. Der Teig beginnt sofort, Blasen zu werfen. Sobald er die Farbe wechselt, legt sie den Deckel auf. Der fertig gebackene Teig sieht einem Pfannkuchen ähnlicher als Pasta. Alessandra schneidet ihn in rautenförmige Stücke und wirft diese in kochendes Wasser. Sie brauchen nur wenige Minuten.

Wir verspeisen Alessandras Testaroli mit einer traditionellen Sauce aus Olivenöl, Basilikum und Parmesan. Weil sie so porös sind, absorbieren sie den Geschmack von Saucen besser als andere Pastasorten – absolut köstlich!

Ich kann es kaum erwarten, zu Hause selbst einen Versuch zu wagen. Da ich keinen *testo* mitnehmen will, muss ich wohl mit einer schweren gusseisernen Bratpfanne vorliebnehmen. Mein Tipp: Die Pfanne unbedingt sehr stark erhitzen, sodass der Teig sofort Blasen wirft. Versuchen Sie's – Sie werden es nicht bereuen!

Alessandra kann wirklich stolz darauf sein, diese kulinarische Tradition zu pflegen.

SLOW

Testaroli con basilico, parmigiano e olio d'oliva extra vergine

TESTAROLI MIT BASILIKUM, PARMESAN UND OLIVENÖL

Alessandra beim Herstellen der Testaroli zuzusehen, war etwas ganz Besonderes. Nie zuvor hatte ich diese authentische Methode beobachten können und ich finde es wirklich bedauerlich, dass die Tradition kaum noch gepflegt wird. Gewöhnlich werden Testaroli mit Basilikum und Olivenöl serviert, aber *passata* oder *ragù* passt auch dazu.

- 1½ EL natives Olivenöl extra
- 20 Basilikumblätter, in Stücke gezupft
- Meersalz und geschroteter schwarzer Pfeffer
- 100 g Parmesan, gerieben

FÜR DEN TEIG

- 300 g Mehl, mit 1 Prise Salz gemischt

1 Für den Teig mit einem Schneebesen 500 ml Wasser unter das Mehl rühren. Der Teig soll glatt und klümpchenfrei sein – falls nötig, durch ein Sieb passieren. Den Teig mindestens zehnmal von einer Schüssel in eine andere gießen, damit Luft hineinkommt. Die Teigschüssel mit Frischhaltefolie bedecken und den Teig bei Raumtemperatur 30 Minuten ruhen lassen.

2 Eine Pfanne mit schwerem Boden (22 cm Ø) bei starker Hitze sehr heiß werden lassen. Ein Drittel des Teigs hineinschöpfen. Zugedeckt backen, bis die Unterseite schön gebräunt ist. Mit einer Palette wenden und die andere Seite backen, insgesamt etwa 5 Minuten. Testaroli sollen recht trocken und knusprig sein. Zum Abkühlen vorsichtig auf ein Gitter legen. Mit dem restlichen Teig ebenso verfahren.

3 In einem großen Topf Salzwasser zum Kochen bringen. Die Testaroli in Rauten schneiden. Im kochenden Wasser 3–4 Minuten garen. Abgießen, in eine große Schüssel geben und mit dem Olivenöl mischen. Mit Basilikum garnieren, mit Salz und Pfeffer würzen, mit Parmesan bestreuen und servieren.

FÜR 6 PERSONEN

VILLA PANNA

Hoch in den Hügeln nördlich von Florenz liegt die Villa Panna, ein prächtiges Anwesen, das einen atemberaubenden Blick auf die toskanische Landschaft freigibt. Das Grundstück von 1300 Hektar, einst im Besitz der legendären Medici, ist nicht nur wegen seiner ehemaligen Bewohner wohlbekannt, sondern auch wegen der natürlichen Quellen, die 900 Meter über dem Meeresspiegel am Hang des Monte Gazzaro entspringen. Das Mineralwasser wird unter dem Namen Acqua Panna für das Unternehmen Sanpellegrino abgefüllt. Die Familie Medici nutzte die mit beeindruckenden Antiquitäten und Kunstwerken ausgestattete Villa als Sommerfrische. Der ausgedehnte Grundbesitz diente als Jagdrevier, und noch heute wird er von Hasen, Fasanen, Rebhühnern, Rotwild, Füchsen, Wölfen und Wildschweinen durchstreift. Besonders beeindruckt sind wir von den schönen Rotwildbeständen.

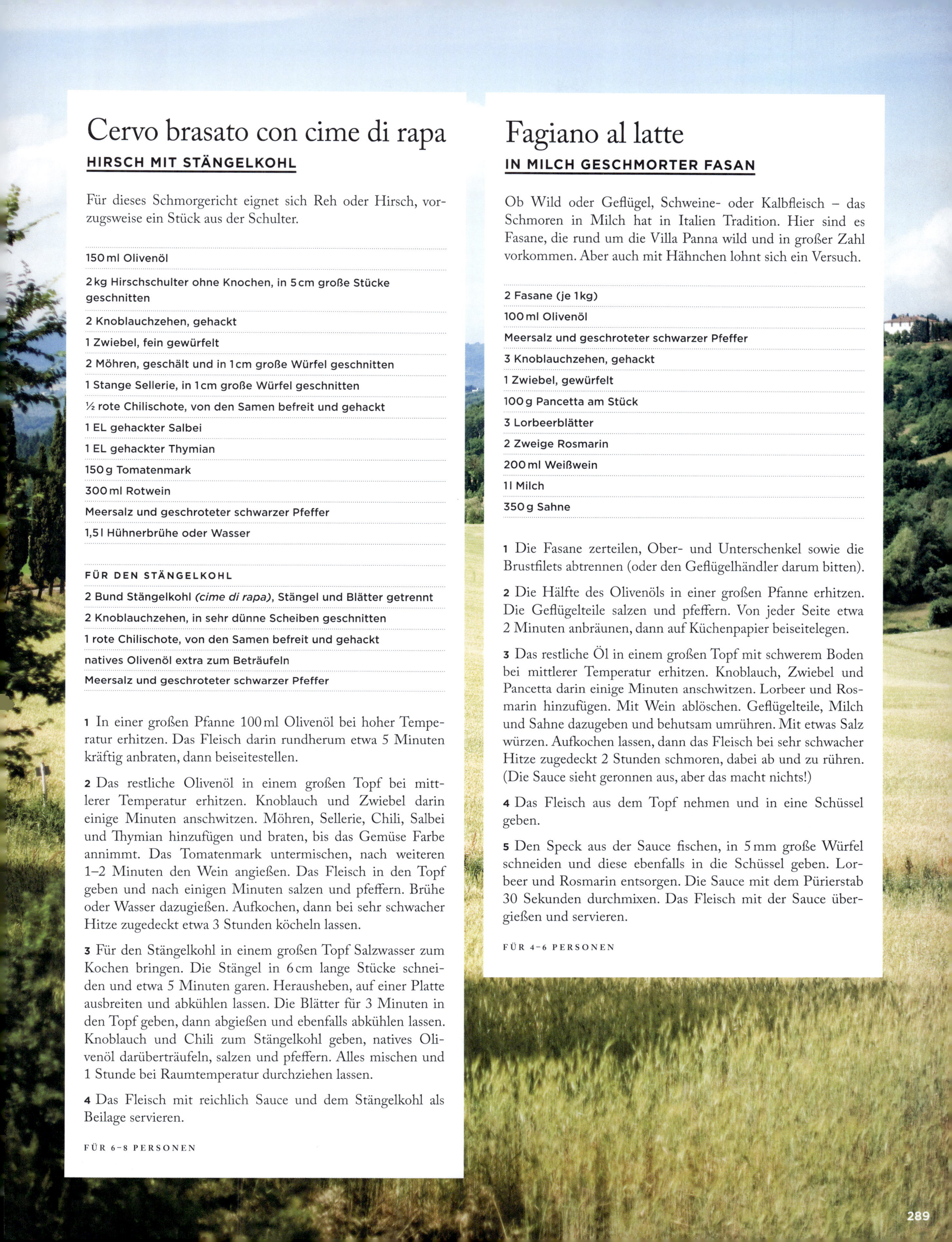

Cervo brasato con cime di rapa

HIRSCH MIT STÄNGELKOHL

Für dieses Schmorgericht eignet sich Reh oder Hirsch, vorzugsweise ein Stück aus der Schulter.

- 150 ml Olivenöl
- 2 kg Hirschschulter ohne Knochen, in 5 cm große Stücke geschnitten
- 2 Knoblauchzehen, gehackt
- 1 Zwiebel, fein gewürfelt
- 2 Möhren, geschält und in 1 cm große Würfel geschnitten
- 1 Stange Sellerie, in 1 cm große Würfel geschnitten
- ½ rote Chilischote, von den Samen befreit und gehackt
- 1 EL gehackter Salbei
- 1 EL gehackter Thymian
- 150 g Tomatenmark
- 300 ml Rotwein
- Meersalz und geschroteter schwarzer Pfeffer
- 1,5 l Hühnerbrühe oder Wasser

FÜR DEN STÄNGELKOHL

- 2 Bund Stängelkohl *(cime di rapa)*, Stängel und Blätter getrennt
- 2 Knoblauchzehen, in sehr dünne Scheiben geschnitten
- 1 rote Chilischote, von den Samen befreit und gehackt
- natives Olivenöl extra zum Beträufeln
- Meersalz und geschroteter schwarzer Pfeffer

1 In einer großen Pfanne 100 ml Olivenöl bei hoher Temperatur erhitzen. Das Fleisch darin rundherum etwa 5 Minuten kräftig anbraten, dann beiseitestellen.

2 Das restliche Olivenöl in einem großen Topf bei mittlerer Temperatur erhitzen. Knoblauch und Zwiebel darin einige Minuten anschwitzen. Möhren, Sellerie, Chili, Salbei und Thymian hinzufügen und braten, bis das Gemüse Farbe annimmt. Das Tomatenmark untermischen, nach weiteren 1–2 Minuten den Wein angießen. Das Fleisch in den Topf geben und nach einigen Minuten salzen und pfeffern. Brühe oder Wasser dazugießen. Aufkochen, dann bei sehr schwacher Hitze zugedeckt etwa 3 Stunden köcheln lassen.

3 Für den Stängelkohl in einem großen Topf Salzwasser zum Kochen bringen. Die Stängel in 6 cm lange Stücke schneiden und etwa 5 Minuten garen. Herausheben, auf einer Platte ausbreiten und abkühlen lassen. Die Blätter für 3 Minuten in den Topf geben, dann abgießen und ebenfalls abkühlen lassen. Knoblauch und Chili zum Stängelkohl geben, natives Olivenöl darüberträufeln, salzen und pfeffern. Alles mischen und 1 Stunde bei Raumtemperatur durchziehen lassen.

4 Das Fleisch mit reichlich Sauce und dem Stängelkohl als Beilage servieren.

FÜR 6–8 PERSONEN

Fagiano al latte

IN MILCH GESCHMORTER FASAN

Ob Wild oder Geflügel, Schweine- oder Kalbfleisch – das Schmoren in Milch hat in Italien Tradition. Hier sind es Fasane, die rund um die Villa Panna wild und in großer Zahl vorkommen. Aber auch mit Hähnchen lohnt sich ein Versuch.

- 2 Fasane (je 1 kg)
- 100 ml Olivenöl
- Meersalz und geschroteter schwarzer Pfeffer
- 3 Knoblauchzehen, gehackt
- 1 Zwiebel, gewürfelt
- 100 g Pancetta am Stück
- 3 Lorbeerblätter
- 2 Zweige Rosmarin
- 200 ml Weißwein
- 1 l Milch
- 350 g Sahne

1 Die Fasane zerteilen, Ober- und Unterschenkel sowie die Brustfilets abtrennen (oder den Geflügelhändler darum bitten).

2 Die Hälfte des Olivenöls in einer großen Pfanne erhitzen. Die Geflügelteile salzen und pfeffern. Von jeder Seite etwa 2 Minuten anbräunen, dann auf Küchenpapier beiseitelegen.

3 Das restliche Öl in einem großen Topf mit schwerem Boden bei mittlerer Temperatur erhitzen. Knoblauch, Zwiebel und Pancetta darin einige Minuten anschwitzen. Lorbeer und Rosmarin hinzufügen. Mit Wein ablöschen. Geflügelteile, Milch und Sahne dazugeben und behutsam umrühren. Mit etwas Salz würzen. Aufkochen lassen, dann das Fleisch bei sehr schwacher Hitze zugedeckt 2 Stunden schmoren, dabei ab und zu rühren. (Die Sauce sieht geronnen aus, aber das macht nichts!)

4 Das Fleisch aus dem Topf nehmen und in eine Schüssel geben.

5 Den Speck aus der Sauce fischen, in 5 mm große Würfel schneiden und diese ebenfalls in die Schüssel geben. Lorbeer und Rosmarin entsorgen. Die Sauce mit dem Pürierstab 30 Sekunden durchmixen. Das Fleisch mit der Sauce übergießen und servieren.

FÜR 4–6 PERSONEN

OLIO D'OLIVA

OLIVENÖL

FÈLSINA

OLIVENÖL WIRD IN ITALIEN ETWA SEIT DEM 8. JAHRHUNDERT V. CHR. ERZEUGT. DIE RÖMER IN DER ANTIKE GLAUBTEN, ES BEFÖRDERE JUGEND UND KRAFT UND STELLTEN DARAUS ARZNEIEN UND KOSMETIKA HER. HEUTE GEHÖRT OLIVENÖL ZU DEN WICHTIGSTEN ZUTATEN DER ITALIENISCHEN KÜCHE – DIE ITALIENER SIND DIE GRÖSSTEN OLIVENÖL-KONSUMENTEN DER WELT.

Von Homer bekanntlich als »flüssiges Gold« bezeichnet, wird Olivenöl in Italien seit mehr als 2000 Jahren produziert. Es stellt eine Verbindung zwischen dem Italien der Vorfahren und der modernen italienischen Küche dar. Ich möchte mir ansehen, wie ein guter Erzeuger heute arbeitet.

Fèlsina, knapp außerhalb von Castelnuovo Berardenga zwischen Siena und Arezzo gelegen, ist berühmt für seinen Wein, aber ich bin wegen des Olivenöls gekommen, das hier ebenfalls produziert wird. In Italien findet man recht häufig Olivenpflanzungen in den Weinbaugebieten. Giuseppe Mazzocolin, den Besitzer von Fèlsina, kenne ich von einem seiner Besuche in Australien. Er erzeugt Olivenöl von vorzüglicher Qualität und beliefert Restaurants auf der ganzen Welt. Die Produktion beträgt nur etwa 6000 Liter vorwiegend reinsortiger Öle pro Jahr.

Giuseppes Tochter Cristina führt uns durch das Anwesen. Herzlich und kenntnisreich lässt sie ihrer Begeisterung für das Familienunternehmen und insbesondere die Ölerzeugung freien Lauf. Zunächst zeigt uns Cristina die Olivenhaine, wo verschiedene Olivensorten angebaut werden. Hauptsächlich handelt es sich um die Sorte Frantoio, die typisch für die Toskana ist und das beste Öl ergeben soll, daneben Pendolino, Leccino, Moraiolo und Raggiolo. Die Ernte erfolgt, sobald die Früchte halb grün und halb schwarz sind, der Reifeprozess also gerade begonnen hat. Dann ist der Vitamingehalt am höchsten.

Cristina berichtet, dass die Oliven grundsätzlich von Hand gepflückt werden. Das ist zwar arbeitsintensiv, aber für die Früchte weitaus schonender als die maschinelle Ernte. Nach dem Transport zur Ölmühle folgt die sorgfältige Säuberung des Ernteguts, um Zweige und Blätter zu entfernen (obwohl manchmal ein paar Blättchen drin bleiben, die dem Öl eine leichte Bitternote verleihen).

Dann werden die Oliven in der Regel mit den Kernen zu einem glatten Brei zermahlen. Daraus löst sich unter leichter Wärmeentwicklung bereits das sogenannte Tropföl. Bei der Kaltpressung darf das Öl nicht wärmer als 33 °C werden. Die Reibung beim Pressen erzeugt Wärme, und während mehr Wärme zu einer höheren Ölausbeute führt, sinkt im Gegenzug die Qualität des Öls. Auf Fèlsina steigt die Temperatur nicht über 22 °C, was für eine außergewöhnliche Qualität des Öls spricht.

Früher kamen beim Pressen Matten aus Pflanzenfasern zum Einsatz, sodass das Öl durch die Matten tropfte und der Trester hängen blieb. Heute bedient man sich meist einer Zentrifuge, die durch Drehung bei hoher Geschwindigkeit das Öl vom Trester trennt. Die aus der Zentrifuge rinnende Flüssigkeit besteht aus Öl und Fruchtwasser. Das reine Öl kann durch Abgießen von Hand oder durch eine zweite Zentrifugierung vom Wasser getrennt werden. Anschließend ruht das Öl drei Monate lang in Tanks unter Stickstoff, damit es nicht oxidiert, dann wird es zweimal gefiltert. Mit der Abfüllung in Flaschen lässt man sich Zeit, bis die Bestellungen eintreffen.

Der Geschmack eines Olivenöls hängt von vielen Faktoren ab, etwa der Olivensorte, der Erde, in der die Bäume wachsen, dem Reifegrad der Früchte bei der Ernte, der Erzeugungsmethode und schließlich dem Jahrgang. Wir probieren eine Reihe von Ölen, die aus mehreren Olivensorten bestehen. Als Erstes bemerken wir die unterschiedliche Viskosität – manche sind ziemlich dick und zähflüssig, andere dünner und feiner. Ihre Farbe differiert von einem tiefen Grün bis zu hellem Goldgelb.

Am besten verkostet man Olivenöl, indem man einen kleinen Teelöffel davon in den Mund nimmt, ein Stückchen Brot dient der Neutralisierung des Gaumens. Wie bei einer Weinverkostung zieht man Luft in den Mund ein, weil der Sauerstoff die verschiedenen Geschmacksnuancen zum Vorschein bringt. Wir probieren eine wundervolle Bandbreite von Olivenölen, milde, pfeffrige und pikante. Alle Öle sind am Gaumen rein, einige mit einem Hauch von Säure im Abgang.

An diesem schönen Tag, beim Verkosten feinster Olivenöle unter der toskanischen Sonne, schätze ich mich glücklich, hier zu sein, und verstehe vollkommen, warum so viele Menschen dem Zauber dieses magischen Landstrichs verfallen.

Olivenöl ist eine Konstante in der italienischen Kultur, eine Verbindung zwischen dem Italien der Vorväter und der modernen italienischen Küche.

Moraiolo 2010

Panzanella

TOMATEN-BROT-SALAT

Einer meiner Lieblingssalate. Das toskanische Traditionsgericht verlangt nach bestem Olivenöl und Balsamico. Die wahren Stars dieses Gerichts aber sind die reifen, von der Sonne verwöhnten Tomaten. Panzanella ist als Beilage viel zu schade. Ich serviere den Salat als außergewöhnliche Vorspeise.

- 150 g Brot vom Vortag, in 4 mm dicke Scheiben geschnitten, entrindet
- 1 kg Tomaten (am besten verschiedene Sorten), je nach Größe halbiert oder geviertelt
- 1 rote Zwiebel, fein gewürfelt
- 2 Knoblauchzehen, gehackt
- 2 EL sehr kleine Kapern (Nonpareilles)
- 18 Basilikumblätter, in Stücke gezupft
- 3 EL alter Balsamico
- 3 EL bestes Olivenöl
- Meersalz und geschroteter schwarzer Pfeffer

1 Den Backofen auf 170 °C vorheizen. Das Brot in Stücke (2 × 7 cm) schneiden. Im Ofen etwa 25 Minuten rösten, bis die Stücke knusprig sind. Herausnehmen und abkühlen lassen.

2 Die Tomaten mit Zwiebel, Knoblauch, Kapern, Basilikum, Balsamico, Olivenöl, Salz und Pfeffer in eine Schüssel geben. Das geröstete Brot hinzufügen. Alles mischen, dann servieren.

FÜR 6 PERSONEN

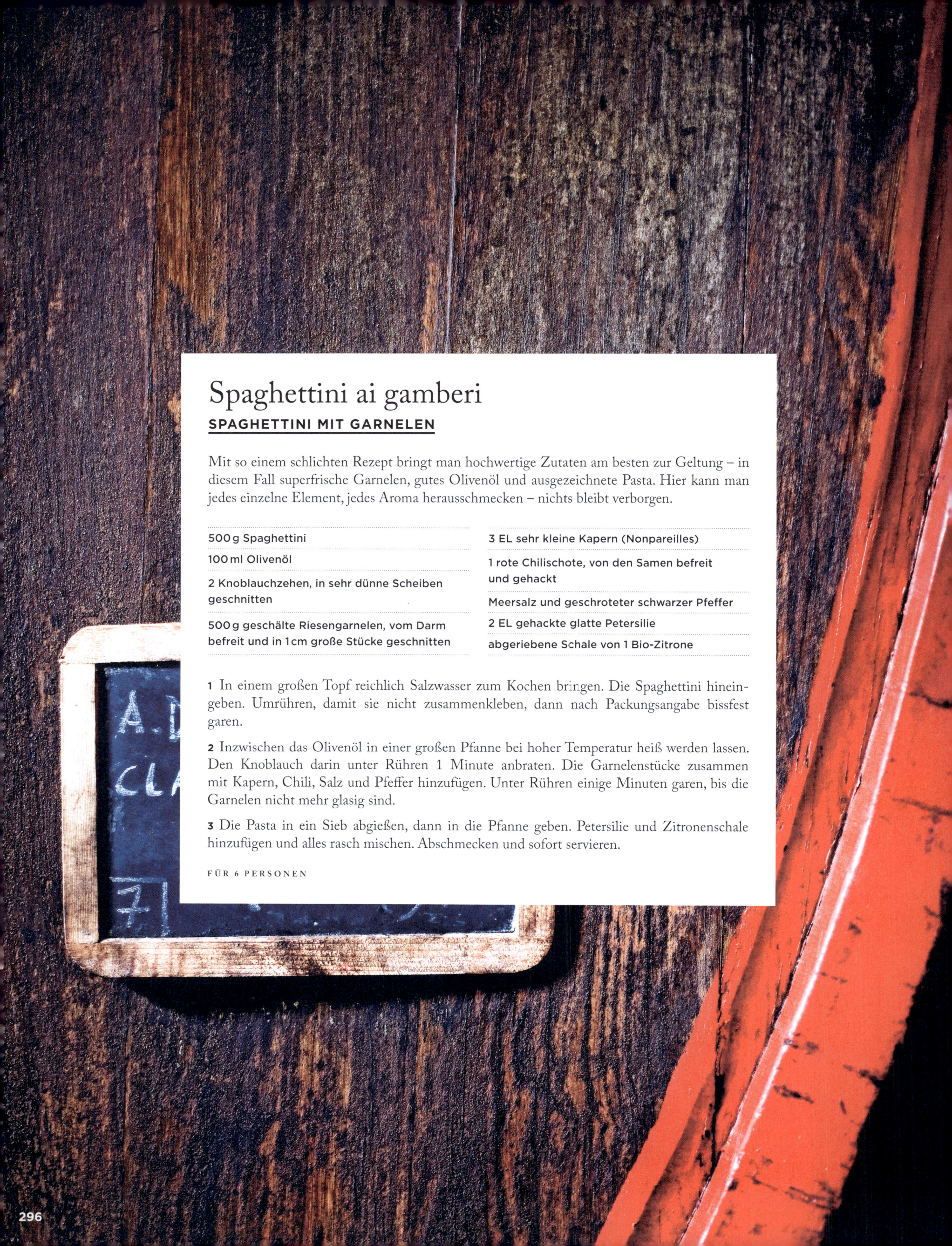

Spaghettini ai gamberi

SPAGHETTINI MIT GARNELEN

Mit so einem schlichten Rezept bringt man hochwertige Zutaten am besten zur Geltung – in diesem Fall superfrische Garnelen, gutes Olivenöl und ausgezeichnete Pasta. Hier kann man jedes einzelne Element, jedes Aroma herausschmecken – nichts bleibt verborgen.

- 500 g Spaghettini
- 100 ml Olivenöl
- 2 Knoblauchzehen, in sehr dünne Scheiben geschnitten
- 500 g geschälte Riesengarnelen, vom Darm befreit und in 1 cm große Stücke geschnitten
- 3 EL sehr kleine Kapern (Nonpareilles)
- 1 rote Chilischote, von den Samen befreit und gehackt
- Meersalz und geschroteter schwarzer Pfeffer
- 2 EL gehackte glatte Petersilie
- abgeriebene Schale von 1 Bio-Zitrone

1 In einem großen Topf reichlich Salzwasser zum Kochen bringen. Die Spaghettini hineingeben. Umrühren, damit sie nicht zusammenkleben, dann nach Packungsangabe bissfest garen.

2 Inzwischen das Olivenöl in einer großen Pfanne bei hoher Temperatur heiß werden lassen. Den Knoblauch darin unter Rühren 1 Minute anbraten. Die Garnelenstücke zusammen mit Kapern, Chili, Salz und Pfeffer hinzufügen. Unter Rühren einige Minuten garen, bis die Garnelen nicht mehr glasig sind.

3 Die Pasta in ein Sieb abgießen, dann in die Pfanne geben. Petersilie und Zitronenschale hinzufügen und alles rasch mischen. Abschmecken und sofort servieren.

FÜR 6 PERSONEN

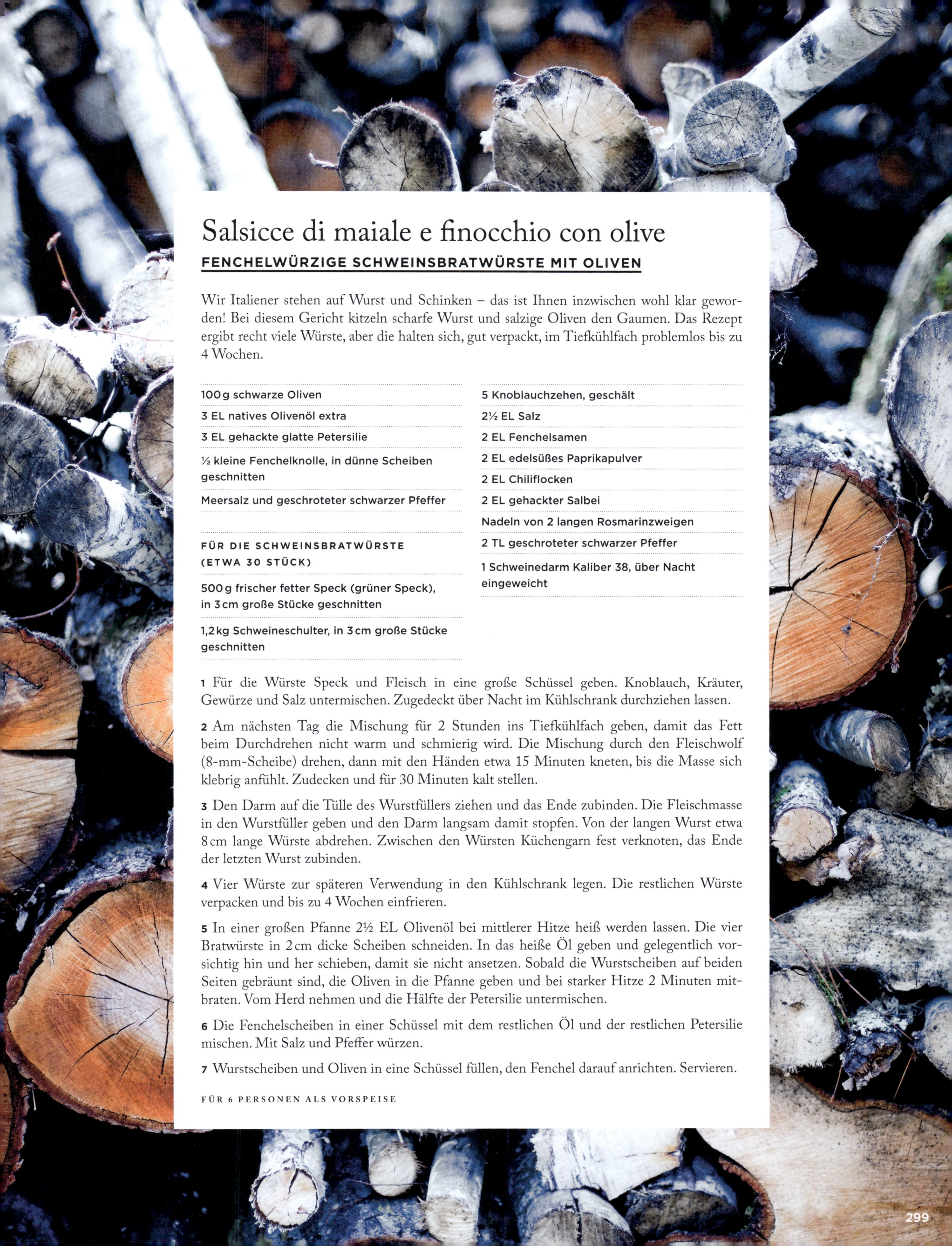

Salsicce di maiale e finocchio con olive

FENCHELWÜRZIGE SCHWEINSBRATWÜRSTE MIT OLIVEN

Wir Italiener stehen auf Wurst und Schinken – das ist Ihnen inzwischen wohl klar geworden! Bei diesem Gericht kitzeln scharfe Wurst und salzige Oliven den Gaumen. Das Rezept ergibt recht viele Würste, aber die halten sich, gut verpackt, im Tiefkühlfach problemlos bis zu 4 Wochen.

- 100 g schwarze Oliven
- 3 EL natives Olivenöl extra
- 3 EL gehackte glatte Petersilie
- ½ kleine Fenchelknolle, in dünne Scheiben geschnitten
- Meersalz und geschroteter schwarzer Pfeffer

FÜR DIE SCHWEINSBRATWÜRSTE (ETWA 30 STÜCK)

- 500 g frischer fetter Speck (grüner Speck), in 3 cm große Stücke geschnitten
- 1,2 kg Schweineschulter, in 3 cm große Stücke geschnitten
- 5 Knoblauchzehen, geschält
- 2½ EL Salz
- 2 EL Fenchelsamen
- 2 EL edelsüßes Paprikapulver
- 2 EL Chiliflocken
- 2 EL gehackter Salbei
- Nadeln von 2 langen Rosmarinzweigen
- 2 TL geschroteter schwarzer Pfeffer
- 1 Schweinedarm Kaliber 38, über Nacht eingeweicht

1 Für die Würste Speck und Fleisch in eine große Schüssel geben. Knoblauch, Kräuter, Gewürze und Salz untermischen. Zugedeckt über Nacht im Kühlschrank durchziehen lassen.

2 Am nächsten Tag die Mischung für 2 Stunden ins Tiefkühlfach geben, damit das Fett beim Durchdrehen nicht warm und schmierig wird. Die Mischung durch den Fleischwolf (8-mm-Scheibe) drehen, dann mit den Händen etwa 15 Minuten kneten, bis die Masse sich klebrig anfühlt. Zudecken und für 30 Minuten kalt stellen.

3 Den Darm auf die Tülle des Wurstfüllers ziehen und das Ende zubinden. Die Fleischmasse in den Wurstfüller geben und den Darm langsam damit stopfen. Von der langen Wurst etwa 8 cm lange Würste abdrehen. Zwischen den Würsten Küchengarn fest verknoten, das Ende der letzten Wurst zubinden.

4 Vier Würste zur späteren Verwendung in den Kühlschrank legen. Die restlichen Würste verpacken und bis zu 4 Wochen einfrieren.

5 In einer großen Pfanne 2½ EL Olivenöl bei mittlerer Hitze heiß werden lassen. Die vier Bratwürste in 2 cm dicke Scheiben schneiden. In das heiße Öl geben und gelegentlich vorsichtig hin und her schieben, damit sie nicht ansetzen. Sobald die Wurstscheiben auf beiden Seiten gebräunt sind, die Oliven in die Pfanne geben und bei starker Hitze 2 Minuten mitbraten. Vom Herd nehmen und die Hälfte der Petersilie untermischen.

6 Die Fenchelscheiben in einer Schüssel mit dem restlichen Öl und der restlichen Petersilie mischen. Mit Salz und Pfeffer würzen.

7 Wurstscheiben und Oliven in eine Schüssel füllen, den Fenchel darauf anrichten. Servieren.

FÜR 6 PERSONEN ALS VORSPEISE

Cavolo nero toscano al pangrattato

SCHWARZKOHL MIT SEMMELBRÖSELN

Der Schwarzkohl, Cavolo nero, ist ein erstaunlich vielseitiges Gemüse. Man kann ihn schmoren und als Beilage servieren oder einen deftigen Eintopf daraus zubereiten. Mit Olivenöl, Semmelbröseln und Ricotta salata verwandelt er sich in einen Salat, zu dem ich von den Aromen der Toskana inspiriert wurde. Besonders gut passt er zu Kaninchen oder Huhn.

- 150 g helles Sauerteigbrot (gern vom Vortag), entrindet und in 2 cm große Stücke geschnitten
- 1 Bund Schwarzkohl
- 2½ EL Olivenöl
- ½ Zwiebel, fein gewürfelt
- 2 Knoblauchzehen, fein gehackt
- ½ TL Chiliflocken
- Meersalz und geschroteter schwarzer Pfeffer
- abgeriebene Schale und Saft von 1 Bio-Zitrone
- 25 ml natives Olivenöl extra
- 100 g Ricotta salata

1 Den Backofen auf 150 °C vorheizen. Die Brotscheiben auf ein Backblech legen und im heißen Ofen 30 Minuten trocknen.

2 Die Stiele von den Kohlblättern trennen, von dicken Enden befreien und in dünne Scheiben schneiden. Die Blätter in feine Streifen schneiden.

3 In einem Topf Salzwasser zum Kochen bringen. Die Stiele darin 2–3 Minuten garen. Die Blätter dazugeben und 5 Minuten mitgaren, bis sie weich sind. In ein Sieb abgießen und zum Abkühlen auf einem großen Tablett ausbreiten.

4 Das Öl in einer großen Pfanne bei schwacher bis mittlerer Temperatur erhitzen. Die Zwiebel mit Knoblauch und Chili darin anbraten. Abkühlen lassen.

5 Das Brot mit der Zwiebelmischung in den Mixer geben und in Intervallen zu groben Bröseln verarbeiten. Salz, Pfeffer und Zitronenschale untermischen.

6 Die Bröselmischung mit Zitronensaft und nativem Olivenöl zum Kohl geben und behutsam untermischen. Den Kohl auf einer Platte anrichten und großzügig Ricotta salata darüberhobeln.

FÜR 6 PERSONEN ALS BEILAGE

Torta all'olio d'oliva

OLIVENÖLKUCHEN

Diesen Kuchen backe ich immer wieder gern, zu Hause ebenso wie in meinen Restaurants. Dafür verwende ich die beiden besten toskanischen Zutaten: Vin santo und Olivenöl. Vin santo (heiliger Wein) ist ein süßer, bernsteinfarbener Dessertwein. Oft wird er als Digestif mit *cantucci* (Mandelkeksen) zum Eintunken serviert. Hier allerdings aromatisiere ich den saftigen Olivenölkuchen damit.

- 5 Eigelb
- 175 g plus 75 g feiner Zucker
- 1 EL abgeriebene Schale von 1 Bio-Zitrone
- 200 g Mehl, gesiebt, plus Mehl für die Form
- ½ TL Salz
- 125 ml Vin santo
- 125 ml Olivenöl plus Öl für die Form
- 7 Eiweiß
- geschlagene Sahne zum Servieren (nach Belieben)

1 Den Backofen auf 170 °C vorheizen. Eine Springform (24 cm Ø) fetten und mit Mehl ausstreuen.

2 Die Eigelbe mit 175 g Zucker in der Küchenmaschine schaumig schlagen. Zitronenschale, Mehl und Salz hinzufügen und auf niedriger Stufe untermischen. Auf mittlerer Stufe Vin santo und Olivenöl in dünnem Strahl dazugießen und unterarbeiten.

3 Die Eiweiße mit 75 g Zucker zu nicht zu steifem Schnee schlagen. Den Eischnee unter die Masse heben.

4 Die Masse in die vorbereitete Form füllen. 25–30 Minuten backen. Für die Garprobe einen Holzspieß in den Kuchen stechen: Er ist fertig, wenn der Spieß sauber wieder herauskommt. Aus dem Ofen nehmen und in der Form abkühlen lassen.

5 Den Kuchen mit Raumtemperatur servieren, nach Belieben mit etwas Schlagsahne. Dazu passt ein Gläschen Vin santo.

FÜR 6–8 PERSONEN

ANTICA MACELLERIA CECCHINI

DARIO CECCHINI

WENN MAN VOR DEM EINFACHEN LADENSCHILD VON DARIO CECCHINIS METZGEREI IN DEM MALERISCHEN STÄDTCHEN PANZANO IM CHIANTI STEHT, KÄME MAN NICHT AUF DIE IDEE, DASS ER DER BERÜHMTESTE METZGER ITALIENS – VIELLEICHT SOGAR DER GANZEN WELT – IST. ÜBER DEN CHARISMATISCHEN DARIO BERICHTEN ZEITUNGSARTIKEL VON NEW YORK BIS HONGKONG, UND ER ZÄHLT JAMIE OLIVER, STING, JACK NICHOLSON UND ELTON JOHN ZU SEINEN ZUFRIEDENEN KUNDEN.

Die Familie von Dario Cecchini hat mehr als 250 Jahre Erfahrung im Fleischergewerbe. Er selbst vertritt die achte Generation und ist seit 37 Jahren Metzger aus Leidenschaft. Sein umfangreiches Wissen über Lebensmittel verdankt er zum großen Teil der geliebten Großmutter, und er ist stolz darauf, *artigiano* (Handwerker) zu sein.

Dario ist ein großer Mann mit einer großen Persönlichkeit und einem großen Herz. 2011 hatte ich die Gelegenheit, mit ihm in Australien zu arbeiten, wo er als Gast vom Grossi Florentino beim Melbourne Food and Wine Festival auftrat. Ich verbrachte zwei Tage mit ihm und seiner schönen Frau Kim bei der Vorbereitung eines besonderen Essens für den Sonntagabend. Wir trafen uns am Vormittag im Restaurant, um schnell etwas Fleisch zu braten und gemeinsam zu Mittag zu essen. Dabei hörten wir Opernmusik und Dario kam nicht umhin, immer wieder einmal mitzusingen. Das Abendessen war natürlich ein großer Erfolg. Gäste aus ganz Australien freuten sich, Dario zu sehen und einige seiner Produkte zu probieren.

Als wir nun in seiner Heimatstadt eintreffen, bin ich sehr gespannt. Dario hat das Familiengeschäft (das im Zweiten Weltkrieg zerstört worden war) neu aufgebaut und so gestaltet, dass es wie eine Metzgerei im 19. Jahrhundert aussieht. Es gibt große Marmortische und alte Hackklötze aus Eiche. Dario selber ragt hoch auf hinter seiner Theke, weil er von einem erhöhten Podest aus arbeitet. In der Antica Macelleria Cecchini ist das Einkaufen eine sinnliche Erfahrung, die leicht mehrere Stunden dauern kann. Sobald man den Laden betritt, der immer voller Kundschaft ist, wird man von dem herrlichen Duft von Schinken und anderem luftgetrocknetem Fleisch überwältigt. Manchmal wird man aber auch von Klängen überwältigt, denn Darios hochmoderne Tonanlage kann von Verdi bis Disco alles spielen. Während man darauf wartet, bedient zu werden, darf man sich aus einer großzügigen Auswahl von Wein, Salami, Porchetta und Darios *burro del chianti* (Schweineschmalz mit Essig, Knoblauch und Rosmarin) bedienen, die auf einem Tisch an der Wand bereitsteht. Das spiegelt Darios Philosophie wider: »Zuerst brechen wir Brot zusammen« – das heißt, zuerst entwickeln wir eine Beziehung, dann machen wir Geschäfte.

Dario weiß alles, was man über Fleisch wissen kann, angefangen von der besten Methode, Kühe aufzuziehen, bis zum optimalen Schnitt für den fertigen Braten. Er hegt großen Respekt für das Tier und er betont immer wieder, der wichtigste Teil des ganzen Geschäfts sei für ihn, dass das Tier ein glückliches Leben hatte. Mit seiner großen Erfahrung kann er durch einen Blick auf das Fleisch erkennen, wie ein Tier aufgezogen wurde. Sein Respekt für das Lebewesen kommt auch in der Überzeugung zum Ausdruck, dass man jedes Teil von ihm verwerten müsse, vom Kopf bis zum Schwanz, und in seinem Bemühen um den besten Schnitt für jedes Stück Fleisch. Wer bei Dario Fleisch kauft, bekommt Ratschläge dazu, wie man es am besten zubereitet und serviert, oft mit Rezepten als Dreingabe.

Neben dem Geschäft betreibt Dario mehrere Restaurants. Wir essen fantastisch im Solociccia (nur Fleisch), das dem Laden direkt gegenüber liegt – Dario kommt herüber, um uns zu umarmen. Dort bekommt man ein Menü aus sechs Fleischgängen mit Gemüse, Brot und Wein an einem langen Gemeinschaftstisch – *convivio* (gesellig), wie er es nennt. Die Gerichte sind rustikal und solide, die Karte enthält Spezialitäten wie Schweinskopfsülze. Außerdem betreibt Dario die Officina della Bistecca, wo die Gäste gebeten werden, »pünktlich und mit leerem Magen« zu erscheinen, und schließlich das Mac Dario, wo er seine Interpretation des Hamburgers serviert.

Dario ist ein Fleischer aus Leidenschaft und es ist eine Freude, jemanden wie ihn zu erleben. Falls Sie je in die Gegend kommen, rate ich Ihnen dringend, der Antica Macelleria Cecchini einen Besuch abzustatten – ein Erlebnis, das Sie nie vergessen werden.

Dario ist stolz darauf, ein *artigiano* (Handwerker) zu sein, und er pflegt seine Kunst nach Kräften.

CECCHINI

ANTICA MACELLERIA
CECCHINI

ANTICA MACELLERIA
CECCHINI

Porchetta

TOSKANISCHER SCHWEINEBRATEN

Wer Darios Geschäft betritt, wird sofort von seiner Gastfreundschaft überwältigt. Ein Tisch biegt sich unter Wein und Crostini, an denen man sich erfreuen kann, während man die Auslagen studiert und mit Dario und Kim plaudert. Auf diesem Tisch liegt üblicherweise auch ein Stück Porchetta, der berühmte toskanische Schweinerollbraten. Hier ist meine Version dieser regionalen Spezialität. Mit der Zubereitung müssen Sie am Vortag beginnen.

- ½ TL Fenchelsamen
- ½ TL geschroteter schwarzer Pfeffer
- ½ TL Chiliflocken
- Nadeln von 2 Rosmarinzweigen, gehackt
- Blätter von ½ Bund Salbei, gehackt
- Meersalz
- 3 kg Schweineschulter mit Schwarte, ohne Knochen
- 2½ EL Olivenöl

1 Die Fenchelsamen mit Pfeffer, Chiliflocken, Rosmarin, Salbei und 1 EL Salz mischen. Das Fleisch mit der Schwarte nach unten auf ein Schneidebrett legen und mit der Würzmischung bestreuen. Das Fleisch aufrollen.

2 Vier Stücke Küchengarn – so lang, dass man sie um den Braten binden kann – auf die Arbeitsfläche legen. Den aufgerollten Braten daraufsetzen. Die Stücke um den Braten führen und verknoten, damit der Braten beim Garen die Form behält. Die Schwarte mit Salz würzen und den Braten unbedeckt für 24 Stunden zum Trocknen in den Kühlschrank legen.

3 Den Backofen auf 170 °C vorheizen. Den Braten mit der Naht nach unten auf einem Gitter in eine ofenfeste Form setzen. Mit Olivenöl beträufeln und 3 Stunden braten, bis das Fleisch mürbe und durchgegart und die Schwarte knusprig ist, dabei nach der Hälfte der Garzeit wenden.

4 Den Braten vor dem Anschneiden 10 Minuten ruhen lassen.

FÜR 8 PERSONEN

Posteitaliane PT
PT

Ramerino in culo

FLEISCHBÄLLCHEN MIT ROSMARIN

Dario ist gesellig und lacht gern. Und so hatten wir viel Spaß, als wir am Gemeinschaftstisch diese Happen herumreichten. *Ramerino in culo* hat nämlich wörtlich übersetzt eine sehr amüsante Bedeutung.

- 600 g Rindertatar
- 2 Knoblauchzehen, gehackt
- 1 EL gehackter Salbei
- 1 EL gehackte glatte Petersilie
- 1 Ei
- 1½ EL Weißwein
- Meersalz und geschroteter schwarzer Pfeffer
- 1 Bund Rosmarin
- 2 EL Olivenöl

1 Das Fleisch mit Knoblauch, Salbei, Petersilie, Ei, Weißwein, Salz und Pfeffer in eine große Schüssel geben und alles mit den Händen gut verkneten.

2 Aus dem Teig etwa 24 golfballgroße Klößchen formen und in jedes einen kleinen Rosmarinzweig stecken.

3 Das Olivenöl in einer großen Pfanne bei hoher Temperatur erhitzen. Die Fleischbällchen darin 1–2 Minuten braten. Sie sollten außen gebräunt, aber innen noch roh sein.

4 Mit etwas Bratfett beträufelt servieren.

FÜR 6–8 PERSONEN

Testina di maiale in gelatina

SCHWEINSKOPFSÜLZE

Vor Jahren zeigte mir mein Vater, wie man Schweinskopfsülze zubereitet. Gerichte wie dieses kommen meiner Philosophie entgegen: Ich will das ganze Tier verwerten, damit nichts verschwendet wird. Und ich schätze das langsame Garen, das den Zutaten reichlich Zeit gibt, sich zu verbinden, und die Aromen zur Entfaltung bringt. Bleibt noch das Glücksgefühl, etwas zu essen, das man komplett selbst gemacht hat. Von Darios Sülze war ich begeistert. Nun hoffe ich, dass Ihnen meine Version schmeckt – mit Salsa verde, Senffrüchten und frischem Brot ist sie besonders gut. Den Schweinekopf unbedingt vorbestellen.

- ½ Schweinekopf (etwa 2 kg)
- 3 Zwiebeln, geschält
- 3 Möhren, geschält
- 4 Stangen Sellerie, halbiert
- 6 Knoblauchzehen, geschält
- 3 Lorbeerblätter
- 1 rote Chilischote, von den Samen befreit und halbiert
- 6 schwarze Pfefferkörner
- Meersalz und geschroteter schwarzer Pfeffer
- 150 g Gewürzgurken, fein gewürfelt
- 1 große Handvoll glatte Petersilienblätter, gehackt
- 150 g Dijonsenf

1 Den halben Schweinekopf mit Zwiebeln, Möhren, Sellerie, Knoblauch, Lorbeer, Chili, Pfefferkörnern und 3 EL Meersalz in einen großen Topf geben und mit reichlich Wasser bedecken. Aufkochen und 8 Stunden sehr schwach köcheln lassen.

2 Kopf und Gemüse abgießen, dabei 125 ml Brühe auffangen. Den Kopf etwas abkühlen lassen. Lebensmittelechte Einweghandschuhe anziehen. Fleisch einschließlich Backe und Zunge sowie die Haut vom Kopf lösen, zerkleinern und in eine große Schüssel geben.

3 Das Gemüse in 1 cm große Würfel schneiden und ebenfalls in die Schüssel geben. Gewürzgurken, Petersilie, Senf, die aufgefangene Brühe, Salz und Pfeffer untermischen.

4 Eine Terrinenform (35 × 7 × 6 cm) ausfetten und mit Frischhaltefolie auskleiden. Die Fleischmischung hineingeben, glatt streichen und mit Frischhaltefolie bedecken. Über Nacht kalt stellen, damit die im Schweinekopf natürlich vorkommende Gelatine fest werden kann.

5 Die Sülze in sehr dünne Scheiben schneiden und servieren.

FÜR 8 PERSONEN

"RIDOTTA INVALIDA
PREFERÌ LA MORTE"
IN MEMORIA
DELLA
BISTECCA
ALLA FIORENTINA
SCOMPARSA PREMATURAMENTE
IL 31 MARZO 2001
LE MIE PREGHIERE ALFIN FURONO ACCOLTE
TORNA LA FIORENTINA E BEN CI AZZECCA
INVALIDA MORÌ
VISSE DUE VOLT
E INFATTI IL NOM
COM'È:
BISTECCA!
ALBERTO SEVERI PER DARIO C CCHINI IL 1 GENNAIO 2006

PORCINI

STEINPILZE

NATURBOSCO

PORCINI GEHÖREN ZU DEN MEISTGESUCHTEN ZUTATEN DER ITALIENISCHEN KÜCHE. DIE FIRMA NATURBOSCO IN AREZZO WIDMET SICH SEIT MEHR ALS 25 JAHREN DER VERARBEITUNG UND DEM VERTRIEB DER FEINEN PILZE.

Mit seinem einzigartig erdigen und intensiven Geschmack gilt der Steinpilz in Italien als »König der Pilze«. Die hochgeschätzten Porcini verleihen vielen Gerichten einen wundervollen Geschmack, etwa Suppen, Pastasaucen und Risotto.

Steinpilze kommen sowohl frisch als auch getrocknet auf den Markt. Frische Pilze sollten möglichst sofort zubereitet werden, getrocknete muss man vor der Verwendung für kurze Zeit in lauwarmem Wasser einweichen. In Italien werden frische Steinpilze im Allgemeinen möglichst einfach zubereitet, häufig nur gegrillt, mit ein bisschen Olivenöl und Petersilie – ein Gericht, das als »Steak des armen Mannes« bekannt ist. Frisch gesammelte Pilze schmecken auch roh als Salat ganz hervorragend. Das Pilzesammeln ist hier so etwas wie ein Volkssport, und wer an einem Wochenende im Herbst durch die toskanischen Hügel fährt, stößt am Straßenrand immer wieder auf erfolgreiche Sammler, die ihre Funde für relativ bescheidene Beträge zum Kauf anbieten. In meinen Restaurants greife ich in der Regel auf getrocknete Steinpilze aus Italien zurück. Während des Trocknungsprozesses wird der herrliche Geschmack noch intensiver und kräftiger und die trockenen Porcini lassen sich gut transportieren und aufbewahren.

Die im Jahr 1986 gegründete Firma Naturbosco in Arezzo vertreibt Steinpilze und verarbeitet sie zu einer Vielzahl von Produkten. Filippo Ceruti und seine Tochter Martina führen uns durch die Verpackungsanlage und lassen uns an ihrem umfangreichen Wissen über diese begehrte Zutat teilhaben. Der echte Steinpilz, *Boletus edulis*, gehört zu einer Gattung von Röhrlingen, die schwer zu unterscheiden sind. Die einzelnen Arten werden nach den jeweiligen Bäumen benannt, unter denen sie wachsen, wie Birkenpilz oder Maronenpilz, der Sommersteinpilz gedeiht unter Eichen. Als wertvollster von allen gilt der echte Steinpilz, der im Herbst und Winter Saison hat. Bisher ist es nicht gelungen, Steinpilze zu züchten, sodass auch die Cerutis nur in der Natur gesammeltes Material verarbeiten.

Naturbosco betreibt in Arezzo auch ein Geschäft, in dem die Pilze direkt an Endverbraucher verkauft werden. Außerdem gibt es hier getrocknete Porcini, Tiefkühl-Porcini, Porcini in Öl und Porcini-Produkte wie Saucen, Pasten und Aufstriche. Ich verwende in meiner Küche sehr gern Steinpilze, und während unseres Besuchs nutze ich die Gelegenheit, eine Reihe hervorragender Erzeugnisse zu probieren, die sich bestimmt früher oder später in der ein oder anderen Form auf den Speisekarten meiner Restaurants wiederfinden werden.

Der Steinpilz gilt in Italien unangefochten als »König der Pilze«.

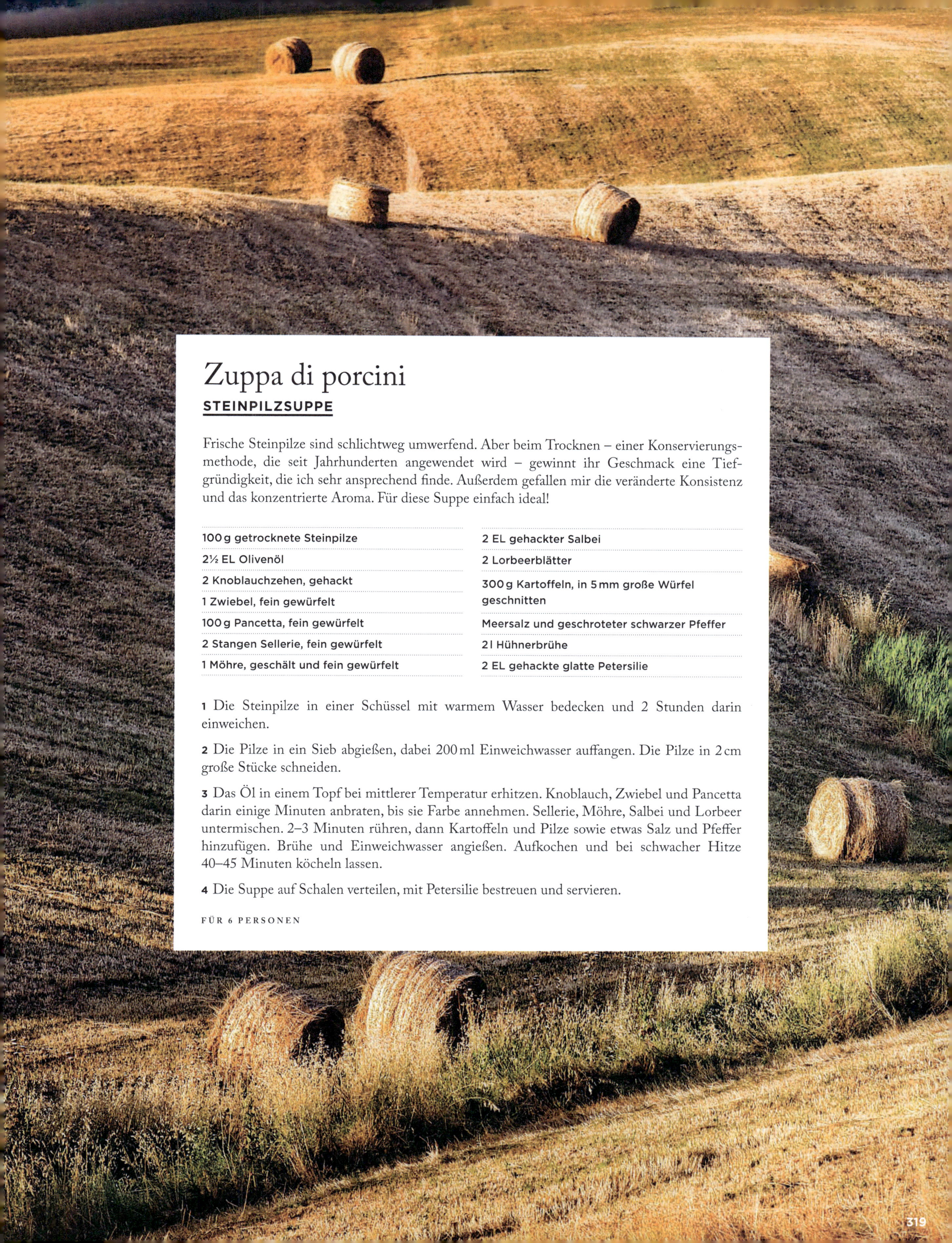

Zuppa di porcini

STEINPILZSUPPE

Frische Steinpilze sind schlichtweg umwerfend. Aber beim Trocknen – einer Konservierungsmethode, die seit Jahrhunderten angewendet wird – gewinnt ihr Geschmack eine Tiefgründigkeit, die ich sehr ansprechend finde. Außerdem gefallen mir die veränderte Konsistenz und das konzentrierte Aroma. Für diese Suppe einfach ideal!

- 100 g getrocknete Steinpilze
- 2½ EL Olivenöl
- 2 Knoblauchzehen, gehackt
- 1 Zwiebel, fein gewürfelt
- 100 g Pancetta, fein gewürfelt
- 2 Stangen Sellerie, fein gewürfelt
- 1 Möhre, geschält und fein gewürfelt
- 2 EL gehackter Salbei
- 2 Lorbeerblätter
- 300 g Kartoffeln, in 5 mm große Würfel geschnitten
- Meersalz und geschroteter schwarzer Pfeffer
- 2 l Hühnerbrühe
- 2 EL gehackte glatte Petersilie

1 Die Steinpilze in einer Schüssel mit warmem Wasser bedecken und 2 Stunden darin einweichen.

2 Die Pilze in ein Sieb abgießen, dabei 200 ml Einweichwasser auffangen. Die Pilze in 2 cm große Stücke schneiden.

3 Das Öl in einem Topf bei mittlerer Temperatur erhitzen. Knoblauch, Zwiebel und Pancetta darin einige Minuten anbraten, bis sie Farbe annehmen. Sellerie, Möhre, Salbei und Lorbeer untermischen. 2–3 Minuten rühren, dann Kartoffeln und Pilze sowie etwas Salz und Pfeffer hinzufügen. Brühe und Einweichwasser angießen. Aufkochen und bei schwacher Hitze 40–45 Minuten köcheln lassen.

4 Die Suppe auf Schalen verteilen, mit Petersilie bestreuen und servieren.

FÜR 6 PERSONEN

Spalla di vitello con porcini

GESCHMORTE KALBSSCHULTER MIT STEINPILZEN

Ein Gericht, das Eindruck macht. Während der langen Garzeit nimmt die Steinpilzsauce ein schönes, intensives Aroma an. Kalbsschulter eignet sich zum Schmoren besonders gut, weil sie viel Bindegewebe enthält und deshalb beim Garen nicht austrocknet. Sie können das Gericht im Voraus zubereiten und bei Bedarf erwärmen. Falls Ihr Schmortopf für den Braten zu klein ist, garen Sie das Fleisch einfach in einer ofenfesten Form, die Sie locker mit Backpapier und Alufolie abdecken.

- 1 Milchkalbschulter ohne Knochen (etwa 1,5 kg)
- Meersalz und geschroteter schwarzer Pfeffer
- Nadeln von 2 Rosmarinzweigen
- 5 Salbeiblätter
- 2 EL Olivenöl

FÜR DIE STEINPILZSAUCE

- 100 g getrocknete Steinpilze
- 2½ EL Olivenöl
- 1 Zwiebel, gewürfelt
- 3 Knoblauchzehen, gehackt
- 1 große Handvoll Salbeiblätter, gehackt
- 200 ml Weißwein
- Meersalz und geschroteter schwarzer Pfeffer

1 Drei Stücke Küchengarn (je 20 cm lang) im Abstand von 5 cm auf ein Schneidebrett legen. Das Fleisch mit der Innenseite nach oben darauflegen, salzen und pfeffern. Rosmarin und Salbei als Längsstreifen mittig auf das Fleisch geben und das Fleisch mit dem Garn zusammenbinden.

2 Das Öl in einer großen Pfanne bei hoher Temperatur erhitzen. Das Fleisch darin anbraten.

3 Die Pilze in reichlich warmem Wasser 20 Minuten einweichen. In ein Sieb abgießen und dabei 1 l Einweichwasser auffangen.

4 Den Backofen auf 170 °C vorheizen. Das Öl in einem ofenfesten Schmortopf erhitzen. Zwiebel und Knoblauch darin in ein paar Minuten Farbe annehmen lassen. Pilze und Salbei dazugeben. Einige Minuten rühren, dann mit dem Wein ablöschen. Aufkochen lassen. Das Fleisch in den Topf geben, salzen und pfeffern. Das Einweichwasser angießen und zum Kochen bringen. Den Topf vom Herd nehmen und den Deckel auflegen. Für 2½ Stunden in den Ofen stellen, bis das Fleisch sich leicht mit einer Messerspitze einstechen lässt.

5 Das Fleisch herausnehmen, die Fäden entfernen. Aufschneiden und mit der Sauce servieren.

FÜR 6 PERSONEN

GELATERIA DI PIAZZA

SERGIO DONDOLI

SERGIO DONDOLI IST INHABER DER GELATERIA DI PIAZZA IN SAN GIMIGNANO. BEGEISTERT VON SEINER HEIMATSTADT UND SEINEM HANDWERK, BEREIST DER MAESTRO GELATIERE DIE GANZE WELT, UM VORTRÄGE ZU HALTEN UND KURSE ZU GEBEN, IN DENEN ER NICHT MÜDE WIRD, DIE VORZÜGE BEIDER ZU PREISEN.

Ich bin auf dem Weg nach San Gimignano, um Sergio Dondoli kennenzulernen. Als Inhaber der berühmten Gelateria di Piazza verkauft er jeden Tag unglaubliche 400 Kilo Eis! Außerdem war er in zahlreichen Fernsehsendungen präsent, taucht prominent in jedem Toskanaführer auf, der etwas taugt, und gehörte zweimal dem italienischen Team an, das die Weltmeisterschaft der Gelatieri gewonnen hat. (Wären Sie da nicht auch schrecklich gern in der Jury gewesen?)

Als wir in der Gelateria di Piazza eintreffen, die sich im Erdgeschoss eines historischen Wohnturms am Hauptplatz befindet, drängen sich im Laden wie üblich die Kunden. Mindestens sechs Angestellte arbeiten auf Hochtouren, um alle Wünsche zu erfüllen. Als Sergio uns begrüßt, weiß ich sofort, dass meine Erwartungen nicht enttäuscht werden. Er ist wirklich eine Persönlichkeit – eine beeindruckende Erscheinung und mit Abstand einer der lustigsten Menschen, die wir auf unserer Reise kennenlernen.

Die Eistheke in der Gelateria di Piazza enthält eine unglaubliche Sortenvielfalt, vom guten alten Schokoladeneis (darunter eine Sorte mit Amedei-Schokolade, angeblich der besten der Welt) bis hin zu weniger bekannten Kompositionen wie Himbeere mit Rosmarin oder Grapefruit mit Prosecco oder, ausgesprochen überraschend, Gorgonzola mit Walnuss. Sergio erzählt mir, dass er auch schon Garneleneis produziert hat. Allein der Blick in die Theke lässt mir das Wasser im Mund zusammenlaufen, aber probieren ist noch besser!

Es ist eine Ehre, von Sergio in die Küche gebeten zu werden, wo ich dem Eis-Maestro über die Schulter schauen darf. Er zeigt uns, wie er eine seiner Spezialitäten herstellt, Crema di Santa Fina, für die er reichlich Sahne, Safran (für den San Gimignano berühmt ist) und Pinienkerne verbraucht. Als ich ihn nach dem Geheimnis seines Erfolgs frage, antwortet er mit Nachdruck, es sei eine Kombination aus Leidenschaft, Neugier und technischem Know-how. Sergio benutzt nur natürliche Zutaten – keine künstlichen Aroma- oder Konservierungsstoffe, viel Sahne und Eigelb, um eine perfekte Geschmacksfülle und Konsistenz zu erzielen.

Wie so viele der Menschen, die wir auf dieser Reise kennenlernen, erweist sich Sergio als ungeheuer gastfreundlich. Er besteht darauf, uns in seine Wohnung mitzunehmen, nur ein paar Minuten Fußweg vom Geschäft entfernt. Bei einem Glas Wein genießen wir hier atemberaubende Ausblicke in die toskanische Landschaft. Was für ein Tag. Kann es überhaupt noch besser werden?

Das Geheimnis von Sergios Erfolg? Leidenschaft, Neugier und technische Perfektion.

Sorbetto ai lamponi e gelato alla vaniglia

HIMBEERSORBET UND VANILLEEISCREME

Wenn es aus guten Zutaten mit Sorgfalt hergestellt ist – so wie in Sergios berühmter Gelateria di Piazza –, ziehe ich Vanilleeis allen anderen Sorten vor. Ich kombiniere es gern mit einem fruchtigen Sorbet. Für die Zubereitung brauchen Sie ein Zuckerthermometer.

frische Minze zum Garnieren

FÜR DAS HIMBEERSORBET

500 g gefrorene Himbeeren

500 g feiner Zucker

100 g flüssige Glukose

FÜR DIE VANILLEEISCREME

12 Eigelb

230 g Zucker

450 ml Milch

Mark von 1 Vanilleschote

450 g Sahne

1 Für das Sorbet die gefrorenen Himbeeren im Mixer pürieren. Anschließend mit einem Löffelrücken durch ein Sieb passieren, um die Kernchen zu entfernen.

2 Zucker und Glukose in einem großen Topf mit 500 ml Wasser verrühren. Bei mittlerer Temperatur aufkochen, dann bei schwacher Hitze 5 Minuten köcheln lassen. Vom Herd nehmen und abkühlen lassen. Das Himbeerpüree unter den kalten Sirup mischen. Die Mischung in der Eismaschine nach Herstellerangaben zu einem Sorbet verarbeiten.

3 Für die Eiscreme mit einem Schneebesen die Eigelbe in einer Schüssel mit dem Zucker cremig rühren. Die Milch mit Vanille und Sahne aufkochen. Die heiße Mischung unter ständigem Schlagen zur Eigelbmischung gießen.

4 Durch ein Sieb in einen großen Topf gießen. Bei schwacher bis mittlerer Hitze rühren, bis die Mischung eindickt und 80 °C erreicht hat. Im Kühlschrank, möglichst über Nacht, abkühlen lassen, dann in der Eismaschine nach Herstellerangaben gefrieren lassen.

5 Sorbet- und Eiscremekugeln mit Minze garniert servieren.

ERGIBT JE ETWA 1 L

Gelato di crema Santa Fina

SANTA-FINA-EISCREME

Eine von Sergios berühmtesten Eiskreationen – total köstlich. Die Kakaobutter verleiht den karamellisierten Pinienkernen eine besondere Konsistenz, aber es funktioniert auch ohne ganz gut. Diese Eiscreme wird schnell weich – es genügt, wenn man sie direkt vor dem Servieren aus dem Tiefkühlfach nimmt. Für die Zubereitung brauchen Sie ein Zuckerthermometer.

220 g plus 2 EL feiner Zucker

125 g Pinienkerne

1 EL Kakaobutter (nach Belieben; erhältlich im Naturkostladen)

10 Safranfäden

16 Eigelb

abgeriebene Schale von 2 Bio-Orangen

250 g Sahne, halbsteif geschlagen

1 Für den Läuterzucker in einem Topf 220 g Zucker mit 250 ml Wasser zum Kochen bringen, dabei rühren, bis der Zucker sich aufgelöst hat. Die Mischung bei schwacher Hitze 2 Minuten köcheln lassen, dann vom Herd nehmen und auskühlen lassen.

2 Ein Backblech mit Backpapier auslegen. In einem kleinen Topf 75 ml Wasser mit 2 EL Zucker mischen. Bei mittlerer Temperatur auf 116 °C bringen. Die Pinienkerne in einem Topf mit schwerem Boden bei milder Hitze erwärmen. Das heiße Zuckerwasser angießen und unterrühren. 4–5 Minuten rühren, bis die Pinienkerne gut überzogen sind. Die Kakaobutter dazugeben. Den Topf vom Herd nehmen und alles gründlich mischen. Die karamellisierten Pinienkerne auf dem vorbereiteten Backblech verteilen und auskühlen lassen.

3 Läuterzucker, Safran, Eigelbe und Orangenschale in eine große Edelstahlschüssel geben und diese auf einen Topf mit köchelndem Wasser setzen. Mit einem Schneebesen 4–5 Minuten aufschlagen, bis die Mischung die Konsistenz von geschlagener Sahne hat. Sie sollte nur warm, nicht heiß werden. Die Schüssel vom Topf nehmen. 3–4 Minuten weiterschlagen, dann zum Auskühlen beiseitestellen. Die Sahne behutsam unter die kalte Creme heben. Die Mischung in der Eismaschine nach Herstellerangaben gefrieren lassen.

4 Die Hälfte der fertigen Eiscreme in einen geeigneten Behälter (2 l Inhalt) füllen. Erst die karamellisierten Pinienkerne, dann die restliche Eiscreme daraufgeben. Einfrieren.

ERGIBT ETWA 1,5 L

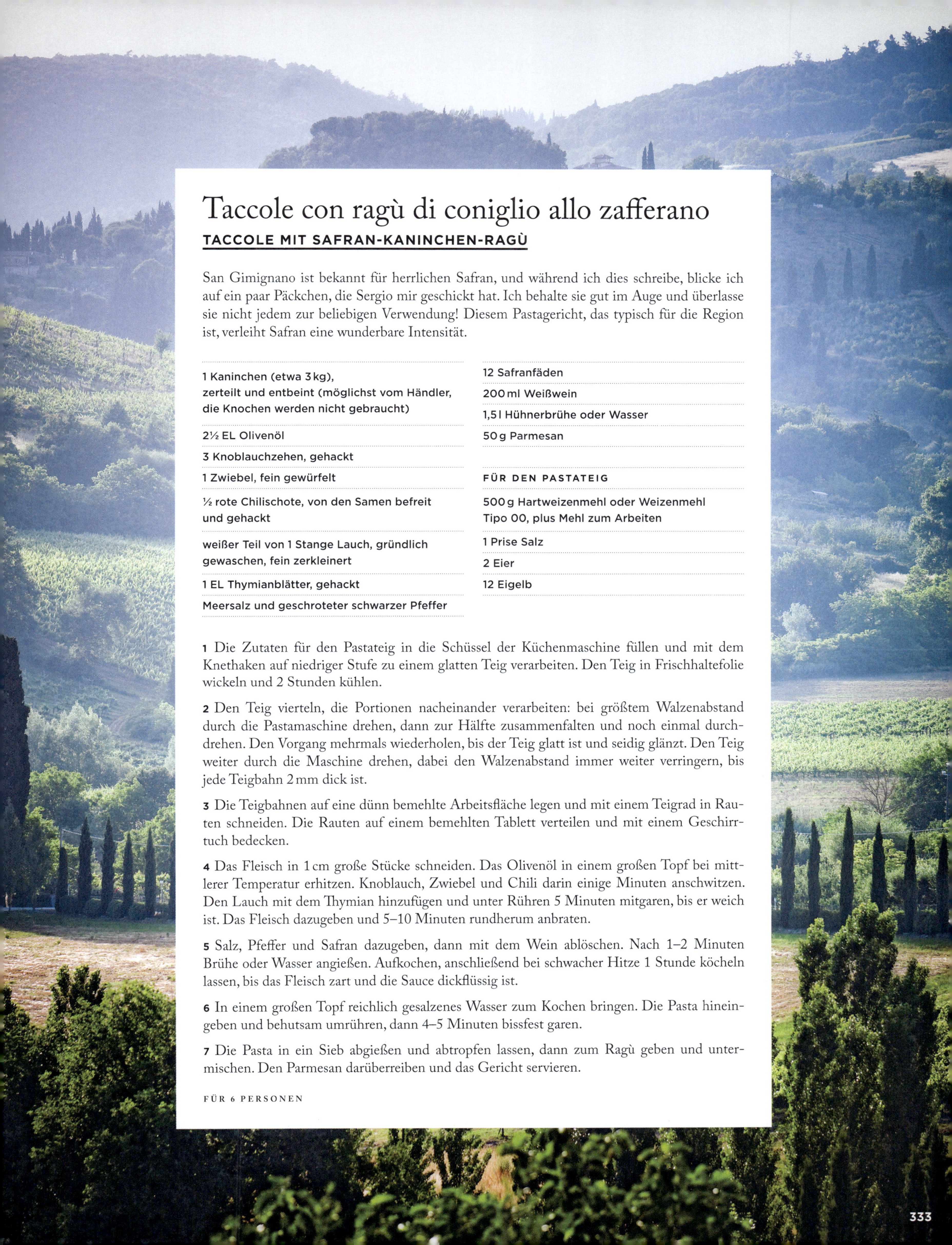

Taccole con ragù di coniglio allo zafferano

TACCOLE MIT SAFRAN-KANINCHEN-RAGÙ

San Gimignano ist bekannt für herrlichen Safran, und während ich dies schreibe, blicke ich auf ein paar Päckchen, die Sergio mir geschickt hat. Ich behalte sie gut im Auge und überlasse sie nicht jedem zur beliebigen Verwendung! Diesem Pastagericht, das typisch für die Region ist, verleiht Safran eine wunderbare Intensität.

- 1 Kaninchen (etwa 3 kg), zerteilt und entbeint (möglichst vom Händler, die Knochen werden nicht gebraucht)
- 2½ EL Olivenöl
- 3 Knoblauchzehen, gehackt
- 1 Zwiebel, fein gewürfelt
- ½ rote Chilischote, von den Samen befreit und gehackt
- weißer Teil von 1 Stange Lauch, gründlich gewaschen, fein zerkleinert
- 1 EL Thymianblätter, gehackt
- Meersalz und geschroteter schwarzer Pfeffer
- 12 Safranfäden
- 200 ml Weißwein
- 1,5 l Hühnerbrühe oder Wasser
- 50 g Parmesan

FÜR DEN PASTATEIG

- 500 g Hartweizenmehl oder Weizenmehl Tipo 00, plus Mehl zum Arbeiten
- 1 Prise Salz
- 2 Eier
- 12 Eigelb

1 Die Zutaten für den Pastateig in die Schüssel der Küchenmaschine füllen und mit dem Knethaken auf niedriger Stufe zu einem glatten Teig verarbeiten. Den Teig in Frischhaltefolie wickeln und 2 Stunden kühlen.

2 Den Teig vierteln, die Portionen nacheinander verarbeiten: bei größtem Walzenabstand durch die Pastamaschine drehen, dann zur Hälfte zusammenfalten und noch einmal durchdrehen. Den Vorgang mehrmals wiederholen, bis der Teig glatt ist und seidig glänzt. Den Teig weiter durch die Maschine drehen, dabei den Walzenabstand immer weiter verringern, bis jede Teigbahn 2 mm dick ist.

3 Die Teigbahnen auf eine dünn bemehlte Arbeitsfläche legen und mit einem Teigrad in Rauten schneiden. Die Rauten auf einem bemehlten Tablett verteilen und mit einem Geschirrtuch bedecken.

4 Das Fleisch in 1 cm große Stücke schneiden. Das Olivenöl in einem großen Topf bei mittlerer Temperatur erhitzen. Knoblauch, Zwiebel und Chili darin einige Minuten anschwitzen. Den Lauch mit dem Thymian hinzufügen und unter Rühren 5 Minuten mitgaren, bis er weich ist. Das Fleisch dazugeben und 5–10 Minuten rundherum anbraten.

5 Salz, Pfeffer und Safran dazugeben, dann mit dem Wein ablöschen. Nach 1–2 Minuten Brühe oder Wasser angießen. Aufkochen, anschließend bei schwacher Hitze 1 Stunde köcheln lassen, bis das Fleisch zart und die Sauce dickflüssig ist.

6 In einem großen Topf reichlich gesalzenes Wasser zum Kochen bringen. Die Pasta hineingeben und behutsam umrühren, dann 4–5 Minuten bissfest garen.

7 Die Pasta in ein Sieb abgießen und abtropfen lassen, dann zum Ragù geben und untermischen. Den Parmesan darüberreiben und das Gericht servieren.

FÜR 6 PERSONEN

BOTTARGA

GESALZENER
UND GETROCKNETER
FISCHROGEN

ORBETELLO PESCA LAGUNARE

ORBETELLO, EINE KLEINSTADT AN DER TOSKANISCHEN KÜSTE, LIEGT AUF EINER LANDZUNGE IN EINER LAGUNE. DIE EINHEIMISCHEN FISCHER GEHÖREN EINER GENOSSENSCHAFT NAMENS ORBETELLO PESCA LAGUNARE AN, DIE AUF BESTANDSERHALTENDE FANGMETHODEN SETZT.

Orbetello ist eine kleine Stadt mit großer Geschichte. Von 1557 bis 1713 stand sie unter spanischer Herrschaft. Die neuen Herren legten Bollwerke an und stationierten Soldaten. Das blieb nicht ohne Auswirkungen auf die lokale Küche, denn die einheimische Bevölkerung musste ihre Art zu Kochen an die Gewohnheiten der Spanier anpassen. Auch heute noch verraten Gerichte wie Aal *escapece* und der berühmte *caldaro dell'argentario*, eine in einem *caldaro* (großen Topf) über offenem Feuer gekochte Fischsuppe mit Tomaten, Paprika und Chilischoten, den spanischen Einfluss. Die Einwohner von Orbetello sind stolz auf dieses Erbe und pflegen ihre traditionellen Rezepte.

Da die Stadt auf einer Landzunge in einer Lagune liegt, dominieren Meeresfrüchte die lokale Küche. Orbetello Pesca Lagunare, die örtliche Fischereigenossenschaft, praktiziert traditionelle und bestandserhaltende Methoden des Fischfangs. Die auflaufende Flut spült Fische vom Meer in die Lagune. Die kleineren Fische entkommen, die größeren bleiben in der Lagune, wo sie regelmäßig mit frischem Wasser versorgt und gefüttert werden, bis sie schließlich im Netz landen.

Eine der Spezialitäten der Gegend ist Bottarga, von Slow Food in die Arche des Geschmacks aufgenommen. In Orbetello wird sie seit dem 15. Jahrhundert produziert. Die Delikatesse aus dem gesalzenen und getrockneten Rogen von Meeräsche oder Thunfisch – Meeräsche ist die erste Wahl – gilt auch als »Kaviar des armen Mannes«. Bottarga hat einen intensiven, salzigen Geschmack, der an Sardellen erinnert. Man genießt sie gewöhnlich in dünne Scheiben geschnitten mit Zitronensaft und Olivenöl oder über Pasta gerieben.

Die Produktion von Bottarga erfolgt auch heute noch nach traditionellen Methoden. Zunächst massiert man den Fisch sanft mit der Hand, um Lufteinschlüsse herauszupressen. Dann wird der Rogen sehr vorsichtig herausgedrückt, um die Eier nicht zu beschädigen. Mit Meersalz aufgeschichtet muss der Rogen etwa zwei Stunden ruhen. Nach dem Abwaschen des Salzes trocknet er 36 Stunden bei 18 °C in einem Raum mit niedriger Luftfeuchtigkeit, anschließend weitere zehn bis 15 Tage bei einer Temperatur von rund 15 °C. Zum Schluss erhält die Bottarga einen dünnen Überzug aus Wachs.

Das zweite berühmte Produkt von Orbetello heißt *palamita del mare*, ein Verwandter des Thunfischs, den man hier zu Konserven verarbeitet. Nach dem Säubern gart der Fisch rund 40 Minuten in Salzwasser, bevor die Filets in ein Glas gelegt und mit Olivenöl bedeckt werden, gewürzt mit ein wenig Pfeffer und Lorbeer. Nach 25 Tagen ist er fertig für den Verzehr.

Wir essen im Restaurant I Pescatori zu Mittag, das ebenfalls die Genossenschaft betreibt. Die Fischer kommen jeden Tag zum Mittagessen hierher, aber auch an den Wochenenden und zu besonderen Anlässen. Der Koch Enzo, selbst ein ehemaliger Fischer, bittet mich in die Küche und ich helfe ihm bei der Zubereitung von Gerichten mit den beiden berühmten lokalen Zutaten.

Bottarga wird in Orbetello seit dem 15. Jahrhundert produziert.

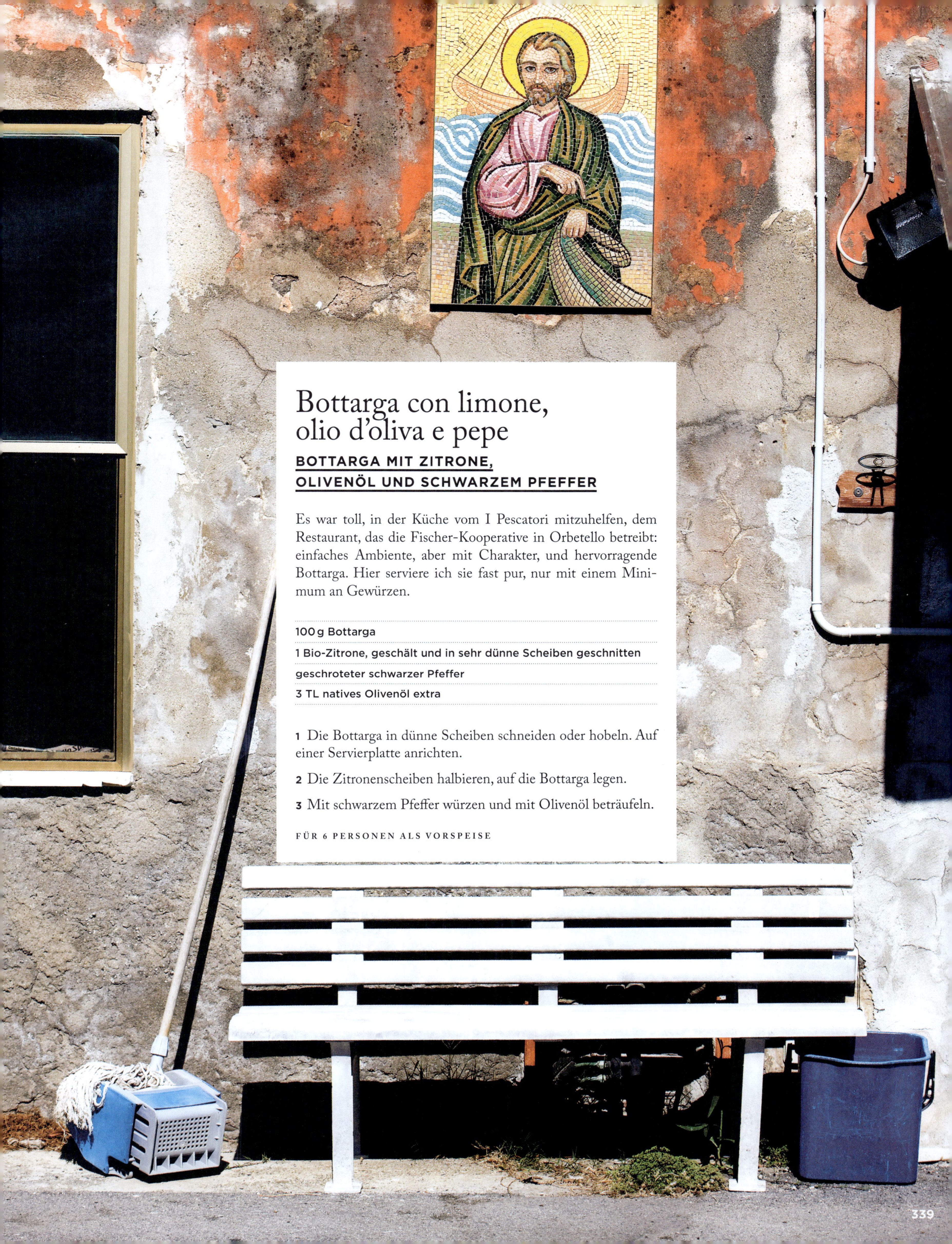

Bottarga con limone, olio d'oliva e pepe

BOTTARGA MIT ZITRONE, OLIVENÖL UND SCHWARZEM PFEFFER

Es war toll, in der Küche vom I Pescatori mitzuhelfen, dem Restaurant, das die Fischer-Kooperative in Orbetello betreibt: einfaches Ambiente, aber mit Charakter, und hervorragende Bottarga. Hier serviere ich sie fast pur, nur mit einem Minimum an Gewürzen.

- 100 g Bottarga
- 1 Bio-Zitrone, geschält und in sehr dünne Scheiben geschnitten
- geschroteter schwarzer Pfeffer
- 3 TL natives Olivenöl extra

1 Die Bottarga in dünne Scheiben schneiden oder hobeln. Auf einer Servierplatte anrichten.

2 Die Zitronenscheiben halbieren, auf die Bottarga legen.

3 Mit schwarzem Pfeffer würzen und mit Olivenöl beträufeln.

FÜR 6 PERSONEN ALS VORSPEISE

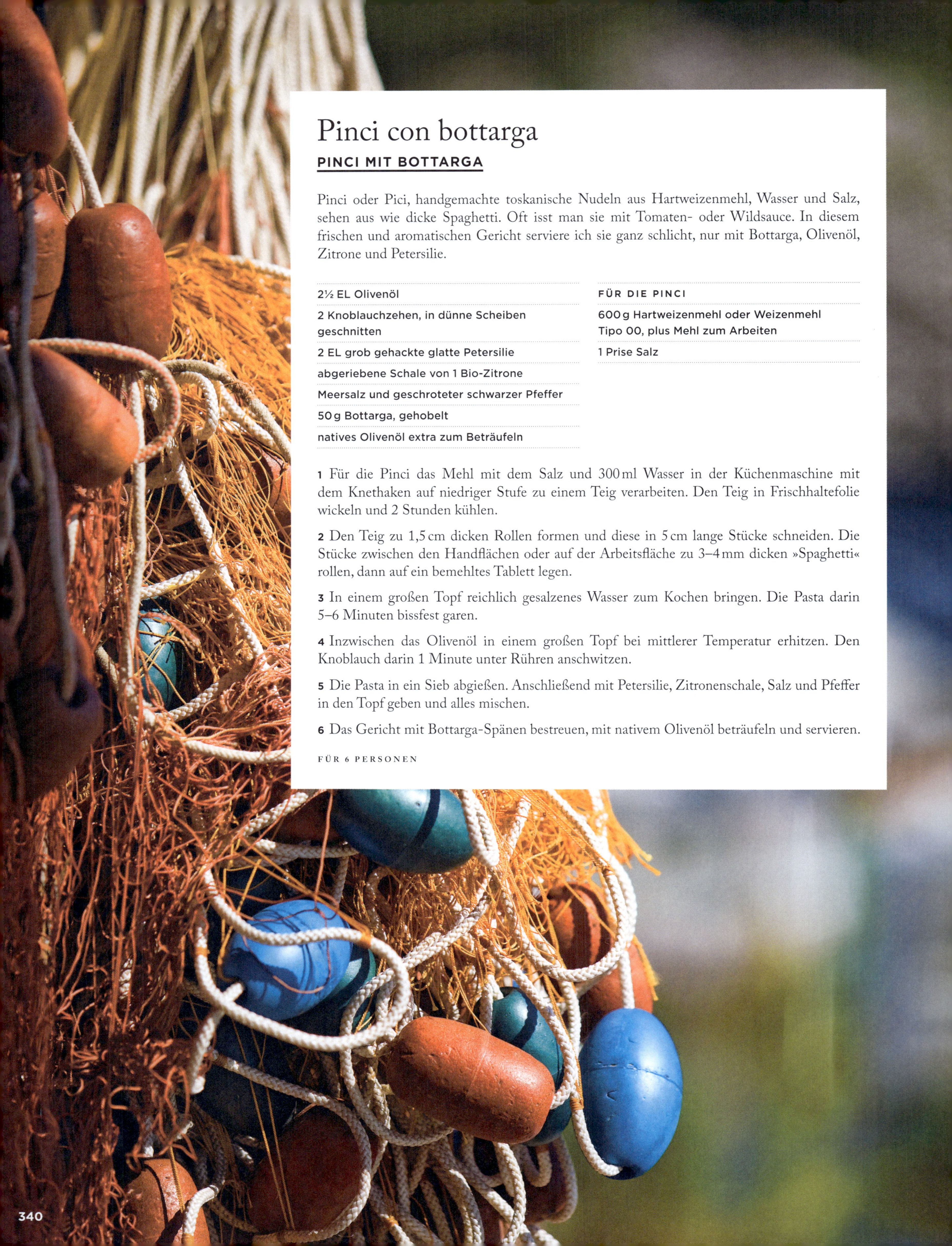

Pinci con bottarga

PINCI MIT BOTTARGA

Pinci oder Pici, handgemachte toskanische Nudeln aus Hartweizenmehl, Wasser und Salz, sehen aus wie dicke Spaghetti. Oft isst man sie mit Tomaten- oder Wildsauce. In diesem frischen und aromatischen Gericht serviere ich sie ganz schlicht, nur mit Bottarga, Olivenöl, Zitrone und Petersilie.

- 2½ EL Olivenöl
- 2 Knoblauchzehen, in dünne Scheiben geschnitten
- 2 EL grob gehackte glatte Petersilie
- abgeriebene Schale von 1 Bio-Zitrone
- Meersalz und geschroteter schwarzer Pfeffer
- 50 g Bottarga, gehobelt
- natives Olivenöl extra zum Beträufeln

FÜR DIE PINCI

- 600 g Hartweizenmehl oder Weizenmehl Tipo 00, plus Mehl zum Arbeiten
- 1 Prise Salz

1 Für die Pinci das Mehl mit dem Salz und 300 ml Wasser in der Küchenmaschine mit dem Knethaken auf niedriger Stufe zu einem Teig verarbeiten. Den Teig in Frischhaltefolie wickeln und 2 Stunden kühlen.

2 Den Teig zu 1,5 cm dicken Rollen formen und diese in 5 cm lange Stücke schneiden. Die Stücke zwischen den Handflächen oder auf der Arbeitsfläche zu 3–4 mm dicken »Spaghetti« rollen, dann auf ein bemehltes Tablett legen.

3 In einem großen Topf reichlich gesalzenes Wasser zum Kochen bringen. Die Pasta darin 5–6 Minuten bissfest garen.

4 Inzwischen das Olivenöl in einem großen Topf bei mittlerer Temperatur erhitzen. Den Knoblauch darin 1 Minute unter Rühren anschwitzen.

5 Die Pasta in ein Sieb abgießen. Anschließend mit Petersilie, Zitronenschale, Salz und Pfeffer in den Topf geben und alles mischen.

6 Das Gericht mit Bottarga-Spänen bestreuen, mit nativem Olivenöl beträufeln und servieren.

FÜR 6 PERSONEN

Die herrlichen Rinder lässt man vielerorts frei laufen in der Maremma, einer Region, die sich von der südlichen Toskana bis ins nördliche Latium erstreckt.

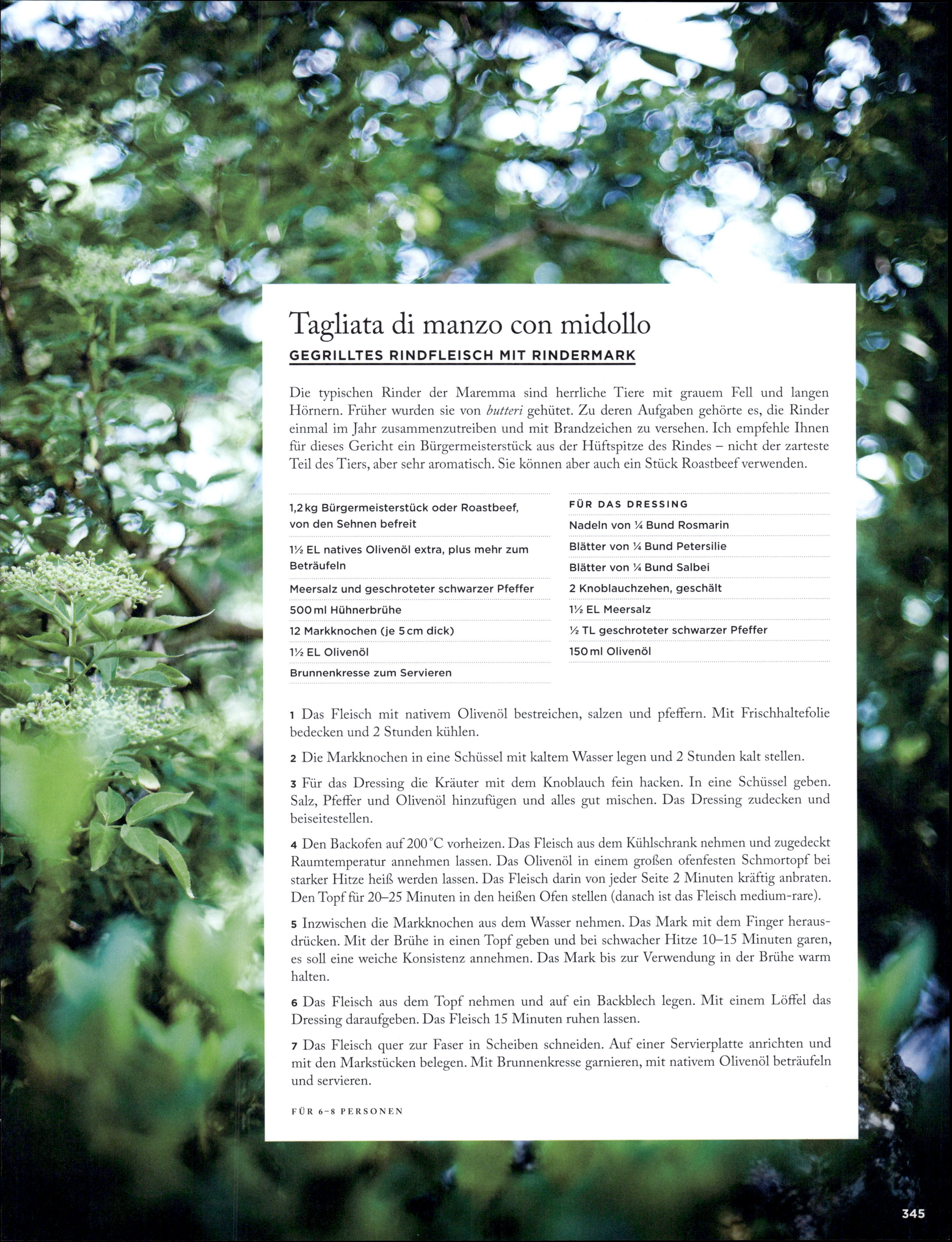

Tagliata di manzo con midollo

GEGRILLTES RINDFLEISCH MIT RINDERMARK

Die typischen Rinder der Maremma sind herrliche Tiere mit grauem Fell und langen Hörnern. Früher wurden sie von *butteri* gehütet. Zu deren Aufgaben gehörte es, die Rinder einmal im Jahr zusammenzutreiben und mit Brandzeichen zu versehen. Ich empfehle Ihnen für dieses Gericht ein Bürgermeisterstück aus der Hüftspitze des Rindes – nicht der zarteste Teil des Tiers, aber sehr aromatisch. Sie können aber auch ein Stück Roastbeef verwenden.

- 1,2 kg Bürgermeisterstück oder Roastbeef, von den Sehnen befreit
- 1½ EL natives Olivenöl extra, plus mehr zum Beträufeln
- Meersalz und geschroteter schwarzer Pfeffer
- 500 ml Hühnerbrühe
- 12 Markknochen (je 5 cm dick)
- 1½ EL Olivenöl
- Brunnenkresse zum Servieren

FÜR DAS DRESSING

- Nadeln von ¼ Bund Rosmarin
- Blätter von ¼ Bund Petersilie
- Blätter von ¼ Bund Salbei
- 2 Knoblauchzehen, geschält
- 1½ EL Meersalz
- ½ TL geschroteter schwarzer Pfeffer
- 150 ml Olivenöl

1 Das Fleisch mit nativem Olivenöl bestreichen, salzen und pfeffern. Mit Frischhaltefolie bedecken und 2 Stunden kühlen.

2 Die Markknochen in eine Schüssel mit kaltem Wasser legen und 2 Stunden kalt stellen.

3 Für das Dressing die Kräuter mit dem Knoblauch fein hacken. In eine Schüssel geben. Salz, Pfeffer und Olivenöl hinzufügen und alles gut mischen. Das Dressing zudecken und beiseitestellen.

4 Den Backofen auf 200 °C vorheizen. Das Fleisch aus dem Kühlschrank nehmen und zugedeckt Raumtemperatur annehmen lassen. Das Olivenöl in einem großen ofenfesten Schmortopf bei starker Hitze heiß werden lassen. Das Fleisch darin von jeder Seite 2 Minuten kräftig anbraten. Den Topf für 20–25 Minuten in den heißen Ofen stellen (danach ist das Fleisch medium-rare).

5 Inzwischen die Markknochen aus dem Wasser nehmen. Das Mark mit dem Finger herausdrücken. Mit der Brühe in einen Topf geben und bei schwacher Hitze 10–15 Minuten garen, es soll eine weiche Konsistenz annehmen. Das Mark bis zur Verwendung in der Brühe warm halten.

6 Das Fleisch aus dem Topf nehmen und auf ein Backblech legen. Mit einem Löffel das Dressing daraufgeben. Das Fleisch 15 Minuten ruhen lassen.

7 Das Fleisch quer zur Faser in Scheiben schneiden. Auf einer Servierplatte anrichten und mit den Markstücken belegen. Mit Brunnenkresse garnieren, mit nativem Olivenöl beträufeln und servieren.

FÜR 6–8 PERSONEN

Costoletta di vitello

GEGRILLTE KALBSRIPPCHEN

Als ich noch ein Kind war, gab es bei uns zu Hause häufig Kalbfleisch. Die Rippchen waren preiswert und landeten oft als Geschmacksverbesserer in einer Brühe. Ich erinnere mich, dass ich das köstliche Fleisch gern aus dem Sieb herausfischte, durch das die Brühe passiert wurde. Hier gare ich die Rippchen ganz langsam im Ofen, damit das Fleisch zart wird, und dann kommen sie zum Bräunen kurz unter den Grill. Mit Röstgemüse und Bohnensalat schmecken sie einfach fantastisch. Mit der Zubereitung muss am Vortag begonnen werden.

3 kg Kalbsrippchen

FÜR DIE MARINADE

- 3 Knoblauchzehen, grob gehackt
- 1 große Handvoll gehackte glatte Petersilie
- 2 EL schwarze Pfefferkörner
- 2 EL weiße Pfefferkörner
- 2 EL Rosa-Pfeffer-Beeren (Schinus)
- 2 EL Pimentbeeren
- 2 EL getrockneter Rosmarin
- 2 EL getrockneter Salbei
- 2 EL getrockneter Oregano
- 2 EL Chiliflocken
- 4 EL Meersalz
- abgeriebene Schale von 2 Bio-Zitronen
- 200 ml natives Olivenöl extra

1 Die Zutaten für die Marinade in den Mörser geben und in kreisförmigen Bewegungen mit dem Stößel zu einer aromatischen Paste verreiben.

2 Die Rippchen auseinanderschneiden. Auf einem Backblech verteilen (möglicherweise benötigen Sie ein zweites Blech).

3 Die Marinade auf die Rippchen gießen und mit den Händen einmassieren. Die Rippchen über Nacht im Kühlschrank marinieren.

4 Den Backofen auf 120 °C vorheizen. Die Rippchen mit der Marinade in eine ofenfeste Form geben. Sie dürfen nicht zu eng nebeneinanderliegen – falls nötig, zwei Formen verwenden.

5 Die Form(en) mit Alufolie bedecken und für 4 Stunden in den heißen Ofen stellen. Danach sollen die Rippchen goldbraun sein und das Fleisch muss vom Knochen fallen. Abkühlen lassen.

6 Den Backofengrill auf höchster Stufe vorheizen oder eine Grillpfanne sehr heiß werden lassen. Die Rippchen 5–7 Minuten grillen bzw. braten, bis sie ein schönes Röstaroma bekommen haben. Servieren.

FÜR 8 PERSONEN

SFRATTO DEI GOYM

PANIFICIO DEL GHETTO

DIE GESCHICHTE DES SFRATTO DEI GOYM, DES TRADITIONELLEN SÜSSEN GEBÄCKS AUS DER TOSKANISCHEN STADT PITIGLIANO, ERZÄHLT BEWEGEND DAVON, WIE EINES TRAGISCHEN EREIGNISSES DURCH ESSEN GEDACHT WIRD. JEDE FAMILIE HAT IHR EIGENES REZEPT, WER DAS GEBÄCK KAUFEN WILL, BESUCHT AM BESTEN DIE WUNDERBARE JÜDISCHE BÄCKEREI UND KONDITOREI PANIFICIO DEL GHETTO.

Die Bewohner von Pitigliano in der Toskana backen seit hunderten von Jahren Sfratto dei Goym. Der Name dieser köstlichen Süßigkeit – »Vertreibung durch die Ungläubigen« – weist auf ihren Ursprung hin: Im Italien des 16. Jahrhunderts suchten die Juden auf der Flucht vor der Verfolgung durch die Päpste Zuflucht außerhalb des Kirchenstaats. Viele siedelten sich in der nahe gelegenen Toskana an und lebten dort friedlich neben ihren christlichen Nachbarn. Bis Großherzog Cosimo II. ihnen im 18. Jahrhundert auch dort das Leben schwer machte. Er zwang die jüdische Bevölkerung, in bestimmte Stadtviertel umzusiedeln. In Pitigliano, das wegen seiner großen jüdischen Gemeinde auch Kleines Jerusalem *(piccola gerusalemme)* hieß, schlugen seine Soldaten mit Knüppeln an die Türen der jüdischen Bürger, um sie aus ihren Häusern zu vertreiben *(sfrattare)*.

Mit dem Gebäck in From eines Knüppels versuchten die Juden von Pitigliano später die Erinnerung an die Vertreibung wachzuhalten. Sfratto dei Goym, von Slow Food in die Arche des Geschmacks aufgenommen, darf nur in Pitigliano und im nahe gelegenen Sorano hergestellt werden. Inzwischen kommen Menschen aus ganz Italien, um diese Spezialität zu kosten.

Um herauszufinden, was genau es mit diesem Gebäck auf sich hat, besuchen wir den Panificio del Ghetto an der Via Zuccarelli im früheren jüdischen Ghetto neben der alten Synagoge. Giovanni Bianchini ist der Inhaber dieser kleinen Bäckerei, die herrliches Brot und Backwerk herstellt. Nach der Begrüßung zeigt uns der zurückhaltende Mann, wie er den berühmten Sfratto dei Goym backt.

Zuerst rollt Giovanni eine dünne Schicht ungesäuerten Teig aus. Darauf platziert er die köstlich reichhaltige Füllung – eine Mischung aus Honig, gehackten Walnüssen, Orangenschale und Muskat. Aus Teig und Füllung formt er eine Rolle und schiebt sie für rund 20 Minuten in den Backofen. Dann wird die Rolle in dünne Scheiben geschnitten. Es ist ein kontemplativer Prozess und Giovannis Schweigen lässt uns Zeit, über die Geschichte der Stadt nachzusinnen.

Nach unserem Besuch im Panificio del Ghetto erkunden wir die mittelalterliche Stadt mit dem Judenviertel. Ich bin von diesem historischen Ort mit seiner fast unheimlichen Atmosphäre sehr angetan. Der unablässig fallende Regen passt gut zur Stimmung. Der jüdische Einfluss ist an den Namen vieler Restaurants abzulesen und schlägt sich auch auf den Speisekarten nieder: Immer wieder entdecke ich traditionelle Gerichte, darunter oft Hühnersuppe – perfekt für diesen grauen Tag.

Das Gebäck ist so berühmt, dass Menschen aus ganz Italien nach Pitigliano kommen, um es zu probieren.

Sfratto dei Goym

WALNUSSKEKSE

Trotz ihrer finsteren Geschichte sind diese Kekse ausgesprochen köstlich. Es war eine Freude, Giovanni bei der Herstellung zuzusehen, und eine noch größere, das Gebäck zu kosten. Weil er – typisch italienisch – ein großzügiger Mensch ist, ließ er uns nicht gehen, ohne uns mit Mengen weiterer Süßigkeiten beschenkt zu haben, die uns auf der Weiterreise einige Tage bei Kräften hielten.

- 200 g Walnusskerne, grob gehackt
- grob gehackte Schale von ¼ Bio-Mandarine
- grob gehackte Schale von ¼ Bio-Orange
- grob gehackte Schale von ¼ Bio-Zitrone
- ½ Muskatnuss, gerieben
- 3 TL gemahlener Zimt
- 250 g flüssiger Honig
- 40 g Semmelbrösel
- 2 Eiweiß, verquirlt

FÜR DEN TEIG

- 500 g Mehl
- 2 Eier
- 50 g Zucker
- 50 g Butter, zerlassen
- ½ TL gemahlener Anis
- 3 TL Weinbrand
- 3 TL Sambuca (italienischer Anislikör)
- 100 ml Milch
- 1 Prise Salz

1 Die Walnüsse mit Zitrusschalen, Muskat und Zimt mischen. Den Honig in einen großen Topf mit schwerem Boden geben und aufkochen. 20 Minuten kochen lassen, bis er karamellisiert. Ein großes Stück Backpapier auf die Arbeitsfläche legen. Die Walnussmischung unter den Honig rühren und das Ganze weitere 8–10 Minuten kochen lassen. Die Semmelbrösel untermischen. Die Mischung sehr vorsichtig in drei gleich großen Portionen auf das Backpapier geben und abkühlen lassen.

2 Jede Portion mit gefetteten Händen zu einer 25 cm langen Rolle mit 3–4 cm Durchmesser formen. Bis zur Verwendung kühlen.

3 Die Zutaten für den Teig in die Schüssel der Küchenmaschine geben und mit dem Knethaken auf niedriger Stufe zu einem glatten Teig verarbeiten. Den Teig in Frischhaltefolie wickeln und für mindestens 1 Stunde in den Kühlschrank legen.

4 Den Backofen auf 180 °C vorheizen und ein Backblech mit Backpapier auslegen. Den Teig in drei Portionen teilen und jede mit der Nudelmaschine 5 mm dick ausrollen. Die Teigstücke vollständig um die Nussrollen wickeln. Die Rollen mit der Nahtstelle nach unten auf das Blech legen. Mit Eiweiß bestreichen und etwa 15 Minuten backen, bis sie leicht gebräunt sind.

5 Die Ofentemperatur auf 200 °C erhöhen. Die Rollen weitere 5 Minuten backen, bis sie goldbraun sind. Abkühlen lassen und schräg in 2 cm dicke Scheiben schneiden.

FÜR 8 PERSONEN

UMBRIEN

PROSCIUTTO DI CINGHIALE
CERAMICHE SBERNA
ANTICA LENTICCHIA DI ONANO
CACIOFIORE
MERCATO CAMPO DE'FIORI

& LATIUM

Umbrien mit seiner atemberaubenden Landschaft und der einfachen, saisonalen Küche weist viele Gemeinsamkeiten mit der benachbarten Toskana auf. In der Stadt Norcia kennt man sich aus mit Wurst und Schinken. Latium hingegen ist reich an fruchtbarem Ackerland und klaren Seen – und hier liegt auch die wichtigste Stadt der Welt, Rom (was die Römer einen gerne spüren lassen!).

PROSCIUTTO DI CINGHIALE

WILDSCHWEINSCHINKEN

AZIENDA CASA NORCIA

DIE STADT NORCIA IST IM GANZEN LAND FÜR FEINE FLEISCHWAREN BEKANNT, INSBESONDERE DEN UNVERWECHSELBAREN PROSCIUTTO DI NORCIA. GERNE VERARBEITET MAN HIER AUCH WILDSCHWEIN ZU WÜRSTEN UND SCHINKEN.

Die Stadt Norcia war schon in der Antike für Produkte aus Schweinefleisch bekannt. Die Einwohner verstanden sich auf die Kunst des Pökelns und Trocknens von Fleisch und wussten, wie man Eber kastriert. Ein Mann, der diesem Gewerbe nachging, wurde *norcino* genannt. Im Mittelalter fungierten die *norcini* auch als Ärzte, angeblich sollen sie ihre Kunst mitunter an jungen Sängern ausgeübt haben, die durch die Kastration ihre Knabenstimme behielten. Heute bezeichnet das Wort *norcino* in weiten Teilen Italiens einen Fleischer, der sich auf die Herstellung von Schweinswürsten und Schinken spezialisiert hat.

Als wir durch Norcia fahren, das malerisch von Bergen umgeben im Valnerina-Tal liegt, fällt mir sofort auf, dass es immer noch viele *norcerie* (Schweinemetzgereien) in der Stadt gibt. Die Auslagen in den Schaufenstern sehen wahrlich beeindruckend aus. Unser Ziel ist die Azienda Casa Norcia, die Prosciutto di Norcia herstellt, einen luftgetrockneten Schinken mit IGP-Siegel *(indicazione geografica protetta)*. Handwerklichen Produktionsmethoden und besonderen mikroklimatischen Bedingungen verdankt er seinen besonderen Geschmack.

Wir treffen uns mit Alessandro Perticoni, einem der Inhaber der Azienda Casa Norcia, um uns das Prozedere erklären zu lassen: Der Schinken wird aus der Keule ausgewachsener Schweine gemacht. Zuerst schneidet man die Keule in Form einer Birne zurecht, reibt sie zweimal mit Meersalz ein und lagert sie zunächst 15 bis 20 Tage in einem Raum mit kontrollierter Luftfeuchtigkeit, daran schließt sich eine Ruhezeit von drei Monaten an. Anschließend wird die Keule in warmem Wasser gewaschen, bevor sie weitere drei Monate im Keller zum Trocknen hängt. Schließlich wird der Schinken mit einer Mischung aus Schmalz, Mehl, Salz und Pfeffer eingerieben und mindestens weitere zwölf Monate getrocknet. Danach erhält er den IGP-Stempel.

Ich will mehr über die andere Spezialität der Stadt herausfinden, über Wildschweinfleisch, besonders über den berühmten *prosciutto di cinghiale* (Wildschweinschinken). Ich koche gerne mit Wildschwein – unter anderem lässt sich daraus eine fantastische Pastasauce zubereiten. Auf den hiesigen Märkten und in einer *norceria* weiß man sofort, ob man es mit dem Schinken eines Wildschweins zu tun hat, weil in der Regel das Fell noch dran ist. Außerdem unterscheiden sie sich in der Konsistenz: Der Wildschweinschinken ist magerer und hat einen deutlichen Wildgeschmack.

Als ich zu erkennen gebe, dass ich gerne einen Jäger aus der Umgebung treffen möchte, werden ein paar Telefongespräche geführt und kurze Zeit später stehen wir tatsächlich im Keller eines Waidmanns, wo wir ein erstaunliches Spektrum an hausgemachten Wildschweinprodukten bewundern: Schinken, Salami und andere Würste, darunter eine eigentümlich geformte, die den respektlosen Namen *palle del nonno* (Großvaters Eier) trägt!

Im Keller hängt ein beeindruckendes Sortiment an hausgemachten Wildschweinwürsten und -schinken.

Salame
al Cinghiale
€ 6,00 al pezzo

Palle del
Nonno
€ 20,00 al Kg

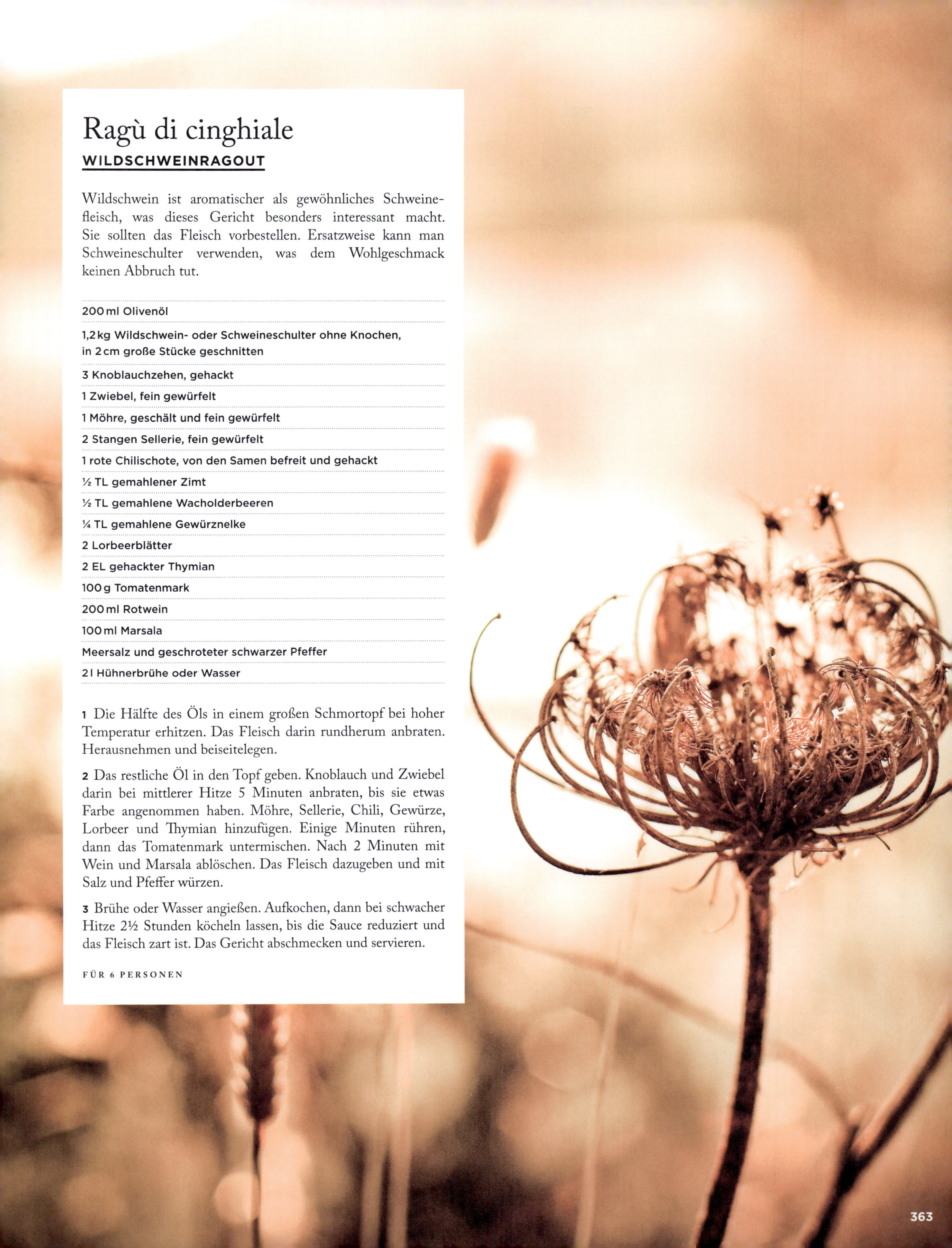

Ragù di cinghiale

WILDSCHWEINRAGOUT

Wildschwein ist aromatischer als gewöhnliches Schweinefleisch, was dieses Gericht besonders interessant macht. Sie sollten das Fleisch vorbestellen. Ersatzweise kann man Schweineschulter verwenden, was dem Wohlgeschmack keinen Abbruch tut.

- 200 ml Olivenöl
- 1,2 kg Wildschwein- oder Schweineschulter ohne Knochen, in 2 cm große Stücke geschnitten
- 3 Knoblauchzehen, gehackt
- 1 Zwiebel, fein gewürfelt
- 1 Möhre, geschält und fein gewürfelt
- 2 Stangen Sellerie, fein gewürfelt
- 1 rote Chilischote, von den Samen befreit und gehackt
- ½ TL gemahlener Zimt
- ½ TL gemahlene Wacholderbeeren
- ¼ TL gemahlene Gewürznelke
- 2 Lorbeerblätter
- 2 EL gehackter Thymian
- 100 g Tomatenmark
- 200 ml Rotwein
- 100 ml Marsala
- Meersalz und geschroteter schwarzer Pfeffer
- 2 l Hühnerbrühe oder Wasser

1 Die Hälfte des Öls in einem großen Schmortopf bei hoher Temperatur erhitzen. Das Fleisch darin rundherum anbraten. Herausnehmen und beiseitelegen.

2 Das restliche Öl in den Topf geben. Knoblauch und Zwiebel darin bei mittlerer Hitze 5 Minuten anbraten, bis sie etwas Farbe angenommen haben. Möhre, Sellerie, Chili, Gewürze, Lorbeer und Thymian hinzufügen. Einige Minuten rühren, dann das Tomatenmark untermischen. Nach 2 Minuten mit Wein und Marsala ablöschen. Das Fleisch dazugeben und mit Salz und Pfeffer würzen.

3 Brühe oder Wasser angießen. Aufkochen, dann bei schwacher Hitze 2½ Stunden köcheln lassen, bis die Sauce reduziert und das Fleisch zart ist. Das Gericht abschmecken und servieren.

FÜR 6 PERSONEN

CERAMICHE SBERNA

DERUTA, EIN KLEINER ORT ÜBER DEM TIBERTAL, WAR SCHON IM MITTELALTER BERÜHMT FÜR SEINE KERAMIK – DER NAME STEHT FÜR HÖCHSTE QUALITÄT. TÖPFERWAREN AUS DERUTA FINDEN SICH HEUTE IN DEN GRÖSSTEN MUSEEN DER WELT, VOM VICTORIA AND ALBERT MUSEUM IN LONDON BIS ZUR EREMITAGE IN ST. PETERSBURG.

Die kleine, zum Teil noch ummauerte Stadt Deruta südlich von Perugia lohnt auf jeden Fall einen Besuch. Spätestens seit dem 13. Jahrhundert ist Deruta für qualitätvolle Töpferwaren bekannt. Einen enormen Aufschwung nahm das Gewerbe im 15. und 16. Jahrhundert. In der Renaissance etablierte sich die kunstvoll verzierte Keramik aus Deruta als begehrte Gabe bei adligen Hochzeiten und anderen festlichen Gelegenheiten. Um 1900 öffnete das Museo Ceramica Deruta seine Pforten, und im Lauf des 20. Jahrhunderts blühte das alte Handwerk wieder auf. Heute produzieren in Deruta mehr als 300 Werkstätten und kleine Manufakturen. Im Kampf gegen den zunehmenden Handel mit gefälschter Töpferware haben die einheimischen Geschäftsleute einen Verband gegründet. Die echten Produkte aus Deruta tragen inzwischen ein eigenes Markenzeichen.

Viele Faktoren haben zur Entwicklung der Keramikproduktion in diesem schönen Teil von Umbrien beigetragen. Dazu gehören an erster Stelle die Tonvorkommen in den Bergen der Umgebung sowie die günstige Lage an einer wichtigen Handelsroute und die Nähe der Universitätsstadt Perugia. Die zeitgenössischen Künstler knüpfen an traditionelle Formen, Dekore und Maltechniken an, die seit Generationen überliefert sind. So soll beispielsweise eines der klassischen Vorbilder von den Fresken des Renaissancemalers Raffael inspiriert sein. Es zeigt einen Drachen, dessen Maul günstige Winde ausstößt, die den in See stechenden Kaufleuten eine gute Fahrt bescheren sollen.

Wir besuchen Ceramiche Sberna, einen der führenden Keramikproduzenten der Stadt. Francesco Sberna, der Vater der heutigen Inhaberinnen Franca und Anna, arbeitete seit 1936 als Töpfer und gründete 1959 seine eigene Werkstatt. Franca führt uns durch den Betrieb, wo wir jede Phase des Produktionsprozesses – auch heute noch ausschließlich Handarbeit – verfolgen können. Zunächst wirft der Töpfer den Ton auf die Scheibe und formt das Objekt, das dann einige Tage trocknen muss. Nach dem Brennen wird es in Glasur getaucht, anschließend von Hand bemalt. Es ist faszinierend, den Malern bei ihrer Arbeit zuzusehen – sie sind wahre Künstler, ungeheuer akribisch bei der Sache. Das fertig bemalte Objekt wird schließlich ein zweites Mal bei hoher Temperatur gebrannt, um das Dekor zu fixieren.

Als ich die schönen Töpferwaren aus dem Brennofen kommen sehe, fällt mir ein außergewöhnliches Gericht ein, *pollo in creata* (Huhn im Tonmantel), dessen Zubereitung mein Vater mir vor vielen Jahre zeigte. Ich muss es unbedingt noch einmal ausprobieren, sobald ich wieder zu Hause bin.

Die Keramiker nehmen Techniken und Dekore auf, die von Generation zu Generation überliefert wurden.

Pollo in creata

HUHN IM TONMANTEL

Als ich noch ein sehr junger Koch war, zeigte mir mein Vater, wie man dieses Gericht zubereitet. Erst dachte ich, er wolle mich auf den Arm nehmen! Er war in der Küche stets ernst, bestand auf eiserner Disziplin, und nun das: Er rollte Ton aus, als wären wir in der Schule im Werkunterricht. In Deruta, als ich sah, wie Ton geformt, bemalt und gebrannt wurde, fiel mir die Geschichte wieder ein, und ich erinnerte mich an den dramatischen Moment, in dem der Ton vor den Augen der Gäste zerschlagen wurde.

- 60 g eingelegte Weinblätter
- 50 g weiche Butter
- 1 EL gehackte glatte Petersilie
- abgeriebene Schale von 1 Bio-Zitrone
- 1 EL Meersalz
- ½ TL geschroteter schwarzer Pfeffer
- 1 Freiland-Hähnchen (etwa 1,5 kg)
- 10 Zweige Thymian
- 3 Zweige Rosmarin
- ½ Bio-Zitrone, in Spalten geschnitten
- 2,2 kg Töpferton (Bastelbedarf; oder online zu bestellen)

1 Die Weinblätter kalt abspülen, dann für 15 Minuten in eine Schüssel mit Wasser legen.

2 Die Butter mit Petersilie, Zitronenschale, Salz und Pfeffer cremig rühren.

3 An der Halsöffnung beginnend, die Haut des Hähnchens vom Brustfleisch lösen und die Hälfte der Buttermischung darunterschieben. Mit der restlichen Mischung das Hähnchen einreiben. In die Bauchhöhle Thymian, Rosmarin und Zitrone füllen.

4 Die Weinblätter aus dem Wasser nehmen und trocken tupfen.

5 Ein großes Stück Backpapier auf die Arbeitsfläche legen. Die Hälfte der Weinblätter darauf ausbreiten. Das Hähnchen darauflegen und mit den restlichen Blättern bedecken. Das Papier über dem Hähnchen zusammenfalten, dann zu einem Päckchen verschließen.

6 Den Backofen auf 180 °C vorheizen.

7 Von dem Ton 800 g zwischen zwei Bögen Backpapier legen und zu einem 35 × 20 cm großen, 1,5 cm dicken Rechteck ausrollen. Das obere Papier entfernen und das Hähnchen mit der Brust nach unten auf den Ton legen.

8 Den restlichen Ton zwischen zwei Bögen Backpapier zu einem 40 × 30 cm großen, 1,5 cm dicken Rechteck ausrollen. Das obere Papier entfernen, den Ton mit dem Papier nach oben auf das Geflügel legen und das Papier abziehen.

9 Den Ton in die Form des Hähnchens bringen. Die Ränder gerade schneiden und fest zusammendrücken. (Sollten Sie Ton übrig haben, können Sie Kopf und Schwanz daraus formen; dann sieht der Tonmantel aus wie ein Huhn.)

10 Das verpackte Hähnchen in eine ofenfeste Form oder auf ein Backblech legen und im heißen Ofen 2 Stunden garen. Herausnehmen und 10 Minuten ruhen lassen.

11 Zu Tisch bringen und den Tonmantel mit einem Hammer aufschlagen.

FÜR 4 PERSONEN

In den umbrischen Bergen besuchen wir in der Nähe von Montefalco die Leinenweberei Tessitura Pardi, einen kleinen Familienbetrieb. Hier entstehen auf mechanischen Webstühlen vom Anfang des 20. Jahrhunderts Leinenstoffe von erlesener Qualität.

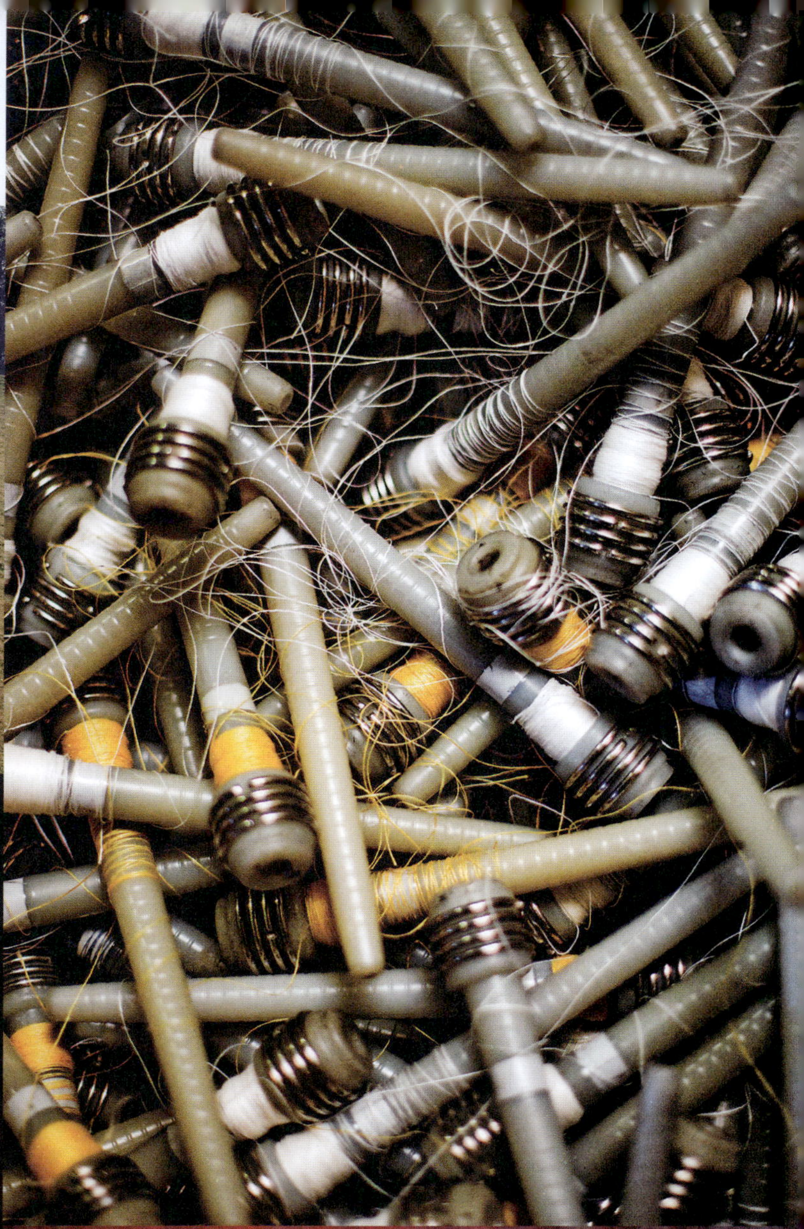

ANTICA LENTICCHIA DI ONANO

LINSEN

AZIENDA AGRICOLA MARCO CAMILLI

RUND UM ONANO GEDEIHEN SEIT DEM 16. JAHRHUNDERT DIE »LINSEN DER PÄPSTE«, KLEINE BRAUNE LINSEN MIT ZARTER HAUT. MARCO CAMILLI BAUT AUF SEINEN FELDERN AUSSER LINSEN AUCH EINE REIHE ANDERER HÜLSENFRÜCHTE AN – ALLE NACH BIODYNAMISCHEN GRUNDSÄTZEN.

Hülsenfrüchte spielen in der italienischen Küche eine wichtige Rolle. Borlotti- und Cannelini-Bohnen sind prädestiniert für Eintopfgerichte und Suppen wie *minestra* und *pasta e fagioli*, Kichererbsen finden vor allem in Salaten Verwendung. Linsen kommen oft als Beilage auf den Tisch, so auch im klassischen *cotechino e lenticchie*, dem traditionellen italienischen Silvesteressen.

In der Gegend um Onano gedeiht eine besonders schmackhafte Linsensorte, deren Anbau bereits seit 1561 ein Statut regelt. Jedes Jahr im August veranstaltet die Stadt ein Fest zu Ehren der leckeren Hülsenfrucht. Leider musste ich bei unserem Besuch feststellen, dass wir es um einen Monat verpasst hatten.

Die Grundlage für den Linsenanbau in Onano ist ein leichter, sandiger Boden vulkanischen Ursprungs. Die flachen, braunen Linsen haben eine sehr zarte Haut, weshalb sie schnell garen und nicht eingeweicht werden müssen. Beim Garen entwickeln sie eine cremige Konsistenz und ein leichtes Kamillenaroma. Wie alle Hülsenfrüchte sehr nahrhaft, enthalten sie viel Eiweiß und wertvolle Vitamine. In Italien haben Linsen vor allem an Silvester Hochkonjunktur. Das liegt wohl daran, dass ihre Form an Münzen erinnert. Ein alter Aberglaube verspricht, dass man im nächsten Jahr immer genug Geld haben wird, wenn man an diesem Tag Linsen isst.

In den 1960er Jahren bauten in Onano nur noch ein paar Familien Linsen für den eigenen Bedarf an. Inzwischen hat sich die Situation aber deutlich gebessert. Es gibt wieder etwa 30 kleine Betriebe in der Umgebung, die Lenticchie di Onano für den Markt produzieren.

Wir besuchen die Azienda Agricola Marco Camilli, wo man auf biodynamische Anbaumethoden setzt. Marco produziert eine beeindruckende Bandbreite von Hülsenfrüchten – ganz ohne Einsatz chemischer Düngemittel. Auch nach der Ernte nimmt er Rücksicht auf die Umwelt – anders als viele große Betriebe verzichtet man hier bei der Reinigung der Bohnen und Linsen auf den Einsatz von Gas.

Marco ist eigentlich Apotheker, aber er hängte den weißen Kittel an den Nagel, um sich der biodynamischen Landwirtschaft zu widmen, seiner wahren Leidenschaft. Er weiß alles, was man über Hülsenfrüchte wissen kann, also sind wir bei ihm in den besten Händen! Wir besichtigen zunächst den Hof und die Felder. Dann gehen wir ins Haus, wo Marcos Mutter für uns gekocht hat. Sie gart die Hülsenfrüchte langsam in Wasser und serviert sie nur mit Olivenöl sowie Salz und Pfeffer, dazu gibt es knuspriges Brot. Wir probieren alles durch und versuchen, die unterschiedlichen Geschmacksnuancen und Konsistenzen aufzuspüren. Die Lenticchie di Onano sind besonders zart und verursachen eine kleine süße Geschmacksexplosion im Mund – ein richtiges Festessen, vollkommen authentisch und von Marco und seiner Mutter mit viel Liebe zubereitet.

In Onano wird zu Ehren der Linsen jedes Jahr im August ein Fest ausgerichtet.

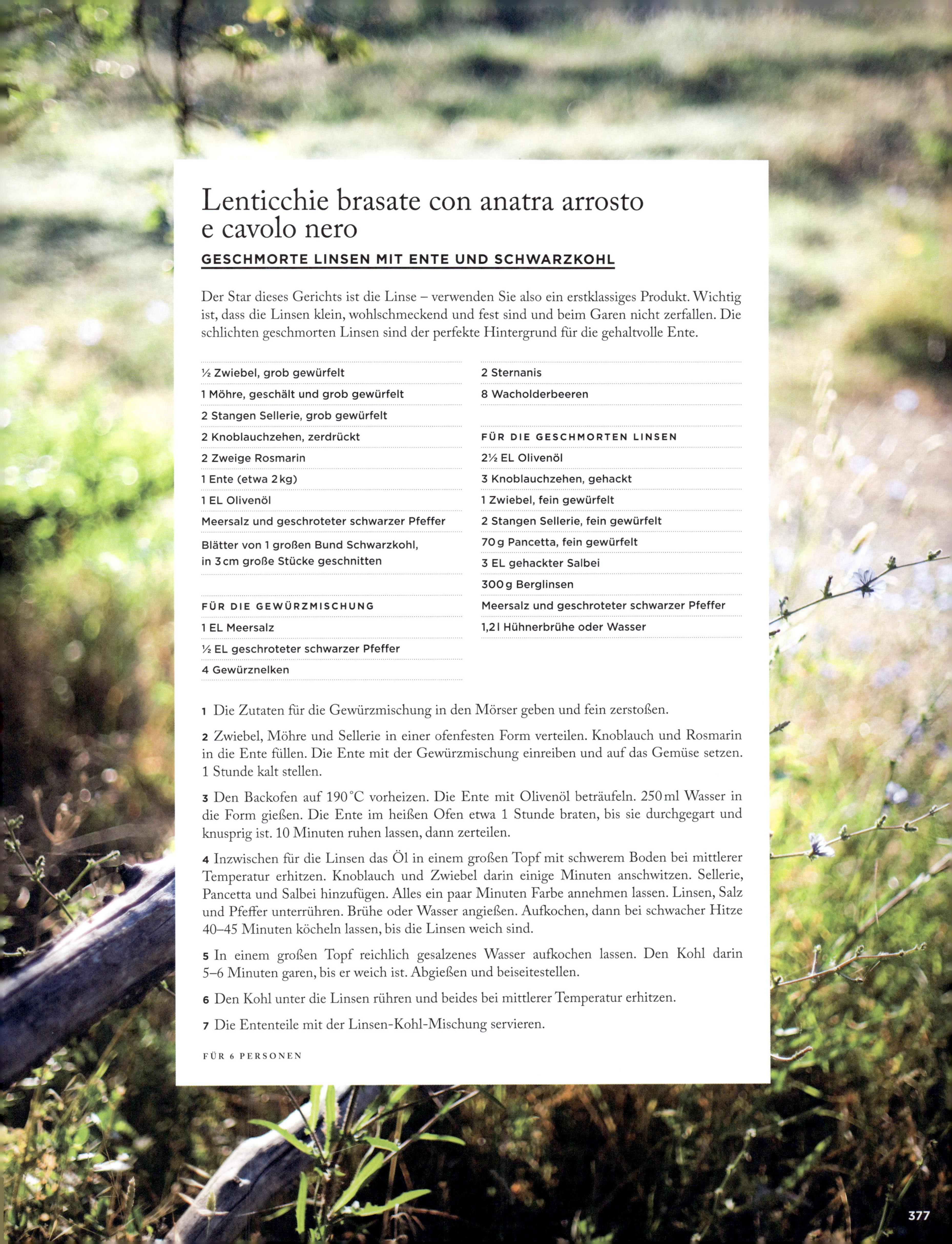

Lenticchie brasate con anatra arrosto e cavolo nero

GESCHMORTE LINSEN MIT ENTE UND SCHWARZKOHL

Der Star dieses Gerichts ist die Linse – verwenden Sie also ein erstklassiges Produkt. Wichtig ist, dass die Linsen klein, wohlschmeckend und fest sind und beim Garen nicht zerfallen. Die schlichten geschmorten Linsen sind der perfekte Hintergrund für die gehaltvolle Ente.

- ½ Zwiebel, grob gewürfelt
- 1 Möhre, geschält und grob gewürfelt
- 2 Stangen Sellerie, grob gewürfelt
- 2 Knoblauchzehen, zerdrückt
- 2 Zweige Rosmarin
- 1 Ente (etwa 2 kg)
- 1 EL Olivenöl
- Meersalz und geschroteter schwarzer Pfeffer
- Blätter von 1 großen Bund Schwarzkohl, in 3 cm große Stücke geschnitten

FÜR DIE GEWÜRZMISCHUNG

- 1 EL Meersalz
- ½ EL geschroteter schwarzer Pfeffer
- 4 Gewürznelken
- 2 Sternanis
- 8 Wacholderbeeren

FÜR DIE GESCHMORTEN LINSEN

- 2½ EL Olivenöl
- 3 Knoblauchzehen, gehackt
- 1 Zwiebel, fein gewürfelt
- 2 Stangen Sellerie, fein gewürfelt
- 70 g Pancetta, fein gewürfelt
- 3 EL gehackter Salbei
- 300 g Berglinsen
- Meersalz und geschroteter schwarzer Pfeffer
- 1,2 l Hühnerbrühe oder Wasser

1 Die Zutaten für die Gewürzmischung in den Mörser geben und fein zerstoßen.

2 Zwiebel, Möhre und Sellerie in einer ofenfesten Form verteilen. Knoblauch und Rosmarin in die Ente füllen. Die Ente mit der Gewürzmischung einreiben und auf das Gemüse setzen. 1 Stunde kalt stellen.

3 Den Backofen auf 190 °C vorheizen. Die Ente mit Olivenöl beträufeln. 250 ml Wasser in die Form gießen. Die Ente im heißen Ofen etwa 1 Stunde braten, bis sie durchgegart und knusprig ist. 10 Minuten ruhen lassen, dann zerteilen.

4 Inzwischen für die Linsen das Öl in einem großen Topf mit schwerem Boden bei mittlerer Temperatur erhitzen. Knoblauch und Zwiebel darin einige Minuten anschwitzen. Sellerie, Pancetta und Salbei hinzufügen. Alles ein paar Minuten Farbe annehmen lassen. Linsen, Salz und Pfeffer unterrühren. Brühe oder Wasser angießen. Aufkochen, dann bei schwacher Hitze 40–45 Minuten köcheln lassen, bis die Linsen weich sind.

5 In einem großen Topf reichlich gesalzenes Wasser aufkochen lassen. Den Kohl darin 5–6 Minuten garen, bis er weich ist. Abgießen und beiseitestellen.

6 Den Kohl unter die Linsen rühren und beides bei mittlerer Temperatur erhitzen.

7 Die Ententeile mit der Linsen-Kohl-Mischung servieren.

FÜR 6 PERSONEN

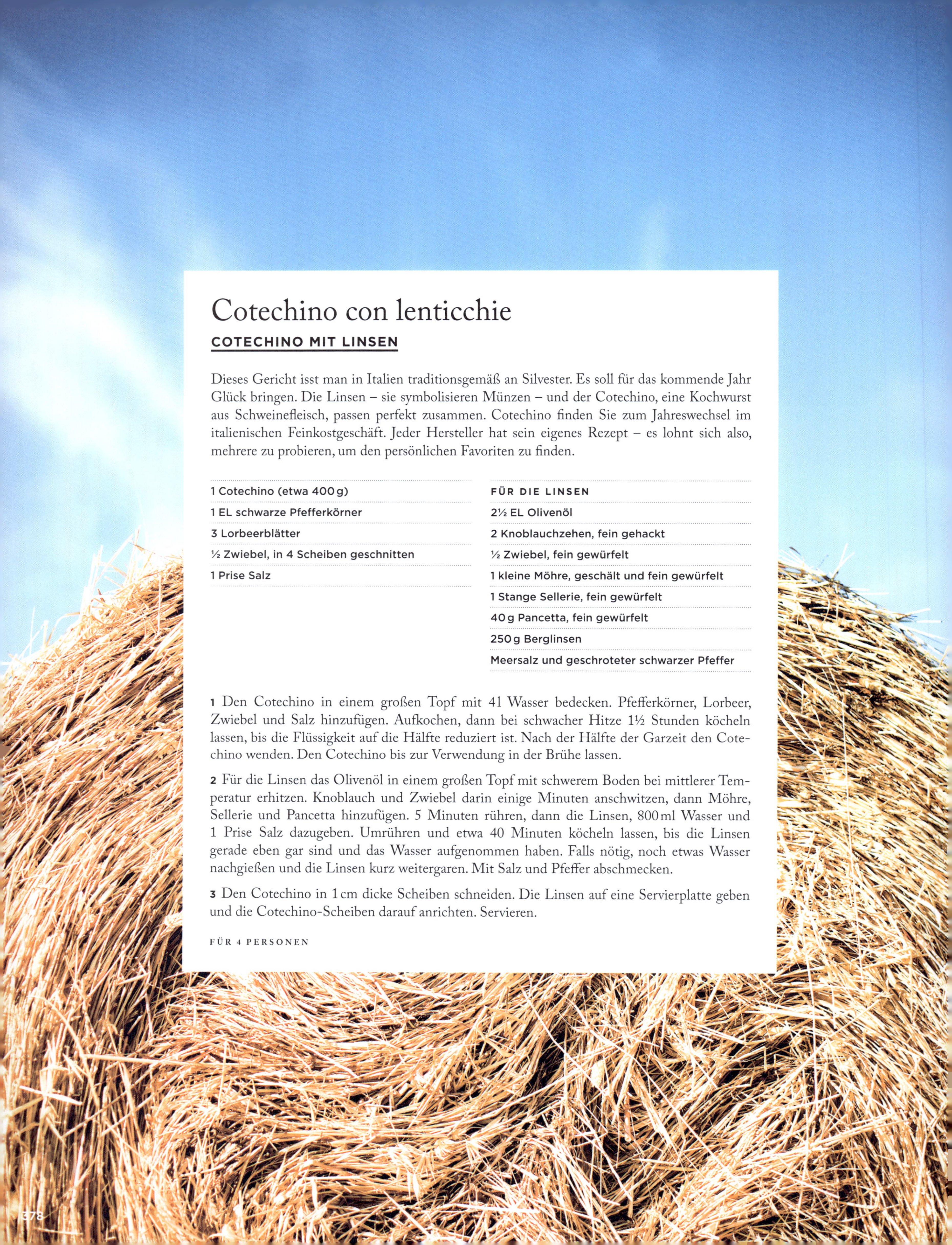

Cotechino con lenticchie

COTECHINO MIT LINSEN

Dieses Gericht isst man in Italien traditionsgemäß an Silvester. Es soll für das kommende Jahr Glück bringen. Die Linsen – sie symbolisieren Münzen – und der Cotechino, eine Kochwurst aus Schweinefleisch, passen perfekt zusammen. Cotechino finden Sie zum Jahreswechsel im italienischen Feinkostgeschäft. Jeder Hersteller hat sein eigenes Rezept – es lohnt sich also, mehrere zu probieren, um den persönlichen Favoriten zu finden.

- 1 Cotechino (etwa 400 g)
- 1 EL schwarze Pfefferkörner
- 3 Lorbeerblätter
- ½ Zwiebel, in 4 Scheiben geschnitten
- 1 Prise Salz

FÜR DIE LINSEN

- 2½ EL Olivenöl
- 2 Knoblauchzehen, fein gehackt
- ½ Zwiebel, fein gewürfelt
- 1 kleine Möhre, geschält und fein gewürfelt
- 1 Stange Sellerie, fein gewürfelt
- 40 g Pancetta, fein gewürfelt
- 250 g Berglinsen
- Meersalz und geschroteter schwarzer Pfeffer

1 Den Cotechino in einem großen Topf mit 4 l Wasser bedecken. Pfefferkörner, Lorbeer, Zwiebel und Salz hinzufügen. Aufkochen, dann bei schwacher Hitze 1½ Stunden köcheln lassen, bis die Flüssigkeit auf die Hälfte reduziert ist. Nach der Hälfte der Garzeit den Cotechino wenden. Den Cotechino bis zur Verwendung in der Brühe lassen.

2 Für die Linsen das Olivenöl in einem großen Topf mit schwerem Boden bei mittlerer Temperatur erhitzen. Knoblauch und Zwiebel darin einige Minuten anschwitzen, dann Möhre, Sellerie und Pancetta hinzufügen. 5 Minuten rühren, dann die Linsen, 800 ml Wasser und 1 Prise Salz dazugeben. Umrühren und etwa 40 Minuten köcheln lassen, bis die Linsen gerade eben gar sind und das Wasser aufgenommen haben. Falls nötig, noch etwas Wasser nachgießen und die Linsen kurz weitergaren. Mit Salz und Pfeffer abschmecken.

3 Den Cotechino in 1 cm dicke Scheiben schneiden. Die Linsen auf eine Servierplatte geben und die Cotechino-Scheiben darauf anrichten. Servieren.

FÜR 4 PERSONEN

CACIOFIORE

AZIENDA AGRITURISTICA ACQUARANDA

CACIOFIORE, EIN KÄSE AUS UNPASTEURISIERTER SCHAFSMILCH UND LAB VON WILDEN ARTISCHOCKEN, BLICKT AUF EINE ZWEITAUSENDJÄHRIGE GESCHICHTE ZURÜCK. DERZEIT GIBT ES NUR NOCH DREI PRODUZENTEN, DIE CACIOFIORE NACH DEM ORIGINALREZEPT HERSTELLEN.

Massimo Antonini ist einer von nur drei Erzeugern, die noch Caciofiore nach dem traditionellen Rezept herstellen. Als wir uns seinem Bauernhof, der Azienda Agrituristica Acquaranda, am Ufer des Lago Bracciano nördlich von Rom nähern, sehen wir ein einfaches Haus, das keine großen Erwartungen weckt. Bald merken wir, wie sehr der erste Eindruck täuschen kann! Der Hof erzeugt eine beachtliche Bandbreite an Feldfrüchten und Gemüse, und zu den Nutztieren, die hier leben, gehören neben den Schweinen 300 Schafe, die am Tag 200 Liter Milch geben. Ich bin hergekommen, um herauszufinden, wie Massimo seinen Caciofiore macht, einen einzigartigen Käse aus Schafsmilch, der mit Lab aus wilden Artischocken erzeugt wird.

Massimo, ein sympathischer Typ, erzählt uns begeistert von seiner Lebensphilosophie und der Arbeit auf dem Land. Seit 2004 erzeugt er nach dem 2000 Jahre alten Rezept Caciofiore, und er hält diese alte Tradition hingebungsvoll aufrecht. Der Käse gilt als Vorläufer des heutigen Pecorino Romano und es heißt, er sei bereits im antiken Rom beliebt gewesen.

Der Caciofiore hat von Oktober bis Juni Saison, wenn die Schafe Milch geben. Das Lab für den Käse gewinnt Massimo aus den Blüten der wilden Artischocken, die er in der Umgebung sammelt. Sie trocknen vier bis fünf Tage im Dunkeln, dann werden die Staubgefäße der Artischockenblüten 24 Stunden in Wasser eingeweicht. Man gießt das Wasser durch ein Tuch und rührt es unter die warme Schafsmilch, die nach etwa einer Stunde gerinnt.

Der Käsebruch wird in Würfel geschnitten und in Formen gelegt, alles von Hand. Dann lässt Massimo ihn ein oder zwei Tage abtropfen, wobei er ihn regelmäßig umdreht. Nach dem Salzen kommt der Käse in die Reifekammer, wo er 30 bis 90 Tage bleibt und mindestens einmal am Tag gewendet wird.

Massimo lädt uns ein, seinen Caciofiore zu kosten. Er hat einen intensiven Geruch und Geschmack – ich nehme einen Anflug von Artischocke wahr und sogar das Gras, das die Schafe gefressen haben. Die Konsistenz ist cremig und fast kreideartig, ein bisschen wie halbfester Brie. Wir probieren auch einen gereiften Caciofiore, der härter ist und oft gerieben auf Pasta gereicht wird. Beide schmecken köstlich.

Massimo erzeugt nach einem 2000 Jahre alten Rezept Caciofiore und bewahrt diese Tradition hingebungsvoll.

Tonnarelli con guanciale e caciofiore

TONNARELLI MIT SCHWEINEBACKE UND CACIOFIORE

Noch so ein erstaunlich einfaches Gericht, in dem beste Produkte optimal zur Geltung kommen. Aus einer Handvoll Zutaten wird hier etwas ganz Besonderes. Gepökelte Schweinebacke finden Sie im italienischen Feinkostladen, als Alternative kommt ein guter luftgetrockneter Speck in Frage. Der Caciofiore lässt sich durch festen Ziegenkäse ersetzen.

- 500 g Tonnarelli (ersatzweise Spaghetti oder Bucatini)
- 1½ EL Olivenöl
- 125 g Guanciale (gepökelte, luftgetrocknete Schweinebacke), in dünne Scheiben geschnitten
- 2 EL gehackte glatte Petersilie
- 125 g Caciofiore oder schnittfester Ziegenkäse, geraspelt
- Meersalz und geschroteter schwarzer Pfeffer

1 In einem großen Topf reichlich Salzwasser zum Kochen bringen. Die Pasta darin etwa 5–6 Minuten bissfest garen.

2 Inzwischen das Öl in einem großen Topf bei mittlerer Temperatur erhitzen. Das Fleisch darin unter Rühren etwa 5 Minuten braten, bis es goldbraun ist.

3 Die Pasta abgießen, dabei 125 ml Kochwasser auffangen.

4 Pasta, Petersilie und Käse zum Fleisch geben. Alles verrühren. Falls nötig, etwas Kochwasser untermischen. Das Gericht vor dem Servieren mit Salz und Pfeffer abschmecken.

FÜR 6 PERSONEN

Insalata di zucca, caciofiore e semi di girasole

KÜRBISSALAT MIT CACIOFIORE UND SONNENBLUMENKERNEN

Diesen frischen, gesunden Salat mag ich sehr. Kürbis schmeckt viel süßer, wenn man ihn röstet. Statt Caciofiore können Sie einen schnittfesten Ziegenkäse verwenden. Der Salat eignet sich als Beilage oder Vorspeise.

- 1 Moschuskürbis
- 100 ml Olivenöl
- abgeriebene Schale und Saft von 3 Bio-Limetten
- 1 rote Chilischote, von den Samen befreit, in Streifen geschnitten
- 3 EL gehacktes Koriandergrün
- Meersalz und geschroteter schwarzer Pfeffer
- 50 g Sonnenblumenkerne
- 1 EL Vincotto (Würzmittel aus Traubenmost)
- 100 g Caciofiore oder fester Ziegenkäse, geraspelt

1 Den Backofen auf 170 °C vorheizen. Den Kürbis in Spalten schneiden. Diese mit der Schale nach unten in eine ofenfeste Form geben. Etwa 1½ Stunden rösten, dann abkühlen lassen. Schälen und in je drei bis vier Stücke schneiden. In eine Schüssel füllen, Öl, Limettenschale und -saft, Chili, Koriandergrün, Salz und Pfeffer dazugeben. Alles behutsam mischen.

2 Die Sonnenblumenkerne in einer Pfanne ohne Fett bei schwacher bis mittlerer Hitze unter Rühren 5 Minuten rösten. Abkühlen lassen.

3 Die Kürbisstücke auf einer Servierplatte mit Vincotto beträufeln, dann mit Käse und Sonnenblumenkernen bestreuen.

FÜR 6 PERSONEN ALS BEILAGE

MERCATO CAMPO DE'FIORI

Zu einem Aufenthalt in Rom gehört unbedingt der Besuch des berühmten Mercato Campo de'Fiori. Auf diesem lebhaften Markt vor historischer Kulisse drängen sich Römer und Touristen gleichermaßen. Ich liebe es, einfach herumzuschlendern und mir das wunderbar frische Obst und Gemüse der einzelnen Stände anzusehen. Und ich nehme gern die Gelegenheit wahr, die Einheimischen nach ihren Lieblingslokalen zu fragen – so bekomme ich die besten Geheimtipps!

ROMA H2
2050

HOTEL

BAR
Farnese
20

Friggitelli all’aglio

MINI-PAPRIKA MIT KNOBLAUCH

Die hellgrünen Friggitelli sind sagenhaft aromatisch. Gebraten, so wie hier, schmecken sie großartig, man kann sie aber auch sauer einlegen. Wer mag, verwendet statt der grünen sehr kleine rote Paprikaschoten.

- 2½ EL Olivenöl
- 4 Knoblauchzehen, in Scheiben geschnitten
- 400 g kleine hellgrüne Paprikaschoten *(friggitelli)*
- Meersalz

1 Das Öl in einem großen Topf bei mittlerer Temperatur erhitzen. Den Knoblauch einrühren, dann die Paprika hinzufügen und bei starker Hitze unter gelegentlichem Rühren 4–5 Minuten braten, bis die Haut Blasen wirft und bräunt.

2 Salzen, in eine Schüssel füllen und servieren.

FÜR 6 PERSONEN ALS TEIL EINER ANTIPASTI-AUSWAHL

VIA ZUCCHELLI
Vi portiamo dove l'Europa
toglie il fiato
Vola al mare.
easyJet.com
10
SPQR
Ciao
Mario.

BIBITE GELATI

DZ 299ND
ED 191RV
DW 937XV
DV 756PX

KAMP

COLATURA DI ALICI DI CETARA
CARCIOFI DI PAESTUM
MOZZARELLA DI BUFALA
LA PIZZERIA

ANIEN

Zu den Schätzen Kampaniens zählen die strahlende Amalfiküste, die großartigen Ruinen von Paestum … und die Pizza! Außerdem gibt es hier herrliches Gemüse wie Artischocken, Tomaten und Zucchini sowie einen der berühmtesten Käse Italiens, Mozzarella, hergestellt aus der Milch der Büffel, die in den Ebenen weiden.

night & day
balneazione
cetara
THE

Caronte

ETRI ART

COLATURA DI ALICI DI CETARA

SARDELLENSAUCE

NETTUNO DI GIORDANO IDA

DIE STADT CETARA AN DER AMALFIKÜSTE WIRD NICHT NUR FÜR IHRE SCHÖNHEIT GERÜHMT, SONDERN EBENSO FÜR IHRE SARDELLENSAUCE. COLATURA DI ALICI – AUF ITALIENISCH KLINGT ALLES BESONDERS GUT – IST INZWISCHEN EINE ECHTE RARITÄT GEWORDEN. NUR NOCH DREI KLEINE FIRMEN HALTEN DIE PRODUKTION AUFRECHT.

Die Ursprünge der Colatura di alici lassen sich bis ins antike Rom zurückverfolgen, wo *garum*, ebenfalls eine salzige Fischsauce, in keiner Küche fehlen durfte. Im Mittelalter von Mönchen in Amalfi wiederbelebt, nahm das Würzmittel aus Sardellen und Salz allmählich seine heutige Erscheinungsform an. Der Name stammt von dem Wort *colare*, das »tropfen« oder »sickern« bedeutet – wir werden später sehen, was es damit auf sich hat.

In dem kleinen Städtchen Cetara an der Amalfiküste lernen wir Pietro Pesce kennen, den Präsidenten der Amici delle Alici (Freunde der Sardellen). Der Verein wurde gegründet, um die Colatura di alici zu fördern, und dank seiner Bemühungen hat Slow Food die Sauce in die Arche des Geschmacks aufgenommen. Pietro führt uns durch den malerischen Ort und stellt uns Vincenzo Giordano vor, einen der lokalen Produzenten. Sein Betrieb Nettuno di Giordano Ida erzeugt die salzige Sauce seit vielen Jahren.

Vincenzo, ein sehr ruhiger, freundlicher Mann, scheint viel Geduld zu haben – eine gute Voraussetzung, um in einem Gewerbe zu arbeiten, in dem ein Produktionszyklus ein Jahr benötigt! Das Wissen um die Methoden für den Fang der Sardellen und die Herstellung von Colatura di alici wird seit vielen Generationen vom Vater an den Sohn weitergegeben – hier hat sich im Lauf der Zeit kaum etwas geändert.

Die Hauptfangzeit für Sardellen erstreckt sich von Ende März bis Anfang Juli. Die Fischerboote laufen nachts mit großen Lampen am Bug aus, um mit dem Licht die Sardellen in die Netze an der Oberfläche zu locken. Innerhalb von vier Stunden nach dem Fang geköpft und ausgenommen, werden die Sardellen mit Salz in Holzfässer, *terzigni* genannt, geschichtet. Ein großer Deckel, beschwert mit einem Stein, verschließt das Fass. So reifen die Sardellen acht bis zwölf Monate. In dieser Zeit bildet sich eine streng riechende Flüssigkeit – das ist die *colatura*.

Am Ende der Reifeperiode bohrt Vincenzo ein kleines Loch in den Fassboden. Die ersten 100 ml Flüssigkeit tropfen ziemlich schnell heraus: sie werden in einem Glas aufgefangen und oben ins Fass zurückgegossen. Die restliche Flüssigkeit darf dann sehr langsam heraustropfen, was normalerweise rund eine Woche dauert. Anschließend wird die bernsteinfarbene Colatura di alici in Flaschen abgefüllt. Vincenzo produziert rund 250 Liter im Jahr. Die Fässer können mehrfach verwendet werden.

Die Bewohner Cetaras sind stolz auf ihr besonderes Produkt, und Colatura di alici wird in den örtlichen Restaurants und auch zu Hause gern zum Kochen benutzt. Auch ich verwende sie häufig. Mir gefällt ihr einzigartiger Geschmack und ich schätze sie als traditionelle italienische Zutat mit einer langen Geschichte.

Ich kombiniere die Sardellensauce oft mit wenigen einfachen Zutaten wie Olivenöl und Knoblauch, um eine tolle Sauce für Spaghetti und Linguine zu machen, oder ich verwende sie statt Salz, um frisches Gemüse zu würzen. Auch als Zutat für ein ganz besonderes Pesto ist sie unersetzlich. Ein letzter Tipp: Eine Flasche Colatura di alici sollte man immer eine halbe Stunde vor Gebrauch öffnen, damit die Sauce atmen kann.

Die Ursprünge der Colatura di alici lassen sich bis ins alte Rom zurückverfolgen.

Spaghetti con colatura di alici

SPAGHETTI MIT SARDELLENSAUCE

Bei aller Intensität würzt die Sardellensauce auf elegante Art. Der Trick: Man nimmt so wenig oder so viel, wie man mag. Die Garmethode für die Nudeln ist insofern ungewöhnlich als sie hier wie Risotto behandelt werden – statt sie in reichlich Wasser zu kochen und dann abtropfen zu lassen, lässt man sie die Flüssigkeit aufnehmen. So bleibt die Stärke erhalten und sorgt für die Bindung der Sauce. Meine Gäste staunen immer wieder, dass ein einfaches Gericht aus so wenigen Zutaten so aromatisch sein kann.

- 500 g Spaghetti
- 3 Knoblauchzehen, geschält und zerdrückt
- 1 kleine Handvoll glatte Petersilienblätter
- 1½ EL Colatura di alici
- Meersalz und geschroteter schwarzer Pfeffer

1 In einem großen Topf gesalzenes Wasser zum Kochen bringen.

2 Die Spaghetti mit dem Knoblauch in einen weiten Topf mit schwerem Boden geben. Bei mittlerer Hitze etwa 500 ml kochend heißes Wasser hinzufügen. Köcheln lassen, dabei die Spaghetti mit einer Küchenzange hin und her bewegen, damit sie nicht zusammenkleben. Vorsicht, die Spaghetti sollen heil bleiben.

3 Sobald die Spaghetti die Flüssigkeit aufgenommen haben, weitere 250 ml kochend heißes Wasser dazugeben. Wenn es ebenfalls absorbiert ist, nach und nach weiteres Wasser hinzufügen, bis die Pasta bissfest gegart und aus der Flüssigkeit eine Glasur (aus der in den Spaghetti enthaltenen Stärke) geworden ist.

4 Petersilie und Colatura di alici dazugeben und rasch unterrühren. Das Gericht salzen, pfeffern und sofort servieren.

FÜR 6 PERSONEN

Pesto alla Cetarese

PESTO MIT SARDELLENSAUCE

Die Einwohner von Cetara, der malerischen Heimat der *Colatura* di alici, muss man einfach mögen – genau wie dieses Pesto! Es ist hocharomatisch und passt zu den meisten Pastasorten. Ich serviere es am liebsten mit langen Nudeln. Großartig auch auf Crostini oder Bruschetta.

- 40 g Mandelkerne
- 40 g Pinienkerne
- 40 g Walnusskerne
- ½ EL Colatura di alici
- 50 g grüne Oliven, entsteint
- 50 g schwarze Oliven, entsteint
- 20 g Kapern
- 1 Knoblauchzehe, geschält
- Blätter von 1½ Bund Basilikum
- Blätter von 1 Bund glatter Petersilie
- 1 rote Chilischote, von den Samen befreit und gehackt
- 1 gestrichener TL Meersalz
- 100 ml natives Olivenöl extra

1 Den Backofen auf 170 °C vorheizen. Mandeln, Pinienkerne und Walnüsse auf ein Backblech geben und im heißen Ofen etwa 10 Minuten goldbraun rösten. Abkühlen lassen.

2 Mit den restlichen Zutaten im Mixer glatt pürieren.

FÜR 6 PERSONEN

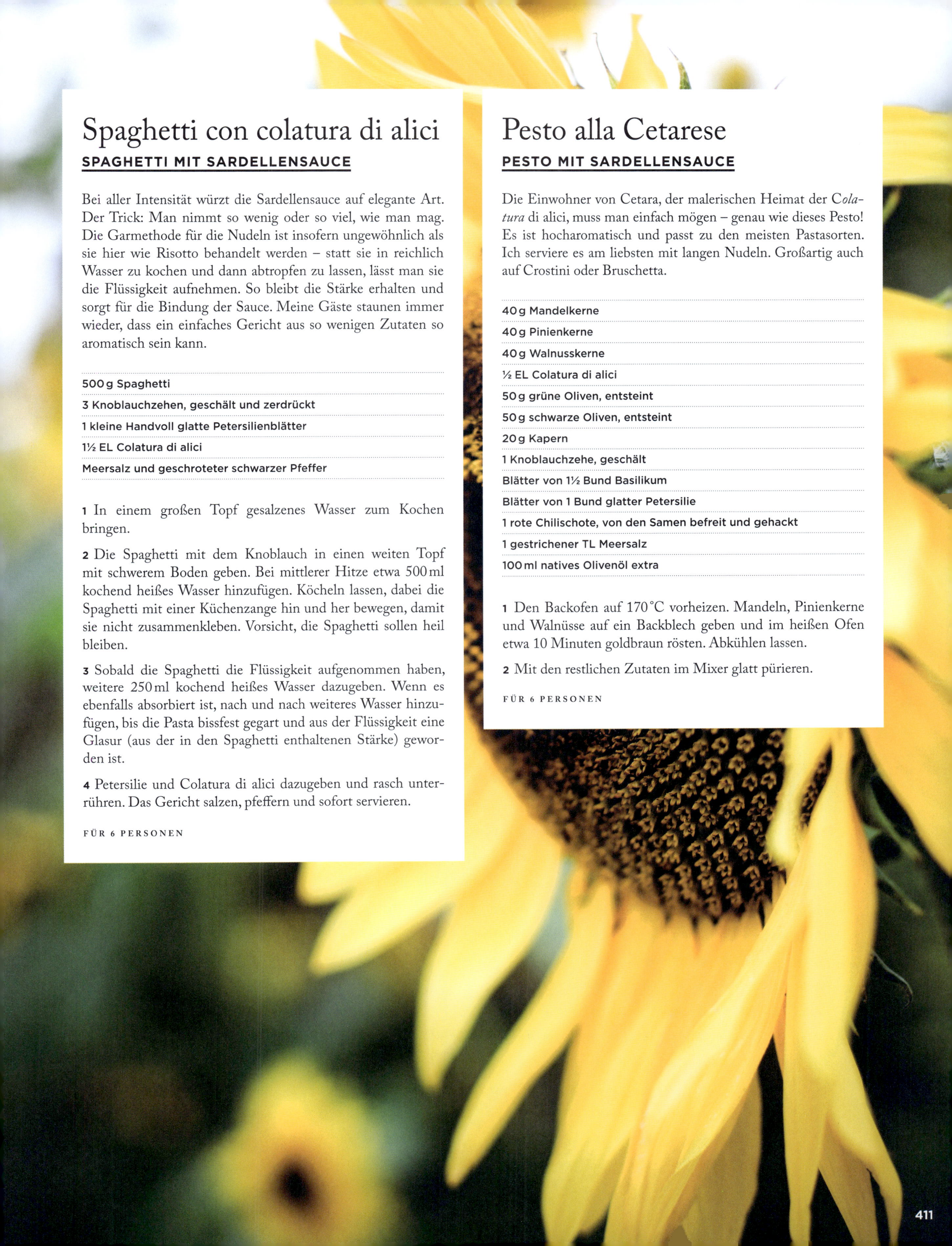

CARCIOFI DI PAESTUM

ARTISCHOCKEN

AZIENDA AGRITURISMO TERRE DI PAESTUM

IN DER UMGEBUNG VON PAESTUM GEDEIHEN GROSSE, RUNDE ARTISCHOCKEN, HOCH GESCHÄTZT WEGEN IHRER ZARTHEIT UND IHRES KÖSTLICHEN GESCHMACKS. LUCIO CAPO BAUT DIESES GEMÜSE AUF SEINEM BAUERNHOF, DER AZIENDA AGRITURISMO TERRE DI PAESTUM, AN.

Falls Sie je die Amalfiküste bereisen, empfehle ich Ihnen nachdrücklich, einen kleinen Abstecher landeinwärts zu machen, um in der Azienda Agriturismo Terre di Paestum eine Kostprobe wunderbarer italienischer Gastfreundschaft und fantastischer lokaler Obst- und Gemüsesorten zu nehmen. Lucio Capo baut auf seinem Hof eine große Bandbreite von Feldfrüchten an, darunter Paprikaschoten, Auberginen, Brokkoli und Kürbisse. Die Hauptattraktion stellen allerdings die Artischocken dar.

Die zarten und schmackhaften Carciofi di Paestum tragen eine geschützte geografische Ursprungsbezeichnung *(indicazione geografica protetta)*. Jedes Jahr Ende April richten die Bewohner von Paestum ihrer berühmten Artischocke ein Fest aus, die *festa del carciofo*. Die einheimischen Köche bemühen sich nach Kräften, mit einer Reihe regionaler Gerichte den köstlichen Geschmack der Artischocke zur Geltung bringen. Kompakt und auf kurzem Stiel rundet sich der grün-violette Kopf, das Markenzeichen dieser Artischocke. Tatsächlich heißt sie auch *tondo di Paestum*, nach dem Wort *tondo*, das »kugelförmig« bedeutet. Die Erntezeit beginnt bereits im Februar, also deutlich früher als bei vielen anderen Artischockensorten.

Unser Aufenthalt auf Lucios Bauernhof direkt außerhalb von Salerno stellt sich rasch als einer der schönsten der ganzen Reise heraus. Lucio führt den Hof mit seiner Frau, seinen Kindern, seiner Schwiegermutter und seinen Vettern und Kusinen – wahrhaftig ein Familienbetrieb! Er ist stolz auf seine Heimat und gibt sich große Mühe, uns die Vorzüge der Region nahezubringen – dazu gehört auch die berühmte Tempelstätte.

Lucio und seine Familie großzügig zu nennen, wäre eine Untertreibung. Während unseres Aufenthalts werden wir behandelt wie die Könige. Wir erleben herzliche, echte italienische Gastfreundschaft – und natürlich steht das Essen immer im Mittelpunkt! Lucios Frau Gabriella, ihre Mama Nonna Rosa und ihre Kusine Maria Pia bereiten für uns ein herrliches Abendessen in ihrem kleinen Restaurant zu, ausschließlich mit Produkten, die auf dem Hof angebaut werden. Sie kochen eine Vielzahl von Gerichten mit den berühmten Carciofi di Paestum wie Artischockengratin, mit Tomaten geschmorte Artischocken, gefüllte Artischocken und Ravioli mit Ricotta und Artischocken. Außerdem dürfen wir vom besten Büffelmozzarella kosten, den ich je probiert habe – in jeder Hinsicht ein unvergessliches Essen.

Der Höhepunkt des Aufenthalts ist allerdings der Nachmittag, den ich mit Nonna Rosa in der Küche verbringe, um Pasta herzustellen. Es macht so viel Spaß, mit mehligen Händen Fusilli und Cavatelli zu formen – zwei meiner liebsten Pastasorten, die ich mit meinen apulischen Wurzeln in Verbindung bringe. Kindheitserinnerungen steigen auf und ich muss daran denken, wie ich begonnen habe, mit meinen eigenen Kindern Pasta zu machen, sobald sie alt genug waren.

Lucio und seine Familie großzügig zu nennen, wäre eine Untertreibung. Wir erleben hier wahre italienische Gastfreundschaft – und das Essen steht im Mittelpunkt!

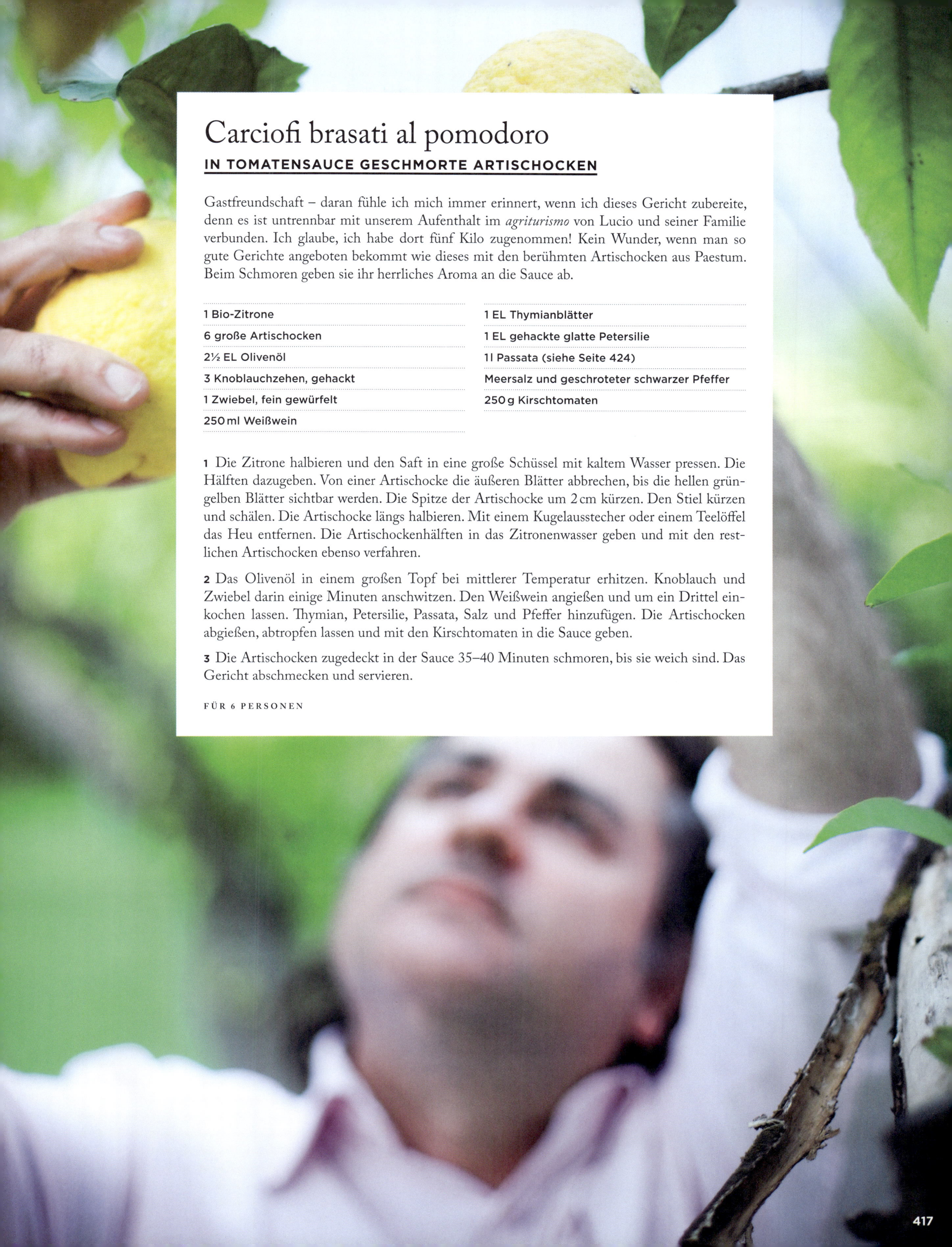

Carciofi brasati al pomodoro

IN TOMATENSAUCE GESCHMORTE ARTISCHOCKEN

Gastfreundschaft – daran fühle ich mich immer erinnert, wenn ich dieses Gericht zubereite, denn es ist untrennbar mit unserem Aufenthalt im *agriturismo* von Lucio und seiner Familie verbunden. Ich glaube, ich habe dort fünf Kilo zugenommen! Kein Wunder, wenn man so gute Gerichte angeboten bekommt wie dieses mit den berühmten Artischocken aus Paestum. Beim Schmoren geben sie ihr herrliches Aroma an die Sauce ab.

- 1 Bio-Zitrone
- 6 große Artischocken
- 2½ EL Olivenöl
- 3 Knoblauchzehen, gehackt
- 1 Zwiebel, fein gewürfelt
- 250 ml Weißwein
- 1 EL Thymianblätter
- 1 EL gehackte glatte Petersilie
- 1 l Passata (siehe Seite 424)
- Meersalz und geschroteter schwarzer Pfeffer
- 250 g Kirschtomaten

1 Die Zitrone halbieren und den Saft in eine große Schüssel mit kaltem Wasser pressen. Die Hälften dazugeben. Von einer Artischocke die äußeren Blätter abbrechen, bis die hellen grüngelben Blätter sichtbar werden. Die Spitze der Artischocke um 2 cm kürzen. Den Stiel kürzen und schälen. Die Artischocke längs halbieren. Mit einem Kugelausstecher oder einem Teelöffel das Heu entfernen. Die Artischockenhälften in das Zitronenwasser geben und mit den restlichen Artischocken ebenso verfahren.

2 Das Olivenöl in einem großen Topf bei mittlerer Temperatur erhitzen. Knoblauch und Zwiebel darin einige Minuten anschwitzen. Den Weißwein angießen und um ein Drittel einkochen lassen. Thymian, Petersilie, Passata, Salz und Pfeffer hinzufügen. Die Artischocken abgießen, abtropfen lassen und mit den Kirschtomaten in die Sauce geben.

3 Die Artischocken zugedeckt in der Sauce 35–40 Minuten schmoren, bis sie weich sind. Das Gericht abschmecken und servieren.

FÜR 6 PERSONEN

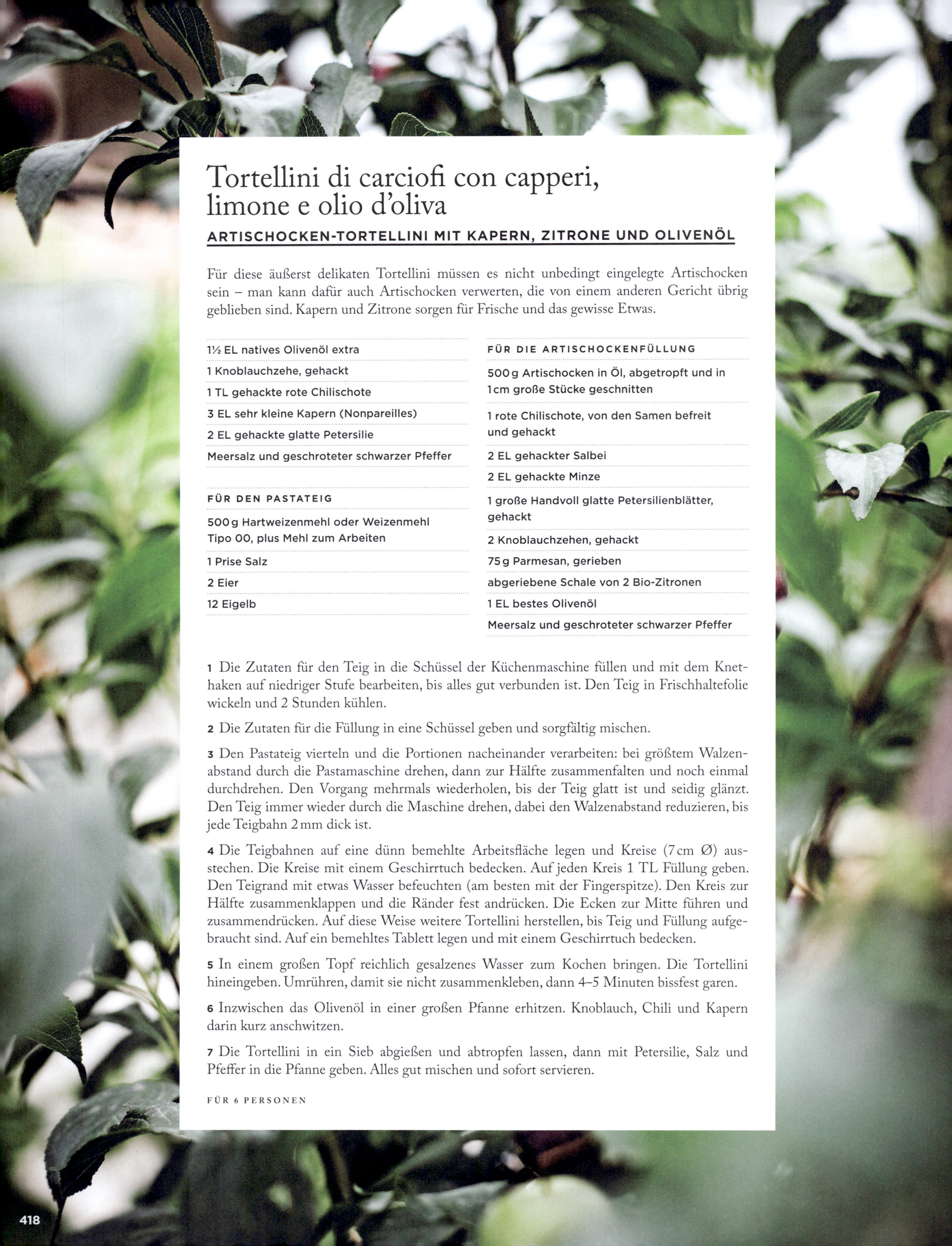

Tortellini di carciofi con capperi, limone e olio d'oliva

ARTISCHOCKEN-TORTELLINI MIT KAPERN, ZITRONE UND OLIVENÖL

Für diese äußerst delikaten Tortellini müssen es nicht unbedingt eingelegte Artischocken sein – man kann dafür auch Artischocken verwerten, die von einem anderen Gericht übrig geblieben sind. Kapern und Zitrone sorgen für Frische und das gewisse Etwas.

- 1½ EL natives Olivenöl extra
- 1 Knoblauchzehe, gehackt
- 1 TL gehackte rote Chilischote
- 3 EL sehr kleine Kapern (Nonpareilles)
- 2 EL gehackte glatte Petersilie
- Meersalz und geschroteter schwarzer Pfeffer

FÜR DEN PASTATEIG

- 500 g Hartweizenmehl oder Weizenmehl Tipo 00, plus Mehl zum Arbeiten
- 1 Prise Salz
- 2 Eier
- 12 Eigelb

FÜR DIE ARTISCHOCKENFÜLLUNG

- 500 g Artischocken in Öl, abgetropft und in 1 cm große Stücke geschnitten
- 1 rote Chilischote, von den Samen befreit und gehackt
- 2 EL gehackter Salbei
- 2 EL gehackte Minze
- 1 große Handvoll glatte Petersilienblätter, gehackt
- 2 Knoblauchzehen, gehackt
- 75 g Parmesan, gerieben
- abgeriebene Schale von 2 Bio-Zitronen
- 1 EL bestes Olivenöl
- Meersalz und geschroteter schwarzer Pfeffer

1 Die Zutaten für den Teig in die Schüssel der Küchenmaschine füllen und mit dem Knethaken auf niedriger Stufe bearbeiten, bis alles gut verbunden ist. Den Teig in Frischhaltefolie wickeln und 2 Stunden kühlen.

2 Die Zutaten für die Füllung in eine Schüssel geben und sorgfältig mischen.

3 Den Pastateig vierteln und die Portionen nacheinander verarbeiten: bei größtem Walzenabstand durch die Pastamaschine drehen, dann zur Hälfte zusammenfalten und noch einmal durchdrehen. Den Vorgang mehrmals wiederholen, bis der Teig glatt ist und seidig glänzt. Den Teig immer wieder durch die Maschine drehen, dabei den Walzenabstand reduzieren, bis jede Teigbahn 2 mm dick ist.

4 Die Teigbahnen auf eine dünn bemehlte Arbeitsfläche legen und Kreise (7 cm Ø) ausstechen. Die Kreise mit einem Geschirrtuch bedecken. Auf jeden Kreis 1 TL Füllung geben. Den Teigrand mit etwas Wasser befeuchten (am besten mit der Fingerspitze). Den Kreis zur Hälfte zusammenklappen und die Ränder fest andrücken. Die Ecken zur Mitte führen und zusammendrücken. Auf diese Weise weitere Tortellini herstellen, bis Teig und Füllung aufgebraucht sind. Auf ein bemehltes Tablett legen und mit einem Geschirrtuch bedecken.

5 In einem großen Topf reichlich gesalzenes Wasser zum Kochen bringen. Die Tortellini hineingeben. Umrühren, damit sie nicht zusammenkleben, dann 4–5 Minuten bissfest garen.

6 Inzwischen das Olivenöl in einer großen Pfanne erhitzen. Knoblauch, Chili und Kapern darin kurz anschwitzen.

7 Die Tortellini in ein Sieb abgießen und abtropfen lassen, dann mit Petersilie, Salz und Pfeffer in die Pfanne geben. Alles gut mischen und sofort servieren.

FÜR 6 PERSONEN

Unvergesslich bleibt der Nachmittag, den ich mit Nonna Rosa in der Küche verbringe, um Cavatelli und Fusilli zu machen.

Cavatelli con zucchine e ricotta

CAVATELLI MIT ZUCCHINI UND RICOTTA

Ich schätze Cavatelli sehr – schließlich stammen sie, wie mein Vater, aus Süditalien. Zu ihren kulinarischen Vorzügen gehört der schöne Biss, außerdem halten sie Saucen außerordentlich gut. Diese Zucchini-Ricotta-Sauce mag ich ganz besonders, aber mit Tomaten- oder Fleischsugo schmecken die Nudeln ebenfalls hervorragend.

- 250 g Ricotta, abgetropft
- 250 g Sahne
- 100 ml natives Olivenöl extra
- 4 Zucchini, längs halbiert und quer in 2 cm dicke Scheiben geschnitten
- 1 Knoblauchzehe, gehackt
- 1 TL gehackte rote Chilischote
- Meersalz und geschroteter schwarzer Pfeffer
- 2 EL gehackte glatte Petersilie
- 50 g Parmesan, gerieben

FÜR DEN PASTATEIG

- 400 g Hartweizenmehl oder Weizenmehl Tipo 00, plus Mehl zum Arbeiten
- 1 Prise Salz

1 Für den Pastateig Mehl und Salz mit 200 ml Wasser in die Schüssel der Küchenmaschine füllen. Mit dem Knethaken auf niedriger Stufe etwa 15 Minuten bearbeiten, bis der Teig glatt ist. Alternativ das Mehl in eine große Schüssel geben. In die Mitte eine Mulde drücken. Wasser und Salz hineingeben. Nach und nach Mehl von außen unterarbeiten, bis eine Paste entstanden ist. Das restliche Mehl unterkneten. Weiterkneten, bis der Teig glatt ist. Den Teig in Frischhaltefolie wickeln und 2 Stunden kühlen.

2 Den Teig zu 1 cm dicken Rollen formen und diese in 1 cm große Stücke schneiden. Jedes Stück mit der Daumenspitze kräftig vorwärts schieben, sodass im Teig eine Vertiefung entsteht. Die Cavatelli mit einem Geschirrtuch bedecken, damit sie nicht austrocknen.

3 Den Ricotta mit der Sahne im Mixer zu einer glatten Creme verarbeiten.

4 In einem Topf gesalzenes Wasser zum Kochen bringen. Die Cavatelli darin etwa 6 Minuten bissfest garen.

5 Inzwischen das Olivenöl in einer großen Pfanne bei mittlerer Temperatur erhitzen. Die Zucchinischeiben darin mit Knoblauch und Chili unter Rühren Farbe annehmen lassen.

6 Die Cavatelli in einem Sieb abtropfen lassen. In die Pfanne geben und mit den Zucchini verrühren. Vom Herd nehmen und die Ricottacreme untermischen. Das Gericht mit Salz und Pfeffer abschmecken, mit Petersilie und Parmesan bestreuen und sofort servieren.

FÜR 4–6 PERSONEN

Fusilli con passata

FUSILLI MIT PASSATA

Für Passata hat wohl jede italienische Familie ihr eigenes Rezept. Der Name bedeutet »passiert«, und genau das macht man mit den Tomaten, wenn man die Ernte des Sommers bis zum nächsten Jahr konservieren möchte. Passata dient dann als Basis für viele verschiedene Saucen und Gerichte, ist aber auch für sich genommen eine fabelhafte Sauce. Die handgemachten Fusilli unterscheiden sich von der vertrauten, spiralförmigen Pasta, die im Handel angeboten wird. Mann kann sie durch Fettuccine ersetzen.

- 50 g Parmesan, gerieben
- Meersalz und geschroteter schwarzer Pfeffer

FÜR DEN PASTATEIG

- 600 g Hartweizenmehl oder Weizenmehl Tipo 00, plus Mehl zum Bearbeiten
- 1 Prise Salz

FÜR DIE PASSATA

- 2 Dosen geschälte ganze Tomaten (je 400 g)
- 2½ EL Olivenöl
- 2 Knoblauchzehen, fein gehackt
- 1 Zwiebel, fein gewürfelt
- 3 EL Tomatenmark
- 6 Basilikumblätter
- Meersalz und geschroteter schwarzer Pfeffer

1 Für den Pastateig Mehl und Salz mit 300 ml Wasser in die Schüssel der Küchenmaschine füllen. Mit dem Knethaken auf niedriger Stufe in etwa 15 Minuten bearbeiten, bis ein glatter Teig entstanden ist. Alternativ das Mehl in eine große Schüssel geben. In die Mitte eine Mulde drücken. Wasser und Salz hineingeben. Nach und nach Mehl von außen unterarbeiten, bis eine Paste entstanden ist. Das restliche Mehl unterkneten. Weiterkneten, bis der Teig glatt ist. Den Teig in Frischhaltefolie wickeln und 2 Stunden kühlen.

2 Für die Passata die Tomaten durch das Passiergerät treiben oder mit dem Pürierstab fein zerkleinern und anschließend durch ein Sieb streichen. Beiseitestellen.

3 Das Öl in einem großen Topf bei mittlerer Temperatur erhitzen. Knoblauch und Zwiebel darin anschwitzen. Tomatenmark und Basilikum unterrühren. Einige Minuten rühren, dann die pürierten Tomaten, Salz und Pfeffer hinzufügen. 250 ml Wasser untermischen. Die Sauce bei schwacher bis mittlerer Hitze 30 Minuten köcheln lassen, bis sie dick und aromatisch ist. Noch einmal abschmecken.

4 Den Pastateig in vier Portionen teilen und daraus 15 cm lange und 1 cm dicke Rollen formen. Die Rollen in 4 cm lange Stücke schneiden. Einen Holzspieß zur Hand nehmen und, an einem Ende beginnend, ein Pastastück spiralförmig darumwickeln. Jede Nudel sollte etwa 15 cm lang werden. Mit leichtem Druck den Spieß einige Male vor- und rückwärts rollen, dann herausziehen und die Nudel auf ein bemehltes Tablett legen. Mit dem restlichen Teig ebenso verfahren. Fertige Fusilli mit einem Geschirrtuch bedecken, damit sie nicht austrocknen.

5 In einem großen Topf reichlich gesalzenes Wasser zum Kochen bringen. Die Fusilli hineingeben. Umrühren, damit sie nicht zusammenkleben, dann etwa 8 Minuten bissfest garen. Zügig in ein Sieb abgießen, abtropfen lassen und in eine große Schüssel füllen.

6 Etwas von der Passata zu den Fusilli geben. Mischen, bis sie davon überzogen sind. Das Gericht abschmecken und mit der restlichen Passata sowie dem geriebenen Parmesan servieren.

FÜR 6–8 PERSONEN

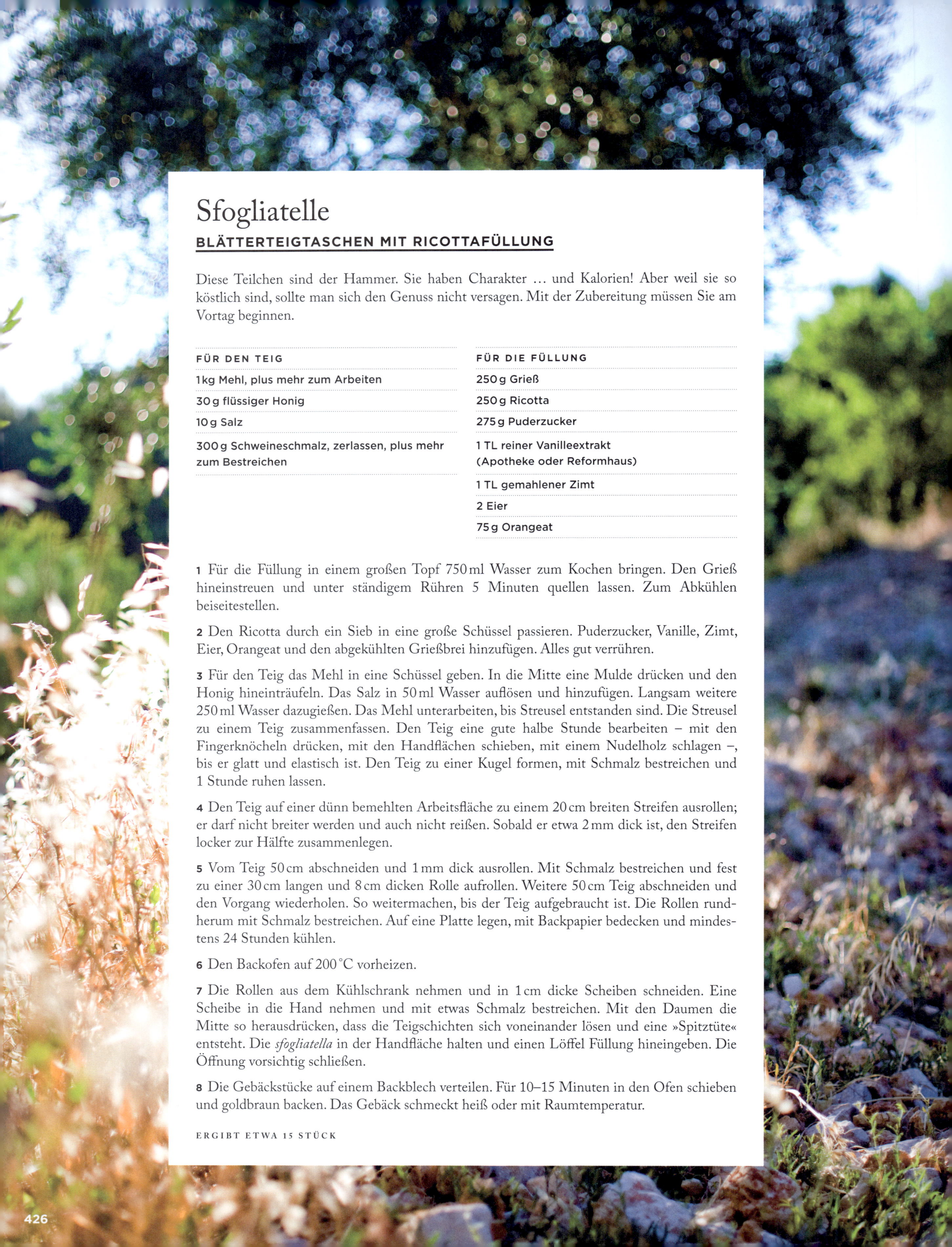

Sfogliatelle

BLÄTTERTEIGTASCHEN MIT RICOTTAFÜLLUNG

Diese Teilchen sind der Hammer. Sie haben Charakter … und Kalorien! Aber weil sie so köstlich sind, sollte man sich den Genuss nicht versagen. Mit der Zubereitung müssen Sie am Vortag beginnen.

FÜR DEN TEIG

- 1 kg Mehl, plus mehr zum Arbeiten
- 30 g flüssiger Honig
- 10 g Salz
- 300 g Schweineschmalz, zerlassen, plus mehr zum Bestreichen

FÜR DIE FÜLLUNG

- 250 g Grieß
- 250 g Ricotta
- 275 g Puderzucker
- 1 TL reiner Vanilleextrakt (Apotheke oder Reformhaus)
- 1 TL gemahlener Zimt
- 2 Eier
- 75 g Orangeat

1 Für die Füllung in einem großen Topf 750 ml Wasser zum Kochen bringen. Den Grieß hineinstreuen und unter ständigem Rühren 5 Minuten quellen lassen. Zum Abkühlen beiseitestellen.

2 Den Ricotta durch ein Sieb in eine große Schüssel passieren. Puderzucker, Vanille, Zimt, Eier, Orangeat und den abgekühlten Grießbrei hinzufügen. Alles gut verrühren.

3 Für den Teig das Mehl in eine Schüssel geben. In die Mitte eine Mulde drücken und den Honig hineinträufeln. Das Salz in 50 ml Wasser auflösen und hinzufügen. Langsam weitere 250 ml Wasser dazugießen. Das Mehl unterarbeiten, bis Streusel entstanden sind. Die Streusel zu einem Teig zusammenfassen. Den Teig eine gute halbe Stunde bearbeiten – mit den Fingerknöcheln drücken, mit den Handflächen schieben, mit einem Nudelholz schlagen –, bis er glatt und elastisch ist. Den Teig zu einer Kugel formen, mit Schmalz bestreichen und 1 Stunde ruhen lassen.

4 Den Teig auf einer dünn bemehlten Arbeitsfläche zu einem 20 cm breiten Streifen ausrollen; er darf nicht breiter werden und auch nicht reißen. Sobald er etwa 2 mm dick ist, den Streifen locker zur Hälfte zusammenlegen.

5 Vom Teig 50 cm abschneiden und 1 mm dick ausrollen. Mit Schmalz bestreichen und fest zu einer 30 cm langen und 8 cm dicken Rolle aufrollen. Weitere 50 cm Teig abschneiden und den Vorgang wiederholen. So weitermachen, bis der Teig aufgebraucht ist. Die Rollen rundherum mit Schmalz bestreichen. Auf eine Platte legen, mit Backpapier bedecken und mindestens 24 Stunden kühlen.

6 Den Backofen auf 200 °C vorheizen.

7 Die Rollen aus dem Kühlschrank nehmen und in 1 cm dicke Scheiben schneiden. Eine Scheibe in die Hand nehmen und mit etwas Schmalz bestreichen. Mit den Daumen die Mitte so herausdrücken, dass die Teigschichten sich voneinander lösen und eine »Spitztüte« entsteht. Die *sfogliatella* in der Handfläche halten und einen Löffel Füllung hineingeben. Die Öffnung vorsichtig schließen.

8 Die Gebäckstücke auf einem Backblech verteilen. Für 10–15 Minuten in den Ofen schieben und goldbraun backen. Das Gebäck schmeckt heiß oder mit Raumtemperatur.

ERGIBT ETWA 15 STÜCK

MOZZARELLA DI BUFALA

BÜFFELMOZZARELLA

CASEIFICIO MASSERIA DEL GUACCHIO

DER BERÜHMTESTE KÄSE SÜDITALIENS HAT INZWISCHEN INTERNATIONAL KARRIERE GEMACHT. WER IHN KENNT, WILL NIE WIEDER MOZZARELLA AUS KUHMILCH ESSEN. DER CASEIFICIO MASSERIA DEL GUACCHIO ERZEUGT MOZZARELLA IN SPITZENQUALITÄT AUS DER MILCH EINER KLEINEN BÜFFELHERDE, DIE AUF DEM GELÄNDE WEIDET.

175581

Seiner DOP *(denominazione di origine protetta)* zufolge darf Mozzarella di bufala Campana nur in bestimmten Regionen von Kampanien und Latium produziert werden. Das milde Klima, die fruchtbaren Böden und die sumpfigen Niederungen in diesen Gebieten schaffen ideale Bedingungen für Weidegründe. Büffelmilch enthält mehr Fett und Eiweiß als Kuhmilch, das macht den Käse weicher und komplexer als herkömmlichen Mozzarella *(mozzarella fior di latte)*.

Wir besuchen den Caseificio Masseria del Guacchio, einen kleinen Bauernhof in Capaccio, um etwas mehr über diesen berühmten Käse zu erfahren. Hier wollen wir uns ansehen, wie echter Mozzarella di bufala entsteht. Zum Hof gehört eine Büffelherde, deren Weide direkt hinter der Käserei liegt. Vom Melken bis zum Verpacken des fertigen Käses finden alle Arbeitsschritte hier statt, was größtmögliche Frische garantiert.

Die Büffelmilch gelangt sofort nach dem Melken in die Käserei, wo sie zunächst gefiltert wird, um Verunreinigungen zu beseitigen. Dann erhitzt man die Milch und mengt Molke von der Käseerzeugung des Vortags bei. Anschließend kommt Kalbslab hinzu, damit die Milch gerinnt. Dabei trennt sich die Flüssigkeit in Molke und Käsebruch (Feststoffe). Die Molke findet für die Herstellung von Ricotta Verwendung, der in Stücke geschnittene Bruch bleibt drei bis vier Stunden zur Ansäuerung stehen.

Die nächste Phase ist das »Ziehen« des Käses. In großen Behältern aus Edelstahl überbrüht man die Käsemasse mit heißem Wasser. Dann wird die Masse mit den Händen oder mit hölzernen Werkzeugen geknetet, gepresst, gezogen und wieder zusammengeschlagen, bis sie schließlich die gewünschte Konsistenz erreicht hat.

Anschließend folgt die *mozzatura*, das »Abschneiden«, dem der Mozzarella seinen Namen verdankt. Dazu gehört das Formen der typischen Kugeln, was ebenfalls von Hand geschieht. Nach einem zwanzigminütigen Bad in kaltem Wasser tauchen die Mozzarellastücke in Salzlake ein. Das Endprodukt ist ein porzellanweißer Weichkäse. Wenn man ihn aufschneidet, erkennt man, dass er aus vielen einzelnen Schichten besteht. Die Dicke der Schichten unterscheidet sich je nach Käsehersteller. Ein guter Mozzarella sollte etwas Molke absondern, wenn man ihn aufschneidet.

Auf dem Hof erfahren wir außerdem, wie Burrata entsteht, eine weitere Käsespezialität Süditaliens. Zunächst formt man aus warmen Mozzarellasträngen einen kleinen Beutel, der anschließend mit Mozzarellastückchen und Sahne gefüllt wird. Ein Käse im Käse also – eindeutig nichts für Weight Watchers!

Hat man erst einmal den echten Büffelmozzarella probiert, schmeckt einem kein anderer mehr.

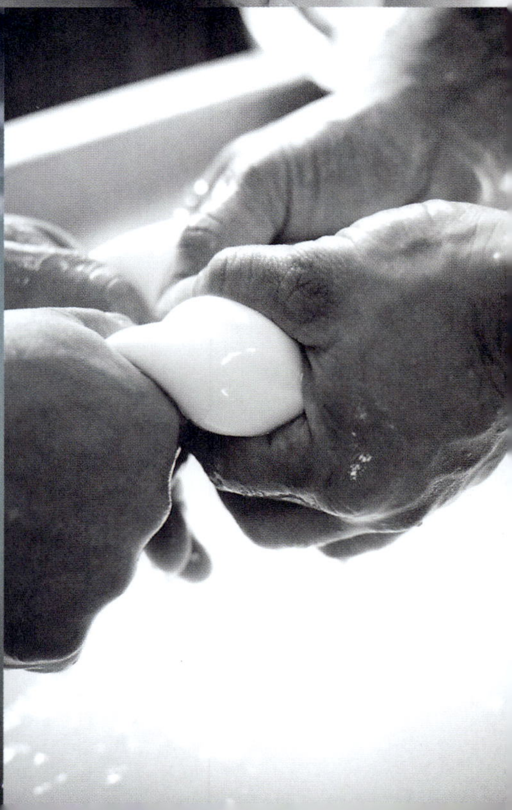

Involtini di pesce con mozzarella di bufala

FISCHRÖLLCHEN MIT BÜFFELMOZZARELLA

Der Büffelmozzarella schmilzt nicht nur glatt und cremig, er sorgt auch dafür, dass der Fisch saftig bleibt. Ich serviere die Röllchen gern als Snack, aber sie eignen sich auch gut als Hauptgang, beispielsweise mit einem Salat aus Tomaten, Basilikum und Oliven.

- 18 kleine weißfleischige Fischfilets (etwa 800 g)
- Meersalz und geschroteter schwarzer Pfeffer
- 200 g Büffelmozzarella, in 2 cm große Würfel geschnitten
- 100 g Mehl
- 4 Eier, verquirlt
- 150 g Semmelbrösel
- 100 ml Olivenöl
- 2 Zitronen, in Spalten geschnitten

1 Den Backofen auf 180 °C vorheizen.

2 Die Fischfilets mit Salz und Pfeffer würzen.

3 Auf die Schwanzenden jeweils ein Stück Mozzarella legen und jedes Filet vom Schwanzende her aufrollen. Mit Holzspießchen fixieren.

4 Mehl, Eier und Semmelbrösel separat in Schalen oder tiefe Teller geben. Die Fischröllchen im Mehl wenden (überschüssiges Mehl abschütteln), dann durch das Ei ziehen und zum Schluss in den Bröseln wenden. Die Brösel andrücken. Das Ganze wiederholen, damit der Käse beim Garen nicht herausfließen kann.

5 Das Öl in einer Pfanne bei hoher Temperatur erhitzen. Die Röllchen darin rundherum anbraten. Anschließend auf ein Backblech legen und für etwa 5 Minuten in den heißen Ofen schieben, bis der Käse schmilzt und der Fisch durchgegart ist.

6 Die Röllchen auf einer Servierplatte anrichten, die Spießchen entfernen. Die Röllchen mit Salz bestreuen und mit Zitronenspalten servieren.

FÜR 6 PERSONEN

Spaghetti alla checca

SPAGHETTI MIT BÜFFELMOZZARELLA UND GRÜNEN OLIVEN

Eines meiner Lieblingsrezepte mit Büffelmozzarella stammt eigentlich aus Latium, aber ich habe es für das Kampanien-Kapitel entwendet. Die gekochten Spaghetti werden nur mit den kalten Zutaten vermischt – im Handumdrehen fertig, frisch und intensiv.

- 500 g Spaghetti
- 6 Eiertomaten, gehäutet, von den Samen befreit und in 1 cm große Würfel geschnitten
- 250 g Büffelmozzarella, in 1 cm große Würfel geschnitten
- 60 g grüne Oliven, entsteint
- 20 g sehr kleine Kapern (Nonpareilles)
- 1 große Handvoll Oreganoblätter, gehackt
- 2 EL gehackte glatte Petersilie
- 100 g Rucola
- 1½ EL natives Olivenöl extra
- Meersalz und geschroteter schwarzer Pfeffer

1 In einem großen Topf Salzwasser zum Kochen bringen. Die Spaghetti darin nach Packungsangabe bissfest garen.

2 Die Tomaten in einer großen Schüssel mit Mozzarella, Oliven, Kapern, Oregano, Petersilie und Rucola mischen.

3 Die Spaghetti abgießen und in die Schüssel geben. Olivenöl, Salz und Pfeffer hinzufügen. Alles rasch mischen, solange die Pasta heiß ist. Sofort servieren.

FÜR 6 PERSONEN

Mozzarella in carrozza

PANIERTE MOZZARELLA-SANDWICHES

Außen knusprig, innen herrlich cremig – einer meiner Lieblingssnacks. Büffelmozzarella ist dafür ideal. Sie können das Brot auch einfach entrinden und in Dreiecke schneiden, aber mir gefällt die runde Form besser.

- Öl zum Frittieren
- 12 Scheiben Kastenweißbrot
- 400 g Büffelmozzarella, in dünne Scheiben geschnitten
- 4 Sardellenfilets, in 1 cm große Stücke geschnitten
- 4 Eier, verquirlt
- 150 g Mehl
- 150 g Semmelbrösel
- Meersalz

1 Die Fritteuse oder einen Topf mit schwerem Boden zwei Drittel hoch mit Öl füllen. Das Öl auf 180 °C erhitzen.

2 Aus jeder Brotscheibe zwei Kreise (je 4 cm Ø) ausstechen. Auf einen davon etwas Mozzarella und ein Stück Sardelle legen. Die verquirlten Eier in eine Schale oder einen tiefen Teller geben. Einen Brotkreis mit etwas Ei bepinseln. Auf den Mozzarella legen und fest andrücken. Auf diese Weise elf weitere Sandwiches herstellen.

3 Mehl und Brösel separat in Schalen oder tiefe Teller geben. Die Sandwiches im Mehl wenden, ins Ei tauchen und zum Schluss in den Bröseln wenden. Die Brösel fest andrücken.

4 Die Sandwiches portionsweise im heißen Öl etwa 1 Minute frittieren, bis sie rundherum goldbraun sind. Auf Küchenpapier entfetten.

5 Mit Salz bestreuen und heiß servieren.

FÜR 6 PERSONEN ALS VORSPEISE

Caviale Calabrese

KALABRISCHER KAVIAR

Hoffentlich essen Sie gern scharf … Diese regionale Spezialität haut richtig rein! Ich habe die eingelegten Fischchen während unserer Reise in einem Restaurant gekostet, seitdem stehen sie auch bei mir auf der Karte. Sie halten ewig und schmecken besonders gut mit frischem Brot, auf Crostini oder mit Spaghetti.

- 500 g junge Sprotten
- 75 g Meersalz
- 250 ml Weißweinessig
- 2 EL Cayennepfeffer
- 1 EL Paprikapulver
- natives Olivenöl extra zum Einlegen

1 Die Fische über Nacht in gesalzenes Wasser legen.

2 Am nächsten Tag abgießen und mit dem Salz in eine große Schüssel geben.

3 Ein großes Sieb auf eine Schüssel setzen. Die Fische hineingeben und beschweren (volle Konservendosen, etwa 500 g, sollten reichen). Zudecken und 7 Tage kalt stellen. Jeden Tag auflockern und die angesammelte Flüssigkeit wegschütten.

4 Nach 7 Tagen die Fische in eine große Schüssel füllen und den Essig dazugießen. Mit einem Löffel umrühren, dann abgießen. Die Fische ausdrücken und in eine saubere Schüssel geben. Cayennepfeffer und Paprika hinzufügen und gründlich untermischen.

5 Die Fische in ein großes sterilisiertes Glas (siehe Seite 143) füllen und mit Olivenöl bedecken; das Glas fest verschließen. Gekühlt halten sie sich bis zu 3 Monate.

FÜR 12 PERSONEN

LA PIZZERIA

Zu einer wirklich tollen Pizza gehören ein perfekter Teig und erstklassige Zutaten als Belag. Und da ist weniger eindeutig mehr. Man muss den einzelnen Bestandteilen Gelegenheit geben zu glänzen. Während unseres Aufenthalts in seinem *agriturismo* (siehe Seite 412) nahm Lucio uns mit zu seinem Freund Mario, der in seiner kleinen familienbetriebenen Pizzeria, dem Club Enogastronico in Capaccio, die beste Pizza der Region backt. Es ist eine Freude, Meister Mario dabei zuzusehen, wie er den Teig durch die Luft wirbelt und einen köstlichen Belag darauf verteilt. Die fertige Pizza hält mehr als sie verspricht. Sie ist wahnsinnig lecker, dabei gar nicht schwer und sehr traditionell.

Pizza Margherita

Die Voraussetzungen für guten Pizzateig sind das richtige Mehl und reichlich Zeit zum Gehen. Das Mehl sollte einen hohen Glutengehalt aufweisen, denn nur dann bekommt der Teig die gewünschte Konsistenz. In meinem Restaurant Ombra stellen wir den Pizzateig spät abends her und lassen ihn über Nacht gehen. Die Pizza wird auf Stein gebacken.

- 600 ml Passata (siehe Seite 424)
- 600 g Büffelmozzarella, in 5 mm dicke Scheiben geschnitten
- Meersalz und geschroteter schwarzer Pfeffer
- natives Olivenöl extra zum Beträufeln
- 20 Basilikumblätter, in Stücke gezupft

FÜR DEN PIZZATEIG

- 14 g Trockenhefe
- 2 EL Olivenöl
- 1 Prise Salz
- 500 g Mehl, plus mehr zum Arbeiten

1 Für den Teig Hefe, Öl, Salz und 400 ml warmes Wasser in eine Schüssel geben. Mit einem Schneebesen rühren, bis die Hefe sich aufgelöst hat. Die Mischung mit dem Mehl in der Küchenmaschine mit dem Knethaken etwa 20 Minuten bearbeiten, bis ein glatter, glänzender Teig entstanden ist. Alternativ das Mehl mit dem Salz in eine große Schüssel geben und in die Mitte eine Mulde drücken. Warmes Wasser, Hefe und Öl verrühren, bis die Hefe sich aufgelöst hat; in die Mulde gießen. Mehl unterarbeiten, bis eine Paste entstanden ist, dann nach und nach das restliche Mehl unterkneten. Den Teig kneten, bis er glatt ist.

2 Den Teig zugedeckt an einem warmen Platz mindestens 1 Stunde gehen lassen, bis er sein Volumen verdoppelt hat, dann auf einer bemehlten Arbeitsfläche 1–2 Minuten kneten. In drei gleich große Stücke teilen. Die Stücke zu Kugeln formen, zudecken und etwa 30 Minuten gehen lassen.

3 Den Backofen auf 200 °C vorheizen. Eine Teigkugel auf der Arbeitsfläche flach drücken. Über einem geölten Pizzablech (24 cm Ø) ausziehen, dann hineinlegen. Mit den restlichen Teigkugeln ebenso verfahren.

4 Jeden Pizzaboden dünn mit Passata bestreichen, dabei jeweils einen 1 cm breiten Rand frei lassen, und mit Mozzarella belegen. Salzen, pfeffern, mit Olivenöl beträufeln und mit einem Sechstel des Basilikums bestreuen.

5 Die Pizzas jeweils 12–15 Minuten backen, bis die Unterseite goldbraun ist (anheben und nachsehen). Mit dem restlichen Basilikum garnieren und servieren.

ERGIBT 3 PIZZAS (JE 24 CM Ø)

Pizza con zucchine

ZUCCHINIPIZZA

Ein einfacher Pizzabelag ist immer der beste. Hier werden dafür Zucchini angebraten – das bringt die Süße zum Vorschein und intensiviert den Geschmack.

- 2 Knoblauchzehen, gehackt
- 200 ml Olivenöl
- 3 Zucchini, in 5 mm dicke Scheiben geschnitten
- Pizzateig (siehe links), in drei Portionen geteilt, wie beschrieben ausgezogen und in die Bleche gelegt
- 750 g Büffelmozzarella, in 5 mm dicke Scheiben geschnitten
- 1 TL getrockneter Oregano
- Meersalz und geschroteter schwarzer Pfeffer

1 Den Backofen auf 200 °C vorheizen. Den Knoblauch mit 50 ml Olivenöl mischen.

2 In einer großen Pfanne 100 ml Olivenöl bei mittlerer Temperatur erhitzen. Die Zucchini darin portionsweise anbraten. Auf Küchenpapier abtropfen lassen.

3 Die Pizzaböden mit Mozzarella belegen, dabei jeweils einen 1 cm breiten Rand frei lassen. Die Zucchinischeiben daraufgeben, mit Oregano bestreuen, salzen, pfeffern und mit dem Knoblauchöl beträufeln.

4 Im heißen Ofen 12–15 Minuten backen, bis die Böden gebräunt sind. Mit dem restlichen Öl beträufeln und servieren.

ERGIBT 3 PIZZAS (JE 24 CM Ø)

Pizza al parmigiano, rucola e pomodorini

PIZZA MIT PARMESAN, RUCOLA UND KIRSCHTOMATEN

Beste Zutaten sind hier der Schlüssel zum Erfolg. Die Rucolablätter müssen sehr frisch und pfeffrig sein, die Tomaten reif und süß.

- 3 Knoblauchzehen, fein gehackt
- 100 ml Olivenöl
- Pizzateig (siehe Seite 439), in drei Portionen geteilt, wie beschrieben ausgezogen und in die Bleche gelegt
- 750 g Büffelmozzarella, in Scheiben geschnitten
- Meersalz und geschroteter schwarzer Pfeffer
- 100 g Rucola
- 400 g Kirschtomaten, halbiert
- 100 g Parmesan, gehobelt

1 Den Backofen auf 200 °C vorheizen.

2 Den Knoblauch mit der Hälfte des Öls verrühren. Die Pizzaböden mit Mozzarella belegen, dabei einen 1 cm breiten Rand frei lassen. Mit Knoblauchöl beträufeln, salzen und pfeffern.

3 Im heißen Ofen jeweils 12–15 Minuten backen, bis die Böden goldbraun sind.

4 Rucola und Tomaten in einer Schüssel mit dem restlichen Olivenöl, Salz und Pfeffer mischen.

5 Die Pizzas mit Rucola und Tomaten belegen und mit Parmesanspänen garnieren.

ERGIBT 3 PIZZAS (JE 24 CM Ø)

APU

CACIOCAVALLO
FAVA DI CARPINO
PANE DI ALTAMURA

LIEN

Apulien, der »Absatz« des italienischen Stiefels, ist eine landwirtschaftlich geprägte Region, bewohnt von herzlichen, stolzen und fleißigen Menschen. Zu den klassischen Gerichten gehört eine Pasta in Ohrenform, Orecchiette. Apulien ist außerdem berühmt für das Pane di Altamura, Italiens einziges Brot mit geschützter Ursprungsbezeichnung.

CACIOCAVALLO

AGRITURISMO MASSERIA SGARRAZZA

DER CACIOCAVALLO VERDANKT SEINEN NAMEN VERMUTLICH DER BESONDEREN REIFEMETHODE: DIE KÄSE HÄNGEN PAARWEISE ZUSAMMENGEBUNDEN ÜBER EINEM HOLZBALKEN WIE EIN SATTEL – *CAVALLO* HEISST »PFERD«. DIE MASSERIA SGARRAZZA PRODUZIERT GANZ BESONDEREN CACIOCAVALLO AUS DER MILCH VON PODOLICA-KÜHEN.

Der Caciocavallo podolico del Gargano, von Slow Food in die Arche des Geschmacks aufgenommen, ist auf der Halbinsel Gargano zu Hause, im Nordosten Apuliens. Er wird aus der Milch von Podolica-Kühen gewonnen, einer alten Landrasse, die vor allem in Süditalien heimisch ist. Diese großen, langhörnigen Rinder sind ein beeindruckender Anblick. Es gibt zwei Theorien, wie sie aus ihrer ukrainischen Heimat nach Süditalien gekommen sein könnten – entweder im 1. Jahrhundert v. Chr. über Kreta oder etwa 500 Jahre später mit den Hunnen. Es handelt sich jedenfalls um eine widerstandsfähige Rasse, die Tiere weiden frei in den Bergen des Parco Nazionale del Gargano und ernähren sich von Gras und wilden Kräutern.

Caciocavallo wird nur im Frühling erzeugt, von März bis Mai. In dieser Zeit werfen die Podolica-Kühe ihre Kälber und geben Milch, wenn auch relativ wenig. Die Käser pflegen alte Techniken, die sie von Generation zu Generation weitergeben. Der echte Caciocavallo podolico wird rein handwerklich erzeugt, auch das Melken erfolgt selbstverständlich von Hand. Aus all diesen Gründen – die kurze Melksaison, die geringe Milchmenge und der erforderliche Aufwand bei der Käseerzeugung – ist dieser Käse im Lauf der Jahre immer rarer geworden. Nur noch drei kleine Betriebe produzieren im Jahr insgesamt etwa 300 Kilo Caciocavallo podolico.

Wir besuchen einen dieser Erzeuger, Pietro de Vita, auf seinem Hof, dem Agriturismo Masseria Sgarrazza. Das Anwesen ist etwa 150 Jahre alt und strahlt etwas Magisches aus – man spürt, dass hier alles im Einklang mit der Natur steht. Pietro macht uns mit seinem Vater Antonio bekannt, der nicht sehr gesprächig ist, uns aber bereitwillig sein altes Handwerk vorführt.

Zunächst erwärmt Antonio die Rohmilch in einem Kupferkessel über einem offenen Feuer auf 38 °C. Dann gießt er die Milch in einen Holzkübel und fügt Lab hinzu, damit sie gerinnt. Der Käsebruch formt kleine Körner, die in ein Tuch gewickelt und gepresst werden, um die Feuchtigkeit herauszudrücken. In der Zwischenzeit erhitzt Antonio die Molke auf 60 °C. Dann gibt er den Bruch wieder zur Molke und lässt ihn einige Stunden ruhen. Das Herausnehmen und Ausdrücken des Bruchs wiederholt sich zwei- bis dreimal.

Anschließend wird der Bruch in Stücke geschnitten und in einen Holzkübel gelegt. Nun gießt Antonio kochendes Wasser dazu und rührt die Mischung mit einem großen Holzstab, bis sich die Masse zu einem langen Strang ziehen lässt. Dann formt Antonio den Bruch und legt ihn für zwei bis drei Stunden in kaltes Wasser. Danach kommt der Käse für zwei Tage in eine 20-prozentige Salzlake. Schließlich wird er aus der Lake gehoben und getrocknet, dann paarweise zusammengebunden und zum Reifen über einen Holzbalken in den Keller gehängt, wo die Familie all ihren Wein und ihren Käse aufbewahrt. Pietro erzählt uns, dass der Käse mindestens zwei bis drei Monate und manchmal bis zu drei Jahre reift – je älter er wird, desto kräftiger und pikanter schmeckt er.

Ein birnenförmiger Caciocavallo, der wie Mozzarella zu den *formaggi a pasta filata* zählt, weil man den Bruch durch das Rühren »auseinanderzieht«, wiegt rund 2,5 Kilo. Er schmeckt sehr aromatisch, oft mit einem Anflug von Gras und Kräutern, von denen die Kühe gefressen haben. Pietro lässt uns seinen Käse probieren – absolut köstlich.

Hier ist alles Handarbeit, auch das Melken der Podolica-Kühe.

Masseria Sgarrazza

Masseria Sgarrazza

Masseria Sgarrazza

1618

Orecchiette con caciocavallo e fave

ORECCHIETTE MIT CACIOCAVALLO UND DICKEN BOHNEN

Orecchiette, ein rustikaler Pastaklassiker aus Apulien, werden ohne Ei hergestellt und sind ziemlich bissfest. Es gibt sie in guter Qualität zu kaufen – aber nichts geht über selbst gemachte. Was übrig bleibt, kann man bis zu 4 Wochen tiefkühlen. Wer keinen Caciocavallo bekommt, sollte einen Versuch mit Provolone machen.

- 2½ EL Olivenöl
- 3 Knoblauchzehen, in Scheiben geschnitten
- 1 rote Chilischote, von den Samen befreit und gehackt
- 500 g frische Dicke-Bohnen-Kerne, von den Häuten befreit (ergibt etwa 300 g)
- 50 g Caciocavallo, gerieben
- 2 EL gehackte glatte Petersilie
- Meersalz und geschroteter schwarzer Pfeffer
- natives Olivenöl extra zum Beträufeln

FÜR DEN PASTATEIG

- 350 g Hartweizenmehl oder Weizenmehl Tipo 00, plus Mehl zum Arbeiten
- 1 Prise Salz

1 Für die Pasta Mehl, Salz und 175 ml Wasser in die Schüssel der Küchenmaschine füllen und mit dem Knethaken etwa 15 Minuten bearbeiten, bis ein fester Teig entstanden ist. Auf der Arbeitsfläche kneten, bis er glatt ist. In Frischhaltefolie wickeln und 2 Stunden kühlen.

2 Vom Teig ein kleines Stück abschneiden (den Rest mit einem Geschirrtuch bedecken, damit er nicht austrocknet). Zu einer 2 cm dicken Rolle formen und diese in 1 cm breite Stücke schneiden. Ein Stück mit der Spitze eines Tafelmessers flach drücken, dann das Messer nach vorn ziehen, damit das Stück sich aufrollt. Die Mitte des Stücks nach außen drücken – es sieht nun fast aus wie ein Ohr. Mit dem restlichen Teig ebenso verfahren, die fertigen Orecchiette auf ein bemehltes Tablett legen und mit einem Geschirrtuch bedecken.

3 In einem großen Topf gesalzenes Wasser zum Kochen bringen. Die Orecchiette darin 5–6 Minuten garen, dann in einem Sieb abtropfen lassen.

4 Das Olivenöl in einer großen Pfanne erhitzen. Den Knoblauch darin 1 Minute anschwitzen. Chili und Dicke Bohnen unterrühren, dann Pasta, Käse und Petersilie hinzufügen. Salz und Pfeffer dazugeben und alles mischen. Das Gericht mit Olivenöl beträufeln und servieren.

FÜR 6–8 PERSONEN

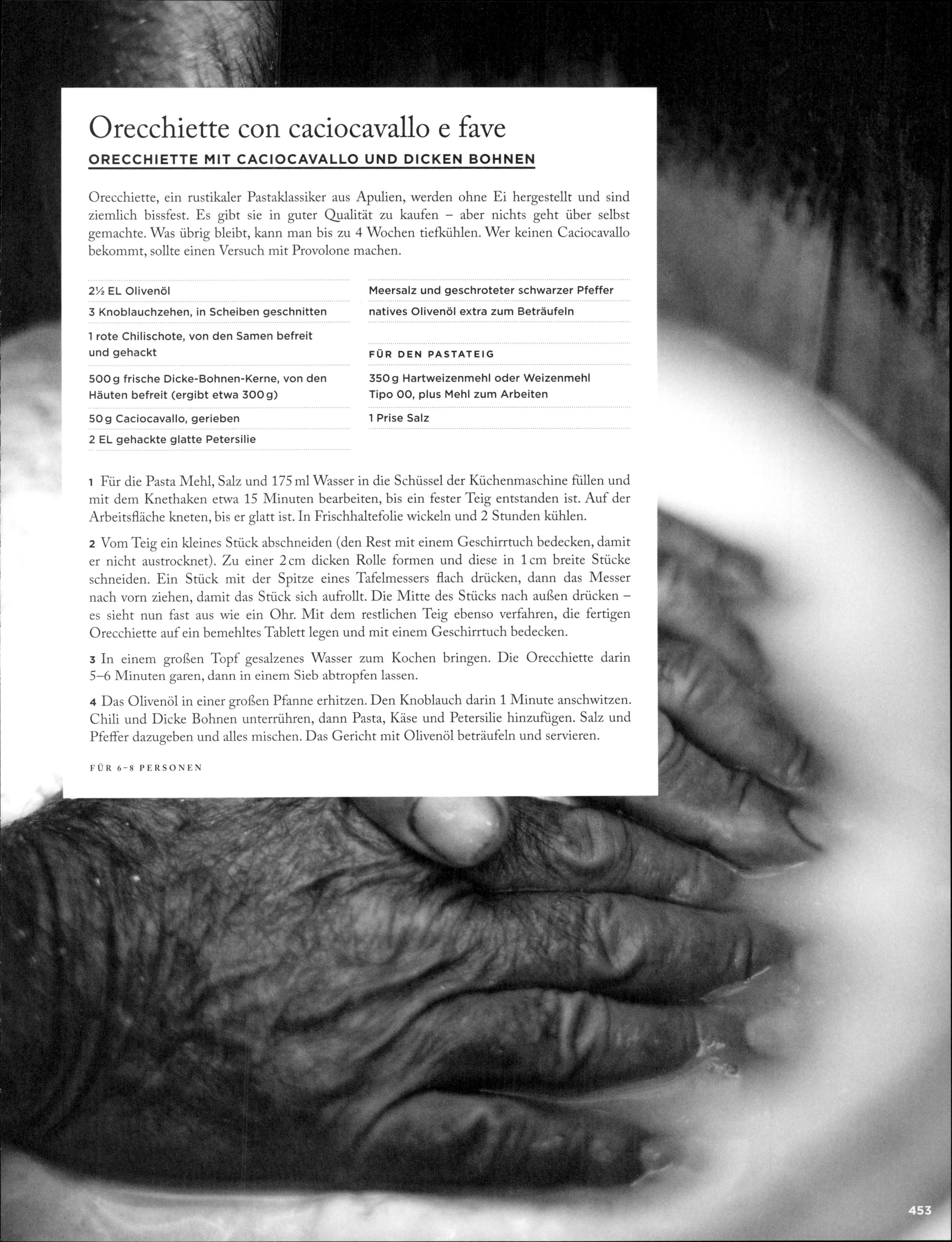

FAVA DI CARPINO

DICKE BOHNEN

AZIENDA AGRICOLA ORTORE

DICKE BOHNEN GEDEIHEN SEIT MEHR ALS 2500 JAHREN IN DER UMGEBUNG VON CARPINO. DIE ANBAUMETHODEN HABEN SICH IM LAUF DER JAHRHUNDERTE SEHR WENIG GEÄNDERT UND EIN GROSSER TEIL DER ARBEIT WIRD IMMER NOCH AUSSCHLIESSLICH VON HAND ERLEDIGT.

Fave di Carpino, seit mehreren tausend Jahren ein Grundnahrungsmittel der Region, sind kleiner als die normalen Dicken Bohnen, haben eine zarte Schale mit flachen Grübchen und schmecken ungemein süß und nussig. Der Anbau der Hülsenfrüchte erfordert allerdings viel Handarbeit und bringt relativ wenig Ertrag, weshalb es nicht verwunderlich ist, dass sie bei den Bauern in Ungnade fielen.

Erfreulicherweise schlossen sich 2002 vier Produzenten zusammen, um diese Bohnensorte vor dem Aussterben zu bewahren, und mittlerweile ist sie von Slow Food in die Arche des Geschmacks aufgenommen worden. Zu ihren Fürsprechern zählt Mario Ortore, der Fave di Carpino auf seinem Bauernhof, der Azienda Agricola Ortore, anbaut. Als wir Mario besuchen, hat er seine Bohnenernte gerade eingebracht, aber er erzählt uns gern davon und nimmt uns zu einigen Nachbarn mit, die noch bei der Arbeit sind. Die Dicken Bohnen schmecken frisch besonders gut, aber in der Regel kommen sie getrocknet und verpackt in den Handel. Getrocknete Dicke Bohnen sind in Geschmack und Konsistenz völlig verschieden von frischen. Sie werden in vielen lokalen Gerichten verwendet, besonders in *purè di fave* (Püree aus Dicken Bohnen), das normalerweise mit Brot auf den Tisch kommt.

Mario sät die Dicken Bohnen von Hand im Spätherbst aus, von Oktober bis Anfang Dezember. Er baut sie im Wechsel mit anderen Kulturpflanzen wie Weizen, Tomaten und Zuckerrüben an. Der Boden ist hier derart fett, dass keine künstliche Düngung erforderlich ist. Pestizide kommen auch nicht zum Einsatz und das Unkraut wird von Hand gejätet.

Im Juni, wenn die Pflanzen anfangen gelb zu werden, schneidet Mario sie mit einer Sichel ab und bindet sie zusammen, um in der Sonne zu trocknen. Im Juli kann er die getrockneten Bohnen aus den Hülsen lösen und von der Spreu trennen. Dabei kommen traditionelle Heugabeln und Schaufeln aus Holz zum Einsatz, die oft vom Vater an den Sohn weitergegeben werden. Der Bauer wirft die Bohnen in die Luft und alle Rückstände werden weggeweht. Es folgt das Verlesen der gereinigten Bohnen, natürlich von Hand. Vakuumverpackt bleiben sie lange haltbar.

Während ich die Bauern bei der Ernte beobachte, empfinde ich großen Respekt für sie. Fave di Carpino zu produzieren ist eindeutig harte, zeitaufwendige Arbeit – und reich wird man dabei nicht. Es ist ein kleines Wunder, dass es Leute wie Mario und die anderen Bauern gibt, denen die Erhaltung traditioneller Kulturpflanzen so am Herzen liegt. Ich jedenfalls bin ihnen sehr dankbar.

Auf dem Feld kommen traditionelle Heugabeln zum Einsatz, die oft vom Vater an den Sohn weitergereicht werden.

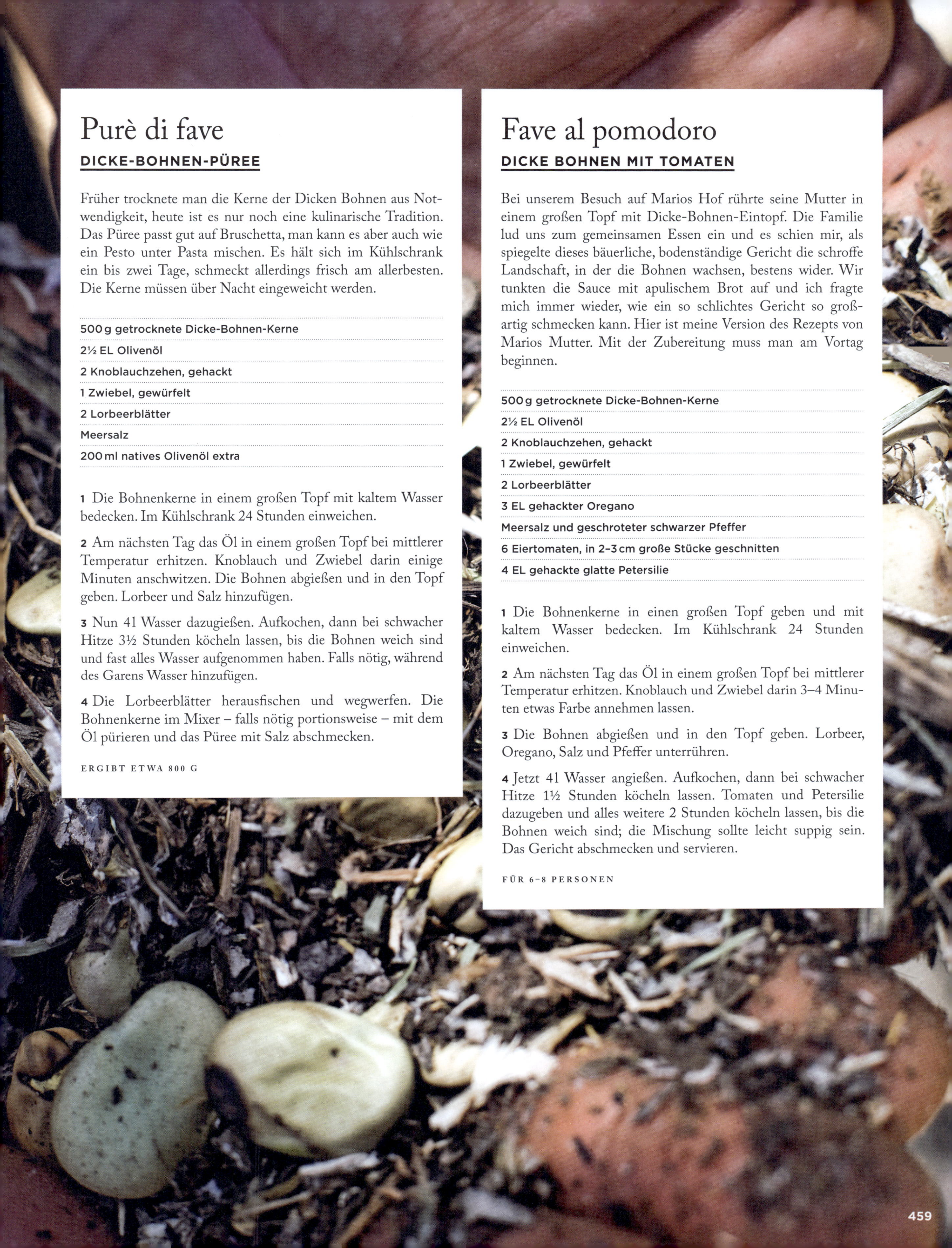

Purè di fave

DICKE-BOHNEN-PÜREE

Früher trocknete man die Kerne der Dicken Bohnen aus Notwendigkeit, heute ist es nur noch eine kulinarische Tradition. Das Püree passt gut auf Bruschetta, man kann es aber auch wie ein Pesto unter Pasta mischen. Es hält sich im Kühlschrank ein bis zwei Tage, schmeckt allerdings frisch am allerbesten. Die Kerne müssen über Nacht eingeweicht werden.

- 500 g getrocknete Dicke-Bohnen-Kerne
- 2½ EL Olivenöl
- 2 Knoblauchzehen, gehackt
- 1 Zwiebel, gewürfelt
- 2 Lorbeerblätter
- Meersalz
- 200 ml natives Olivenöl extra

1 Die Bohnenkerne in einem großen Topf mit kaltem Wasser bedecken. Im Kühlschrank 24 Stunden einweichen.

2 Am nächsten Tag das Öl in einem großen Topf bei mittlerer Temperatur erhitzen. Knoblauch und Zwiebel darin einige Minuten anschwitzen. Die Bohnen abgießen und in den Topf geben. Lorbeer und Salz hinzufügen.

3 Nun 4 l Wasser dazugießen. Aufkochen, dann bei schwacher Hitze 3½ Stunden köcheln lassen, bis die Bohnen weich sind und fast alles Wasser aufgenommen haben. Falls nötig, während des Garens Wasser hinzufügen.

4 Die Lorbeerblätter herausfischen und wegwerfen. Die Bohnenkerne im Mixer – falls nötig portionsweise – mit dem Öl pürieren und das Püree mit Salz abschmecken.

ERGIBT ETWA 800 G

Fave al pomodoro

DICKE BOHNEN MIT TOMATEN

Bei unserem Besuch auf Marios Hof rührte seine Mutter in einem großen Topf mit Dicke-Bohnen-Eintopf. Die Familie lud uns zum gemeinsamen Essen ein und es schien mir, als spiegelte dieses bäuerliche, bodenständige Gericht die schroffe Landschaft, in der die Bohnen wachsen, bestens wider. Wir tunkten die Sauce mit apulischem Brot auf und ich fragte mich immer wieder, wie ein so schlichtes Gericht so großartig schmecken kann. Hier ist meine Version des Rezepts von Marios Mutter. Mit der Zubereitung muss man am Vortag beginnen.

- 500 g getrocknete Dicke-Bohnen-Kerne
- 2½ EL Olivenöl
- 2 Knoblauchzehen, gehackt
- 1 Zwiebel, gewürfelt
- 2 Lorbeerblätter
- 3 EL gehackter Oregano
- Meersalz und geschroteter schwarzer Pfeffer
- 6 Eiertomaten, in 2–3 cm große Stücke geschnitten
- 4 EL gehackte glatte Petersilie

1 Die Bohnenkerne in einen großen Topf geben und mit kaltem Wasser bedecken. Im Kühlschrank 24 Stunden einweichen.

2 Am nächsten Tag das Öl in einem großen Topf bei mittlerer Temperatur erhitzen. Knoblauch und Zwiebel darin 3–4 Minuten etwas Farbe annehmen lassen.

3 Die Bohnen abgießen und in den Topf geben. Lorbeer, Oregano, Salz und Pfeffer unterrühren.

4 Jetzt 4 l Wasser angießen. Aufkochen, dann bei schwacher Hitze 1½ Stunden köcheln lassen. Tomaten und Petersilie dazugeben und alles weitere 2 Stunden köcheln lassen, bis die Bohnen weich sind; die Mischung sollte leicht suppig sein. Das Gericht abschmecken und servieren.

FÜR 6–8 PERSONEN

PANE DI ALTAMURA

ALTAMURA-BROT

PANIFICIO FRATELLI DI GESÙ

DER RUF ALTAMURAS, DAS BESTE BROT IN ITALIEN ZU BACKEN, STAMMT AUS DER ANTIKE. DER DICHTER HORAZ SCHREIBT IN SEINER FÜNFTEN SATIRE, DAS BROT SEI »SO SCHÖN, DASS KLUGE WANDERER SICH MIT EINEM VORRAT ZU BEPACKEN PFLEGEN«. GIUSEPPE DI GESÙS URURGROSSVATER GRÜNDETE 1838 EINE BÄCKEREI. FÜNF GENERATIONEN SPÄTER SIND GIUSEPPE UND SEIN COUSIN BEPPE IN DER GANZEN REGION FÜR IHR AUSGEZEICHNETES PANE DI ALTAMURA BEKANNT.

DiGesu'
Fornai da sempre

Für den Fall, dass wir auch nur die geringsten Zweifel hinsichtlich der Berühmtheit des Pane di Altamura gehegt hätten, heißen uns bei unserer Ankunft in Altamura Straßenschilder in der »Stadt des Brotes« willkommen. Unter den Hunderten verschiedener Brote *made in Italy* ist das Pane di Altamura das einzige mit der geschützten Ursprungsbezeichnung DOP *(denominazione di origine protetta)*. Das bedeutet, selbst das Getreide muss aus dem Ursprungsgebiet stammen.

Das Brot von Altamura diente ursprünglich den Bauern und Schafhirten der Umgebung als Verpflegung und sollte möglichst lange halten, während die Männer mit den Tieren unterwegs waren. Auch heute noch bleibt das Brot von Altamura besser frisch als andere Brote – üblicherweise rund sieben Tage. Es gibt zwei traditionelle Sorten: *pane accavallato,* hoch und kuppelförmig, sowie das flachere *cappello di prete* (Priesterhut). Beide Sorten haben eine kräftige Kruste von mindestens 3 Millimeter Dicke.

Die Familie di Gesù backt seit 1838 Brot. Damals stellten die Frauen in der Regel den Teig zu Hause her und brachten ihn zu den Öfen der di Gesùs, um dort das Brot backen zu lassen. Sie mussten ihre Laibe mit ihren Initialen kennzeichnen, um das fertige Brot zu identifizieren. Heute betreiben der Ururenkel Giuseppe und sein Cousin Beppe den Panificio e Biscottificio Fratelli di Gesù. Wir sind in Altamura, um ihre berühmte Bäckerei zu besuchen. Sie ist so bekannt, dass sie nicht mal ein Schild an der Tür braucht – jeder weiß einfach, wo sie liegt. Viele kommen von weit her, um hier Brot zu kaufen.

Giuseppe weiß genau, worauf es für ein perfektes Pane di Altamura ankommt. Auf die Frage, was sein Brot so besonders macht, spricht er über das Mikroklima der Region, über fruchtbare Böden und Trockenheit. Und schließlich verrät er mir (sehr emphatisch!), dass jeder gute Bäcker in Italien seinen eigenen Sauerteig – *biga* – herstellt. Das ist eine Mischung aus Hefe, warmem Wasser und Mehl, die man über Nacht gären lässt, und dann dem Brotteig hinzufügt. Die *biga* wird immer wieder mit frischem Mehl aufgefüllt und kann auf diese Weise sehr alt werden. Giuseppe vermutet, dass seine *biga* inzwischen mehr als 100 Jahre in Gebrauch ist. Und nach seiner Überzeugung hat sie entscheidenden Anteil am einzigartigen Geschmack seines Brots.

Wir erfahren von Giuseppe, wie das Pane di Altamura entsteht: Im Grunde sind es fünf Phasen, und die Methode hat sich im Lauf der Jahre kaum geändert, erklärt er uns. Zuerst wird der Teig angerührt – aus Mehl, der *biga,* Salz und Wasser. Nach sorgfältigem Kneten ruht er 90 Minuten, von einem Tuch bedeckt. Als Nächstes portioniert man den Teig mit der Hand und lässt ihn wieder ruhen. Anschließend werden die Laibe geformt und kreuzförmig eingeritzt, damit das Brot gleichmäßig aufgeht, aber auch als Glückssymbol. Nach einer Stunde im großen Holzofen, der bis zu 300 Laibe fasst, ist das Pane di Altamura fertig.

Wir sehen Giuseppes Bäckern dabei zu, wie sie ihr Brot kneten, und ich darf es selber versuchen. Als ich die Bäckerei verlasse, bin ich fest entschlossen, das Brot für meine Restaurants in Zukunft selber zu backen.

Die berühmte Bäckerei braucht kein Ladenschild – jeder kennt sie.

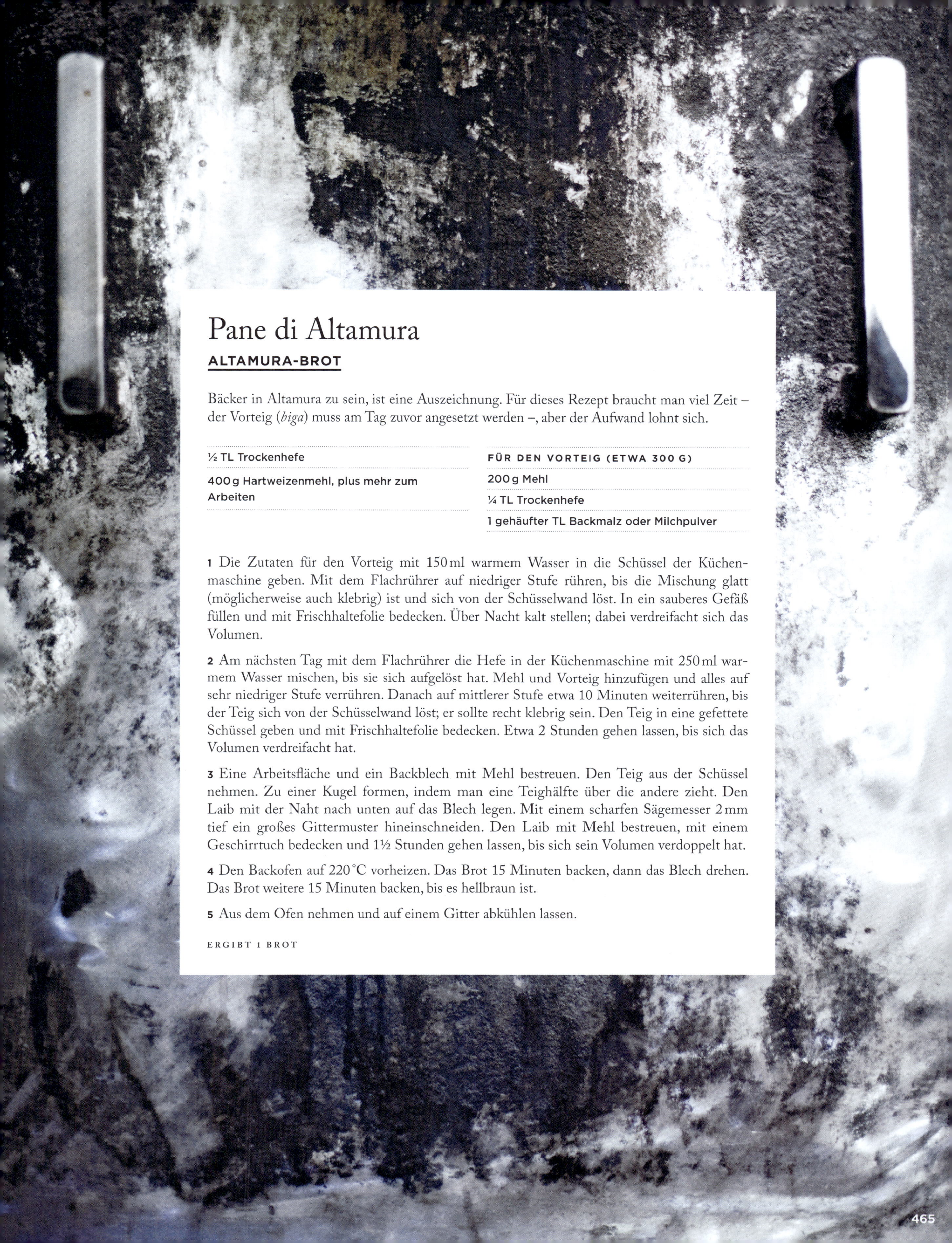

Pane di Altamura

ALTAMURA-BROT

Bäcker in Altamura zu sein, ist eine Auszeichnung. Für dieses Rezept braucht man viel Zeit – der Vorteig (*biga*) muss am Tag zuvor angesetzt werden –, aber der Aufwand lohnt sich.

- ½ TL Trockenhefe
- 400 g Hartweizenmehl, plus mehr zum Arbeiten

FÜR DEN VORTEIG (ETWA 300 G)

- 200 g Mehl
- ¼ TL Trockenhefe
- 1 gehäufter TL Backmalz oder Milchpulver

1 Die Zutaten für den Vorteig mit 150 ml warmem Wasser in die Schüssel der Küchenmaschine geben. Mit dem Flachrührer auf niedriger Stufe rühren, bis die Mischung glatt (möglicherweise auch klebrig) ist und sich von der Schüsselwand löst. In ein sauberes Gefäß füllen und mit Frischhaltefolie bedecken. Über Nacht kalt stellen; dabei verdreifacht sich das Volumen.

2 Am nächsten Tag mit dem Flachrührer die Hefe in der Küchenmaschine mit 250 ml warmem Wasser mischen, bis sie sich aufgelöst hat. Mehl und Vorteig hinzufügen und alles auf sehr niedriger Stufe verrühren. Danach auf mittlerer Stufe etwa 10 Minuten weiterrühren, bis der Teig sich von der Schüsselwand löst; er sollte recht klebrig sein. Den Teig in eine gefettete Schüssel geben und mit Frischhaltefolie bedecken. Etwa 2 Stunden gehen lassen, bis sich das Volumen verdreifacht hat.

3 Eine Arbeitsfläche und ein Backblech mit Mehl bestreuen. Den Teig aus der Schüssel nehmen. Zu einer Kugel formen, indem man eine Teighälfte über die andere zieht. Den Laib mit der Naht nach unten auf das Blech legen. Mit einem scharfen Sägemesser 2 mm tief ein großes Gittermuster hineinschneiden. Den Laib mit Mehl bestreuen, mit einem Geschirrtuch bedecken und 1½ Stunden gehen lassen, bis sich sein Volumen verdoppelt hat.

4 Den Backofen auf 220 °C vorheizen. Das Brot 15 Minuten backen, dann das Blech drehen. Das Brot weitere 15 Minuten backen, bis es hellbraun ist.

5 Aus dem Ofen nehmen und auf einem Gitter abkühlen lassen.

ERGIBT 1 BROT

Focaccia di Altamura

FOCACCIA AUS ALTAMURA

Diese köstliche Focaccia, gebacken aus dem gleichen Teig wie das Altamura-Brot, zählt zu den Bestsellern in der Bäckerei di Gesù. Man kann sie als kleinen Imbiss servieren oder als Beilage zu diversen Wurstwaren (*salumi*) reichen.

- 200 g Kirschtomaten, halbiert
- 24 schwarze Oliven, entsteint
- 1½ TL Olivenöl
- grobes Meersalz zum Bestreuen

FÜR DEN TEIG

- ½ TL Trockenhefe
- 400 g Hartweizenmehl
- etwa 300 g *biga* (siehe Seite 465)

1 Für den Teig mit dem Flachrührer die Hefe in der Küchenmaschine mit 250 ml warmem Wasser mischen, bis sie sich aufgelöst hat. Mehl und Vorteig hinzufügen und alles auf sehr niedriger Stufe verrühren. Danach auf mittlerer Stufe etwa 10 Minuten weiterrühren, bis der Teig sich von der Schüsselwand löst; er sollte recht klebrig sein. Den Teig in eine gefettete Schüssel geben und mit Frischhaltefolie bedecken. Etwa 2 Stunden gehen lassen, bis sich das Volumen verdreifacht hat.

2 Eine Arbeitsfläche und zwei große Pizzableche mit Mehl bestreuen. Den Teig aus der Schüssel nehmen. Zu zwei Kugeln formen und jede in ein Pizzablech legen. Mit einem Geschirrtuch bedecken und 1 Stunde gehen lassen.

3 Die Teigkugeln mit den Fingern zu Kreisen (je 20 cm Ø) flach drücken. Tomaten und Oliven in den Teig pressen. Die Focaccias mit dem Olivenöl beträufeln und großzügig mit grobem Meersalz bestreuen. Mit einem Geschirrtuch bedecken und 30 Minuten gehen lassen.

4 Den Backofen auf 220 °C vorheizen. Die Focaccias je 15 Minuten backen, dann die Bleche umdrehen und die Focaccias weitere 10 Minuten backen, bis sie hellbraun sind.

5 Aus dem Ofen nehmen und vor dem Servieren auf einem Gitter etwas abkühlen lassen.

ERGIBT 2 FOCACCIAS

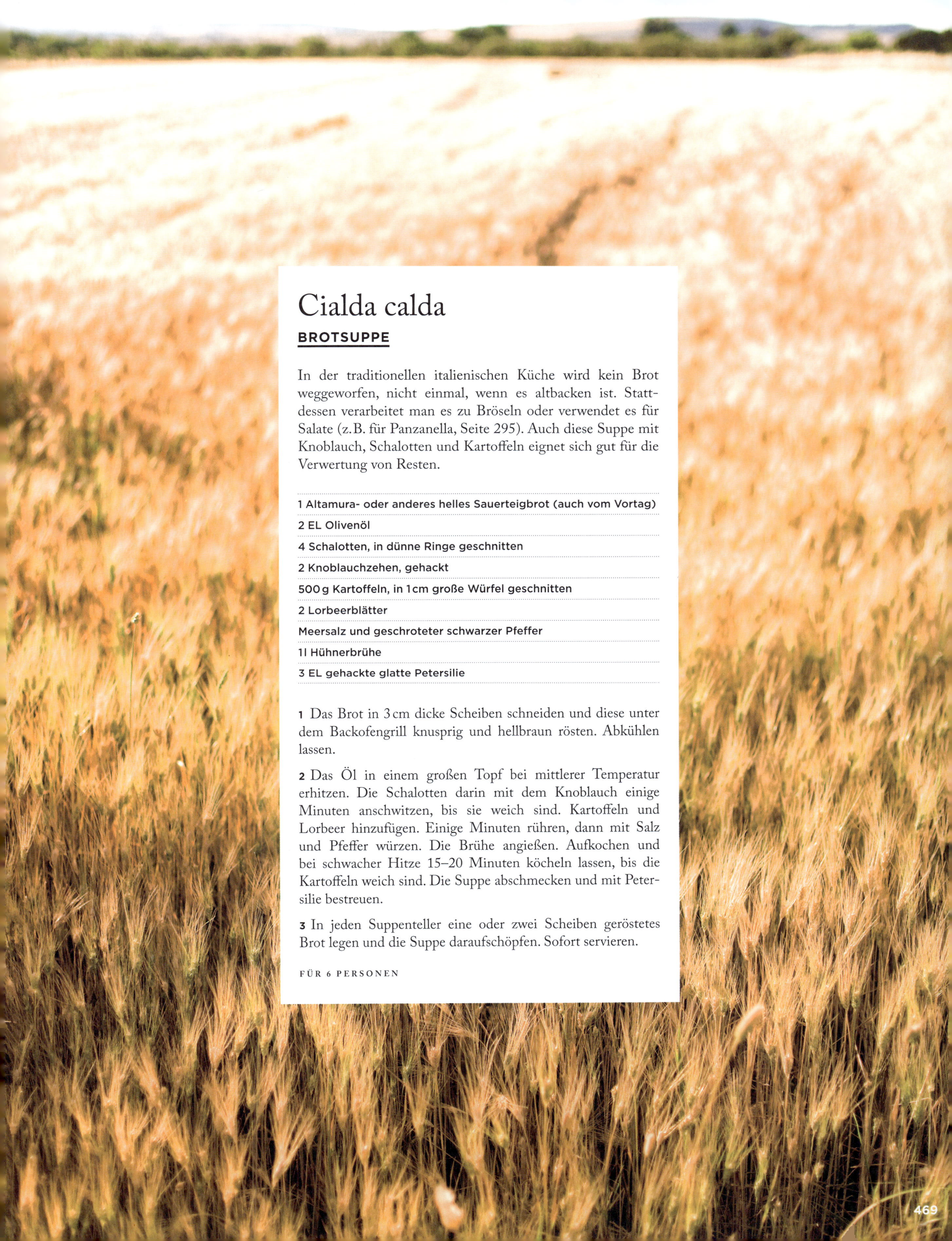

Cialda calda

BROTSUPPE

In der traditionellen italienischen Küche wird kein Brot weggeworfen, nicht einmal, wenn es altbacken ist. Stattdessen verarbeitet man es zu Bröseln oder verwendet es für Salate (z.B. für Panzanella, Seite 295). Auch diese Suppe mit Knoblauch, Schalotten und Kartoffeln eignet sich gut für die Verwertung von Resten.

1 Altamura- oder anderes helles Sauerteigbrot (auch vom Vortag)

2 EL Olivenöl

4 Schalotten, in dünne Ringe geschnitten

2 Knoblauchzehen, gehackt

500 g Kartoffeln, in 1 cm große Würfel geschnitten

2 Lorbeerblätter

Meersalz und geschroteter schwarzer Pfeffer

1 l Hühnerbrühe

3 EL gehackte glatte Petersilie

1 Das Brot in 3 cm dicke Scheiben schneiden und diese unter dem Backofengrill knusprig und hellbraun rösten. Abkühlen lassen.

2 Das Öl in einem großen Topf bei mittlerer Temperatur erhitzen. Die Schalotten darin mit dem Knoblauch einige Minuten anschwitzen, bis sie weich sind. Kartoffeln und Lorbeer hinzufügen. Einige Minuten rühren, dann mit Salz und Pfeffer würzen. Die Brühe angießen. Aufkochen und bei schwacher Hitze 15–20 Minuten köcheln lassen, bis die Kartoffeln weich sind. Die Suppe abschmecken und mit Petersilie bestreuen.

3 In jeden Suppenteller eine oder zwei Scheiben geröstetes Brot legen und die Suppe daraufschöpfen. Sofort servieren.

FÜR 6 PERSONEN

SIZI

APE NERA SICULA AGLIO ROSSO DI NUBIA

LA PASTICCERIA

SALE MARINO ORIGANO

PISTACCHIO DI BRONTE

LIEN

Der Einfluss der vielen verschiedenen Eroberer dieser magischen Insel spiegelt sich in Siziliens abwechslungsreicher Küche wider – von Zitrusfrüchten bis zu Couscous, Zucker und Gewürzen. Die vulkanische Erde nährt Pistazien, Kräuter und roten Knoblauch, und auch leckere Süßigkeiten wie eine klassische Cassata sind nie schwer zu finden.

APE NERA SICULA

HONIG VON SCHWARZEN BIENEN

APICOLTURA AMODEO

SEIT DEN 1970ER JAHREN IST DIE SIZILIANISCHE SCHWARZE BIENE VOM AUSSTERBEN BEDROHT. ES GIBT NUR NOCH EINEN ZÜCHTER AUF DER INSEL, CARLO AMODEO – IHM IST ES ZU VERDANKEN, DASS DIE APE NERA SICULA ÜBERHAUPT ÜBERLEBT HAT. UND NUR ER ERZEUGT EINEN HONIG, DER AUSSCHLIESSLICH VON DIESEN BESONDEREN BIENEN STAMMT.

VALENCIA
32nd AMERICA'S
CUP

Sizilianische schwarze Bienen sind, wie der Name schon sagt, auf Sizilien heimisch. Im Lauf der Zeit ersetzten die Imker sie allmählich durch italienische Bienen, die sie vom Festland importierten, und die Population ging bedenklich zurück. Glücklicherweise bemühen sich inzwischen – nicht zuletzt dank der unermüdlichen Arbeit Carlo Amodeos – mehrere Organisationen um die einheimischen Bienen. Slow Food hat sie 2008 in die Arche des Geschmacks aufgenommen, und Anfang 2012 wurde ein großes Projekt gestartet, das die Erhaltung der *ape nera sicula* zum Ziel hat. Es will potenzielle Gefährdungen wie Inzucht ausschließen und die Zahl der Imker erhöhen, um das Risiko des Aussterbens zu reduzieren.

Carlo Amodeos Imkerei, Apicoltura Amodeo, liegt nicht weit von Palermo an der Nordküste Siziliens. Carlo ist ein freundlicher, bodenständiger Mann mit einem enormen Wissen über sein Fachgebiet. Er hat umfassende Recherchen zur sizilianischen schwarzen Biene betrieben und 1988 auf einem Bauernhof in der Nähe von Palermo die letzten drei Bienenvölker dieser Unterart entdeckt. Sie gehörten einem alten Imker, der traditionelle Methoden der Bienenhaltung und altmodische rechteckige Holzrahmen benutzte. Carlo verlegte diese Bienenstöcke auf einige der kleinen Inseln im Norden Siziliens (zuerst nach Ustica, dann nach Filicudi, Alicudi und Vulcano), um eine Vermischung mit anderen Rassen zu verhindern.

Mittlerweile Herr über 1500 Bienenstöcke, hat es sich Carlo zur Lebensaufgabe gemacht, die schwarzen Bienen wieder in ganz Sizilien heimisch zu machen. Sie unterscheiden sich in vieler Hinsicht von ihren Verwandten auf dem italienischen Festland. Da ist zunächst die Farbe – schwarz, nicht schwarz-gelb. Außerdem sind die schwarzen Bienen produktiv und widerstandsfähig, weshalb sie das heiße Klima Siziliens gut vertragen. Was ich faszinierend finde: Sie sind überhaupt nicht angriffslustig, sodass Carlo keine Maske tragen muss, wenn er mit ihnen arbeitet.

Carlo zeigt uns seine Bienenstöcke und erklärt uns, wie der Honig entsteht. Vereinfacht gesagt, sammelt die Biene Pollen und Nektar von den Blüten und bringt sie zum Bienenstock. Der Nektar verwandelt sich im Magen der Biene mithilfe von Enzymen in Honig. Die Biene deponiert ihn in den Waben, die aus sechseckigen Wachszellen bestehen. Der Flügelschlag der Bienen im Stock sorgt für einen stetigen Luftstrom, der die Reifung des Honigs fördert.

Sobald eine Biene von einer bestimmten Blüte genascht hat, kehrt sie immer wieder zu ihr zurück – Carlo nennt seine Bienen »zuverlässig« –, und das bestimmt den Geschmack des Honigs. Carlo verkauft Honig in vielen Sorten, darunter Kastanie, Thymian, Zitruspflanzen, Eukalyptus und Dill. Er lässt uns einige probieren und wir schmecken tatsächlich die Unterschiede. Der Zitrushonig hat starke Orangennoten, während der Kastanienhonig feiner und zarter schmeckt. Carlo verkauft auch Gelée Royale, *pappa reale,* die Nahrung der Bienenkönigin.

Sizilianische schwarze Bienen sind sehr widerstandsfähig und vertragen die Hitze auf der Insel gut.

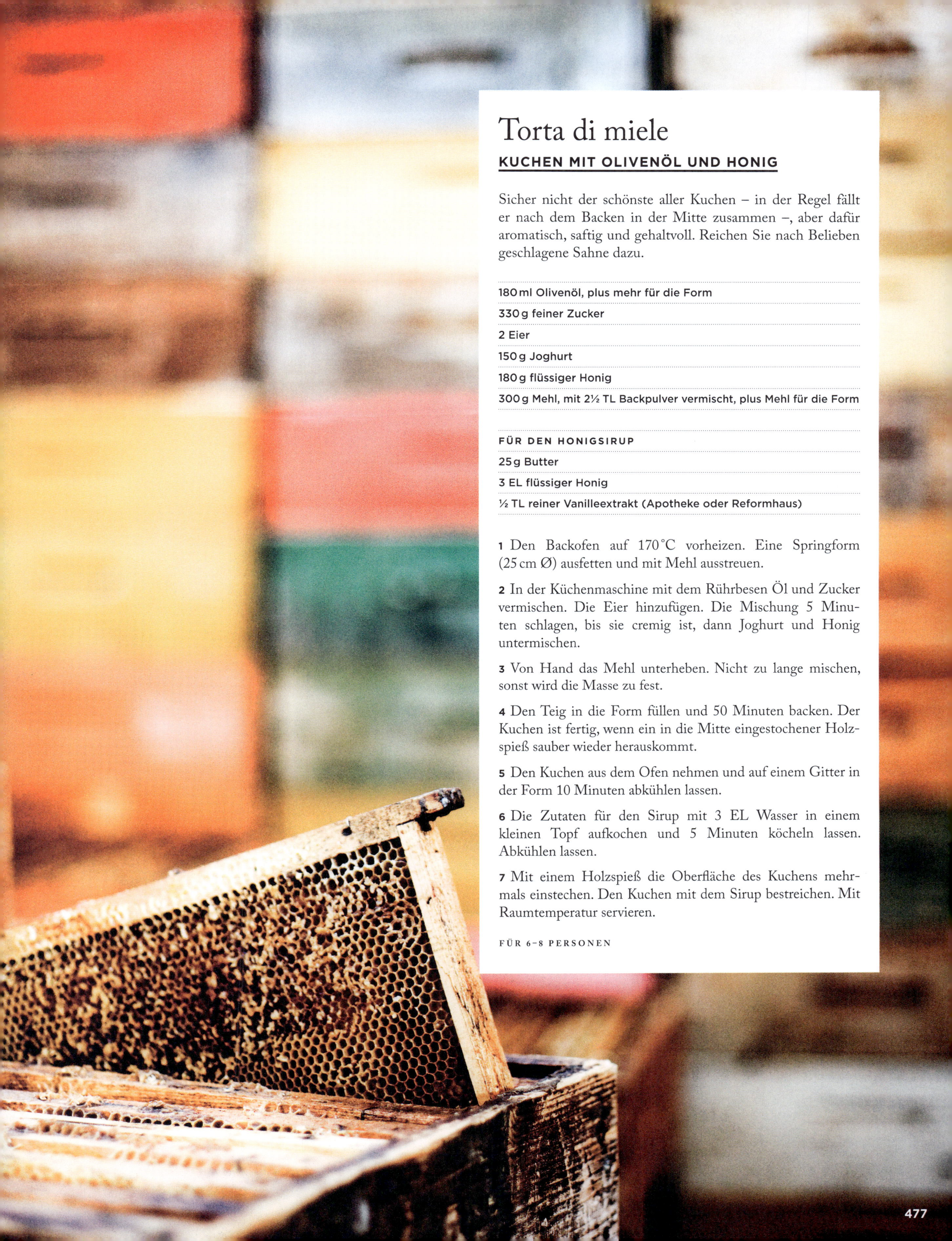

Torta di miele

KUCHEN MIT OLIVENÖL UND HONIG

Sicher nicht der schönste aller Kuchen – in der Regel fällt er nach dem Backen in der Mitte zusammen –, aber dafür aromatisch, saftig und gehaltvoll. Reichen Sie nach Belieben geschlagene Sahne dazu.

180 ml Olivenöl, plus mehr für die Form
330 g feiner Zucker
2 Eier
150 g Joghurt
180 g flüssiger Honig
300 g Mehl, mit 2½ TL Backpulver vermischt, plus Mehl für die Form

FÜR DEN HONIGSIRUP
25 g Butter
3 EL flüssiger Honig
½ TL reiner Vanilleextrakt (Apotheke oder Reformhaus)

1 Den Backofen auf 170 °C vorheizen. Eine Springform (25 cm Ø) ausfetten und mit Mehl ausstreuen.

2 In der Küchenmaschine mit dem Rührbesen Öl und Zucker vermischen. Die Eier hinzufügen. Die Mischung 5 Minuten schlagen, bis sie cremig ist, dann Joghurt und Honig untermischen.

3 Von Hand das Mehl unterheben. Nicht zu lange mischen, sonst wird die Masse zu fest.

4 Den Teig in die Form füllen und 50 Minuten backen. Der Kuchen ist fertig, wenn ein in die Mitte eingestochener Holzspieß sauber wieder herauskommt.

5 Den Kuchen aus dem Ofen nehmen und auf einem Gitter in der Form 10 Minuten abkühlen lassen.

6 Die Zutaten für den Sirup mit 3 EL Wasser in einem kleinen Topf aufkochen und 5 Minuten köcheln lassen. Abkühlen lassen.

7 Mit einem Holzspieß die Oberfläche des Kuchens mehrmals einstechen. Den Kuchen mit dem Sirup bestreichen. Mit Raumtemperatur servieren.

FÜR 6–8 PERSONEN

Agnello del pastore

LAMM AUF HIRTENART

In Sizilien wollte Mark Chew, unser Fotograf, eines Nachmittags unbedingt noch einmal los, um im Licht der sinkenden Sonne ein paar Bilder zu schießen. Ich entschloss mich, ihn zu begleiten. Eine gute Entscheidung! Wir trafen zwei Schäfer mit ihrer Herde. Während ich mit ihnen über ihr Leben und übers Essen plauderte, musste ich natürlich auch fragen, wie sie Lamm am liebsten zubereiten. So kam ich an das Rezept für dieses herrlich aromatische Gericht.

- 100 ml Olivenöl
- 2,5 kg Lammschulter ohne Knochen, in 3–4 cm große Stücke geschnitten
- 1 große Zwiebel, in 2 cm große Stücke geschnitten
- 2 Möhren, geschält und in 2 cm große Stücke geschnitten
- 3 Stangen Sellerie, in 2 cm große Stücke geschnitten
- weißer Teil von 1 Stange Lauch, in 2 cm große Stücke geschnitten
- 2 Zweige Thymian
- 2 Lorbeerblätter
- 3 Wacholderbeeren, zerdrückt
- 1 Handvoll glatte Petersilienblätter, in Streifen geschnitten
- 100 ml Rotweinessig
- 500 ml Weißwein
- 1 Prise Chiliflocken
- 1 EL Zucker
- Meersalz und geschroteter schwarzer Pfeffer
- 3 festkochende Kartoffeln, geschält und halbiert
- 100 g Risoni (reiskornförmige Pasta)

1 Das Öl in einem großen Topf bei hoher Temperatur erhitzen. Das Fleisch darin portionsweise rundherum anbraten; herausnehmen. Zwiebel, Möhren, Sellerie, Lauch, Thymian, Lorbeer, Wacholder und Petersilie in den Topf geben und 5 Minuten unter Rühren anschwitzen. Essig, Wein, Chiliflocken, Zucker, Salz und Pfeffer hinzufügen. Aufkochen lassen.

2 Das Fleisch wieder in den Topf geben und mit etwa 2 l Wasser bedecken. Aufkochen und 1 Stunde köcheln lassen. Die Kartoffeln dazugeben und 20 Minuten mitgaren. Die Pasta hinzufügen und alles zusammen noch 10 Minuten köcheln lassen, bis die Risoni al dente sind.

3 Das Gericht vor dem Servieren 10 Minuten ruhen lassen.

FÜR 8 PERSONEN

AGLIO ROSSO DI NUBIA

ROTER KNOBLAUCH

DIE GEGEND UM DEN KLEINEN ORT NUBIA IM WESTEN SIZILIENS, UNWEIT VON TRAPANI, IST SO BERÜHMT FÜR IHREN ROTEN KNOBLAUCH, DASS SIE IM ÖRTLICHEN DIALEKT *U PAISI DI L'AGGHI* – KNOBLAUCHLAND – HEISST. DER ANBAU DER AROMATISCHEN KNOLLEN ERFOLGT NACH TRADITIONELLEN, UMWELTFREUNDLICHEN METHODEN, DIE ZEHEN WERDEN HIER NOCH VON HAND IN DIE ERDE GESTECKT.

Knoblauch ist eine entscheidende Zutat in der italienischen Küche, und der rote Knoblauch aus Nubia wird wegen seines kräftigen Aromas besonders geschätzt. Slow Food hat ihn 2002 in die Arche des Geschmacks aufgenommen. Um mehr über die besondere Knolle zu erfahren, treffen wir uns mit Franco Sacca, einem einheimischen Geschäftsmann mit einem Faible für lokale kulinarische Traditionen.

Ob uns schon aufgefallen ist, dass jede Knoblauchzwiebel aus zwölf Zehen besteht, will er als Erstes von uns wissen. Hier jedenfalls schimmern alle zwölf unter der papierartigen Schale rötlich-violett – seiner Farbe verdankt der Knoblauch aus Nubia den Namen. Die Knollen enthalten große Mengen einer Substanz namens Allicin, die ihnen nicht nur den kräftigen Geschmack verleiht, sondern auch für viele der medizinischen Wirkungen verantwortlich ist, die dem Knoblauch zugeschrieben werden – so gilt er als desinfizierend und blutdrucksenkend.

Franco begleitet uns zu den Feldern, wo der Knoblauch wächst. Wir erfahren, dass die Pflanzen in einem Sechs-Monats-Zyklus wachsen: Die Zehen kommen im November und Dezember in die Erde, im Mai und Juni erfolgt die Ernte. Ein von einem Traktor gezogenes Gerät bricht den Boden auf, dann werden die Knollen mit der Hand eingesammelt. Auf den Feldern wächst der Knoblauch in einer Fruchtfolge mit Melonen, Bohnen und Weizen.

Als Nächstes besuchen wir einige Frauen in der Nähe, die aus dem geernteten Knoblauch Zöpfe flechten. Traditionell werden die Knoblauchstiele mit der Hand geflochten und dann in dicken Zöpfen – *teste* – von 100, 50 oder 20 Zwiebeln verkauft. Aus diesem Grund muss Knoblauch aus Nubia früh am Morgen oder spät abends geerntet werden, sodass die Stiele noch feucht und biegsam genug sind, um sie flechten zu können. Wenn man diesem Teil Siziliens einen Besuch abstattet, sieht man diese dicken Knoblauchzöpfe überall hängen – in Geschäften, in Restaurants und an Balkonen. Der Knoblauch hält sich etwa ein Jahr.

Wie nicht anders zu erwarten, ist Knoblauch ein integraler Bestandteil in vielen Gerichten dieser Gegend, darunter *pesto alla trapanese,* ein Mandelpesto aus Trapani, sowie eine köstliche Fischsuppe mit dem Namen *zuppa di pesce con couscous e bruschetta.*

Wer diesen Teil Siziliens besucht, sieht überall dicke Zöpfe mit rotem Knoblauch hängen – in Läden, Restaurants und an Balkonen.

Fettuccine alla Trapanese

FETTUCCINE MIT PESTO TRAPANESE

Dieses Pesto aus dem berühmten roten Knoblauch aus Nubia war für mich wie die Entdeckung eines neuen Kontinents. Die Knoblauchbauern haben mir alles darüber erzählt, und das war gut so. Verwenden Sie den frischesten Knoblauch, den Sie finden können – alte Zehen sind manchmal bitter. Falls Pesto übrig bleibt, hält es sich im Kühlschrank einige Tage.

- 500 g Fettuccine
- natives Olivenöl extra zum Beträufeln

FÜR DAS PESTO TRAPANESE (ETWA 750 ML)

- 100 g blanchierte Mandelkerne
- 500 g Eiertomaten, gehäutet und entkernt
- 10 große Basilikumblätter, grob gehackt
- 1 Knoblauchzehe, geschält
- 200 g Parmesan, gerieben
- ½ TL Chiliflocken
- 150 ml natives Olivenöl extra
- Meersalz und geschroteter schwarzer Pfeffer

1 Den Backofen auf 170 °C vorheizen. Für das Pesto die Mandeln auf einem Backblech verteilen und im heißen Ofen etwa 10 Minuten rösten. Abkühlen lassen. Aus den Tomaten überschüssige Flüssigkeit herausdrücken. Alle Zutaten für das Pesto im Mixer zu einer Paste verarbeiten.

2 In einem großen Topf reichlich gesalzenes Wasser zum Kochen bringen. Die Pasta hineingeben. Umrühren, damit die Nudeln nicht zusammenkleben. Nach Packungsangabe bissfest garen.

3 Die Pasta in ein Sieb abgießen, dann in eine große Schüssel füllen. Das Pesto untermischen. Das Gericht auf Servierschalen verteilen und mit Olivenöl beträufeln.

FÜR 4–6 PERSONEN

Maccheroni con piselli e germogli di aglio

MACCHERONI MIT ERBSEN UND KNOBLAUCHSPROSSEN

Nicht nur die Knoblauchzehen bringen Geschmack – auch die zarten Sprossen sind sehr aromatisch. Maccheroni sind kurze Röhrennudeln, ersatzweise Penne oder Rigatoni verwenden. Ob Sie frische oder gefrorene Erbsen nehmen, hängt von der Jahreszeit ab.

- 250 g Erbsen
- 500 g Maccheroni
- 100 ml Olivenöl
- 150 g Knoblauchsprossen, schräg in Scheiben geschnitten
- ½ TL Chiliflocken
- Meersalz und geschroteter schwarzer Pfeffer

1 In einem kleinen Topf gesalzenes Wasser zum Kochen bringen. Die Erbsen für 1 Minute hineingeben, dann in ein Sieb abgießen und kalt abspülen.

2 In einem großen Topf gesalzenes Wasser zum Kochen bringen. Die Maccheroni darin nach Packungsangabe bissfest garen. In ein Sieb abgießen, 125 ml Kochwasser auffangen.

3 Das Öl in einer großen Pfanne bei mittlerer Temperatur erhitzen. Die Sprossen darin mit Chiliflocken, Salz und Pfeffer 1 Minute anschwitzen, dann die Erbsen hinzufügen und 1–2 Minuten mitgaren. Das Kochwasser dazugeben und auf die Hälfte reduzieren. Die Maccheroni in die Pfanne geben und alles gut mischen.

4 Sofort servieren.

FÜR 4–6 PERSONEN

Zuppa di pesce con couscous e bruschetta

FISCHSUPPE MIT COUSCOUS UND BRUSCHETTA

In der sizilianischen Küche sind arabische Einflüsse deutlich zu erkennen. Vor allem gehört dazu die Verwendung von Couscous. Oft serviert man ihn zu Schmorgerichten oder Eintöpfen mit Fleisch. Ich mag ihn jedoch viel lieber mit Fisch, so wie hier in dieser aromatischen Suppe.

- 2½ EL Olivenöl
- 3 Knoblauchzehen, geschält
- 1 Zwiebel, fein gewürfelt
- 1 Möhre, geschält und fein gewürfelt
- 2 Stangen Sellerie, fein gewürfelt
- 1 rote Chilischote, von den Samen befreit und gehackt
- 80 g Tomatenmark
- 150 ml Weißwein
- 1,5 l Fischfond
- 1 EL gehackter Majoran
- 2 EL gehackte glatte Petersilie
- 250 g weißfleischiges Fischfilet, in 1 cm große Stücke geschnitten
- 12 fest geschlossene Venusmuscheln
- 12 fest geschlossene Miesmuscheln, gesäubert und entbartet
- 6 ausgelöste Jakobsmuscheln
- 125 g Kalmar, in Streifen (3 x 5 mm) geschnitten
- 6 rohe Garnelen, geschält und entdarmt
- Meersalz und geschroteter schwarzer Pfeffer
- 3 Kaisergranate (Scampi), längs halbiert

FÜR DEN COUSCOUS

- 1 EL Olivenöl
- 1 TL Meersalz
- 200 g Couscous

FÜR DIE BRUSCHETTAS

- 6 Scheiben helles Sauerteigbrot
- 1 Knoblauchzehe, geschält
- natives Olivenöl extra zum Beträufeln
- 1 EL gehackte glatte Petersilie

1 Das Olivenöl in einem großen Topf mit schwerem Boden bei mittlerer Temperatur erhitzen. Knoblauch und Zwiebel darin 4 Minuten anschwitzen. Möhre, Sellerie und Chili hinzufügen. 6 Minuten rühren, dann das Tomatenmark untermischen. Mit dem Weißwein ablöschen und den Fischfond angießen. Aufkochen und 15 Minuten köcheln lassen, bis das Gemüse weich ist und die Aromen sich verbunden haben.

2 Majoran, Petersilie, Fischfilet, Muscheln, Kalmare, Garnelen, Salz und Pfeffer in den Topf geben. Das Ganze zugedeckt etwa 5 Minuten sehr schwach köcheln lassen, bis die Garnelen sich verfärben, dabei ein-, zweimal umrühren. Die Kaisergranate hinzufügen und alles 1–2 Minuten weitergaren, bis die Muscheln sich geöffnet haben; ungeöffnete Exemplare wegwerfen.

3 Für den Couscous 250 ml Wasser mit Olivenöl und Salz in einem kleinen Topf aufkochen lassen. Den Couscous in eine große hitzebeständige Schüssel füllen und mit dem kochend heißen Wasser begießen. Zudecken und einige Minuten quellen lassen, dann mit einer Gabel auflockern.

4 Für die Bruschettas das Brot unter dem Backofengrill hellbraun rösten. Die Scheiben mit der Knoblauchzehe abreiben, dann mit nativem Olivenöl beträufeln und mit Petersilie bestreuen.

5 In jede Servierschale etwas warmen Couscous geben. Fisch, Meeresfrüchte und Brühe darauf verteilen. Die Bruschettas dazu servieren.

FÜR 6 PERSONEN

LA PASTICCERIA

Mit einer unendlichen Vielfalt köstlicher Kreationen von unwiderstehlichen Biscotti und köstlichen Kuchen bis zu cremigem Eis und erfrischender Granita ist die *pasticceria* das Ziel aller Süßmäuler. In Italien sind viele dieser süßen Leckerbissen auf dem Frühstückstisch zu finden, aber genauso gern lässt man sie sich nach dem Abendessen schmecken und natürlich auch tagsüber zu einem *caffè*. Ich liebe die traditionellen italienischen Kekse und Torten, die man in der *pasticceria* findet, und mir gefällt, wie sie den Wechsel der Tage und Jahreszeiten widerspiegeln und die Feiertage im Jahr kennzeichnen. In der Küche erkunde ich gern neue Methoden, um auf diesen traditionellen Rezepten aufbauend moderne Desserts mit historischen Wurzeln zu kreieren.

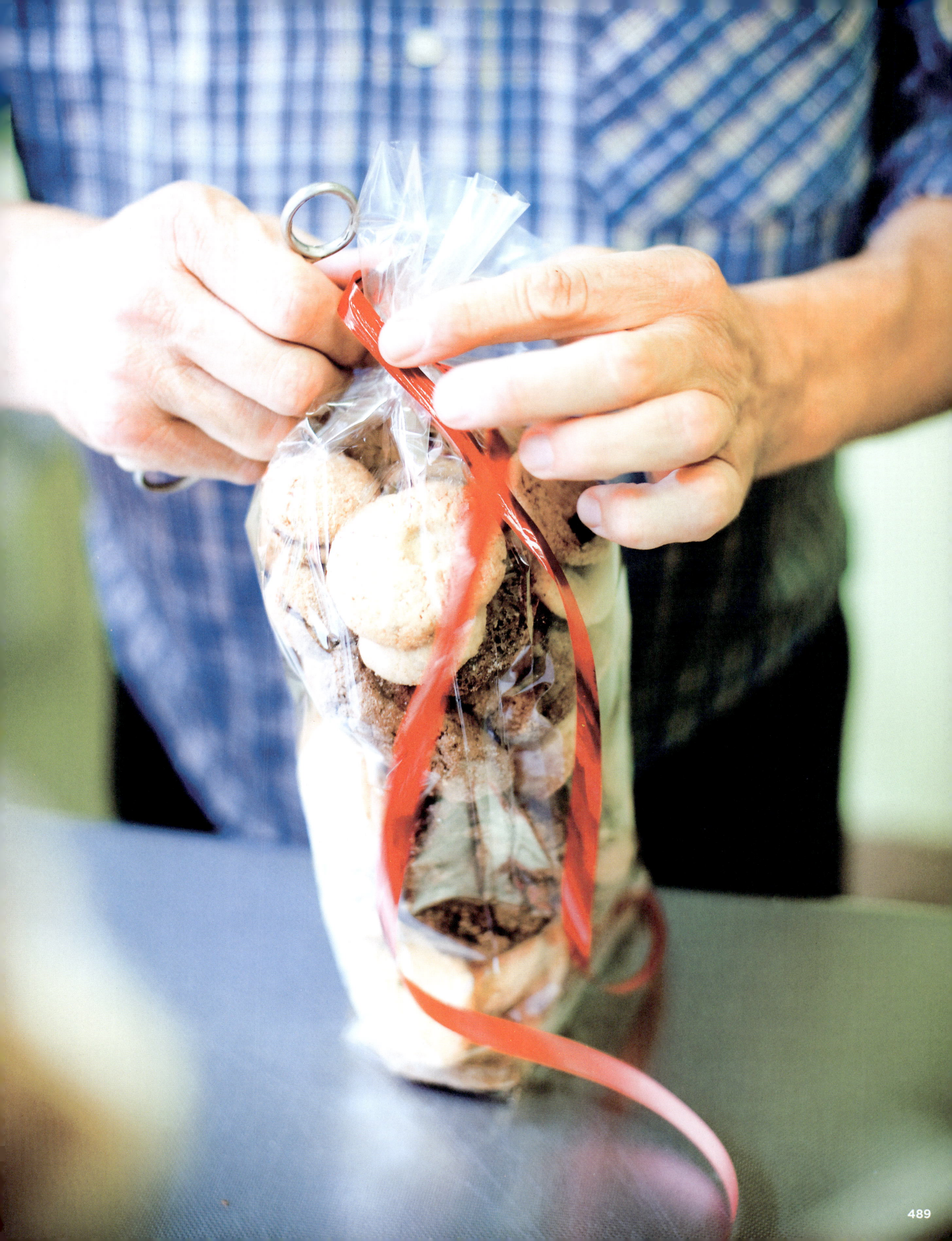

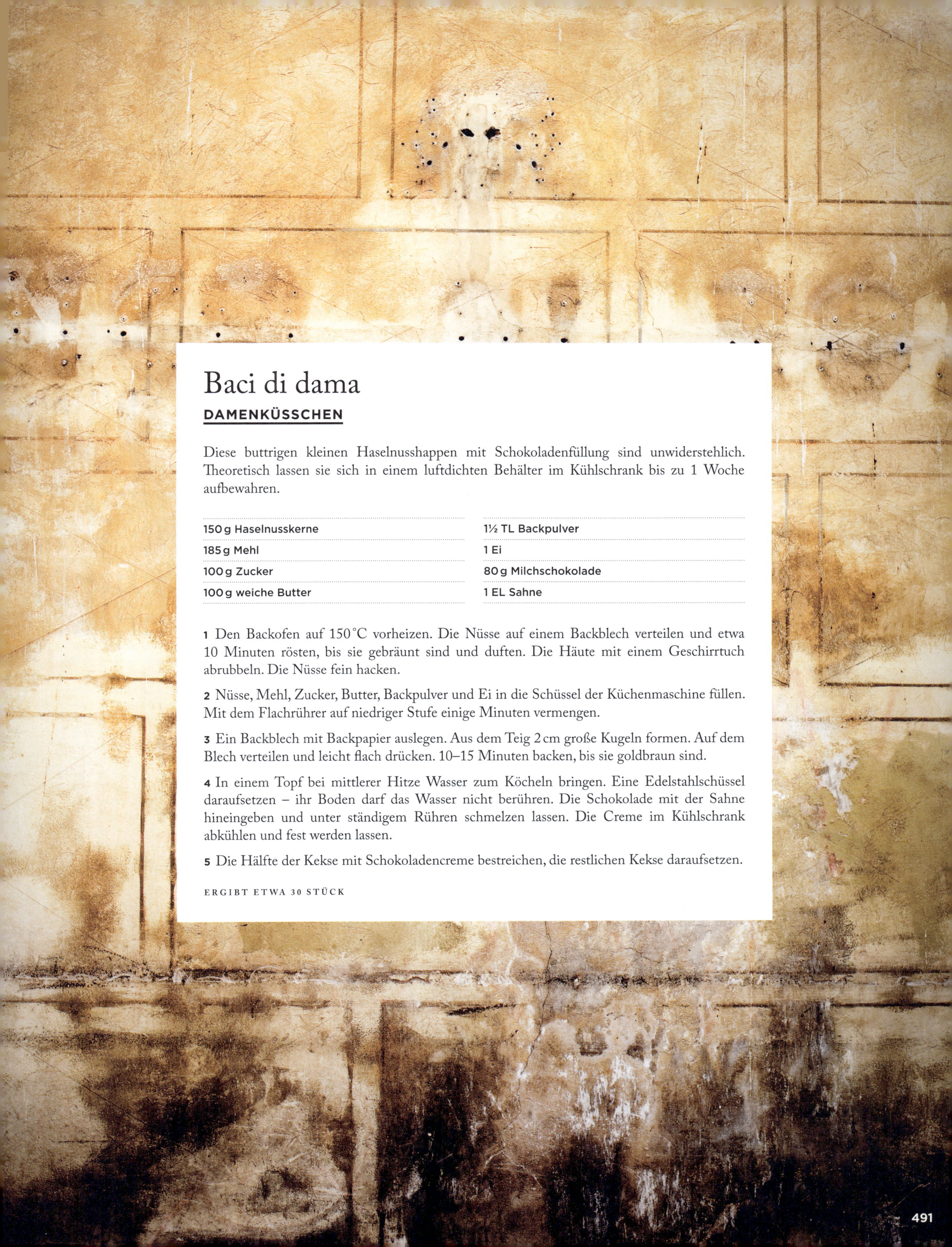

Baci di dama

DAMENKÜSSCHEN

Diese buttrigen kleinen Haselnusshappen mit Schokoladenfüllung sind unwiderstehlich. Theoretisch lassen sie sich in einem luftdichten Behälter im Kühlschrank bis zu 1 Woche aufbewahren.

- 150 g Haselnusskerne
- 185 g Mehl
- 100 g Zucker
- 100 g weiche Butter
- 1½ TL Backpulver
- 1 Ei
- 80 g Milchschokolade
- 1 EL Sahne

1 Den Backofen auf 150 °C vorheizen. Die Nüsse auf einem Backblech verteilen und etwa 10 Minuten rösten, bis sie gebräunt sind und duften. Die Häute mit einem Geschirrtuch abrubbeln. Die Nüsse fein hacken.

2 Nüsse, Mehl, Zucker, Butter, Backpulver und Ei in die Schüssel der Küchenmaschine füllen. Mit dem Flachrührer auf niedriger Stufe einige Minuten vermengen.

3 Ein Backblech mit Backpapier auslegen. Aus dem Teig 2 cm große Kugeln formen. Auf dem Blech verteilen und leicht flach drücken. 10–15 Minuten backen, bis sie goldbraun sind.

4 In einem Topf bei mittlerer Hitze Wasser zum Köcheln bringen. Eine Edelstahlschüssel daraufsetzen – ihr Boden darf das Wasser nicht berühren. Die Schokolade mit der Sahne hineingeben und unter ständigem Rühren schmelzen lassen. Die Creme im Kühlschrank abkühlen und fest werden lassen.

5 Die Hälfte der Kekse mit Schokoladencreme bestreichen, die restlichen Kekse daraufsetzen.

ERGIBT ETWA 30 STÜCK

Brutti ma buoni

HÄSSLICH, ABER GUT

Der Name sagt alles: Die klassischen *brutti ma buoni* sehen nicht toll aus, aber mit ihrem knusprigen Äußeren und dem weichen Kern schmecken sie ausgezeichnet. Luftdicht verpackt halten sie sich bis zu 5 Tage.

- 200 g Haselnusskerne
- 150 g Puderzucker, gesiebt
- Mark von ½ Vanilleschote
- 3 Eiweiß, mit Raumtemperatur
- 1 Prise Salz
- 50 g feiner Zucker

1 Den Backofen auf 150 °C vorheizen. 100 g Nüsse auf einem Backblech im heißen Ofen etwa 10 Minuten rösten, bis sie gebräunt sind und duften. Die Häute mit einem Geschirrtuch abrubbeln. Die restlichen Nüsse im Blitzhacker fein mahlen.

2 Zwei Backbleche mit Backpapier auslegen. Gehackte und gemahlene Nüsse in einer großen Schüssel mit Puderzucker und Vanillemark mischen.

3 Die Eiweiße mit dem Salz zu nicht zu steifem Schnee schlagen. Den Zucker dazugeben. Weiterschlagen, bis die Masse fest ist und glänzt. Die Baisermasse mit einem Teigschaber nach und nach unter die Nussmischung heben.

4 Von der Masse mithilfe zweier Teelöffel Nocken abstechen und diese mit 3 cm Abstand zueinander auf die vorbereiteten Bleche setzen.

5 Im heißen Ofen 30–35 Minuten backen und etwas Farbe annehmen lassen. Herausnehmen und auf Gittern abkühlen lassen.

ERGIBT ETWA 50 STÜCK

Biscotti al vino

WEINKRINGEL

Der Wein verleiht diesem Gebäck – das man gut in Kaffee oder Wein tunken kann – Charakter. Luftdicht verpackt hält es sich bis zu 5 Tage.

- 125 ml Rotwein
- 125 ml Öl
- 120 g Zucker, plus mehr zum Wenden
- ½ EL Backpulver
- 335 g Mehl
- 1 Prise Salz

1 Den Backofen auf 180 °C vorheizen. Die Zutaten in die Schüssel der Küchenmaschine füllen. Mit dem Knethaken auf niedriger Stufe 5 Minuten bearbeiten, bis ein fester, aber formbarer Teig entstanden ist.

2 Ein Stück Teig abschneiden und zu einer 1 cm dicken Rolle formen. Diese in 9–10 cm lange Stücke schneiden. Die Enden jeweils so zusammendrücken, dass ein Ring entsteht. Mit dem restlichen Teig ebenso verfahren.

3 Ein Backblech dünn fetten und mit Backpapier auslegen. Die Kringel in Zucker wenden und auf das vorbereitete Blech legen. 20 Minuten backen, bis sie hellbraun sind.

4 Die Kekse auf einem Gitter abkühlen lassen. Mit Raumtemperatur servieren.

ERGIBT ETWA 30 STÜCK

Paste di meliga

MAISPLÄTZCHEN

Polenta verleiht diesen feinen Plätzchen eine interessante Konsistenz. Luftdicht verpackt halten sie sich bis zu 1 Woche.

- 180 g Mehl
- 180 g weißer Maisgrieß (Polenta)
- 40 g Speisestärke
- 150 g feiner Zucker
- 1 Prise Salz
- 1 TL Weinstein
- ½ TL Speisenatron
- 2 Eier
- 150 g weiche Butter
- 1 TL reiner Vanilleextrakt (Apotheke oder Reformhaus)

1 Den Backofen auf 170 °C vorheizen.

2 Das Mehl in einer Schüssel mit Grieß, Stärke, Zucker, Salz, Weinstein und Natron mischen. In die Mitte eine Mulde drücken. Eier, Butter und Vanilleextrakt hineingeben. Alles zu einem sehr weichen Teig verarbeiten.

3 Zwei Backbleche fetten und mit Backpapier auslegen. Den Teig in einen Spritzbeutel mit Sterntülle füllen und Kreise (4 cm Ø) auf die Bleche spritzen, dazwischen reichlich Abstand lassen.

4 Die Plätzchen 10–15 Minuten backen, bis sie hellbraun sind.

5 Auf ein Gitter legen und abkühlen lassen.

ERGIBT ETWA 30 STÜCK

TORCETTI
AL
BURRO

Torcetti al burro

BUTTERGEBÄCK

Diese gehaltvollen Kringel sind ideal für die Kaffeepause. Luftdicht verpackt halten sie sich bis zu 1 Woche.

- 250 g Mehl
- 125 g kalte Butter, in 2 cm große Würfel geschnitten
- 50 g Rohrohrzucker, plus mehr zum Wenden
- 1 Prise Salz
- 3 EL Bier

1 Das Mehl mit der Butter in der Küchenmaschine zu feinen Streuseln verarbeiten. Zucker und Salz untermischen. Bei laufendem Motor esslöffelweise das Bier dazugeben, bis ein fester Teig entstanden ist. Den Teig in Frischhaltefolie wickeln und 30 Minuten kühlen.

2 Den Backofen auf 190 °C vorheizen. Ein Backblech fetten und mit Backpapier auslegen.

3 Vom Teig ein etwa 70 g schweres Stück abschneiden. Dieses zu einer 20 cm langen Rolle formen. Die Rolle halbieren. Bei jedem Stück die Enden übereinanderlegen und zusammendrücken. Die Kringel in Zucker wenden und auf das Blech legen. Mit dem restlichen Teig ebenso verfahren.

4 Die Kringel mit etwas Wasser beträufeln. 15–20 Minuten backen, bis sie goldbraun sind.

5 Auf ein Gitter legen und abkühlen lassen.

ERGIBT 14 STÜCK

Torrone

HONIGNUGAT

Torrone, vermutlich arabischen Ursprungs, ist eine der traditionsreichsten Süßigkeiten Italiens. Für die Herstellung benötigen Sie ein Zuckerthermometer – zwei wären noch besser – und lebensmittelechte Gummihandschuhe.

- 500 g Mandelkerne
- 100 g Pistazienkerne
- 4 eckige Backoblaten oder Reispapier
- 2 Eiweiß
- 1 Prise Weinstein
- 380 g feiner Zucker
- 180 g flüssige Glukose
- 250 g flüssiger Honig
- 100 g getrocknete Cranberrys

1 Den Backofen auf 170 °C vorheizen. Mandeln und Pistazien im heißen Ofen 15 Minuten rösten.

2 Eine eckige Form (etwa 20 × 20 × 4 cm) ausfetten und mit Frischhaltefolie auskleiden. Die Folie fetten und die Form mit Backoblaten oder Reispapier auslegen.

3 Die Eiweiße mit dem Weinstein in die Schüssel der Küchenmaschine geben.

4 Zucker, Glukose und 120 ml Wasser in einen kleinen Topf geben. Bei mittlerer Temperatur auf 150 °C erhitzen; das dauert 10–15 Minuten. Inzwischen den Honig in einen zweiten Topf geben und auf 135 °C erwärmen; das dauert nur etwa 5 Minuten.

5 Sobald Zuckermischung und Honig die gewünschte Temperatur haben, die Eiweiße auf höchster Stufe zu Schnee schlagen.

6 Unter ständigem Schlagen den Honig langsam und sehr vorsichtig zum Eischnee gießen. Weiterschlagen und die Zuckermischung langsam dazugießen. Das Ganze noch 1–2 Minuten weiterschlagen.

7 Handschuhe anziehen. Die Maschine anhalten. Mit einem Metalllöffel Mandeln, Pistazien und Cranberrys unter die Masse heben.

8 Mit dem Löffel die Masse rasch in die Form geben. Die Handschuhe fetten. Die Masse mit den Händen glatt streichen. Sie ist sehr klebrig und härtet schnell, daher zügig vorgehen.

9 Die Masse mit Oblaten oder Reispapier bedecken. Den Torrone etwa 3 Stunden abkühlen und fest werden lassen. Aus der Form nehmen und in Würfel schneiden – das geht am leichtesten mit einem warmen Messer. In Frischhaltefolie gewickelt und kühl und trocken aufbewahrt hält sich der Torrone 2–3 Tage.

ERGIBT ETWA 40 STÜCKE

Granita al caffè espresso

ESPRESSO-GRANITA

Schon der Anblick einer Granita verschafft an einem heißen Tag Kühlung. Granita gibt es in vielen Geschmacksrichtungen – ich mag am liebsten Cranberry-Wodka und Chinotto – aber diese Espresso-Variante hilft einem am besten auf die Beine, wenn man den ganzen Tag sizilianisches Pflaster getreten hat. Zugedeckt hält sie sich im Tiefkühlfach etwa einen Tag, muss dann aber ab und zu durchgerührt werden, damit sie körnig bleibt.

- 300 g Zucker
- 500 ml Espresso

1 Den Zucker mit 400 ml Wasser in einem Topf bei mittlerer Hitze zum Kochen bringen. Die Mischung bei schwacher Hitze 5 Minuten köcheln lassen. Den Espresso unterrühren. Abkühlen lassen.

2 Die Mischung in eine geeignete flache Schale füllen und diese ins Tiefkühlgerät stellen. Die Granita alle 30–40 Minuten mit einer Gabel durchrühren. Fünf- bis sechsmal wiederholen, bis die Konsistenz schneeartig ist.

3 Die Granita in eisgekühlten Gläsern servieren.

FÜR 6 PERSONEN

SALE MARINO

MEERSALZ

IBLEA SALE

DIE STRASSE VON TRAPANI NACH MARSALA AN DER WESTKÜSTE SIZILIENS IST ALS VIA DEL SALE, SALZSTRASSE, BEKANNT. HIER BEFINDEN SICH EINIGE DER ÄLTESTEN SALZGÄRTEN EUROPAS. DAS MEERSALZ WIRD IM PRINZIP IMMER NOCH GENAUSO GEWONNEN WIE BEREITS VOR MEHR ALS 2500 JAHREN.

Salz ist für die italienische Küche so wichtig wie Knoblauch und Petersilie. In der heutigen Zeit gehen wir aus gesundheitlichen Gründen ein bisschen zurückhaltender damit um, aber richtig eingesetzt kann es in der Küche wahre Wunder bewirken. Inzwischen findet man im Handel viele verschiedene Arten von Salz und es lohnt sich, damit ein wenig herumzuprobieren, um das persönliche Lieblingssalz zu finden.

Sizilianisches Meersalz ist weltweit wegen seiner hohen Qualität berühmt. 1991 wurde das gesamte Gebiet der Salzproduktion an der Westküste der Insel, rund 22 Kilometer, zum Meeresschutzgebiet erklärt. Die einzigen Zutaten für die Herstellung des »weißen Goldes« sind das Meer, die Sonne und der Wind.

In der Nähe der Stadt Marsala treffen wir Gianni Borrometti, der hier das Unternehmen Iblea Sale betreibt. Als sein Großvater Giovanni es Anfang des 19. Jahrhunderts gründete, transportierte er das Salz noch selbst mit einem Leiterwagen quer über die Insel, von der Westküste bis nach Ragusa im Osten.

Gianni erklärt uns, dass es besonderer Bedingungen bedarf, um Meersalz zu produzieren: Wasserundurchlässige Tonböden, starker Wind, geringe Umweltverschmutzung, hohe Temperaturen und seichtes Wasser bieten ideale Voraussetzungen. Er führt uns zu den Salzbecken und erklärt, wie das Salz hier mit alten Methoden geerntet wird. Die im Mittelalter eingeführten Windmühlen werden immer noch benutzt, um im März, nach dem Ende der Schlechtwetterperiode, Meerwasser durch Kanäle in flache Becken zu leiten. Sie dienen unterschiedlichen Zwecken: Es gibt kalte und warme Becken, Verdunstungs-, Konzentrations- und Kristallisationsbecken. Sonne und Wind sorgen dafür, dass das Meerwasser allmählich verdunstet.

Im Mai ist das Salz auskristallisiert. In den heißesten Monaten von Juli bis September wird es von Hand mit Rechen geerntet – dabei ist Vorsicht geboten, um Verschmutzungen zu vermeiden. Die Salzbauern laden die weißen Kristalle in Schubkarren und türmen sie zu einer Reihe großer Hügel auf. Mit Tonziegeln abgedeckt trocknet das Salz den Winter über. Schließlich wird es zerstoßen und ohne Raffinierung gemahlen. Das so entstandene Salz ist sehr rein und enthält Spurenelemente aus dem Meer. Es gilt als besonders hochwertig und schmackhaft.

Die einzigen Zutaten sind das Meer, die Sonne und der Wind.

Dentice in crosta di sale

ZAHNBRASSE IN DER SALZKRUSTE

Eine sehr empfehlenswerte Art, ganze Fische zuzubereiten. Ich finde, dass Fisch am besten gelingt, wenn man ihn im Ganzen gart, denn dann bleibt sein Fleisch schön saftig. Hier wird der Fisch in eine Kruste aus Salz gehüllt, die Saft und Aromen einschließt. Und das Allerbeste: Bringt man dieses ziemlich spektakuläre Gericht zu Tisch, sind die Gäste garantiert beeindruckt.

- 3 kg grobes Meersalz
- 8 Eiweiß
- 12 Zweige Thymian
- 1 Bio-Zitrone, in Scheiben geschnitten
- 1 Zahnbrasse (etwa 2,5 kg), geschuppt und ausgenommen
- 2 Zitronen, in Spalten geschnitten, zum Servieren

1 Den Backofen auf 190 °C vorheizen.

2 Das Salz in einer großen Schüssel mit den Eiweißen vermischen.

3 Ein Backblech mit Backpapier auslegen und darauf ein 1 cm dickes Salzbett geben. Thymian und Zitrone in den Bauch des Fisches füllen. Den Fisch auf das Salzbett legen und etwa 1 cm dick mit der restlichen Salzmischung bedecken. Das Salz in die Form eines Fisches drücken.

4 Den Fisch im heißen Ofen 45 Minuten garen, dann herausnehmen und vor dem Servieren 5–10 Minuten ruhen lassen.

5 Zum Entfernen der Salzkruste seitlich ein Messer hineinstoßen. Die Kruste abheben und am Fisch haftendes Salz abschaben. Den Fisch häuten, die Haut entsorgen.

6 Den Fisch mitten auf den Tisch stellen, sodass sich alle daran bedienen können. Dazu Zitronenspalten reichen.

FÜR 6 PERSONEN

Sardine marinate

MARINIERTE SARDINEN

Dieses Gericht eignet sich für ein entspanntes Essen mit Freunden genauso wie als außergewöhnliche Vorspeise. Es ist schnell gemacht und lässt sich gut vorbereiten. Bedenken Sie jedoch, dass die Filets umso fester und trockener werden, je länger sie in der Marinade liegen. Ich esse sie am liebsten am ersten Tag, wenn sie erst kurz durchgezogen sind.

- 500 g Sardinenfilets
- knuspriges Brot zum Servieren

FÜR DIE MARINADE

- 1 TL Koriandersamen
- 1 TL Chiliflocken
- 1 Knoblauchzehe, in dünne Scheiben geschnitten
- 4 Lorbeerblätter
- 100 ml Weißweinessig
- 50 ml Olivenöl
- ½ Zwiebel, fein gewürfelt
- 2 EL grob gehackte glatte Petersilie
- Meersalz und geschroteter schwarzer Pfeffer

1 Die Sardinenfilets in eine große Schale legen.

2 Die Zutaten für die Marinade verrühren. Die Filets damit begießen, dann zudecken und über Nacht in den Kühlschrank stellen.

3 Die Sardinen in der Marinade servieren, dazu knuspriges Brot reichen.

FÜR 6 PERSONEN

Sarde beccafico

SARDINEN MIT BRÖSELN

Ein sizilianischer Klassiker. Die Aromen ergänzen sich perfekt und die Brösel sorgen für einen Knuspereffekt. Das Gericht lässt sich auch mit Hornhecht zubereiten. Hübscher sieht es aus, wenn man die Filets aufrollt.

- 20 g Pinienkerne
- 75 g Semmelbrösel
- 25 g Parmesan, gerieben
- abgeriebene Schale von 1 Bio-Zitrone
- 1 EL gehackte rote Chilischote
- 1 Knoblauchzehe, gehackt
- 75 ml Olivenöl, plus mehr zum Beträufeln
- 30 g Sultaninen
- 2 EL gehackte Minze
- Meersalz und geschroteter schwarzer Pfeffer
- 12 Sardinen, filetiert
- natives Olivenöl extra zum Beträufeln
- 1 kleine Handvoll glatte Petersilienblätter, in Stücke gezupft
- 2 Zitronen, in Spalten geschnitten

1 Den Backofen auf 180 °C vorheizen. Die Pinienkerne auf einem Backblech verteilen und etwa 4 Minuten rösten – Vorsicht, sie verbrennen leicht.

2 Die Pinienkerne in einer Schüssel mit Bröseln, Parmesan, Zitronenschale, Chili, Knoblauch, Olivenöl, Sultaninen, Minze, Salz und Pfeffer mischen. Die Mischung sollte leicht binden, wenn man sie in der Hand zusammendrückt.

3 Die Sardinenfilets auf eine Arbeitsfläche legen und mittig je 1 TL Bröselmischung als Streifen daraufgeben. Die Filets zusammenklappen. Jedes mit einem Holzspießchen zusammenstecken und mit etwas Olivenöl beträufeln.

4 Den Holzkohlengrill anheizen oder eine Grillpfanne bei mittlerer Temperatur erhitzen. Die Filets von jeder Seite 2–3 Minuten grillen bzw. braten, bis sie goldbraun und durchgegart sind.

5 Die Spießchen entfernen. Die Sardinenfilets auf einer Servierplatte anrichten, mit Petersilie bestreuen und mit ein wenig nativem Olivenöl beträufeln.

6 Die Sardinenfilets mit Zitronenspalten servieren.

FÜR 4–6 PERSONEN

Levanter

Der Name dieses belebenden Cocktails bezieht sich auf die spätsommerliche Abendbrise, die nach der sengenden sizilianischen Sonne erleichtert begrüßt wird. Chinotto, eine Limonade aus den Früchten von *Citrus myrtifolia*, hat in Italien fast Kultstatus und polarisiert – entweder man mag den ungewöhnlichen, etwas bitteren Geschmack, oder man hasst ihn. Ich liebe ihn. Tuaca ist ein italienischer Likör mit Orangen- und Vanilleessenz, Regan's Orange Bitters ein Bitterlikör.

- 20 ml Tuaca
- 40 ml italienischer Weinbrand
- 3 Spritzer Regan's Orange Bitters
- 1 Orangenschnitz
- 4 Salbeiblätter
- 200 ml Chinotto

1 Tuaca und Weinbrand in ein Highball-Glas gießen. Regan's Orange Bitters und Orange hinzufügen. Drei Salbeiblätter zwischen den Handflächen rollen, um das Aroma freizusetzen. In das Glas geben.

2 Mit Eis und Chinotto auffüllen. Gut umrühren.

3 Mit dem restlichen Salbeiblatt garnieren und servieren.

FÜR 1 PERSON

ORIGANO

OREGANO

AZIENDA AGRICOLA ZOCCO MARIA

MARIA ZOCCO BETREIBT MIT IHREM MANN GIORGIO IN ROSOLINI AN DER OSTKÜSTE SIZILIENS EINE KRÄUTERFARM. IHR HAUPTPRODUKT IST OREGANO, DER IN DEM WARMEN, SONNIGEN KLIMA GUT GEDEIHT. THYMIAN, SALBEI, ROSMARIN UND LORBEER ERGÄNZEN DAS ANGEBOT.

Unser nächster Halt ist eine kleine Stadt namens Rosolini an der Ostküste Siziliens. Hier betreiben Maria und Giorgio Zocco eine Kräuterfarm. Produziert wird ausschließlich nach ökologischen Grundsätzen. Maria und Giorgio sind stolz auf das, was sie hier leisten. Und natürlich wollen sie sich von ihrer besten Seite zeigen. So bestehen unsere Gastgeber darauf, ihre Arbeitskleidung gegen ihre besten Hemden zu wechseln, als die Fotos gemacht werden sollen. In der Gesellschaft von Maria und Giorgio verbringen wir einen wundervollen Nachmittag unter der warmen Sonne.

Maria ist so freundlich, mit uns durch den Garten zu gehen, um uns alle Kräuter zu zeigen, die hier gedeihen. Besonders gespannt sind wir auf den Oregano – dieses wunderbar aromatische Kraut ist aus der italienischen Küche nicht wegzudenken. Er wächst hier in verschwenderischer Fülle und seine Blüten verströmen einen intensiven Duft. Wir bewundern auch den Gemüsegarten, wo Maria alles für den eigenen Bedarf anbaut, darunter Auberginen, Paprika, Tomaten und Chilischoten.

Zum Schluss fahren wir gemeinsam zu den Feldern, die nur ein paar Minuten entfernt liegen. Nachdem sie schließlich auf dem eigenen Hof nicht mehr genug Platz für ihre Kräuter hatten, mussten die Zuccos expandieren. Hier zeigt uns Giorgio das motorbetriebene Gerät, mit dem er die Kräuter abschneidet. Das Einsammeln erfolgt von Hand. Maria erklärt uns, dass der Oregano nach der Ernte noch drei oder vier Tage auf holzgerahmten Drahtgittern in der Sonne trocknet, bevor er zum Verkauf abgepackt wird. Nach jeder Ernte muss man die Erde umpflügen und die alten Pflanzen ausreißen. Maria und Giorgio verarbeiten die Kräuter ausschließlich auf ihrer Farm. Sie begegnen uns mit Gastfreundschaft und Herzlichkeit und zeigen uns wirklich alles. Maria wird abends noch einmal herkommen müssen, um all die Kräuter zusammenzutragen, die Giorgio abschneidet, während er uns herumführt, aber das macht ihr nichts aus – sie freut sich über unser Interesse und es macht ihr sichtlich Spaß, sich um uns zu kümmern.

Als unser Besuch sich dem Ende zuneigt, lädt uns Maria zu Tee und einem Stück Kuchen, den ihre Tochter gebacken hat, in ihr Haus ein. Wir haben so viel Interessantes gesehen – und den berauschenden Duft von frisch gepflücktem Oregano, der in der sizilianischen Sonne trocknet, werde ich bestimmt nie vergessen.

Maria und Giorgio bevorzugen für ihre Kräuter natürliche Anbaumethoden, Chemikalien sind tabu.

Costoletta di agnello in crosta

LAMM MIT KRÄUTERPANADE UND RAPUNZEL-MINZE-SALAT

Das Fleisch von jungen Lämmern ist angenehm aromatisch und verträgt sich gut mit frischen Kräutern. Die knusprige Panade sorgt für Biss. Damit sie nicht aufweicht, darf die Pfanne nicht zu voll werden und das Öl muss die richtige Temperatur haben: Ist es zu heiß, verbrennen die Koteletts – im anderen Fall saugt die Panade sich voll. Zur Probe können Sie vor dem Fleisch einen Brotwürfel hineingeben. Das Öl muss sofort zu brutzeln beginnen.

- 12 Lammkoteletts, Knochen freigelegt, Sehnen und sichtbares Fett entfernt
- 3 El fein gehackte glatte Petersilie
- 2 EL fein gehackter Rosmarin
- 1 EL fein gehackter Salbei
- 1 EL fein gehackter Thymian
- 1 EL geriebener Parmesan
- 200 g Semmelbrösel
- Meersalz und geschroteter schwarzer Pfeffer
- 100 g Mehl
- 2 Eier, verquirlt
- 200 ml Olivenöl

FÜR DEN RAPUNZEL-MINZE-SALAT

- 100 g Erbsen, frisch enthülst
- 100 g Feldsalat (Rapunzel)
- 20 Minzeblätter
- 100 ml bestes Olivenöl
- 1 EL Weißweinessig
- 2 TL Zitronensaft
- 50 g halbfester Ziegen- oder Schafskäse
- Meersalz und geschroteter schwarzer Pfeffer

1 Die Lammkoteletts klopfen, bis sie etwa 5 mm dick sind.

2 Die Kräuter in einer Schüssel mit Parmesan und Bröseln mischen. Mit Salz und Pfeffer abschmecken. Das Mehl in einen tiefen Teller geben, die Eier in einen anderen. Ein Kotelett im Mehl wenden, überschüssiges Mehl abschütteln. Anschließend das Kotelett durch das verquirlte Ei ziehen und dann in den Kräuterbröseln wenden. Die Brösel andrücken – das Fleisch soll ganz davon umhüllt sein. Mit den restlichen Koteletts ebenso verfahren.

3 Das Öl in einer großen Pfanne bei mittlerer Temperatur erhitzen. Die Koteletts darin von jeder Seite 1–2 Minuten braten, bis die Panade goldbraun ist. Auf Küchenpapier entfetten.

4 Inzwischen in einem Topf gesalzenes Wasser zum Köcheln bringen. Die Erbsen für 1–2 Minuten hineingeben, dann sofort in ein Sieb abgießen und in kaltem Wasser abschrecken. Die abgekühlten Erbsen abtropfen lassen. Mit Feldsalat und Minze in eine große Schüssel füllen.

5 Das Olivenöl mit Essig und Zitronensaft zu einem Dressing verquirlen. Den Salat mit dem Dressing anmachen. Ziegen- oder Schafskäse dazubröckeln. Den Salat mit Salz und Pfeffer abschmecken.

6 Die Lammkoteletts mit dem Rapunzel-Minze-Salat servieren.

FÜR 6 PERSONEN

Frittura di erbe, limoni e fiori di zucca

FRITTIERTE KRÄUTER, ZITRONEN UND ZUCCHINIBLÜTEN

Ein Beispiel für die wunderbare sizilianische Art, mit frischen Kräutern und Blüten umzugehen. Ganz wichtig: Die Teighülle muss dünn und knusprig sein – schließlich darf sie dem Inhalt keine Konkurrenz machen. Dieses Gericht können Sie als Vorspeise, Snack oder Beilage servieren.

- Öl zum Frittieren
- 100 g Mehl
- 24 große Salbeiblätter
- 24 große Basilikumblätter
- 2 Bio-Zitronen, in sehr dünne Scheiben gehobelt oder geschnitten
- 18 Zucchiniblüten
- Meersalz

FÜR DEN AUSBACKTEIG

- 200 g Mehl
- 1 TL Backpulver
- 375 ml Bier
- Meersalz und geschroteter schwarzer Pfeffer
- 100 g Eiswürfel

1 Für den Ausbackteig das Mehl mit dem Backpulver in eine große Schüssel sieben. Das Bier unterrühren, bis ein glatter Teig entstanden ist. Mit Salz und Pfeffer würzen, dann die Eiswürfel dazugeben. Zudecken und für 10–15 Minuten in den Kühlschrank stellen.

2 Die Fritteuse oder einen großen Topf mit schwerem Boden zwei Drittel hoch mit Öl füllen. Das Öl auf 180 °C erhitzen.

3 Das Mehl in eine Schüssel geben. Die Salbeiblätter im Mehl wenden, dann in den Teig fallen lassen. Nacheinander wieder herausnehmen, überschüssigen Teig am Schüsselrand abstreifen. Die Blätter portionsweise je 1 Minute frittieren, dabei nach 30 Sekunden wenden. Auf Küchenpapier abtropfen lassen.

4 Die Basilikumblätter ebenso behandeln, danach auch die Zitronenscheiben – Vorsicht, das Öl könnte spritzen, wenn man sie hineingibt.

5 Die Zucchiniblüten jeweils am Stiel greifen und das Blütenende im Mehl wenden. Überschüssiges Mehl abschütteln und die Blüten durch den Teig ziehen. Je 4–5 Blüten auf einmal im heißen Öl 2–3 Minuten frittieren, bis der Teig goldbraun ist, dabei hin- und herbewegen, damit sie gleichmäßig bräunen.

6 Kräuter, Zitronenscheiben und Zucchiniblüten auf einer Servierplatte anrichten. Mit Salz bestreuen und servieren.

FÜR 6 PERSONEN

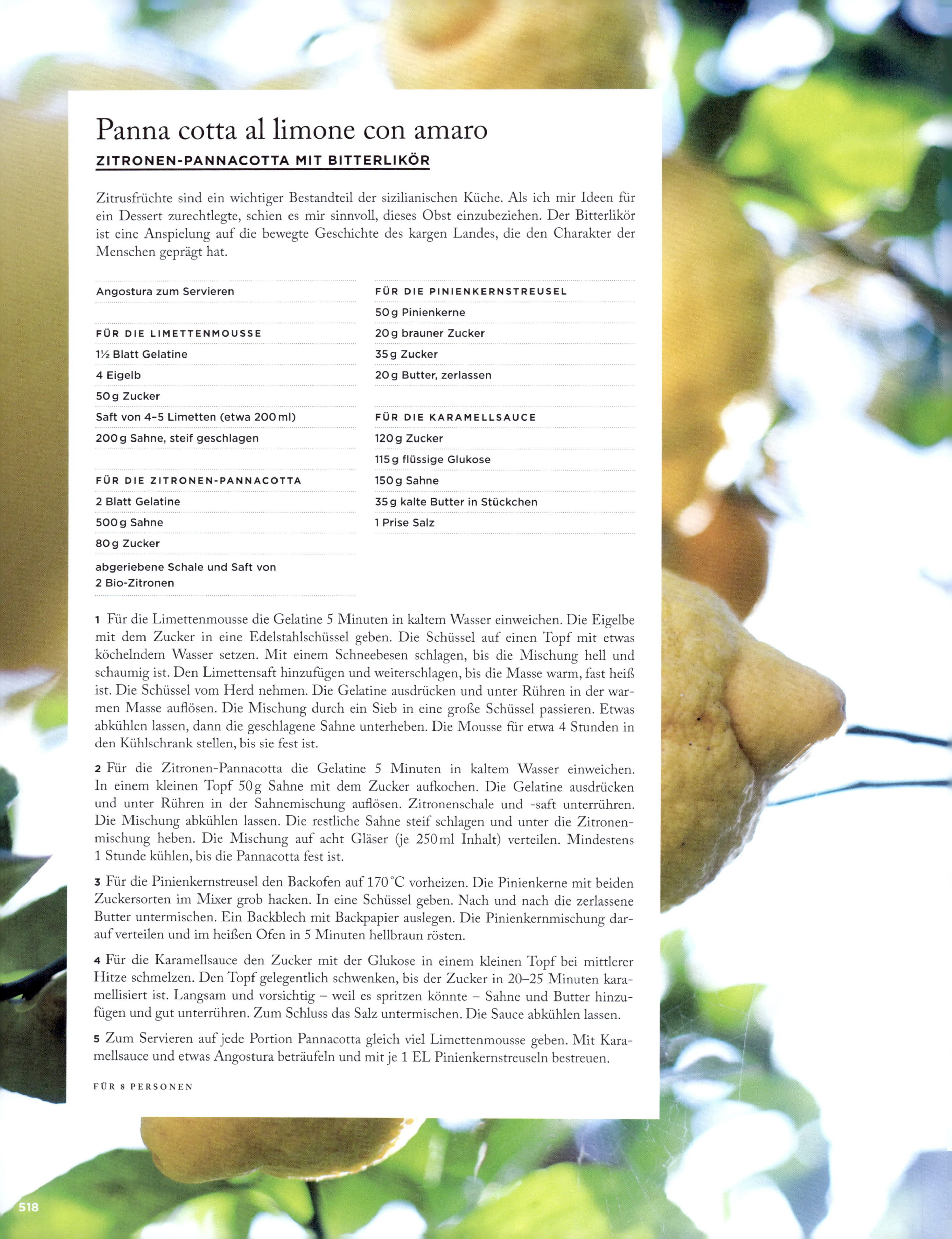

Panna cotta al limone con amaro

ZITRONEN-PANNACOTTA MIT BITTERLIKÖR

Zitrusfrüchte sind ein wichtiger Bestandteil der sizilianischen Küche. Als ich mir Ideen für ein Dessert zurechtlegte, schien es mir sinnvoll, dieses Obst einzubeziehen. Der Bitterlikör ist eine Anspielung auf die bewegte Geschichte des kargen Landes, die den Charakter der Menschen geprägt hat.

Angostura zum Servieren

FÜR DIE LIMETTENMOUSSE

- 1½ Blatt Gelatine
- 4 Eigelb
- 50 g Zucker
- Saft von 4–5 Limetten (etwa 200 ml)
- 200 g Sahne, steif geschlagen

FÜR DIE ZITRONEN-PANNACOTTA

- 2 Blatt Gelatine
- 500 g Sahne
- 80 g Zucker
- abgeriebene Schale und Saft von 2 Bio-Zitronen

FÜR DIE PINIENKERNSTREUSEL

- 50 g Pinienkerne
- 20 g brauner Zucker
- 35 g Zucker
- 20 g Butter, zerlassen

FÜR DIE KARAMELLSAUCE

- 120 g Zucker
- 115 g flüssige Glukose
- 150 g Sahne
- 35 g kalte Butter in Stückchen
- 1 Prise Salz

1 Für die Limettenmousse die Gelatine 5 Minuten in kaltem Wasser einweichen. Die Eigelbe mit dem Zucker in eine Edelstahlschüssel geben. Die Schüssel auf einen Topf mit etwas köchelndem Wasser setzen. Mit einem Schneebesen schlagen, bis die Mischung hell und schaumig ist. Den Limettensaft hinzufügen und weiterschlagen, bis die Masse warm, fast heiß ist. Die Schüssel vom Herd nehmen. Die Gelatine ausdrücken und unter Rühren in der warmen Masse auflösen. Die Mischung durch ein Sieb in eine große Schüssel passieren. Etwas abkühlen lassen, dann die geschlagene Sahne unterheben. Die Mousse für etwa 4 Stunden in den Kühlschrank stellen, bis sie fest ist.

2 Für die Zitronen-Pannacotta die Gelatine 5 Minuten in kaltem Wasser einweichen. In einem kleinen Topf 50 g Sahne mit dem Zucker aufkochen. Die Gelatine ausdrücken und unter Rühren in der Sahnemischung auflösen. Zitronenschale und -saft unterrühren. Die Mischung abkühlen lassen. Die restliche Sahne steif schlagen und unter die Zitronenmischung heben. Die Mischung auf acht Gläser (je 250 ml Inhalt) verteilen. Mindestens 1 Stunde kühlen, bis die Pannacotta fest ist.

3 Für die Pinienkernstreusel den Backofen auf 170 °C vorheizen. Die Pinienkerne mit beiden Zuckersorten im Mixer grob hacken. In eine Schüssel geben. Nach und nach die zerlassene Butter untermischen. Ein Backblech mit Backpapier auslegen. Die Pinienkernmischung darauf verteilen und im heißen Ofen in 5 Minuten hellbraun rösten.

4 Für die Karamellsauce den Zucker mit der Glukose in einem kleinen Topf bei mittlerer Hitze schmelzen. Den Topf gelegentlich schwenken, bis der Zucker in 20–25 Minuten karamellisiert ist. Langsam und vorsichtig – weil es spritzen könnte – Sahne und Butter hinzufügen und gut unterrühren. Zum Schluss das Salz untermischen. Die Sauce abkühlen lassen.

5 Zum Servieren auf jede Portion Pannacotta gleich viel Limettenmousse geben. Mit Karamellsauce und etwas Angostura beträufeln und mit je 1 EL Pinienkernstreuseln bestreuen.

FÜR 8 PERSONEN

PISTACCHIO DI BRONTE

PISTAZIEN

BRONTE PISTACCHIO

BRONTE, EIN KLEINER ORT AM WESTHANG DES ÄTNAS, GILT ALS CITTÀ DEL PISTACCHIO (PISTAZIENSTADT). DER NÄHRSTOFFREICHE VULKANISCHE BODEN SORGT IM VEREIN MIT EINEM GÜNSTIGEN KLIMA DAFÜR, DASS SICH DIE WÄRMELIEBENDEN PISTAZIENBÄUME HIER BESONDERS WOHL FÜHLEN.

Pistazien wurden um das Jahr 900 n. Chr. von den Arabern in Sizilien eingeführt. Im sizilianischen Dialekt heißen sie *frastuca,* nach dem arabischen Wort fustuq für Pistazie, auch wenn die Einheimischen sie lieber als *oro verde* oder »grünes Gold« bezeichnen. Pistazien sind unentbehrlich für die italienische Küche und das Städtchen Bronte widmet ihnen jedes Jahr Ende September, Anfang Oktober ein großes Fest, die *Sagra del Pistacchio.* Zu den Höhepunkten zählt die Verkostung der neuen Ernte und besonderer Produkte.

Heute sind rund um Bronte 3000 Hektar mit Pistazienbäumen bepflanzt, die mehr als 1000 Bauern gehören. Die meisten der Produzenten bewirtschaften als Kleinbauern nur etwa einen Hektar Pistazienwald. In der Regel ist der Pistazienanbau nicht ihre einzige Einkommensquelle, sondern einer von mehreren Erwerbszweigen. Pistazienbäume können bis zu 300 Jahre alt werden. Sie sind zwar widerstandsfähig und gedeihen gut in der mineralreichen vulkanischen Erde an den steinigen Hängen des Ätnas – aber ihre Kultivierung ist aufwendig und teuer.

In Bronte treffen wir den Pistazienproduzenten Alfio Corica. Seit vier Jahren betreibt er die Firma Bronte Pistacchio und er weiß alles über die Pistazie und ihre Geschichte. Außerdem ist er hier offenbar eine Lokalgröße: jung, cool und verdammt stolz darauf, Werbung für dieses gefeierte regionale Produkt zu machen. Jeder grüßt ihn, als er uns mit in die örtliche Kneipe nimmt – und ich bemerke, dass er ohne Bedenken im Halteverbot parkt.

Alfio bewirtschaftet 4000 Quadratmeter Land und beschäftigt in seinem Unternehmen zehn Angestellte. Er zeigt uns einige Felder, wo Pistazienbäume wild wachsen, und erklärt uns, warum die kleinen grünen Nüsse so teuer sind. Zunächst einmal trägt ein Pistazienbaum erst Früchte, wenn er zehn Jahre alt ist – und fortan nur alle zwei Jahre. Die Bäume blühen im April, geerntet wird im September und Oktober. Alfio stellt etwa 20 Erntehelfer ein, die die Pistazien eine nach der anderen von Hand pflücken. Jeder Baum produziert alle zwei Jahre 50 Kilo Früchte – da gibt es viel zu pflücken! Sämtliche Arbeit in den Pistazienpflanzungen muss von Hand erledigt werden, weil der Einsatz von Maschinen hier nicht möglich ist.

Nach der Ernte lässt man die Pistazien einige Tage in der Sonne trocknen, bevor sie zur Weiterverarbeitung und Verpackung in die Fabrik gebracht werden. Rund 80 Prozent der in Sizilien produzierten Pistazien werden exportiert, hauptsächlich nach Europa und Japan. Wie zu erwarten, spielen sie auch in der Küche der Insel eine große Rolle. Sie sind eine beliebte Zutat für Naschwerk wie Kekse, Nugat und Speiseeis, begegnen uns aber auch in pikanten Gaumenfreuden wie Saucen, Käse und Würsten.

Die Einheimischen nennen die Pistazien *oro verde* oder »grünes Gold«.

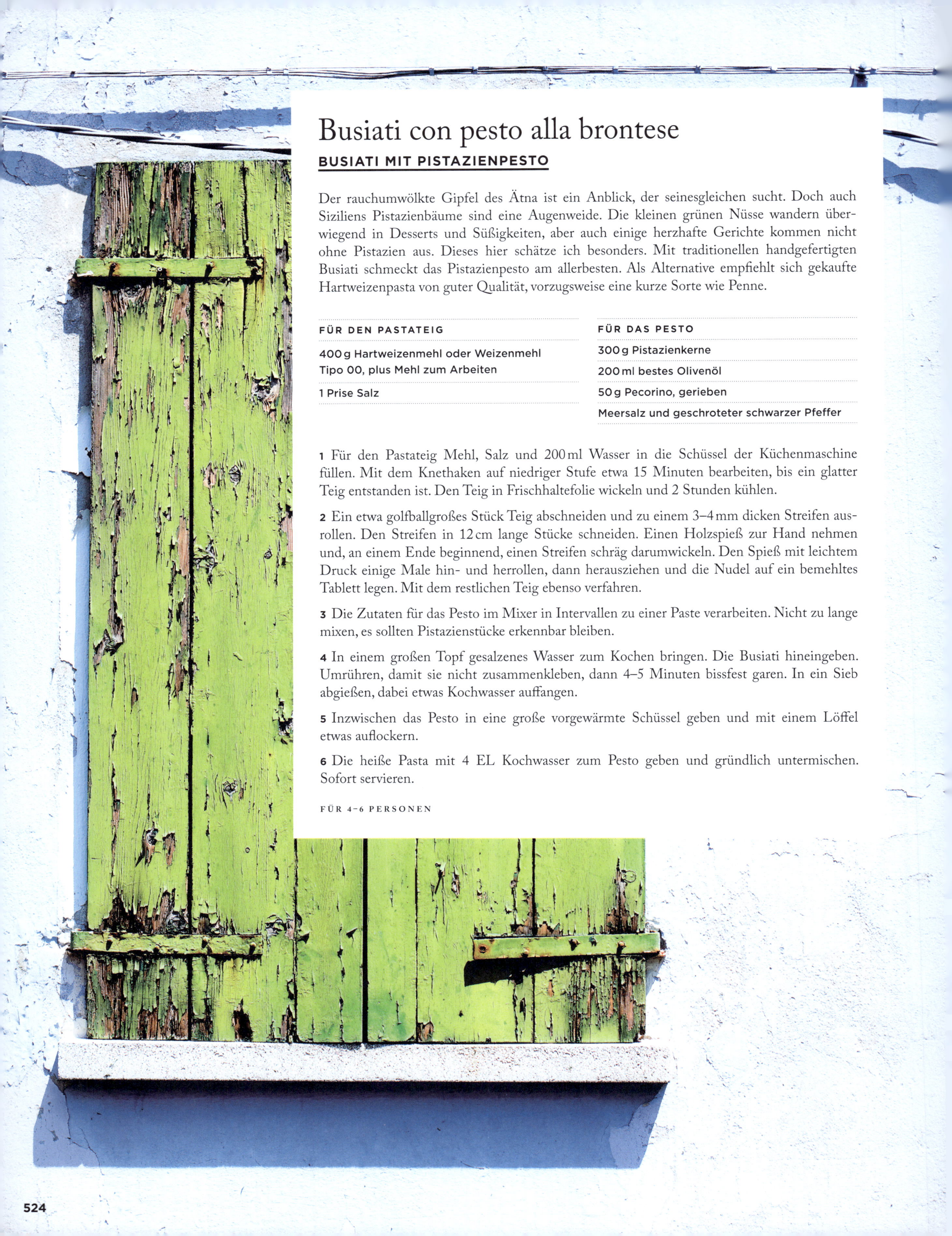

Busiati con pesto alla brontese

BUSIATI MIT PISTAZIENPESTO

Der rauchumwölkte Gipfel des Ätna ist ein Anblick, der seinesgleichen sucht. Doch auch Siziliens Pistazienbäume sind eine Augenweide. Die kleinen grünen Nüsse wandern überwiegend in Desserts und Süßigkeiten, aber auch einige herzhafte Gerichte kommen nicht ohne Pistazien aus. Dieses hier schätze ich besonders. Mit traditionellen handgefertigten Busiati schmeckt das Pistazienpesto am allerbesten. Als Alternative empfiehlt sich gekaufte Hartweizenpasta von guter Qualität, vorzugsweise eine kurze Sorte wie Penne.

FÜR DEN PASTATEIG

- 400 g Hartweizenmehl oder Weizenmehl Tipo 00, plus Mehl zum Arbeiten
- 1 Prise Salz

FÜR DAS PESTO

- 300 g Pistazienkerne
- 200 ml bestes Olivenöl
- 50 g Pecorino, gerieben
- Meersalz und geschroteter schwarzer Pfeffer

1 Für den Pastateig Mehl, Salz und 200 ml Wasser in die Schüssel der Küchenmaschine füllen. Mit dem Knethaken auf niedriger Stufe etwa 15 Minuten bearbeiten, bis ein glatter Teig entstanden ist. Den Teig in Frischhaltefolie wickeln und 2 Stunden kühlen.

2 Ein etwa golfballgroßes Stück Teig abschneiden und zu einem 3–4 mm dicken Streifen ausrollen. Den Streifen in 12 cm lange Stücke schneiden. Einen Holzspieß zur Hand nehmen und, an einem Ende beginnend, einen Streifen schräg darumwickeln. Den Spieß mit leichtem Druck einige Male hin- und herrollen, dann herausziehen und die Nudel auf ein bemehltes Tablett legen. Mit dem restlichen Teig ebenso verfahren.

3 Die Zutaten für das Pesto im Mixer in Intervallen zu einer Paste verarbeiten. Nicht zu lange mixen, es sollten Pistazienstücke erkennbar bleiben.

4 In einem großen Topf gesalzenes Wasser zum Kochen bringen. Die Busiati hineingeben. Umrühren, damit sie nicht zusammenkleben, dann 4–5 Minuten bissfest garen. In ein Sieb abgießen, dabei etwas Kochwasser auffangen.

5 Inzwischen das Pesto in eine große vorgewärmte Schüssel geben und mit einem Löffel etwas auflockern.

6 Die heiße Pasta mit 4 EL Kochwasser zum Pesto geben und gründlich untermischen. Sofort servieren.

FÜR 4–6 PERSONEN

Cassata

Von diesem klassischen sizilianischen Dessert gibt es zahllose Varianten, darunter auch eine mit Biskuit, Ricotta und Marzipan. Ich habe mich jedoch entschieden, in dieses Buch eine Eiscreme-Version aufzunehmen – als Verneigung vor den hervorragenden *gelatieri* Siziliens. Die Kunst der Herstellung von geeisten Speisen soll mit den Arabern auf die Insel gekommen sein. Übrig gebliebene Cassata hält sich bis zu 1 Woche im Tiefkühlfach.

- 500 g feiner Zucker
- 20 g Pistazienkerne, gehackt
- 20 g kandierte Zitrusschale
- 40 g Belegkirschen, in 5 mm große Stücke geschnitten

FÜR DAS SCHOKOLADENEIS

- 150 g Bitterschokolade (70 % Kakaoanteil), in kleine Stücke gebrochen
- 8 Eigelb
- 150 g Sahne, halbsteif geschlagen

FÜR DAS PISTAZIENEIS

- 8 Eigelb
- 20 g Pistazienpaste
- 150 g Sahne, halbsteif geschlagen

FÜR DAS VANILLEEIS

- Mark von ½ Vanilleschote
- 8 Eigelb
- 150 g Sahne, halbsteif geschlagen

1 Zuerst für einen Läuterzucker 500 ml Wasser mit dem Zucker aufkochen und bei schwacher Hitze ein paar Minuten köcheln lassen. Zum Abkühlen beiseitestellen.

2 Für das Schokoladeneis die Schokolade in eine Edelstahlschüssel geben. Die Schüssel auf einen Topf mit köchelndem Wasser setzen – ihr Boden darf das Wasser nicht berühren. Die Schokolade schmelzen lassen. Die Eigelbe und 160 ml Läuterzucker in einer zweiten Edelstahlschüssel auf dem heißen Wasserbad mit dem Schneebesen schlagen, bis die Mischung cremig ist und glänzt.

3 Die Schüssel mit der Eigelbmischung vom Topf nehmen. Die Schokolade unterrühren. Abkühlen lassen. Die geschlagene Sahne untermischen. Die Masse in der Eismaschine nach Herstellerangaben gefrieren lassen. In einen geeigneten Behälter füllen und tiefkühlen.

4 Für das Pistazieneis die Eigelbe mit 160 ml Läuterzucker in eine Edelstahlschüssel geben. Die Schüssel auf einen Topf mit etwas köchelndem Wasser setzen; ihr Boden darf das Wasser nicht berühren. Die Eigelbmischung mit einem Schneebesen schlagen, bis sie cremig ist und glänzt. Die Schüssel vom Topf nehmen und die Pistazienpaste unter die Masse rühren. Abkühlen lassen. Die geschlagene Sahne unterheben und die Masse in der Eismaschine nach Herstellerangaben gefrieren lassen. In einen geeigneten Behälter füllen und tiefkühlen.

5 Für das Vanilleeis Vanillemark, Eigelbe und 160 ml Läuterzucker in eine Edelstahlschüssel geben und wie oben beschrieben im heißen Wasserbad aufschlagen, dann abkühlen lassen. Die Sahne unterheben, die Masse in der Eismaschiene gefrieren lassen und tiefkühlen.

6 Eine Edelstahlschüssel (24 cm Ø; 2 l Inhalt) mit Frischhaltefolie auskleiden, die Folie dabei so über den Rand hängen lassen, dass sie später die Cassata bedeckt. Die Eiscremes aus dem Tiefkühlgerät nehmen und etwas antauen lassen.

7 Das Schokoladeneis in die Schüssel geben und einen Teil davon mit einem Teigspatel 2 cm dick auf die Schüsselwand streichen. Die Schüssel für 30 Minuten ins Tiefkühlfach stellen.

8 Das Pistazieneis in die Schüssel geben und auf dem Schokoladeneis verstreichen. Die Schüssel wieder ins Tiefkühlfach stellen.

9 Das Vanilleeis mit Pistazien, Zitrusschalen und Belegkirschen verrühren. Die Schüssel damit auffüllen. Die Oberfläche glatt streichen und mit der überhängenden Folie bedecken. Die Cassata im Tiefkühlfach fest werden lassen.

10 Die Cassata auf einen großen Teller stürzen und vor dem Servieren die Folie abziehen.

FÜR 6–8 PERSONEN

Brioche siciliana

SIZILIANISCHE BRIOCHE

Das lockere Hefegebäck ist in ganz Italien beliebt. Man bekommt es in Bäckereien und Bars sowie an Straßenständen. In Sizilien füllt man es im Sommer gern mit Eiscreme – in Bronte ist das natürlich Pistazieneis. Auf Seite 527 finden Sie ein Rezept dafür. Aber auch mit Konfitüre oder Schokoaufstrich schmeckt die Brioche sehr gut.

7 g Trockenhefe	1 Prise Salz
150 ml warme Milch	3 Eier
500 g Mehl	100 g weiche Butter
50 g Zucker	1 Ei, mit 1 EL Milch verquirlt

1 Die Hefe in der warmen Milch auflösen. Die Mischung mit Mehl, Zucker, Salz und Eiern in die Schüssel der Küchenmaschine geben. Mit dem Knethaken auf niedriger Stufe zu einem Teig verarbeiten, dann esslöffelweise die Butter hinzufügen und untermischen. 10 Minuten kneten, bis der Teig glatt und elastisch ist. Den Teig in eine Schüssel geben und mit Frischhaltefolie bedecken. Etwa 1 Stunde gehen lassen, bis sein Volumen sich verdoppelt hat.

2 Den Backofen auf 180 °C vorheizen. Ein Backblech mit Backpapier auslegen.

3 Den Teig in zwölf gleich große Portionen teilen. Zehn davon zu Kugeln formen und auf dem Backblech verteilen. Aus den beiden restlichen Portionen zehn kleine Kugeln formen. In jede große Kugel oben mit dem Finger eine Vertiefung drücken. Diese mit verquirltem Ei ausstreichen und eine kleine Teigkugel hineinsetzen. Die Brioches 20 Minuten gehen lassen, dann rundherum mit verquirltem Ei bestreichen.

4 Die Brioches im heißen Ofen in 18 Minuten backen, bis sie goldbraun sind. Herausnehmen und auf einem Gitter abkühlen lassen.

ERGIBT 10 STÜCK

26
FRAGOLA DI VOLPEDO

BEZUGSQUELLEN

BOS FOOD GMBH

www.bosfood.de

Eine gute Quelle für italienische Lebensmittel, wie Pasta, Linsen, getrocknete Steinpilze, Trüffel und Trüffelprodukte, außerdem Schinken und Culatello di Zibello.

GARIBALDI

www.garibaldi.de

Weine und Lebensmittel aus allen italienischen Regionen.

GOURMETVERSAND

www.gourmet-versand.com

Viele italienische Produkte, darunter Parma- und San-Daniele-Schinken, Salami, Trüffel und Olivenöl.

H & H SHOP

www.h-h-shop.com

Spezialisiert auf handwerklich erzeugten Käse, darunter einige Slow-Food-Produkte. Viele Käse kann man auch als ganzen Laib bestellen. Hier gibt es beispielsweise Bitto und Caciocavallo.

OIP (ONLY ITALIAN PRODUCTS)

www.nuritalienischeprodukte.de

Gute Erzeugnisse aus allen italienischen Regionen, darunter Pasta, Pistazienpesto, Pesto mit rotem Knoblauch aus Nubia sowie Bottarga.

PARMASHOP

www. parmashop.com

Große Auswahl an Parmaschinken und Culatello di Zibello, aber auch Parmesan und Balsamico.

RONALDI

www.ronaldi.de

Weine aus allen italienischen Anbaugebieten.

DANK

Zuallererst möchte ich mich für die überwältigende Großzügigkeit bedanken, die wir auf unserer italienischen Reise erfahren haben. Die Menschen, die wir besuchten, waren nicht nur großzügig mit ihrer Zeit und ihren Erzeugnissen, sie haben sich auch alle Mühe gegeben, uns möglichst viel von ihrem Betrieb, ihrem Dorf oder ihrer Stadt zu zeigen. Viele der vorgestellten Unternehmen sind Familienbetriebe, und wir hatten das Glück, in Küchen eingeladen zu werden, wo die *mamma* oder *nonna* für uns kochte. Ich habe neue Freunde gewonnen und auch ein paar alte besucht. Die Zeit mit Dario Cecchini und seiner Frau Kim wird unvergesslich bleiben. Lucio Capo hat uns mit einer Fülle von Informationen versorgt, Sergio Dondoli wieder einmal seine Fürsorge angedeihen lassen … die Liste nimmt kein Ende! Aber jeder Einzelne hat einen wichtigen Beitrag zu diesem Buch geleistet. Vielen Dank euch allen!

Ein großer Dank geht an die Mitarbeiter von Slow Food Italien, ohne die es dieses Buch nicht gäbe. Sie haben viele Kontakte hergestellt und uns immer wieder Führer vor Ort besorgt, deren Wissen unschätzbar war.

Ich danke Mark Chew für seine inspirierenden Fotos. Auf dieser Reise war er mehr als nur ein Fotograf. Er war auch Beifahrer und Mädchen für alles – immer hilfsbereit, worum es auch ging. Er ist ein wunderbarer Freund.

Dank geht auch an meine liebe Freundin Julie Gibbs, die mich seit vielen Jahren unterstützt. Ihren Beitrag zur Welt schöner Bücher kann ich unmöglich abschätzen, aber ich arbeite gern mit ihr und weiß ihr persönliches Engagement sehr zu schätzen. Auch ihrem Team gebührt Dank, besonders Ariane Durkin, Daniel New, Nicole Abadee, Megan Pigott, Jane Morrow, Alison Cowan und Valentina Martello.

Marco Vigarelli fuhr die meiste Zeit unseren Van und erledigte seine Aufgabe großartig. Die Zahl unserer Strafzettel für Geschwindigkeitsüberschreitungen und Parkverstöße war minimal und er gab uns immer das Gefühl, in guten Händen zu sein. (Dass er am letzten Tag auf Sizilien beim Zurücksetzen einen Eukalyptusbaum übersah und wir fast vor Lachen gestorben sind, muss niemand erfahren.) Marcos Eltern luden uns in ihr Haus in Chiavenna ein, sie waren perfekte Gastgeber. Leider habe ich in ihrer Küche ein Chaos angerichtet, aber wir hatten alle großen Spaß dabei!

Meine Tochter Loredana begleitete mich auf der Reise und machte sich dabei eifrig Notizen – eine Erfahrung, die ein Vater nicht alle Tage machen darf. Für dieses Buch waren lange Planungen erforderlich und die Koordinierung unserer Reiseroute dauerte zwei Jahre, weil die beste Zeit für einen Besuch bei den verschiedenen Erzeugern von vielen Faktoren abhing. Den Großteil dieser Arbeit erledigten meine Schwester Liz Rodriguez, Marco Vigarelli und Sandra Orbach.

Die Rezepte in diesem Buch wurden entweder von meinen Erfahrungen in Italien inspiriert oder mit einem bestimmten Produkt entwickelt, das wir dort gesehen hatten. Alle Gerichte habe ich zusammen mit Chris Rodriguez zubereitet und getestet. Mein Dank gilt auch Katy Holder und Caroline Velik für ihre Hilfe beim Testen der Rezepte sowie Indianna Foord für ihre Hilfe bei der Foodfotografie.

Ich hätte dieses Projekt ohne die Unterstützung meiner sehr loyalen und engagierten Mitarbeiter mit Jeanette Barker an der Spitze nie realisieren können – vielen Dank. Ein Dankeschön geht an meinen Chef-Sommelier für seinen Beitrag zu Getränkefragen. Auch bei John Portelli von Enoteca Sileno möchte ich mich ganz herzlich bedanken. Sein Rat und seine Beziehungen waren ungeheuer wertvoll gewesen.

Und schließlich gilt es darauf hinzuweisen, wie wichtig der Rückhalt durch die Familie ist. Vielen Dank, Carlo und Melissa, für eure beständige Unterstützung!

ŠKODA

REGISTER

E

F

G

H

I

J

K

L

M

N

O

P

Q

R

S

T

U

V

W

Z

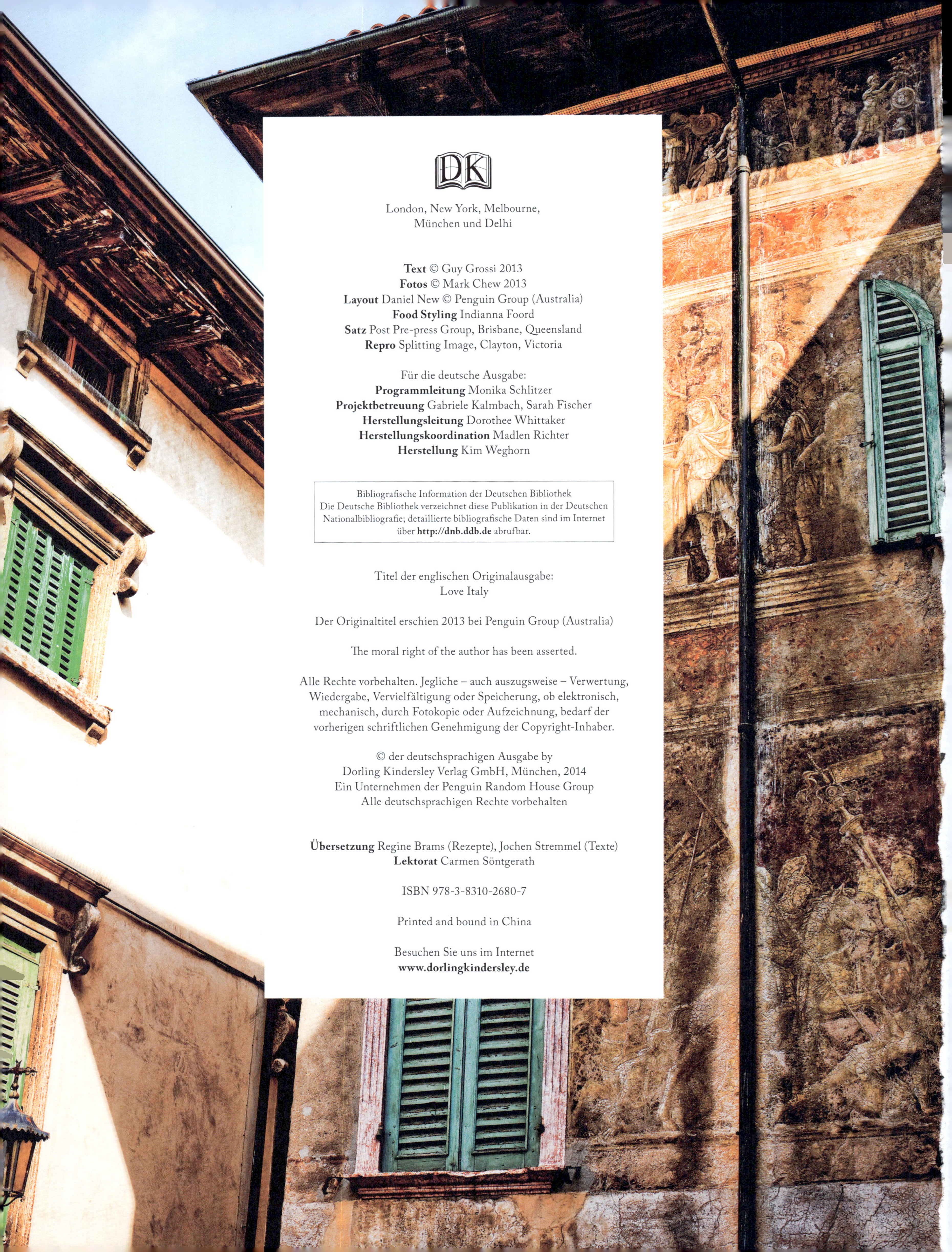

DK

London, New York, Melbourne,
München und Delhi

Text © Guy Grossi 2013
Fotos © Mark Chew 2013
Layout Daniel New © Penguin Group (Australia)
Food Styling Indianna Foord
Satz Post Pre-press Group, Brisbane, Queensland
Repro Splitting Image, Clayton, Victoria

Für die deutsche Ausgabe:
Programmleitung Monika Schlitzer
Projektbetreuung Gabriele Kalmbach, Sarah Fischer
Herstellungsleitung Dorothee Whittaker
Herstellungskoordination Madlen Richter
Herstellung Kim Weghorn

Bibliografische Information der Deutschen Bibliothek
Die Deutsche Bibliothek verzeichnet diese Publikation in der Deutschen Nationalbibliografie; detaillierte bibliografische Daten sind im Internet über **http://dnb.ddb.de** abrufbar.

Titel der englischen Originalausgabe:
Love Italy

Der Originaltitel erschien 2013 bei Penguin Group (Australia)

Übersetzung Regine Brams (Rezepte), Jochen Stremmel (Texte)
Lektorat Carmen Söntgerath

ISBN 978-3-8310-2680-7

Printed and bound in China

Besuchen Sie uns im Internet
www.dorlingkindersley.de

BAR
STUZZICHERIA
SALATERIA - PANINERIA
MISS ITALIA
SELEZIONE 2010